楊洲周延作「千代田城大奥の風俗 江戸錦」表紙

長栄　「長栄」とは、いつまでも栄えることの意である。鶴と松といったおめでたい図柄を描いている。片はづしの御殿女中は眉なし。そばにいる若い娘は腰元か、島田髷である。

追い羽根　梅の咲く庭で、腰元たちが羽根つきをしているところ。このタイトルの絵は、「千代田の大奥」でも描かれている。牡丹が描かれたピンクの着物や、ふくら雀の描かれた赤い着物などに豪華さが表れている。

お庭あるき　草履を履こうとしているのは、御台所であろう。これから庭に出る様子を描いている。そばについているのはお中臈であろうか。片はづしに眉なしである。

夜ざくら　大きな桜の木の下で、花びらの散るのを見ているのは、高位の御殿女中であろう。回りが暗いところと、遠くにみえる障子には若い女中たちの影が見えているので、夜の風景である。くつろいだ雰囲気がよく描かれている。

濱御殿　濱御殿（現・浜離宮庭園）は、幕府の大名庭園でもあり、江戸湾の品川沖に面していた。そこで魚釣りをして楽しんでいる御殿女中を描いている。

吹上の船遊び　船のなかに毛氈を敷いて、くつろいでいる御殿女中たちである。菊模様の着物に島田髷。花笄を挿した女中が、奥の老女になにか話かけている。

山里の七草　江戸城の中に作られた山里で、秋の七草を摘んでいるところであろう。秋の七草摘みといってもまだ、日差しが強かったのか、傘をかざしている。

すず美（涼み）庭先で月を眺め、涼を求めているのは御台所であろう。萩模様の着物に鳳凰が描かれた帯を締めている。側の女中が団扇で風を送っている。

五十三次　この場面も、江戸城の中に作られた東海道五十三次の由比宿であろうか。茶店の前で、富士山を眺めている。

爐びらき　蹲踞（つくばい・茶庭の手水鉢）で手を清め、心も清める。左の御殿女中は席入をしているところ。これからお茶を一服頂くのだろう。

吹上の紅葉　滝が流れ、橋も架かっている吹上で、真っ赤に染まった紅葉を楽しんでいる。御台所の着ている打掛には秋の草花が描かれている。

はつゆき　庭一面が雪で真っ白になっている。重たそうに傘にも雪が積もっている。被布（ひふ）を羽織った御台所は、空高く飛んでいる渡り鳥を見ているのかもしれない。

〈表紙解説〉

「紋縮緬地熨斗文友禅染振袖」

左肩上で束ねられた色とりどりの熨斗。友禅染・摺箔・刺繡・型鹿の子と、さまざまな技法で飾られ、当時の技術が集大成されたかの様相を見せる。おそらくは婚礼衣裳として誂えられたものであり、「熨斗を付けて差し上げる」との洒落を含むのだろう。江戸時代の小袖として最も初期に重要文化財に指定された作品であり、製作年代は一八世紀後半と考えられている。

それにしても、さまざまな人を惹き付ける作品である。最も名高いエピソードは、大正一〇年、来日したアメリカの大富豪、ジョン・ロックフェラーⅡ世（一八七四～一九六〇）が購入を望み、所蔵者が手放さなかったにも拘わらず、後日、代金九千円の小切手を添えて京都へ寄贈したという物語だろう。そのロックフェラーⅡ世の手紙に曰く「そのキモノはいったん譲り受けたい、然しそれは余りにも気に入ったから、改めて私から愛する京都へ寄贈する（原文英文）」。

そして、当時この作品を所持していた、野村正治郎（一八七九～一九四三）のエピソード。戦前に活躍した染織品の目利きであり、ディーラーにしてコレクター、そして染織史研究者でもあった野村は、ロックフェラーⅡ世の意気に感じ、封入の小切手を返却し、これを私有することを潔しとせず、友禅史会に寄贈した。友禅史会は、作品の管理を京都帝室博物館（現在の京都国立博物館）に委託、本振袖は現在も、当館の寄託品として今日に伝えられている。

最後のエピソードは、近年追加された。この作品は実は、指定された時点ですでに、前身頃は一度切断されたものが再び接ぎあわされている上に、一部には欠損がある状態で、仮仕立ての姿であった。長らく修理が望まれながらも、戦後の混乱で構成員の多くを失った友禅史会には、それは過大な負担であった。ところが平成一六年、ある篤志家がこの作品の保存修理のために多額の寄付を申し出た。

現在では修理も完了し、振袖は以前にも増して往時の華やかさを取り戻している。多くの人を魅了し続ける力のある作品、それが「紋縮緬地熨斗文友禅染振袖」である。

（京都国立博物館学芸部教育室長・山川　曉）

〈口絵解説〉

楊洲周延作「千代田城大奥の風俗 江戸錦」（明治三一年～三六年）

（髙橋雅夫氏蔵）

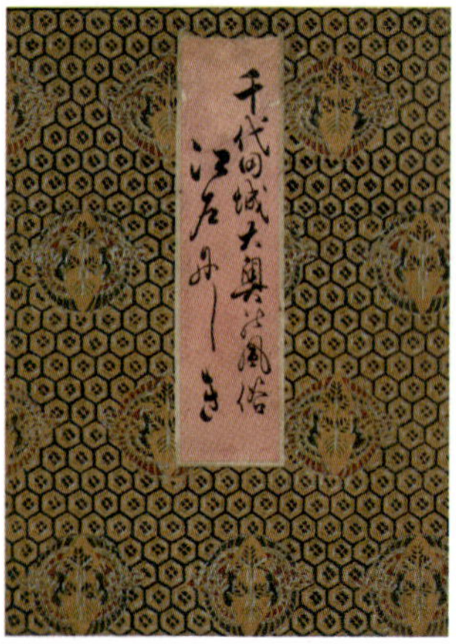

この「千代田城大奥の風俗 江戸錦」は、楊洲周延が江戸城の御殿女中の風俗を描いたもので、二四枚から構成されている。二四枚は裏表のジャバラ折りになっており、片方は「長栄」から始まり「はつゆき」まで。その反対は「元旦」から始まり「てまり」で終わっている。

楊洲周延は、天保九年、越後国高田藩江戸詰めの下級武士の長男として生まれた。嘉永五年（一八五二）一五歳で国芳に絵を学び、安政二年（一八五五）頃から三代歌川豊国につき、その後、豊原国周門下になって、周延と号した。戊辰戦争では幕府軍と共に、官軍と戦ったという。

明治維新後、文明開化で目まぐるしく変化する時代を、美人画で表現したのであろう。明治一四年（一八八一）に描いた「東京上野第二勧業博覧会」では、女官たちが博覧会を見学に出かけたところ、明治一七年（一八八四）の「上野不忍競馬之図」では、上野不忍池畔に競馬場を開設してお披露目を行った様子を描いている。そして明治二〇年代は、上流階級の女性たちの洋装姿も精力的に描いている。

さらに、明治二七年には、三枚続きの「千代田の大奥」という四〇枚のシリーズものも描いている。内容は、千代田の大奥の年中行事、日常生活、さらには婚礼の様子なども交えたもので、庶民では知ることの出来ない風景を描いていたことで評判になったのかもしれない。明治三一年から三六年にかけて、この「千代田城大奥の風俗江戸錦」を出している。「千代田の大奥」と内容がダブルところは多少あるが、年中行事などは殆ど描かれておらず、むしろ御殿女中の日常生活やお稽古事などが中心になっている。描かれた図柄でとくに目を引くのが、御殿女中たちの衣裳であろう。吉祥文様や有職文様など華やかな色と模様で、豪華さを演出している。また、御殿女中特有の髪型である片はづし、幼い少女の稚児髷、腰元の島田髷など、身分、階級、年齢などを表しているところは、現在でも大奥を知る貴重な資料になっている。周延は、こういった千代田の大奥関係から、洋装の美人画、子供絵、歴史画、役者絵などを含めて、約八二〇点の錦絵、版本は三〇種描いたといわれている。明治を代表する浮世絵師である。

（ポーラ文化研究所研究員・村田孝子）

Beauty Science

〈第３号〉

ビューティサイエンス学会

Beauty Science　No.3 目次

巻頭言

「美質」の時代—いま新しい日本がはじまる—　㈱日本香堂ホールディングス 代表取締役会長兼社長　小仲　正久　…1

第一章　衣裳と Beauty Science

衣紋道　十二単にみる基本の型　国際文化理容美容専門学校渋谷校長 衣紋道高倉流たかくら会東京道場頭　荘司　礼子　…5

源氏物語「香染」再現 —香りから色を導き出す千年の美—　香染・染織作家　佐藤　幸香　…7

大正のきもの　作家　近藤　富枝　…11

アール・ヌーヴォーからアール・デコへ —ファッションの変容　西と東—　東京家政学院大学名誉教授　井上　和子　…19

日本初のレース伝習施設 —東京府レース製造教場の設立—　中央区教育委員会文化財保護審議委員　野口　孝一　…29

第二章　色材と Beauty Science

岩絵具とマティエール—近代岩絵具の黎明期—　東京藝術大学大学院准教授　荒井　経　…43

大正・昭和期の鉛汚染—含鉛おしろいの影響—　東京大学大学院 新領域創成科学研究科准教授　吉永　淳　…53

化粧品としての綿臙脂　日本画家　沓名　弘美 国立科学博物館理工学研究部研究員　沓名　貴彦　…56

【カラー表紙】「紋縮緬地熨斗文友禅染振袖」（友禅史会所蔵・京都国立博物館寄託品）
表紙解説：山川曉（京都国立博物館学芸部教育室長）
【カラー口絵】「千代田城大奥の風俗 江戸錦」（楊洲周延作・明治 31 年～ 36 年 / 髙橋雅夫蔵）
口絵解説：村田孝子（ポーラ文化研究所研究員）
ビューティ サイエンス学会会則…234
広告一覧・お世話になった方々…237
編集後記…239

第三章　医療と Beauty Science

唐代の美顔術―『千金方』面薬方―　一般社団法人日本医史学会理事長 北里大学東洋医学綜合研究所部長 北里研究所教授　小曽戸　洋　…65

隠された口腔、開かれた口腔　日本歯科大学新潟生命歯学部 医の博物館客員教授　西巻　昭彦　…71

歌川豊国、歌川国吉、月岡芳年の外眼部描写の特徴　エビスクリニック眼科 東京医科大学客員教授　田中　孝男　…77

年齢によるエストロゲン減少に伴う肥満型の変化　株式会社村山 代表取締役 医学博士　村山　舞　…80

プラセンタ療法　日本胎盤臨床医学会理事長 吉祥寺中医クリニック院長　長瀬　眞彦　…83

白色顔料
―含鉛白粉による乳幼児鉛毒性脳症研究の歴史―　大阪市立大學名誉教授　堀口　俊一　…90

胞衣の産育習俗―臍帯切断と胞衣納め―　一般社団法人日本医史学会監事 ビューティ サイエンス学会評議員　蔵方　宏昌　…103

胞衣の川柳　江戸川柳研究会幹事　橋本　秀信　…113

第四章　美容と Beauty Science

手から伝わる思いやりの心
日本の美意識を世界へ！　美容研究家 / メイクアップアーティスト 〔フロムハンド〕メイクアップアカデミー校長 青山ビューティ学院高等部校長　小林　照子　…115

トリプルバーン痩身法におけるエネルギー代謝及び血液成分変化について　学校法人ミスパリ学園理事長　下村　朱美　…119

容貌のメッセージ性　北里大学名誉教授 ＮＰＯ法人アンチエイジングネットワーク理事長　塩谷　信幸　…123

第五章　化粧と Beauty Science

江戸時代前期の化粧・髪型について　ポーラ文化研究所研究員 ビューティ サイエンス学会近世文化研究会代表　村田　孝子　…131

中世絵巻に見るヒゲの研究　学校法人全国理容中央学園 中央理美容専門学校校長　堀　純　…141

各種増毛法・かつらの接合技術について　株式会社アートネイチャー広報部部長　菅谷　健一　…151

第六章　化粧品と Beauty Science

大正期の化粧品の化学　元ポーラ化成工業㈱袋井工場長　化粧史研究会参与　大郷　保治　…155

御園白粉をめぐる人びと　ビューティ サイエンス学会会員　ポーラ文化研究所研究員　富澤　洋子　…160

第七章　香料と Beauty Science

大正期の化粧品業界　日本化粧品工業連合広報委員会参与（元ポーラ研究所部長）　加藤　精二　…165

宋代の香文化　ビューティ サイエンス学会香文化研究会代表　松原　睦　…171

第八章　食育と Beauty Science

ランビキ（蘭引）について　ポーラ化成工業㈱横浜研究所開発研究部　ランビキ研究家　佐藤　孝　…181

村井弦斎と食養法　慈誠会記念病院名誉院長　熊木　敏郎　…187

第九章　大正期の文化と芸術

美容・健康食品における「プラセンタ」の機能と役割　株式会社コレコ　常務取締役　研究所長　石橋　見衣子 …195

大正の行楽文化と武蔵野　東洋大学非常勤講師　小泉　京美　…197

描かれた自然風景の所有者
―画家たちが捉えたものと伝えたもの―　南出　みゆき …203

大正期の少女―教育と美、文化学院の試み―　東洋大学東洋学研究所　矢部(水谷)真紀 …209

大正期の三越
―震災下のＰＲ誌に見る「学俗協同」―　櫻井　智佳恵 …214

『朝日新聞』に見る大正時代の化粧品広告（１）　ビューティ サイエンス学会理事長　髙橋　雅夫　…221

〈巻頭言〉

「美質」の時代

いま新しい日本がはじまる

㈱日本香堂ホールディングス
代表取締役会長兼社長
小仲　正久

美質と真摯さ

私は、この本のメイン・タイトルを『「美質」の時代』と名付けた。なぜ、「美質」なのか。それをまず説明したいと思う。

これまで、私は長い経営者人生を送ってきた。その経験から確信できたことは、経営者にとって必要な資質は、社会人にとっても必要な資質ということだった。

社会は人の集まりである。一人として同じ顔がない。その意味で、社会は多様性に満ちている。だが、その多様な中に「統一的な何か」が存在するのに気がついた。それは、目に見えないが体全体を支える、いわばバックボーンのようなものだと思う。

日本のバックボーンとは、誰が見ても「美しい」と感じるものといえる。ひと言でいえば、「美質」である。それは外面的な美しさでなく、内面的な美しさであり、幾何学でいう「公理」に似た美しさである。つまり、誰も否定することができない、疑いようのない「美しさ」であるといえるだろう。

マネジメントの領域で偉大な存在であったピーター・ドラッカー氏の生前、私は随分お世話になった。彼は、経営者として人として必要な資質は「ぶれのなさ」であり、そして、「清廉潔白であって、ずるいこと、卑劣なことをしない」という意味のことを述べていた。これは「真摯さ」という言葉で包括される。真摯さなくして経営を行うことはできないし、社会を維持発展させることはできない。私は、ドラッカー氏のこの考え方に深く共感する。

「美質」ということ

なぜ「美質」にこだわるのか。

あるとき私の脳裏に、突然「美質」という言葉が浮かんだ。まだ最近のことである。美質というのは日常用語としてはまず使われない。誰かと話をする中で、使ったことがあるだろうか。誰かが話すのを聞いたことがあるだろうか。ほとんどないと思う。もちろん言葉自体は誰でも知っている。なのに誰も使わない不思議な言葉。文字通り「手あかのついていない」言葉といえる。

辞書を引けば、美質とは「生まれながらに持つ美しさ、よさ」の意味だという。「生まれながらに持つ」とは、いわば何百年あるいは何千年もの間、祖先から継承され、磨かれてきたコンセプトといってよいと思う。あえていえば、美的DNAといえるものではないか。

ドラッカー氏のいう「真摯さ」が道徳的な要素を持つのに対し、「美質」は文字通り美的な要素をもつことだ。

私は年の五割以上を海外で過ごし、外の世界を観察し、外から日本を観察してきた。いま、私なりに諸外国の社会や文化を見てきて思うのは、誰もが認める美しさは、世界にさほど多くは存在しないということである。

そもそも、美的な感性を育むのは、歴史と文化である。そして、日本の歴史と文化は美質という一点で突出していると思う。そう感じるのは、私が日本人だからだろうか。身びいきの一種だろうか。愛国心からだろうか。

そうではない。私は物事を客観的に見ることを信条としてきた経営者だから自信をもっていえる。日本の歴史と文化の美は世界のそれと比較しても圧倒的に高度である。まずそのことから話をはじめたい。

「歴史と文化」という宝物

海外に行って感じるのは、日本の歴史や文化に対して一目置く風潮が予想以上にあることだ。日本人にとって当たり前のことが、海外の人々にとって同じように当たり前であることは稀である。

たとえば仏教の寺院や芸術などは、日本人にとってはごくなじみのものといえる。おそらく多くの日本人はそのルーツである韓国、中国、インドなどにはもっと重厚な仏教文化があるものと考えがちだ。だが、それは間違いだ。行ってみればよくわかる。日本ほど仏教文化が保存され、いまなお息づいている国はアジアに存在しない。中国に至っては半世紀あまり政治体制を転々と変えてきた国である。仏教文化の多くの部分が破壊されている。

文化というものは、創造するのには何百年もかかる。だが壊すのはあっという間だ。その意味でも、重厚で芳醇な仏教文化が体感できる国は、アジアでは日本だけといっていい。海外の人たちはそこのところをよく見ている。確かに経済成長や安全神話について日本には深い陰が刻まれている。それを乗り越えるのは容易なことではない。場合によっては二〇年、三〇年かかる難事業だろう。しかし、私たちには先祖が残してくれた歴史と文化がある。そこに目を向けるべきではないか。

宝の鍵はどこにあるのか

歴史や文化は、当然のことながら、買ったり新たに創造することはできない。どんなに富裕な国であろうとも、歴史を外国から買うことなどできない。歴史や文化とは、そこに「ある」ものなのだ。それは先祖の努力によって、現在のわれわれ努力によるものではない。だから、われわれは、このかけがえのない遺産を活用し、継承することが重要だと思う。

日本人の先祖は、本当に困ったときのために、「歴史と文化」という莫大な宝物を残してくれていたのだと思う。その宝物に手をつけていいのは、本当に進退窮まったときだけである。まさしく、いまがそのときではないだろうか。現在の日本はまさに「途方に暮れている」といってもいい。いまこそ「日本の歴史と文化」という宝物を使うべきときではないだろうか。

だが、戦後の経済成長のなかで、日本人の多くは「歴史と文化」という宝庫の鍵のありかを忘れてしまった。それに加え歴史や文化を軽視する風潮さえ出て、何が価値ある宝なのかがわからなくなってしまった。効率化を追い求めるあまり、大切な宝箱の鍵を忘れてしまったのである。

残念なことだ。宝の持ち腐れとはこのようなことをいうのだ。だが、大丈夫である。鍵はきちんとある。腐食することなく見出されるのを持っている。その鍵の名を「美質」という。つまり「美質」とは、「歴史と文化を愛でる心」といえるのではないだろうか。われわれは、日本の歴史と文化をきちんと再評価するべきだ。それを正しくできるようにするためにこそ「美質」というコンセプトが必要になる。

そして、人間としての美質

他方、人間としての「美質」には、勤勉・努力・真面目さ・ひたむきさ・他人を思いやる心といったものがある。日本人はこうした「人間的美質」を失いつつある。何とか取り戻そうではないか。

たとえば、電車のシルバーシート。あれは昭和四〇年代の終わり頃に登場したが、シルバーシートでは「弱者には席を譲れ」という。ということは、シルバーシート以外の席では譲らなくてもよい、ということか。

とんでもない。それまでの日本人は、いつどこでも弱者には席を譲ったものだ。それが日本人の美質の一つだったのである。だが、それが失われてしまった。だから、シルバーシートという「規則」で縛るという情けない事態になったのではないかと思う。

歴史と文化という日本の「美質」、勤勉で助け合う日本人の「美質」。この美質を、いまこそ再認識すべきではないか。それが、この国が立ち直る大きな力となると信じている。

そう。いま、「美質の時代」がはじまったのである。

移行期を経て「美質」の時代へ

現在、大規模なグローバル化、人口減少に加えて、このたび壊滅的な自然災害と人災を見た。控えめに見積もったところで一〇年やそこらでかたづくものでないだろう。

実際に、外国からの批評をみる限り、日本はいったん社会的に破綻したとの見方が少なからずあった。

それでもなお、海外からの日本を見る目は不思議と温かい。

今回の原発事故などは一つの価値観が消滅した象徴ととらえてよいのではないか。そして現在は、新たな価値観への移行期だと思う。この国が、変わっていく変曲点なのだろう。人間も同じである。一七歳から二〇歳あたりまでに人は根本的に変わる。いままで考えなかったことを考えるようになり、悩まなかったことに悩むようになる。明確にいえば、美意識が変わる。

この移行期を経て到達する新たな価値観が「美質である」。「美質の時代」に向かって走る準備をしていると考えられる。

海外の人々は、日本と日本人のよき「美質」を持っていると信じている。彼らがそう思っているうちに、日本の現実に気がつき失望する前に、われわれが持っていた「美質」を復活させ、日本の美質文化を活用すべきである。

旧に復するのでは意味はない

現在復旧・復興が最優先という。しかし、復旧には三・一一以前の旧に復するとの意味がある。それでは意味がないと思う。三・一〇までの二〇数年の日本が想像的な世界だったわけではない。経済的には、デフレという停滞の時期だったのである。八〇年代後半から震災以前まで、日本はそれまで先祖が築き上げた財産をただ食い潰してきただけだ。

経済面だけではない。人情の崩壊、勤勉さと努力の喪失、欲望のための欲望。こうした、寒々とした二十数年であった。二〇年にもわたる社会の発展の機会を、どぶに捨てたも同然だった。

大切なのは三・一〇に「復旧」するのではなく、二十数年前に立ち戻り、そこから新たな出発をするという発想である。

そしてそれは日本人が「美質」も持っていた時代に立ち返り、そこから再出発するということを意味する。

「もの」ではない

日本人は昔から、精神的なものへの憧憬がある。漢文化を取り入れたときも、西洋文化と同化したときも、それを受け入れ、そして独自のものを創造していった。

ドラッカー氏は一九六九年の『断絶の時代』において、知識労働者の概念を提唱している。それでは知識労働とは何か。

私が経営者として数十年やってきた印象からすれば、知識があり合理的に考える人がすべて仕事ができたわけではない。むしろ学校の勉強はできなくとも、何をすべきかを直視的に理解する人の方にも、優秀な人が多かった。

なぜかわからないけれど、これはうまくいきそうだとか、かっこいいとか、美しいとか、合理を超えたところにある真理を見出すことは、仕事においては必要な能力の一つだ。

それというのも、私自身、主としてお線香を中心とする企業を経営してきた。お線香とは「もの」である。だが私たちは「もの」を市場に提供し対価をいただいている感覚ではない。私たちが提供しているのは、お線香を通じてお客様の心の中に立ち上がる美意識である。私たちは形の上では「もの」を売っているが、価値としは、心の「美」を買っていただいている。「癒し」という表現もできるだろう。

確かに戦後の日本は、ものづくり大国として世界に台頭した。私は戦後の焼け跡の時代を記憶する世代の一人だからよくわかる。当時からものづくりに携わる人たち、大企業から中小企業に至るまで、多くは金儲けのためだけに仕事をしていたのではない。働くこと、懸命に努力すること、それは日本人にとって当たり前のことであった。そしてそれは、外部から見ると、日本人のよさ「美質」なのである。

近年にいたってさえ、「会社は株主のもの」「金で買えないものはない」などと豪語する若手経営者が事実上社会からパージされたのも、理由は簡単である。一言でいえば、社会の価値観にそぐわなかったのである。日本人の美質がそれを拒否したからである。

美質立国となる

先に記したように、日本は美質の時代に入る。繰り返すが、美質とは「誰もが認める美しさ」である。「歴史と文化」は日本の美質であり、先祖が残してくれた遺産だ。そして、「勤勉さ真摯さ・思いやり」などは、日本人の美質だ。人も企業もこれを原点にするべきではないか。
日本はものづくり大国といわれ、効率性の追求が中心の価値観となった。だが、それは成長社会、発展途上国での話だ。先進成熟国となったいま、そうした効率性のみを重視する価値観では新興国に勝てない。そうではなく、精神的なもの、いうなればソフトで勝負するということである。
すぐれた日本の歴史と文化。それをどう「商品化」するかが、現在の課題だ。商品化して海外に提供する。そうした方策が、これからの日本の進むべき道であると思う。
要は、日本と日本人の美質を輸出するということである。それが、先進成熟国のとるべき選択肢だ。
「美質立国」、これがこれからの日本の旗印であるといえるだろう。

日本人の美質は海外でも受け入れられる

こんな話をご紹介しよう。

アメリカのジェニコを買収したときのことである。その社長だった人の奥さんが亡くなった。私は彼に「香典」として三〇〇ドル贈った。西欧にはそういう習慣がないから彼は相当とまどったようだ。とまどいながらも受け取ってくれた。
それから三年後のことである。彼から手紙をもらい、そこにはこんな意味のことが書かれていた。
「いただいたあのお金で、ドックウッドの木を植えました。ドックウッドを亡き妻と見立てたのです。そしてあれから三年たちました。ドックウッドの木は見事に成長しました。亡き妻が成長したように私には思えます。これもあなたにいただいたお金がきっかけです。ドックウッドの木の成長ぶりをご報告するとともに、あなたに深く感謝いたします」
人が亡くなるという悲しみのときに、それを慰めるという意味での香典は、日本人にとっては当然のことだ。しかし、これは外国人にとっては大きな美質なのである。民族が違っても同じ人類として、共通の感動がある。そして日本には、海外でも十分受け入れられるものが数多くある。このような日本人の美質を大いに海外に広めようではないか。

衣紋道 十二単にみる基本の型

国際文化理容美容専門学校渋谷校校長
衣紋道高倉流たかくら会東京道場会頭
荘司 礼子

十二単に代表される日本の宮廷装束は、伝統の繊細な技術が織りなす究極の美しさと、千年の時を重ねた重厚な存在感を誇りますが、装束を着付けるということが伝統文化として、主に口伝と体験で、連綿と正しく受け継がれていくというその形態は、世界に類をみません。

平安末期、鳥羽天皇の頃に、花園の左大臣と呼ばれた源有仁（みなもとのありひと）公（103~1147）が開祖となり、装束を、威儀正しく、美しく整えるための着付方法が案出されました。

装束の着装は、平安中期のころまでは、柔らかい装束（柔装束 / なえしょうぞく）」を着用していたため、それぞれが行っていましたが、装束が次第にゆるやかに大きくなり、「強装束（こわしょうぞく）」と呼ばれる糊をきかせた硬いものになりますと、自分で着ることが難しくなり、他人の手を借りる必要性が生じたのです。また装束を着付けるには、装束の染、織、文様、色目のこと、もののふの扱い、髪上げ具のことなどの知識も必要になります。

つまり「衣紋道（えもんどう）」とは、装束の着付にまつわる技術や知識のすべてを含みます。

さらに「有職故実」と呼ばれる伝統的な儀式や四季折々の行事、日常のしきたりなどの知識も、装束を扱う際に必要となります。

茶道、華道、武道など、日本の伝統文化は型の文化といわれます。

まさに衣紋道も同様で、型を学ぶことからはじまります。

なかでも「十二単※」は、衣紋道において、はじめの基本といえる装束です。

十二単はその衣を、"かさね、あわせ、むすぶ"という動作の繰り返しで着付けていきます。

着せ上がりの衣の重さは 10kg を優に超え、15kg にも及ぶといわれています。しかし、それほど重厚な十二単を身体にとめているのは、つねに、たった一本の紐のみなのです。

衣紋道では、十二単を着付けることを、お服上げ（おふくあげ）といい、前と後ろの二人で装束をお着けします。前を着付ける者を「前衣紋者（まええもんじゃ）」、後を着付ける者を「後衣紋者（うしろえもんじゃ）」といいます。

十二単を着る方は「お方さま（おかたさま）」とお呼びします。

お服上げの際に心得るべきことは、お方さまを第一に、お方さまのことを心から大切に思うことです。

「お方さまの好みによるべし」、これが大前提です。衿の合わせ方も、紐の締め具合も、お方さまのお好みに合わせます。

お服上げの際には、お方さまは必ず、吉報の南か日の出る東を向いていただきます。前を着付ける前衣紋者は、お方さまの前に立ちはだかることはなく、膝立ちになることはあっても、立つことはありません。

十二単のお服上げでは、最初に着ける「単（ひとえ）」にはじまり、「五衣（いつつぎぬ）」、「打衣（うちぎぬ）」「表着（うわぎ）」にいたるまで、「衣紋紐（えもんひも）」と呼ばれる絹の紐二本を交互につかって着付けていきます。

はじめから終わりまで、衣擦れの音さえも耳に触るほどの静寂の中で、それこそ阿吽の呼吸とでもいいましょうか、前と後の呼吸を合わせて、着付けていきます。

そして、衣紋紐を結ぶ時も、呼吸が大事です。

前衣紋者は、膝立ちの状態で、紐を前で交差したら、右手の紐先を二回絡げ、紐の先を持って身体を沈めながら息を吸います。身体が沈んだ時、両側にカギ（輪）をつくり、身体を上げながら息を吐き、ひじを横に張るようにして左右に引いて締め切ります。息もこの時、吐き切ります。紐先は両輪になります。この結び方を「衣紋結び」といいます。

次の衣を重ね、衿を合わせて紐を結んだら、着付けた衣を崩さないように、先の衣に結んだ紐を下から静かに抜き取ります。この繰り返しで着付けていきます。

そして最終的に十二単は、「裳（も）」についた小紐のみで、身体にとめられることになります。

かつて肌着として十二単の一番下に着られていた小袖が、やがて表に出て、現代の着物へと昇華したことから、「十二単は着物の原点」といわれます。

しかし、そのことだけでなく、十二単の着付につかう道具は紐のみ、後から修正はしない、一切の余計な手を省いた究極のシンプルな型に、原点といわれる所以があると思われます。

※十二単の正式名称は「五衣・唐衣・裳（いつつぎぬ・からぎぬ・も）」といいます（皇后陛下の十二単だけは、「御五衣・御唐衣・御裳」と呼ばれる）。十二単という呼び名は俗称で、その表記からは、もともとは下着であった単の上に掛を十二枚はおっただけの装束という意味になり、身分の高い人の前では必須の唐衣がないので、略式の装いになります。正装である唐衣裳の装いが十二単と呼ばれるようになったのは、江戸時代のことといわれています。

源氏物語「香染」再現
―― 香りから色を導き出す千年の美 ――

香染・染織作家
佐藤　幸香

はじめに

日本の香の文化には、二つのテーマがありました。

香を「聞く」ということと、香を「纏う」ということです。

聞くは「聞香」となり、やがて室町時代後期より「香道」を形創ってゆきます。

「纏う」は平安王朝の貴族たちの日々の暮らしの中の香の使いこなしです。衣服に香を焚きしめ、髪に香を移し、扇や紙や身の回りのものを香で染(し)めと、まさに香を「纏う」といいう姿であったと思います。

一千四百年の昔、仏教と共に伝えられた祈りの香（日本に生産しない香木、沈香、白檀や丁子、桂皮などの香材の渡来）が、やがて生活文化の香へと広がり発展します。

香は365日、貴族階層の暮しを彩り、自己表現ともなりました。それを背景として描かれた「源氏物語」五十四帖は、香で描かれた物語ともいえます。「源氏物語」原文に、「丁子染」とか「香色」とか出てきますが、これは一体、何でしょうか？

「丁子に深く染めたるうす物の単衣を細やかなる直衣に着給へる」（第52帖蜻蛉）

「宰相どのはすこし色ふかき直衣に丁子染のこがるるまで染(し)める白き綾のなつかしきを着給へる。ことさらめきて艶に見ゆ」（第33帖藤裏葉）

これは、香から色を導き出し、綺の糸（古代絹）一糸一糸を染め上げた平安王朝の「香染」のことです。この香材からは想像もつかない美しい色が絹糸に現われ、その色を身に纏うと、肌の温もりで、その色から再び香が立ちます。

香から色を、色から再び香りをという素晴らしい美の循環を創り出した平安王朝人。

この日本独特の美の表現である「香染」を「源氏物語」の原文をテキストに一千年前と同じ方法で再現しようと思いました。そして古代絹（綺の糸）にたどりつき、当時の女性たちと同じ手法を遣い、一糸一糸を幾度も（思ひこがるるまで）染め、そして、自分で手機織りで、織り上げました。その20年間にわたる孤独な作業のメモから、幾つかのことをお伝えしたいと思います。

Ａ）香りと色の不思議世界～「香染」とは？
Ｂ）「丁子」～見かけからは想像できない真の力
Ｃ）丁子香染再現考
Ｄ）古代絹（綺の糸）と「香染」
Ｅ）古代絹（綺布）と襲（かさね）
Ｆ）生絹（すずし）と襲（かさね）

Ａ）香りと色の不思議世界～「香染」とは？

・ある年の６月梅雨の晴れ間、染め場の周りに繁っていた羊歯で絹糸を染めたのです。

じっと見つめていると、ある想いが浮かびました……

何億年も前の地球の情景が迫ってきます。噴火する山、渦巻く黒天、樹木を倒す恐竜……

なぜならば、絹糸を染めている羊歯から、染めの釜の中から、なんと海の香りが立ちこめ、一面に広がってきたのです。

・羊歯の葉の裏には、びっしりと赤い胞子がついています。海から陸に上った最初の生命は胞子だったと思い出されました。

・羊歯からどんな色に染め上ったのでしょうか。

美しいピンクがかったベージュ色です。

羊歯とは姿かたちは全く違うのに、檜や桜と同じ樹木色でもありました。目に見える羊歯は緑色の草です。

しかしこの中には美しいピンクが秘んでいます。この緑の中に、地球の生命の色を持っているのです。

・この後８月になり、羊歯を煮出しても海の香りはなく、青草い草いきれがしますし、染まる色も羊歯の葉そのままの緑です。

・羊歯はどんな処に生えていますか？　水気の多い処ではありませんか。羊歯は今でも海から生れた生命の記憶を伝えています。

・色と香りとの不思議な関係に刺激された私は「源氏物語」の中の「香染」という言葉を思い出し、読み直し始めたのです。

そして「香染」の原点は一千年以上も昔、平安期の人々が漢方生薬であり、香染でもある「丁子」と出会い、丁子に隠れている色を発見したことでした。

B）「丁子」～見かけからは想像できない真の力

・丁子の干からび、汚れた小さな粒に、輝く黄金色が秘んでいるなど、誰が想像できたでしょう。

丁子の香染めの絹糸は、無限の光が入りまじり、明るくそして深く、透明でありながら、幾層にも重なり合う光彩の色です。薄黒い丁子の中に、この輝く光彩を見い出した平安期の人々の感性と、それをかたちに導き出した技術に感嘆します。

・「こがるるまで染める」は「そめる」ではなく「しめる」と読みます。水の中（または40℃～60℃のぬるま湯）に丁子を入れると、ゆっくりと色が浸み出します。

その液に布をつけ、よく絞り、干し、また液につけるという行為を幾度も、幾度も繰り返したのです。

・染めるという文字は氿(ハン)が池、水たまりのことで、下は木です。火がありません。現在の染色の様に沸騰させて、香りを蒸発させることがなかったのです。

・幾度浸して、干してという手順を繰り返すかが、その家の伝承で母から娘への家伝でした。

・古代母系社会の名残りかもしれませんが、いのちを生みいのちを育む母たちは、美も育み伝え続けました。

・芳香をふっと感じさせる色「香色」

深く染め上げた想いの色、「丁子色」「こがるる色」、「香色（香染)」、「丁子色（丁子染)」「こがるる色（こがれ染)」と濃淡で大別されますが、後に「香色」は「白茶」に、「こがるる色」はなんと「焦茶」になってしまいます。

後世は「媚茶」「白茶」「薄茶」「濃茶」「焦茶」となりました。

・この色と香りの使い分けこそ、大天才、紫式部が作り上げたこの重層緻密な物語の謎解きの鍵となっています。

C）丁子香染再現考

・着尺一反　古代絹1kg使用（たて糸500 g　よこ糸500g）

使用たて糸～室町時代に絶えた緑繭を基にした「都浅黄」31中4本撚り200回

～及び「春嶺鐘月」31中4本撚り250回

よこ糸～「春嶺鐘月」扁平糸90 d × 2撚り200回

～及び「春嶺鐘月」扁平糸160～180 d　無撚り

・古代絹500gに対して丁子350g使用　染液を作る

※丁子は染料店の280gと香料店の70gを混ぜ使用

①9ℓの水から丁子350 gを入れ50～60℃まで温度を上げ一晩置く（1番液）

②9ℓの水から同上の丁子を入れ50～60℃まで温度を上げる（2番液）

③1番液＋2番液18ℓの中に古代絹500gを入れ、温度を90℃以上に上げ染め、一晩置く（絹は精錬をせず、生染め）

④2回水洗い後　媒染　アルミ20%　100cc　沸騰後止一晩置く

⑤新しい染液を①、②の手順で作る

2回水洗い後　新しい染液18ℓ温度90℃以上染める一晩置く

⑥2回水洗い後　媒染　アルミ20%　100cc　沸騰後止め一晩置く

⑦新しい染液を①、②の手順で作る

2回水洗い後　新しい染液18ℓ温度90℃以上で染め一晩置く

⑧乾いた後の色目を考え　良ければよく水洗い後干す

もう少し重ねたければ④媒染後　①、②の手順で染液を作り染め繰り返す。

・染液を作る時決して沸騰させず、香りや薬効を蒸発させないこと！

糸を入れて染める、及び媒染する時は、きちんと温度を上げ（100℃）絹糸の中に香り、色、薬効を引き入れること！

沸点から40℃～60℃に下降する時絹糸の中に吸収されるので温度がゆっくりと下る様一晩置くこと！

・糸量に対し同量以上の染材を使用し、沸騰させ煮出せば濃い染料は抽出され、１回の染めと媒染で効率よく染め出すことは出来る。

・しかし、香りや薬効は蒸発し、色は透明感のないにごったものとなる。

①～⑧が私の香染で「香色」です。

①の３番液＋４番液使用で丁子染めで「丁子色」です。

①の５番液＋６番液使用は鉄媒染で「丁子黒」を染め出します。

鉄一液染手順

-1-　①の５番液＋６番液抽出

＋

鉄5%　25ccを入れ染液に鉄反応させ、鉄染液を作り、古代絹500gを入れ、温度90℃以上で染め一晩置く

-2- ⑤の５番液＋６番液抽出

＋

鉄5%　25ccを入れ、鉄染液をつくる

２回水洗い後温度90℃以上まで上げ、染め、一晩置く

-3- ⑦の５番液＋６番液抽出、鉄は入れず、２回水洗い後温度90℃以上染める　一晩置く

最後は必ず化学的要素を残さない様染液で終わらせる。

一液染は染液を反応させ､色を出し染める方法なので、幾度重ねても真黒にはならない。

・しかし絹糸を傷めず、丁子本来の色が幾層にも重なりあう奥深い黒を表現することができます。

・糸染めや媒染の際の沸騰で古代綺の糸のセリシンがどの程度落ちるかはデータを取り続けるしかありません。平均10%～14%減（把によるムラもあります）

同じ丁子でも異なり、白檀、桂皮、附子、茜、笄草木香原料の種類でも各々抽出法が違います。

・染液をどう作るか

その抽出した染液でどんな色彩を創るか

・「源氏物語」の原文を読み解きながら想像し、創造した「香染」再現です。

物の文化、技術の文明は発達し、今21世紀の私たちは暮しも便利、モノも充足しています。その中での非効率で非生産的な染織方法なのです。機械化できません。

現代的合理性や生産効率が求められる一方、今こそ、母から娘へと伝承される一筋の美を願わずにはいられません。

D）古代絹（綺の糸）と「香染」

・絁（あしぎぬ）ともいわれる日本古来の絹糸は、ゆっくりと繭から糸を座繰りし、一本一本の繊維が平らに並んでいます。平らかな形状の絹糸は丸糸に比べ、三倍程の幅のふくらみをもち、経、横に組み合わさることで、薄く、平らで滑らかな布となります。

江戸中期の熨斗目にも使われていたことからも、撚りの少ない扁平な糸が､日本の絹糸の基本になっています。

・繊維と繊維はセリシンという膠で包まれ、接着しています。高温で煮たり、強アルカリ（木灰や石ケン）でセリシンを除去すれば、繊維はバラバラとなり製織が困難となります。

・古代絹がセリシンを多く残している特性だからこそ、水から抽出した液で、染め（しめ）重ねることが必要であり､明度が高く､香り立つ優しい「香染」となりました。

E）古代絹（綺布（きぬ））と襲（かさね）

・「櫻の唐の綺の御直衣」（花宴の第８帖）

「綺（き）」という練りの少ない、撚りのない古来の糸で織り上げられた布「絹」はまさに「綺布（きぬ）」でした。

その美しさは「綺麗」「綺羅綺羅」「綺羅星」と最大の讃辞の語に思いが託されています。

・極細の綺の糸で、浮き模様を織りこんだうす絹。

表は白色、裏は紅花色（赤色）の合わせた衣となります。

表から裏の色が透けて垣間見える色――二枚の布の絶妙な重ね色が櫻襲です。

・二つの異なる色、白と赤が出会いうす絹を透して見える色はひとつ、繊細にしてこの上なく優美なさくら色。

「色」を透過光のように重ねてとらえ、その色の絶妙な交り合いが生み出す繊細な「光彩ハーモニー」、それが襲（かさね）です。

・平安期、未だ友禅という絵画手法がない時代、限られた染素材、身分や年齢で制限された色数、その不自由さの中で色と色の「面の重ね」で、日本の美しい四季を表現した感性を思います。

F）生絹（すずし）と襲（かさね）

・生絹と書いて「すずし」と読みます。

「源氏物語」に幾度も、さりげなく、でもとても大事な意味と情報を秘めて登場します。生絹（すずし）とは何でしょうか？

繭から引き上げたままの、手を加えない生の糸（きいと）で、経、横を織り上げた布が生絹（すずし）です。

生糸は日本の古代絹「綺の糸」です。

この生糸（綺のいと）は外側のセリシンがついたままなので、ハリやシャリ感があり、夏の暑さには肌にベタつかず、「涼やか（すずやか）」。

・この生絹を「砧打ち」「練る」等で光沢を出し、柔らかくすることで「打ち絹」「練絹」としました。

「打ち絹」と生絹の二枚を重ね合わせ、「氷襲（こうりがさね）」

「練絹」と生絹の二枚を重ね合わせ「雪襲（ゆきがさね）」

「打ち絹」と「練絹」の二枚を重ね合わせ「白襲（しろがさね）」

・「白」が太陽の光が散って、白っぽい色になる「しらむ」から「しろ」になった陽の色、古代からの感性です。全ての色の中で最も明るい色は「白」。

目に見える色の白と、目には見えない光の白。この異なる二つの色（光）が織りなす繊細微妙な、類のない美の世界――それが日本の襲です。

大正のきもの

作家
近藤　富枝

一、女性の時代

大正の末に東京に生れた私は､幼女時代に「色かくし」という遊びをやった。一人が自分のきものの一部を手で隠して

「どの色かくしたァー」

と問いかけ、目をつぶっていたもう一人がそれを当てるというごく単純なやりとりである。ただこれがわりあい当たらないのは、着ているメリンスのきものの友禅模様が多彩であったからだと思う。

町内で洋服を着ているのは学校の先生とお巡りさんと子供たちが囃したけれど、本当に私のまわりは家族も店の番頭さんや小僧さんも親戚にも洋服は一人も思いうかばず、きものオンリーの時代だった。東京下町の我が家がそうだったので、地方も似たようなものだったのだろう。人集めの好きな父だった。花見や雛の夜や川開きに若い叔母たちが客になった。艶やかな色とやさしい風合いの絹につつまれた彼女たちを憧れ、やわらかい膝にもたれて甘い化粧の匂いを知った。大正は私のメンヘンだった。

三十年ほど以前になるが、手伝っている財団から私の企画で『大正のきもの』を出版することになった。早速、デパートで長年呉服を扱い、今はきもの評論家であるＹ氏へ相談にでかける。ところが、

「〈大正のきもの〉などというものはない。すべて明治のままです」

と、開口一番ピシャツと言われてしまった。そんなことはない、と私は心の中で反抗した。明治は維新をとげた男たちが欧米諸国に「追いつけ追いこせ」と殖産につとめ、日清、日露の戦役にそこそこの勝ちをとり、世界の一等国に仲間入りし、鼻高々の男性時代であった。ところが、わが大正時代は女性躍進の時代である。松井須磨子を先頭に女優が生れ、平塚らいてう率いる青踏社の人々が新しい女を主張して活動する。女学校の数が中学校を上まわったのがこの時代だといわれている。従って女性も教員、交換手、看護婦、映画女優、バスガール等に進出する。宝塚歌劇団もこの時代に生れた。

心理学者の南博（みなみひろし）博士に「大正大好き」の話をすると、

「大正は明治と昭和の間にはさまれた暗い谷間のように思うのは間違いだ。文明開化から文化へ人々の心が移り、個人の生活を充実することに目が開き、女性の時代でもあった｡大正ならではの良きものを、わずか十四年半に培っている。谷間でなく明治と昭和の間に聳えている火の山だ」

との大正賛歌に私は大喜び。さらに、

「流行が計画的に作り出されるようになったのがこの時代です」

と。何しろ三越を先頭に白木屋、松屋、高島屋など現在でも銀座や日本橋で盛業中のデパートが出そろったのも大正で、流行はきものの場合はすべてデパートから誕生した。では、大正のきものとはどんな特質があるのか、私は安心して資料収集に走りまわった。当時のきものと写真が目当てで、秘蔵の品物を惜しげもなく多くの方が提供して下さったのを忘れない。

二、贅沢　簡便　質の高さ

まず万事に贅沢になってきたというのが大正のきものの傾向としてあげられる。けれどそれはすでに明治の末

から世の中のおさまりにつれてゆったりと進んできたもので、永井荷風は「東京風俗ばなし」(エッセイ)に、

「着物の片地も明治三十年代には、わたくしだけの話をすれば普段着は瓦斯双子に小倉織の角帯。余所行(よそゆき)には節糸織か銘仙を着たのですが、明治四十年代になると以前の外出向が普段着の程度に変った のです。夏羽織も初夏の頃には変り地の一重羽織。暑くなると絹の羽織、土用中は紗の羽織を着るような始末でした」

と書いている。六年ほど外国にいた荷風が帰国しての感想なのであった(ちなみに明治45年は大正元年である)。

そうした流れ以外に、第一次世界大戦で日本は外貨を稼ぎ市民の懐ろ具合がよくなったことが加わり、贅沢が中流にまで及んできたことが大正の更に大きい問題であろう。成金といわれる連中が生れた。料亭で履物の場所を探すといって百円札に火をつけたというエピソードを読んだことがある。

これまで縮緬は上流階級の着るものだったが、この時代からはそこそこの家庭の娘さんも着るようになった。女性の場合、木綿は雇人や下級の階層が主に着るので、普段着に銘仙、長唄などの稽古には糸織、買物にお召や大島、観劇などには縮緬といったところが娘さんたちの大ざっぱな標準といえた。

贅沢といえば丸帯一本千円とか二千円などという価のものが売れた時代で、三百円あれば家作(賃家のこと)が一軒、千円も出せば立派な家が建ったというので驚く。龍村平蔵作「印度華俗錦」という一筋を知人から見せて頂いたが、美術品といえるすばらしい出来で、代価は大正のはじめに二千円であった。

染や刺繍に贅をつくすだけでなく、ダイヤモンドの衿止、翡翠やプラチナ、金などを使った帯留、また珊瑚を裾模様の南天の実につけるということもあった。

一方で贅沢を目ざしながら、一方では服装の簡略化という面もあった。明治のころは式服は三枚襲ねであったが、大正になると二枚襲ねになっていく。これも都会からはじまり地方へ。階層としては、商人などの下町のひとたちが先に二枚になり、山の手の官吏の夫人や上流階級は少し遅れた。

綿入れは当時きものにも羽織にもあり、胴着という、きものと襦袢との間に着る防寒具も綿入れだったが、これも次第に消え、胴着そのものも着ないようにやがてなった。(綿は木綿綿も真綿(まわた)もあった)その代りに毛織のシャツや股引きをはくようになるので、服装の洋化はまず下着からはじまっている。

明治維新の折にそれまでの富裕な客層がおちぶれて、呉服業界は一時低調になった。しかも上流階級は洋装に関心を持ったのでそれも不景気の原因であった。いわゆる鹿鳴館時代である。が、やがて勢いがおさまり、明治26年ごろからきものが好調の兆しを見せる。そして大正はこれまでの技術がいよいよ深化し、レベルの高い織や染の生れた時代だった。

例えば夏物の明石は、大正中期に男女に大流行をする。一枚や二枚の明石を持っていないものはないといわれたが、一反の重さが四十匁まで軽量化した。明治の末から更に工夫をかさね蝉の羽のような感触を裂に作り、更に色と洗練された模様とで、見る人にこの上なしの清涼感を演出した。値段も上質のわりに安い。

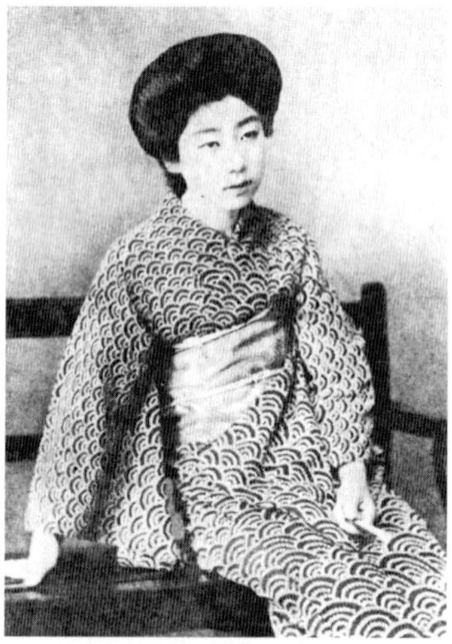
大正初期、明石のひとえ着
(『資生堂百年史より』)

明石は昭和も戦前まで作られていたがその後消える。明石は大正の生んだ傑作の一つといえよう。こうした作品ができたのは日本の女性が99%きもの姿であった頃の職人さんたちのプライドと熱心と、加えるに伝統の力によるものであろうか。

三、地質の変化　縞　単羽織

大正は生活の簡便化や合理化が喜ばれた時代で、きものの地質も軽いもの、やわらかいものの流れが大きくなり、男性も成人はお召や大島や結城等を好んでいる。女性は一層その傾向が強く、縮緬も一越が喜ばれるようになった。

柄はあいかわらず縞が全盛である。これは男女を問わず、また山の手族と下町族とに関わりなく愛用されていた。庶民の下層の人たちはいつの時代も柄のない木綿や麻などの無地ものをまとっていたと思う。縞柄ははじめ

は富裕でないと身にはつけられず、大正のころも略礼装として通用したほど大切にされていた。『大正のきもの』で収集した当時の写真の半分が縞柄を着た成人者なのは、時代の動向を示すのだろう。私は明治41年から大正4年の8年間に飯能の業者によって集められた「縞帳」を持っているが、これには二千種の縞の裂が貼ってあり、しかも一つとして同じものがなく、木綿、銘仙、お召、結城、ゆかた地、夜具地などまであって、しかも男性用に限られている。おそらく女性用の縞を集めたら一万種にものぼるかと思うが、それほど縞は千変万化さまざまのバリエーションを作ることで着る人たちの好みにあわせたのだろう。

「縞帳」の写真（一部）

前代からひきつづいて女性たちはきものの衿に黒繻子の掛衿をつけることが行われていて、これは普段着に限らず一寸した外出用でもつけていた。縞のお召のきものに黒の掛衿ではずいぶん地味なコーディネートになると思うだろうが、それを防ぐのが華やかな半衿であった（半衿は後述する）。

哲学者の九鬼周造の『いきの構造』は現代もなお読まれている名著だが、彼はいきな柄を縞に限定した。それも立縞でないといけない。彼は大正10年パリでこの論文を書いた。いきとなるとやはり東京であり、別に九鬼説がそれを主張したせいではないだろうが、縞は東で、そして関西では大きな花柄などが喜ばれた。あでやかな友禅や小紋などはむろん東京でも愛用されたが、染は主に京の店に送られていたらしい。訪問着が礼装より自由なデザインで第一線に躍り出るのも大正である。訪問着は三越のネーミングで、夫人や令嬢の他に花柳界でも人気があった。

礼装というと五つ紋の黒留袖や色留袖がきまりであったが、もっと簡略にそして華やかにという考えから生れたのが訪問着だった。色は自由、紋は一つでもなくてもよろしく、絵羽模様で一越や紋繻子を生地に用いている。そして平成の世まで訪問着の人気は衰えず、ますます汎く愛用されている命の長いきものである。帯は袋帯を使う。

それに比べて男性はあまり変化のある動きはない。しかし、昼間は背広や制服姿であっても、家に帰ればきものに着替えリラックスするのが大正の男性の姿であった。

この時代の生地は絹物全盛で、在来から作られている大島や結城も工夫をかさね一段と上質になっている。さらにお召の人気は高く、男性も女性も愛用した。袋物問屋に嫁いだ私の母は「店へ出る時はお召を」と姑から注意を受けた。また料亭も一流の店になると、仲居は銘仙をさけてお召を着用した。

大島の対（つい）（きものと羽織のアンサンブル）が流行ったのも大正中期で当時の女性は一番憧れていた。

とにかくきものが贅沢を極めたのが大正である。もっとも木綿も働く人、男性、子供たちには必須のきものであった。女学生も木綿でないといけない学校があり、日常も木綿に五つ紋で、カシミヤの袴をはく。色は海老茶、紺、紫など自由であった。半衿は白メリンス。

さて、帯は丸帯、袋帯、昼夜帯（腹合せ）、半幅などで、大正6、7年ごろには名古屋帯がこれに加わる。正装用には織の丸帯でこのころは糸錦と唐織が好まれた。染の丸帯も外出着などに使われ、塩瀬や羽二重の地に刺繍したものが一般的である。昼夜帯とは裏と表と別のきれで作られたもので、表は絹更紗で裏は黒繻子などは一例だが、大正はほとんどが昼夜帯を使っていた。大体帯はきものより上等を選ぶというのが常識であり、きもの一枚に帯三本といわれた時代でもあった。

最初に述べたように、大正は薄物流行の時代であった。帯もこのころになって夏物に絽や紗地のものが使われるようになり、また単帯の縞博多が流行するのもこのころからである。私の母は三越ではじめて売り出した博多の袋帯を買っている。代価は百円であった。

羽織はそもそも男性の礼装用として長く、一方女性は着用を許されず、明治になって着るようになったので、二尺六、七寸もある長い羽織が大正時代一般的であった。しかし、この時代のもう一つの特徴は単羽織が流行したことだろう。

これは男性の場合だが、大正から昭和にかけて人気のあったイラストレーターの高畠華宵が明治44年6月に郷里松山の母へ東京から送った手紙に、大商店の図案意

匠を受持っているので、書生風ではダメで絹物を着用するので大変だとグチリ、

「先月は絹セルの羽織と単衣を作り、今月に入りては亦鉄色の絹羽織を作り、銘仙のかすりかたびらなど、其から其へと、なかなか骨折に候」

と書いた。月収60円の華宵だった。

文中彼が意匠を受け持っている店の名に私の生家が出てくるのでびっくりした。

女性の場合は夏の羽織は本来いらないが流行とあれば着ないわけにもいかず、大正に入ると絽縮緬がまず騒がれ、紗や明石なども着たが、おしゃれのためのおしゃれで、世の平安につれて生れた贅沢なものの一つだろうが、これもデパート辺りの企画によるのかもしれない。

私は母の若い頃の衣装についていろいろ聞き出しているが、大正7、8年頃の姉と自分の単羽織についても話している。

遠見の江戸城がデザインされた絵羽織。帯は塩瀬で更紗の寄せ集め柄。髪は銀杏返し。（左）

姉は二十歳、妹は十七歳くらいの時である。まず姉のは薄色の絵羽織で裾に稲穂が風にそよいでいる様子が描かれ、鳴子もいくつも描かれ、雀があちこちに飛んでいるというニューデザイン。新進の日本画家の作のようであった。とても自分たちの身分では手に入らない高価なものと母は感じたという。神田の今川橋近くの機械工具商が生家で、商売柄、世界大戦の時に商いを大きくしたことが高価な買物になったのだろう。そして母がやがて買ってもらった単羽織は、深いとばり色の地に大小のポプラの木が風にそよいでいる絵羽だった。新派の女形の花柳章太郎にほめられたそうである。

盛夏のきものは男女ともに上布（苧麻（ちょま）の細い上質な糸で織ったもの）、紗、絽などに前述の明石が盛んに着られた。薄物のきものの下に美しい柄の下着や長襦袢をかさねることで、女性は優雅な味を出すことが行われた（後年紗合せと呼んだ）。

また、夏の家庭着は老若男女すべてゆかた全盛であった。柄はさまざまであったが藍地と白地がほとんどで、昼は藍、夜は白を着る。色を使うのは子供にかぎり、このころからゆかたにも絵羽模様が作られた。地はむろん木綿が主力で、盛夏には綿絽、綿縮を着た。絞り柄も喜ばれ、素肌に着て素足がきまりであった。帯は博多の半幅が多く、男性は兵児帯、角帯。子供は男児女児ともに兵児帯である。

四、下着　子供のきもの

下着は前代と変りないが、男女ともに長襦袢はよそゆきのもので、日常では襦袢と蹴出しを普通の家庭では着ていた。女性はさらしの肌襦袢を上に、下は二布（ふたの）といってさらしを横幅に二枚はいだものを肌つきとした。紐はつけない。男性は下帯（褌）の上は前述のように洋風化されステテコ様のものをはくのが見られた。また、半襦袢の胴にはセル、ネルを使う。

もっとも長襦袢や羽織に贅をつくすのが大正の男の心意気で、宴席できものの片袖を脱いだりするのが遊びだったせいもあるだろう。男性は羽二重、女性は錦紗、縮緬など軽くすべりのよい生地を喜び、メリンスはやはり普段用だった。

また二枚かさねはこの時代もけっこう使われていて、父などは夜遊びにも、芝居見物にもかさね、物堅い商人だが結城の下に更紗など色のあるものをかさねていた。もっとも三十三、四歳の頃である。母もかさねていたが私の記憶では変り下着で表とは別の模様が使われていた。対（つい）下着（上・下、共柄）は礼装の場合かとも思うが、それ以外にこの時代は変り下着がほとんどだったのではないだろうか。

子供のきものについては自分の体験を書くことにしたい。銘仙とメリンス（モスリン）が普段着で、外出はきものも羽織もさらに上質な銘仙、富士絹などを着た。芝居やことある時はむろん縮緬の友禅であった。袖は普段は元禄で長袖は正装の時だった。帯は兵児帯。赤やとき色の絞りが一番使われた。半幅の帯、中幅の帯を外出用にしめたが、祝着の時は唐織であった。子供のきものには肩揚と腰揚がある。下着は晒（さら）しの肌襦袢にお腰をしめたのは四歳くらいまでで、その後はメリヤスのシャツとキャラコのパンツ着用であった。

普段は前掛かエプロンをかけていた。外出の時はレー

スの飾りのみごとなエプロンをする。これは男児も同じで、男児のきものは木綿やガスの絣柄などが多く着られ、筒袖であった。幼時にはメリンスも着せたが活発になるにつれて変るので、外出着は銘仙なども着た。エプロンにはフリル飾りをつけた蝶型と、ヨークの先をとがらせた剣型とがあった。

さて、前掛は私の宝物であつた。メリンスのリバーシブルで表は赤地に源氏香のすり匹田、裏地はピンクのかわいい花柄で膝下までの長い前掛である。これをしめると芝居のお染かお里にでもなったようで嬉しかった。

合着にセルとネルを着た。どちらも毛織で、特にセルは外出用で軽くて程よく暖かくて大好きであった。男児も着たし大人になっても男女共に愛用され、大正の流行の一つだった。袴用にも使われている。

セルの季節という特別な雰囲気があった。春の終りの一寸汗ばむころの何となく心落ちつかない時分のきもので、北原白秋の歌に、

　こころもち黄なる花粉のこぼれたる
　薄地のセルのなで肩のひと

というのがある。人妻を恋した白秋の情熱のこもった歌である。セルには西洋のモダンな味があり、楽しいきものだった。

ついでに加えるなら、私は小学校にあがる一年前ぐらいから洋服になれるようにと着ることがあった。だいだい色の毛糸で編んだワンピースで襟とポケットのふち飾りに茶が使われているシックなもので、母が婦人雑誌の付録をみながら編んでいたのを覚えている。

五、半衿

この頃のきもの姿のポイントは半衿であった。白色は式服以外にはあまり用いられず、一般家庭の標準は幼女の頃は赤、少女になるとピンク、娘さんは藤色であった。それより上の年齢になると千紫万紅さまざまの半衿がそれぞれの衣装と着る人の感性により使われていたので、きもの史上の上では見逃せない現象といえる。

まず材質は縮緬が多く羽二重もあり、春用には立しぼ縮緬、夏は絽、紗、麻等が主であった。羽二重や塩瀬の無地物が花柳界には喜ばれた。しかし、刺繍を施されたものが一番の人気で豪華なものが作られた。絞りや友禅も使った。メリンス友禅や無地は働く女性たちのものであった。

刺繍の図柄は大正風を言うなら伝統柄をおしのけてシックなものモダンなもの等が生れたことだろう。洋花のバラや鈴蘭なども卒業して、海外の表現主義をまねた奔放なデザイン等も現れた。またエジプト模様が流行ったり、御大典（大正４年）のころには王朝風の柄がさかんに採用されたり、きもの姿の窓のような先端の場所のように思う。これも有名なエピソードだが大正五年アメリカ人のスミスが東京上空ではじめて宙返りをしてみせると大評判で、早速その図案で刺繍した半衿が三越に現れ、高価にもかかわらず即刻売れてしまったという。

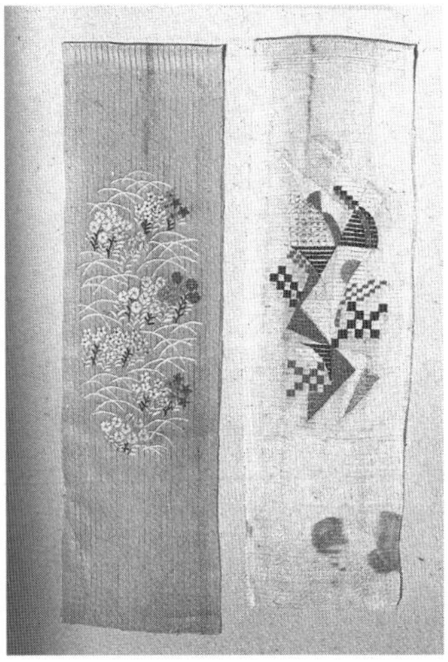
いかにも大正らしいアール・ヌーヴォー調の半衿（右）と対照的な水色地秋草模様の半衿（左）

花嫁用は白地に金で吉祥柄の刺繍、祇園の舞妓用は赤地が多くとりわけ豪華で目立つ。黒地は芸者やカフェーの女給といった玄人筋の好みであった。カフェーの女給は大正の新しい女性の職業の一つで、彼女たちの独特の風俗に大正の味を感じる人が多い。濃いピンク色でトランプのハート柄が黒地に並ぶデザインとか、孔雀の羽根模様などは娘さんよりはカフェー好みだと、私は例の『大正のきもの』のために集めた半衿を眺めながら思った。男性は色は鼠、茶、黒、などが主で無論無地、材質は女性とほぼ同じだが、黒八丈を使うことが多い点が異なる。

六、銘仙

2007年の陽春のころであった。大正シック展というのが芝白金台の庭園美術館で行われた。ホノルル美術館所蔵の大正期の日本美術のうち版画、絵画、装飾美術などが展示されたが、私が一番衝撃をうけたのは12、3点の銘仙のきものと羽織であった。銘仙とはこんなにモダンで華麗であったかと目を疑ったのである。サイケデリックでアールデコ風でもあり、昔私のなじんでいた地味で色の冴えない伝統柄は一点もなかった。これが銘仙なら私の若い頃に知っていたあの銘仙は何なのかと思った。

「大正シック展―ホノルル美術館所蔵品より―」図録より。

そのうちの一枚を紹介すると、白地に化学記号なのか象形文字なのか、流水文もあれば花火のようなものもあり、三角や幼児のいたずら書のような柄が赤や黒、グレー、ピンク、さまざまの色でバラまかれている。面白くて大正人の誰が着たのかわからないが、大正のきものがモダンを呑みこんだスゴイ一枚だと忘れられなくなった。

銘仙は大正時代に一番着られた材質と言ってよいだろう。絹でありながら手ごろな値段であったことが人気を呼んだ。とはいえ上質のものと、少々おちるものとがあり、一口に銘仙といってもいろいろあることを知る必要がある。

もともと農家などで屑糸から生産されたのが銘仙で素朴な反物から出発している。縞や絣の柄が主で、地味なものであったのが、花柄などがうまれるようになったのはまず解し織という技法の開発されたためであった。解し織とは「服飾辞典」（文化出版局刊）によると、

「経糸を整経したのち、あらく緯糸で仮織して、これに文様を捺染してから仮織の緯糸をとり除き、本織をした一種の絣織」

とある。後には仮織をせず捺染する方法が開発された。

このようにして生れた花柄もはじめはホノルル美術館所蔵の銘仙とは明らかに違うもので、色彩の鮮明さを欠き、しとやかな令嬢向きといった趣きがあった。そして主流は縞と絣であった。縞はお召や大島と似た変化に富んだ柄が工夫され、絣は矢絣、十字絣とやはり多くの種類があったが矢絣はことに多く、日本人好みの柄であった。

銘仙の柄行が変ったのは1925年にパリで行われた万博の影響でアール・デコの風潮が日本にも伝わったためといわれる。産地は伊勢崎、桐生、など関東が中心で西へ流行が伝わっていった。

銘仙の柄に一番関心があったのは大正の女学生達だろう。彼女たちが洋服を通学に着るようになるのは大正の末で、それまではきものに袴姿であった。前述したが木綿着用を守った学校もあったが、大体は銘仙を着ることを許されていたから、業界は女学生を客として目標とした。

ついでに書けば彼女たちは袴姿で沓下をはき、編上げ靴をはいていた。袖は筒袖ときめられていた女学校もあったが、大方は制限はなく一尺八寸を若い女性の標準として着ていた。半衿は白のメリンス。袖口や裾廻しはやはり無地のメリンスで、胴着は紅絹か赤の新モスであった。袴の色はオリーブ、紺、海老茶など。高畠華宵のイラストを見ると女学生が裾をスカート丈くらいに短く着ていた。実際はどうだったのか大正に女学生時代を過ごした人に聞いたが、

「私たちは短く着たことはない」

「そういえば下級生が短くしていたかも」

というアヤフヤな返事だ。一枚だけ短い袴を着た女学生の写真を雑誌でみつけたが、華宵画の逆輸入ではないかと疑っている。

さて本題に戻るとアール・デコはどんな階層の人が着たのか。女性の新興勢力であつたカフェーの女給さん？あるいはそろそろ存在を示し出したモガ人種？　とにかくアール・デコのきものは日本髪には似合わない。

七、大正のきつけ

女性のきもの姿の裾をひくということはこの時代には一般家庭では行なわれなくなっていた。そこでお端折りをすることになるのだが、現代のきりっとした処理とは違って無造作であるのがこの時代の特徴のように思う。ことに晴着の時などは二枚襲ねなので余計である。

日本髪がまだ多かったので、衣紋を抜き、半衿を大きく出した。束髪（洋髪）の場合でも現代よりは半衿は多く出していた。また帯を上にしめるのもこの時代の着方の一つで、若い娘さんの訪問着姿を見ると袖付ギリギリ

まで帯を上げている。スラリと見せるのが流行だったようである。

帯は芯が固かったのであまり複雑な形は結べず、娘さんの晴着は立て矢がほとんどあった。それ以外はお太鼓結びで、晴着の帯幅が一時は32センチと広かったので大きなお太鼓となった。帯締の巾も今よりずっと広く、丸ぐけという裂(きれ)製のものも使われ、帯留には宝石以外に彫金作品が使われた。

羽織はこの時代のきもの姿の味わいとして特有のものという感じである。当時の女性は身長が低く、五尺（152センチ）前後だったから二尺七寸五分の羽織は床から20センチ位の高さになった。何ともおっとりした平和なシルエットであった。黒紋付が人気第一で、大正末には色無地が流行した。これらはきものとの釣合いに苦労はない。絵羽織の着用には羽織がひきたつように大島やお召をあわせた。問題なのは外出にも日常にもよく使われた小紋に小紋のとりあわせで、着る人により華やかにもなるが、すっきりしなくなる場合もある。しかし、大正の味はその野暮ったさにもあった。

そして羽織の魅力は後姿にある。きものにかさねた衣紋の抜きかげんと帯のやさしいふくらみ、それからきものを分断する裾線の美しさである。座ったとき畳の上に流れる裾のかたちは折々の女心を表現しているように思う。

『大正のきもの』で集めた写真のほとんどが余所行の姿で、すべてそれが大正のきつけとは思わない。日常の着方はゆったりしていて帯ときものの間に指が二本入った。

日常の帯は幅が次第に狭くなり、芯もやわらかくなっていく。この時代の人たちは鏡などろくに見ないで気楽に帯をしめていたのを思い出す。

洋風はきものの世界にやはり混在しているが、子供と男性はきものに帽子をかぶるのが日常化していた。ことに男のハンチング（鳥打帽）や夏のカンカン帽は見なれた景色であった。男は冬にインバネス、女性のきものにマントを着る姿が見られた。またその他に目立ったものとしてショールにラクダ、モヘヤ、ビロード、毛糸などの洋の材質が絹より多くなる。デザインもフリルやレースの利用等モダンが喜ばれた。しかも長い裾に届きそうなショールが大流行した。それときものの頸にスカーフを巻く。または薄物のヴェールを巻く。色は白が多い。なぜか高島田で衿元を白のベェールで巻く芸者や旅芸人の姿が大正風俗の一つとなった。

大正12年9月1日の関東大震災は大正のきものの世界を根底にゆるがすものであった。景気の低迷に悩んだ業界もやがて回復すると、簡略化がいよいよ進み、同時にデザインにアール・デコ調のものが流行するなどの現象が起こる。

99%の女性が和服だった時代にアッパッパという簡略服が登場するのも震災の影響であった。しかし、変らぬ伝統があった。その第一は袷の女物の裏に紅絹(もみ)が使われていたことである。少女から三十代の女性までは紅絹で、それ以上は白絹になったが、ならないで紅絹を使っていた人もいた。地味なきものでも八つ口からちょっとこぼれる紅色がきもの姿のよろしさであった。

きものの分ということをこのころもまた大切にしていた。例えば婚礼の花嫁衣裳である。富裕な家でも商家は黒の振袖であった。裲襠(うちかけ)は上流階級でなければ身につけない。白の裲襠は軍人に嫁ぐ人に多かった。振袖も中流以下の家では着ず留袖であった。また年齢の高い花嫁や再婚の場合も袖は短い。以上を守らないと世間から批判される。身分相応、年相応というのがこの時代の着るものの基準であった。

そうしたきものの世界に新しい風をいれようとしたのが画家の竹久夢二であった。彼が営んでいた港屋という店で売っていた半衿は、たんぽぽやぺんぺん草や小鳥などのデザインであった。日常的ないとしく愛らしいものへの美意識を作ったのである。それときもの姿の色の調和を考えた。すっきりしたコーディネートで、夢二の画中の女性の帯が黒や緑などの無地を多用しているのはそのためであろう。

さて、大正は庶民、ことに女性にとってはよい時代であった。平和で家庭の幸せを味わうゆとりがあった。この背景なしに大正のきものの繁栄はなかったと思う。

私は五、六歳のころに父の選んでくれた錦紗のきもののや、羽織の軽く、まるで着ていないような感触であったのをいまだに忘れることができない。やさしくやわらかくあたたかい肌ざわりであった。色の深さが何とも言えず心を打った。もう一度あんな色に逢いたいと思う。

大正は和装の輝ける殿堂であった。

アール・ヌーヴォーからアール・デコへ
― ファッションの変容　西と東 ―

東京家政学院大学名誉教授
井上　和子

19 世紀末から 20 世紀初頭にかけて、ヨーロッパで一世を風靡した芸術運動アール・ヌーヴォー（art nouveau）は、ファッションの世界にも波及し、貴族文化の終焉を象徴するバッスル衣裳の後ろ腰の異常な膨らみ、バッスルを排除した流麗な S カーブのシルエットは、現代女子洋装への萌芽を示唆した。そして、それに続く 1910 年代から 1930 年代にかけてのアール・デコ（art déco）期には、16 世紀から消長しながらも、約 400 年にわたって女性たちが手離さなかった緊縛したコルセットを解放し、軽快でモダンなファッションへと変容を遂げている。まさに、1910 年代は現代ファッションの起点といえよう。

一方、明治初頭にヨーロッパのファッションをそのまま受容した、わが国の女子洋装は、どのように展開したのであろうか。

I　服飾の誇張

ヨーロッパで 16 世紀以降 19 世紀まで、ファッションの主流となったのは、上半身を鯨骨（鯨髭のこと）入りのコルセットで締め付け、下半身はペチコートを何枚も重ねたり、腰枠（時代により 16 世紀にはヴェルチュガダン [仏 vertugadin、英 farthingale]、18 世紀にはパニエ [仏 panier、英 hoop]、19 世紀にはクリノリン [仏 crinoline]、バッスル [英 bustle、仏 tournure] などと名称と形を変えた）を用いてスカートを膨らませるという、人為的な誇張を基調とするシルエットであった。16 世紀に貴族文化の所産として、スペイン、イギリス、フランスの宮廷を中心に、人工の精緻を極めた絢爛豪華なモードも、フランス革命（1789~99）を機に、古代ギリシャ調の簡素なシュミーズ・ドレスに回帰している。

1830 年代になると、再び、王政復古調のスタイルにはじまり、1850~1860 年代を最盛期とする巨大な、クリノリン入りのスカートが登場してくるのである。ロマンチックで優美なクリノリン衣裳は、ナポレオン三世の后妃ウージェニーがファッションをリードしていた時代で、すでに、社会的地位を得ていた新興富裕階級のブルジョワジーの女性たちにも、ステータス・シンボルとして、着用されるようになっていた。

細い胴を形づくるために、タイト・レーシング（紐締め）をしてまでも、コルセットで胸を締め付けるという肉体上の無理は、大きな弊害を生むようになる。またスカートの拡がりは、部屋の出入りにさえ不便を感じさせた。19 世紀はコルセットの世紀といわれるが、女性たちは何故コルセットのタイト・レーシングに、こだわったのであろうか。それは、女性は男性に従属するものであって、細い胴は、女らしい優美な、か弱さを示し、従順、貞淑の象徴として、少女期からコルセットの着用をしつけられたのであった。強く紐締めしたコルセットの着用については、健康上、改良服の提案や様々な警告、意見が寄せられた。医者の間にも賛否両論があり、脊柱の側面湾曲を防ぐために必要と主張するものもあった。しかしコルセットが廃止されるのは、医学的見地よりも、むしろファッションの変化と、時代の要請する合理性、機能性の優位によるもので、廃止が実現したのは 20 世紀に入ってからである。19 世紀末に出現した S カーブ・ラインのシルエットは、コルセットによって矯正された最後のファッションであった。

Ⅱ 良き時代 産業革命と市民革命の果実

アール・ヌーヴォーが花開いた19世紀末から第一次世界大戦（1914~18）に至るまでの期間は、ヨーロッパの先進諸国にとって、人々に「生きていてよかった」と回想させることのできる良い時代であった。ヨーロッパ地域では、普仏戦争（1870~71）が終わってから戦争は起こらなかった。約半世紀、平和と繁栄を充分に享受していた。

19世紀のヨーロッパは、産業革命、市民革命を経て資本主義体制が確立され、近代化が軌道にのった時代であった。

18世紀後半に木綿工業の能率化を契機に、商業国として世界をリードしていたイギリスに始まった産業革命は、イギリスの経済、社会構造を急激に変化させた。科学の進歩に伴う技術革新は、あらゆる産業に拡大し、手工業から大規模な工場生産を可能にした。なかでも紡績工業は時代の花形であった。1801年には、フランスのジャカール（1752~1834）によって紋織りのジャカード機が発明され、1856年には、イギリスのウィリアム・パーキンによる合成染料の発見もあって、織物に彩りをそえた。新しい交通機関が生まれ交通網が整備され、通信設備も拡充され、国際交流が容易になっていった。また製鉄業などの重工業も発展し、新しい建築素材として鉄やガラスが使われるようになった。この様な工業化の発展は、労働問題、都市問題などに歪みも生じ、社会主義思想も広まっていく。

イギリスに先行された産業革命は、1830年以降ヨーロッパ諸国、アメリカに、世紀末にはロシアや日本がこの動きに加わった。

モード産業が確立したのもこの頃である。オート・クチュールの創始者、イギリス人のシャルル・フレデリック・ウォルト（イギリス名はワース1825~95）は、1851年に大英帝国ロンドンで開催された第1回万国博覧会に、作品を発表して金賞に輝き、世界的に名声を博して1858年パリにサロン風の店を構えた。時のナポレオン三世の皇妃ウージェニーのお抱えクチュリエとして活躍し、やがて大ブルジョワジーの女性たちや高級娼婦を顧客に、ヨーロッパのモードをリードしていく。

他方、ミシンの発明は服飾産業に画期的な影響を与えた。1845年アメリカのエリアス・ハウ（1819~67）が今日のミシンの原型を発明し、1851年メリット・シンガー（1811~75）が改良に成功する。また、ミシガン州のアレン・ウィルソンも、本縫いミシンの特許をシンガーと同じ51年にとっている。しかし本格的な足踏みミシンの実用化は、1860年代になってからのことである。折からの南北戦争（1861~65）による軍需品の調達に、ニューヨークには本格的な既製服産業が誕生する。19世紀末には、ミシンを駆使してブラウス、スカートなどの既製服が大量に生産されるようになる。モード誌は18世紀後半から刊行されているが、中小ブルジョワジー向けのモード誌もでまわるようになる。パリには1852年、百貨店「ボン・マルシェ」が誕生する。続いて「ルーブル」など次々と誕生した百貨店は、欧米にも販路を広げていく。19世紀末には中・小ブルジョワジーの女性たちも、注文服より品質は劣るもののファッショナブルな既製服を楽しむことができるようになった。モードの大衆化、国際化が推進されたのである。

Ⅲ アール・ヌーヴォーとSカーブ・ライン

アール・ヌーヴォー

アール・ヌーヴォーは、19世紀末に「新しい時代には新しい芸術を」を標榜し、ヨーロッパやアメリカに起こった革新的な芸術運動である。フランス、ベルギーでは、アール・ヌーヴォー（新しい芸術）、ドイツでは、1896年に創刊の雑誌『ユーゲント』にちなんで、ユーゲント・シュティール（青春様式）、イタリアでは、スティーレ・リバティ（自由様式）、イギリス、アメリカでは、モダン・スタイル（近代様式）などと呼ばれた。

アール・ヌーヴォーという名称は、ドイツ生まれの美術商サミエル・ビングが、1895年パリに開いた店の名前に由来する。室内の奇妙な曲線模様の装飾は、ベルギー生まれの画家であり、建築家、デザイナーでもあったヴァン・ド・ヴェルド（1863~1957）の手によるもので、世人の注目を集めた。ビングの店には、欧米や東洋、アフリカなどの美術品が陳列されたが、折からのジャポニスムの影響を受けて、浮世絵をはじめ、多くの日本の美術品を紹介している。

１－１　Ｓカーブのコルセット（1907年 N.Waugnによる）

１－２　パキャンのＳカーブのイブニングドレス（1904年）

１－３　Ｓカーブのドレス東京女子高等師範学校教授　宮川寿美子女史　英国留学時（明治35年）

イギリスのウィリアム・モリス（1834~96）のアーツ・アンド・クラフツ運動以来、純粋芸術といわれる絵画、彫刻と建築、工業デザイン、工芸などの装飾美術の壁を取り払い、芸術諸分野の調和を計ろうとする機運が生まれていた。なかでも装飾美術に注目し、生活の中に美をとり入れようとするモリスの運動は、建築、家具、室内装飾、工芸品、服飾品にまで及んだ。そして、産業革命以降、大量生産により粗悪になった商品に芸術性を取り戻そうと、職人的手作業を啓蒙した。

1894年に、ベルギーのブリュッセルで開かれた「自由美学」の展覧会には、ルノアール、ゴーガン、ルドンなどが絵画を、モリス、ビアズレー、ロートレックなどが挿絵やポスターを出品して参加している。また、タピストリー、食器などの工芸品も展示された。

新しいものを求める意欲は、日本の浮世絵版画にも及び、そのダイナミックな線描、大胆な構図、鮮やかな色彩配合による装飾的表現は、当時の画家たちに深い感銘を与えて、彼らの芸術活動に影響を及ぼした。

アール・ヌーヴォーの特徴は、装飾的な細長く流れるような非対称の曲線、曲面の組み合わせで、モチーフとなった自然の植物、生物の名前から「唐草様式」「さなだ虫様式」「うなぎ様式」「花の様式」などとも呼ばれた。発想の源を歴史にも文学にも、幻想にも怪奇にも求めた。

この様な風潮が服飾の世界にも表れてくるのは当然のことであって、Ｓカーブ・ラインの示す流麗なシルエットは、服飾におけるアール・ヌーヴォーの反映に他ならない。

1900年にパリで開催された万国博覧会は、アール・ヌーヴォーの祭典ともいうべきもので、その頃ようやく専門分野を確立しようとしていたモードのデザイナー達にとって、格好の作品展示と藝術的交換の場となり、彼らの創作活動に大きな刺激を与えた。

装飾美術の作家に建築、家具では、ヴァンド・ド・ヴェルド、オルタ（1861~1957）、ギマール（1867~1942）、ガウディ（1852~1926）、ガラス工芸では、ガレ（1846~1904）、ティファニー（1846~1933）、ラリック（1860~1945）、また、画家のクリムト（1862~1918）、ムンク（1863~1944）、ミュシャ（1860~1939）は、装飾画、版画、ポスターを、モリスは、テキスタイル・デザインにアール・ヌーヴォーの文様を遺している。

Ｓカーブ・ラインのドレス

1890年頃には、後ろ腰を膨らませたバッスル衣裳は殆んど見られなくなり、それ以後は、身体の線にそうスリムなシルエットが好まれるようになった。やがて、前面が垂直で、腿まで達する丈の長いコルセットが考案された。このコルセットの前面は数本の鯨骨で支えられ、上端は従来のコルセットより低くなっていたから、新型のコルセットをつけてドレスを着用すると、胸は前に張り出し、腰は後ろに突き出るという、側面からみるとＳ字型の誇張的なシルエットを形づくることができた。成熟した女性の優婉で絵画的なシルエットが表現された。

ノーマルなウェストラインのボディスは胸にふくらみをもたせ、フレアード・スカートはウェストからヒップにかけて身体の線に沿い、裾は朝顔状に開き、ひき裾になっている。ひき裾は1910年頃まで、街着やテーラード・スーツにさえ残っていた。この時期、デイ・ドレスには、鯨骨などを入れたハイ・カラーが著しい特徴であり、イブニング・ドレスはデコルテ（大きく刳った襟ぐり）がフォーマルとされた。

ドレスには、とりわけ淡い色調の薄く柔らかな素材が好まれた。絹モスリン、ウールモスリン、シフォン、チュール、サテン、タフタ、ベルベット、カシミヤなどの豪華な布地の上に刺繍、様々な種類のレースやフリル、リボンが多用され、ブレード、コード、ビーズ、金属片など過剰なまでの装飾が施された。また、歩行の際スカートをつまみ上げた時、のぞくペチコートには刺繍をちりばめることも珍しいことではなかった。

髪は入れ毛で高く結いあげ、ダチョウの羽、造花、リボンなどで飾った大きな帽子に、日差し除けのパラソル、アール・ヌーヴォー調の贅沢なアクセサリーが流行した。

ピカソやロートレックの描く絵にみるように、富裕な女性たちはＳ字型のファッションに身を包み、ムーラン・ルージュで、あるいは、室内をアール・ヌーヴォー調に飾ったレストラン「マキシム」で、あるいは、ロンシャン競馬場で妍を競ったのである。

美しく飾った流線状のＳカーブ・ラインのファッションは、1902年から5~6年までが最盛期であった。イギリスの服装史家カニングトンは、1900年から1908年までのイギリスの服装をフレヤード・スカートの時代と述べている。

19世紀末には、藝術的活動の中から独自にファッションを生みだす試みが、ウィーンやロンドンなどヨーロッパの都市に起こっていたが、何といっても女性のファッションはパリに代表され、ジャン・ウォルト（大ウォルトの息子）、デリケートで女性的な衣裳を選んだといわれるジャック・ドゥーセ（1853~1929）、最初の女性デザイナーといわれるジャンヌ・パキャン（1869~1936）、ラメのモードを紹介したキャロ姉妹、美術館めぐりからヒントを得てロマンチックなピクチャー・ドレスを製作したジャンヌ・ランヴァン（1867~1946）、テーラード・スーツ導入に功績のあったレドファンらの有名なオート・クチュールに支えられ、世界に発信された。

わが国でも、明治時代の後期に、皇族、華族、上流階級の貴婦人たちの間に、このＳ字型ファッションが導入されている。

この時期、実用的で活動的なテーラード・スーツがブラウスと共に、働き始めた女性達に好評であった。女性が余暇に楽しんだローン・テニス、サイクリング、ゴルフ、乗馬などのスポーツ服として、1885年に初めて現れて以来、90年代には欧米で急速に大衆化していった。テーラード・スーツは、女子服装の男性化、機能化への傾向を示すものであるが、男女同権の思想は、すでに組織的な運動となって欧米各国に展開されていた。

Ⅳ アール・デコとストレート・ライン

アール・デコ

アール・デコは、アール・ヌーヴォーに続いて1910年代から1930年代にかけて、ヨーロッパおよびアメリカで展開された装飾様式をいう。1925年にパリで開催された「現代装飾美術・産業美術国際博覧会（Exposition lnternationale des arts Decoratifs et lndustriels Modernes）」の略称、アール・デコラティフに由来し、後にアール・デコと呼ばれたが、1925年様式ともいう。

建築、家具、調度品、生活雑貨、ポスター、ファッションなど、生活のあらゆる分野に及び欧米の生活スタイルともいわれた。作品は、キュビスム、ロシアのバレエ、古代エジプト、アステカの装飾美術、日本、中国の美術など、東西の様々な文化を源泉としている。

曲線を主題としたアール・ヌーヴォーとは対照的に、直線、幾何学的形態で構成され、モダンでシンプルな機能美を特徴とした。工業の発展に伴い、鉄筋コンクリート、強化ガラス、プラスチックなどの新素材も生産され、作品に鉱物的な感覚を与えている。機械文明を肯定し、大量生産とデザインの調和を図ろうとした。

ニューヨークの1930年代のクライスラービル、エンパイアステートビル、ロックフェラーセンタービルの摩天楼群、ビルの中の壁画や壁のレリーフなどアール・デコ様式の傑作といわれる。日本では昭和初期の東京都庭園美術館、伊勢丹新宿店などに、その様式がみられる。

２－１　ポワレのヘレニック・ドレス（1908 年イリーブ画）

２－２　ドゥーセのスリットを入れたホブル・スカートの夜会服（1914 年）

２－３　シャネル・モード（1929 年『ヴォーグ』誌掲載

ファッションでは、ポ - ル・ポアレ、マドレーヌ・ヴィオネ , マリアノ・フォルチュニー、ガブリエル・シャネルらが登場する。

19 世紀末から 20 世紀にかけて、新しい芸術の動きが、パリ以外の都市に起こっていたが、その芸術拠点の一つであったウィーン工房（1903~1932）を主宰したヨゼフ・ホフマン（1870~1956）、コロマン・モーザー（1868~1918）にみるインテリア、テキスタイルの作風は、幾何学的なデザインが多用され、優れた芸術性と機能性からモダニズムの精神が伺われる。彼らは 1905 年頃から、パリのモードとは異なる筒型の活動的なドレスを製作しているが、1911 年には正式にモード部門を設立し、マックス・スニシェクなどが、ウィーン工房の独自なプリント柄によるシンプルなドレスを展開するなど、総合藝術に取り組んでいた。

第一次世界大戦が終息したヨーロッパやアメリカでは、戦時下から続いたダンス、アメリカのジャズなど大衆文化が大流行し、20 年代には、映画、自動車が普及しはじめ、新しい交通手段として飛行機が飛び、豪華客船が大西洋横断に雄姿を見せた。産業や藝術が急速に進展するなか、人々は自由な生き方を模索した。

コルセット追放とストレート・ラインのドレス

Ｓカーブのシルエットが、最盛期を過ぎようとした 1906 年、アール・デコ期の傑出したクチュリエ、ポール・ポアレ（1870~1944）は、妻に、コルセットを外させ、ハイウェストの優美なストレート・ラインのドレスを着せた。続いて 1908 年には、古代ギリシャ調のドレープの美しいストレートな「ヘレニック・ドレス」を発表している。新しいシルエットは、ゴム入りの柔軟なガードルに胸をおさえたブラジャーという、スリムな自然体であった。

16 世紀からの緊迫したコルセットの追放は、社会的制約に挑戦した発想の転換であり、服飾史上モードの革命といわれた。

1910 年には、よちよち歩きしかできない「ホブル・スカート」を発表、これは非難を浴び、後にスカートにスリットを入れて歩きやすくしている。続いて、「パンタロン・ローブ」、ランプシェード型の「ハーレム・ドレス」を発表。また、これより前、1904 年には日本の打掛のような袖の大きい、ゆったりしたキモノコート、一名「孔子コート」など、次々と創作している。

ポアレは、デザインの源を 1909 年、パリで公演したディアギレフのロシア・バレエの衣裳や舞台装置に、ギリシャの彫刻、東洋など異国の芸術、文化などに求めた。また、ウィーン工房を訪れ、大きな刺激を受けたといわれる。何れも、筒型のモダンでエキゾチックなデザインを特徴とし、原色の鮮やかな色彩と優雅なドレープを好んで使っている。

ポアレは、1903 年頃から第一次世界大戦前の 1914 年にかけての一時代、新しい女性像を創造し、Ｓカーブ・ラインから、現代社会を反映した機能美を追求したストレート・ラインのシンプルなシルエットへと、モードを変容させている。

3－1　ギャルソンヌ・ルック（1924年『Art Goût Beauté』誌より）

3－2　ギャルソンヌ風（モガ）の夏のドレス（昭和3年『婦人グラフ』より）

3－3　モガ・ルック①（昭和5年この頃からスカート丈が長くなる『写真に見る日本洋裁史』より）

彼は生粋のパリジャンで、パリの名だたるクチュリエ、ドゥーセ、ジャン・ウォルトの店を経て、1903年にパリに自分の店を構えた。従業員は、わずかに8名であったが、最盛期には350名を数えたという。クチュールでは初めて香水「ロジーヌ」を発表。その後、インテリアの学校を創設、挿絵画家ポール・イリーブ、ジョルジュ・ルパープによるポアレのファッションプレートの出版、また欧米の都市にマヌカンを伴って、モードの普及に努めたが、第一次世界大戦後,暫くは活躍したものの新しい社会の波に乗れず、失意のうちに1927年に店を閉じている。

ヴィオネ（1876~1975）も、ポアレと同様にドゥーセの店で修業し、1907年にコルセットを付けないドレスを発表しているが、彼女の名を後世にまで伝えたのは、バイアス・カットによる裁断法で、身体にフィットさせながら、優雅なドレープを生みだす創作であった。

フォルチュニー（1871~1949）は、スペインに生まれ、ヴェネツィアで活動した。1909年パリでシルクプリーツ加工法の特許を取得 (1)、プリーツの伸縮性の効果を、身体の動きにより表現するシンプルなデザインを発表し、コルセットを追放している。

20世紀の初めには権威あるモード雑誌や新聞、大百貨店が媒体となって、パリ・モードが世界に伝播され、欧米の主要都市の間には、モード情報の交流がなされていた。

ギャルソンヌ・スタイル

ギャルソンヌという語は、1922年に出版されたヴィクトール・マルグリットの小説『ラ・ギャルソンヌ』に由来する。男性社会で自立する若い女性の、少年のように装った女主人公の深層心理にせまる小説でベストセラーになったといわれる。因みにギャルソンヌは職業婦人と訳されている。

第一次世界大戦中から、女性も働き手として社会に進出するようになり、男女平等への意識、社会的地位、政治への関心もたかまり、デンマークでは1915年、最初に婦人参政権を獲得している。

1920年代になると、ギャルソンヌと呼ばれた（英国ではフラッパー）少年のようにスリムな体形の女性たちが、髪をショート・カットに、ウェストラインを腰まで下げた筒型のドレス、あるいは、テーラードの上着にスカートというスタイルで、クロシュという釣鐘型でブリムの狭い帽子を被って出現した。スカート丈は地上を離れて短く、全体的に簡素化され、活動的で若々しいシルエットが生まれたのである。スカート丈は24年頃になると膝辺りまで短くなったが、このギャルソンヌ・スタイルは、年齢や階級を超えて、時代を映した世界的な現象となって、次のファッションまで、10年続いた。イブニング・ドレスには、ドレープを入れたものから、筒型のドレス全面にビーズ刺繍を施した豪華なものも流行した。

このファッションは、わが国の大正モダニズムの象徴である大正末期から昭和初頭にかけてのモガ（モダンガール）の洋装スタイルとして登場する。

1930年になると、スリムなシルエットのまま、ウェストラインはナチュラルに戻り、スカートの丈は長くなっていく。

戦前、モード界に君臨したパリのクチュリエ達は、時代の流れに乗れず20年代後半に幾つかのクチュールを残して、次々と店を閉じた。代って活躍した女性デザイナー達は、独創的な発想でモダンなモードを創生している。

なかでもシャネル（1883~1971）は、最もアール・デコにコミットしたクチュリエールであった。帽子屋から転身して1915年、パリに「メゾン・ド・クチュール」を開く。時代の傾向を察知して、労働着であるジャージー素材を使って、シンプルで着心地のよいカーディガン風の上着に短いスカートのスーツを提供している。彼女は模造の宝石を多用したことでも知られているが、大衆向けのシックな機能美を追求する感覚を持ち合わせていた。また、数ある色のなかから黒はすべての色に勝ると、シルクの黒一色のドレスを、アール・デコ博に出品し話題を集めている。第二次世界大戦後の1955年に発表したウール・ジャージーやツィード地の上着に縁取りをしたシャネル・スーツは、今日でも、シャネル「№5」の香水とともに愛用されている。

シャネルより遅れて、イタリアからパリにきたエルザ・スキャパレリ（(1890~1973）は、ショッキング・ピンクと呼ばれた紅色を好んで使い、鮮烈な印象を残したクチュリエールで、1929年の世界大恐慌の不況下にあった30年代に活躍した。

ヨーロッパの女性は、20世紀初頭まで凡そ400年の間、華麗な過剰服に身を包み脚をみせることはなかった。1906年に、パリのクチュリエ、ポール・ポアレにより拘束的なコルセットが追放され、第一次世界大戦後の1920年代後半には、ギャルソンヌ風のシンプルで活動的なショート・スカートの時代が到来する。1911年にはパリ・クチュール組合が結成され、デザイナーのモードが世界に発信されるようになっていた。一方、服装の簡素化は既製服の発展を促し、女性の社会進出とともに機能的な服装が主流になってくるのは、世界的な現象といえよう。

V　わが国の女子洋装

洋装の受容　明治時代

欧米のアール・ヌーヴォーからアール・デコ期は、わが国では明治後期から昭和初期に当たる。

明治以降、先進諸国の文明を採り入れながら、封建社会から近代社会へと政治、経済、社会、文化など、すべての面で変革の著しい時期であった。近代化の波は衣生活にも及び洋服が広く採用されるようになって、明治の風俗に著しい特色を与えることになった。

男子は、すでに明治維新の戊辰戦争（1886）に官軍の軍服に洋服を採用している。明治の文明開化熱は、いち早く断髪に帽子を被らせ、洋服に靴を履かせた。明治5年（1872）には政府主導の服制改革により官服を洋服と定め、大礼服、燕尾服などが採用され、郵便夫、鉄道員、警察官などは、それぞれの職場での服装規定により順次、洋服が着用された。洋服は男子には受け入れやすく、礼服として職業服として、やがては日常の生活着として浸透していくのである。

しかし、女子の和装から洋装への変容は、男子よりかなり遅れ、階層による差異も顕著であった。

幕末の安政元年（1854）の開港以降、明治初頭に洋服を採り入れた女子は極めて少数であり、現存する写真から欧米モードのクリノリン衣装とみられる。明治5年シカゴにおける津田梅子ら5名の女子留学生、6年の長崎丸山の遊女や東京の芸妓たちのクリノリン衣装を着用した写真が遺されている。しかし本格的な洋装の導入は、明治政府の不平等条約改正に向けての欧化政策による、いわゆる鹿鳴館洋装であった。

鹿鳴館はイギリス人のジョサイア・コンドル（1852~1920）の設計により、迎賓館として明治16年（1883）11月、東京日比谷に落成した。翌17年から、その宴席、舞踏会に集う貴顕紳士と同伴の夫人、令嬢たちは、束髪にバッスル・スタイルの洋装で世間の耳目を集め、18年頃から女学生の制服の洋装化、洋裁教育など女子洋装の普及に大きな役割を果した。しかし世間の非難を浴び20年を最高潮に22年頃までの一時的な流行現象に終わった。26年には女学生の制服、和装に戻る。

この頃、宮中では明治19年に宮中祭祀に用いられる唐衣裳を除いて、宮中や華族の婦女子に、礼服として洋装が規定された。皇后は、20年1月に「婦女服制のことについての思召書」を出され、偏に立礼に適するのみならず、身体の動作、行歩の運転にも便利なれば・・・・と、洋装を推奨され、日常も洋装で通された。

上流階級の洋服の調整に当たっては、西洋人のドレスメーカーが、すでに明治初頭から横浜、長崎、神戸に開業しているが、1880年代には日本人の婦人洋服店が次々と開業し、経営の基盤を得たのもこの時期といわれる。明治19年（1886）には白木屋呉服店（現在の東急）が、20年には三越呉服店（三越）が洋服部を設けた。また洋行の婦女子は当地で洋服を誂えている。

その後、国粋主義が強化され、欧化の風潮は全般的に影をひそめていたが、明治後期になって、当時のヨーロッパを風靡したアール・ヌーヴォー様式のSカーブ・ラインのスタイルが導入され、上流階級のステータス・シンボルとして明治末年まで流行した。日露戦争後（明治38）は上流階級の子供たちにも洋服が愛用され、男児には水兵服が好まれた。また和服の着物柄にも明治34年（1901）頃から男女を問わずアール・ヌーヴォーの図柄が現れている。

明治の近代化は、政府主導で急激に進められたが、女子教育の充実、職業婦人の進出は、女子服装の洋装化を着実に進める基盤をつくった。日清・日露の戦役により、看護婦の職業が確立され、洋服を制服に採用している。32年に高等女学校令が施行され、各地に高等女学校が設立された。続いて33年女子英学塾、東京女医学校、女子美術学校が開設されている。34年日本女子大が開校したが、38年の日本女子大生の運動服は洋装である。日露戦争後は先進諸国と肩を並べる地位にまで上昇し、次第に上流階級のみの洋装から広がりをみせていたが、庶民は相変わらず和服に日本髪を結っていた。明治44年、平塚雷鳥を中心に組織された婦人解放を目指す「青鞜」の中流階級の婦人たちも、束髪あるいは丸髷に、和装の写真を遺している。機能性に欠く和服の改良は、30年頃から盛んに試みられたが、筒袖の上着に袴をはく程度で一般には受け入れられなかった。女学生の間では、束髪にリボンを結び、和服に袴、そして靴を履くハイカラなスタイルが定着した。

一方、羽仁もと子の『家庭乃友』（のちに『婦人乃友』と改題）は、明治36年創刊以降、一貫して洋服の衛生性、利便性を説き、和服を作り変えた婦人・子供服を提案している。また明治39年創刊の『婦人世界』同年4月号では、和服の反物から婦人・子供向けの洋服を誌上洋裁で製作している。何れも貴族調とは異なるシンプルなスタイルであり、これら二誌は中流インテリ層向けの婦人雑誌で読者も厚かったが、洋装化は計られなかった。『婦人世界』の明治40年臨時増刊号『衣裳かがみ』には、日本服と西洋服を比較する項目で、洋服の活動性を認めながらも、西洋服は日本の家屋や婦人の体格には不向きで、優美な和服が似合い和服の改良服は優美さを欠くと述べている。

明治洋装は特権的上流階級のもので、封建思想が根強く生き残っている明治社会の一般女子が、家庭で仕立てられる和装と、趣の異なる極めて高価な洋装を身につける土壌は、醸成されていなかったのである。

大正・昭和初期時代

大正から昭和初期の時代は、欧米のアール・デコ期（1910~1930）に当たり、すでに女性の身体をコルセットで束縛する前近代的なスタイルは姿を消し、現代的な筒型のストレートなシルエットに移行しており、導入には好都合のシンプルなスタイルであった。皇族や上流階級の婦女子は、『婦人画報』（明治38年創刊）などの誌上に、筒型のヨーロッパ・モードの写真を遺しているが、一般市民の洋装化は、大正期に入ってもみられなかった。

生活改善運動は、明治後期に続いて大正初期から家庭生活の近代的合理化と経済化を目指して展開されており、既刊の『婦人乃友』,『婦人世界』など、大正5年の『婦人公論』、6年の『主婦乃友』など女性向けに創刊された雑誌、新聞などのメディアが、新しい女の生き方、生活改善に伴う衣服の改革について論評し、啓蒙に努めている。

第一次世界大戦後の大正8年、婦人之友社は再び生活改善のため、まず、婦人仕事着を「和服に袴を元にした改良服」と「洋服を土台にした簡単服」の両面から懸賞募集し、洋服の当選作をもとに軽快服（ライトドレス）と名付け、既製服として通信販売をはじめた。また誌上洋裁、型紙を販売するなど洋装化を推進した。

『婦人世界』は8年3月号から6回にわたり「日本服の改良問題」と題して、有識者の意見を連載し、幽閑子と名乗る記者が論評を加えている。和服を改良する説と、活動性、経済性、手入れの簡便性から洋服を志向する説と二分しており、幽閑子は、和服の晴着の優美さは他国の民族服と同様に優美であるが、通常服、仕事着としては不利不便とあり、ミシンの一台は必ず、どの家庭にもおかれるような時代が来るに相違ないと述べ、生活の近代化とともに洋装の訪れを示唆している。因みに、シンガーミシンの輸入は明治34年に始まっている。

洋装を実践した津田清楓画伯の夫人敏子（手芸家）は8年7月号に、堅実な中流程度の外出着として注文した西洋服は、白の半麻のシミズとペチコオト、薄い仏蘭西縮緬（ふらんすちりめん）のブルウス、濃紺のセルのスカアトとコオト、これにコオセット、これらの衣装の他にスカアトと同じ色の帽子、黒の靴、白の絹手袋、靴下、面紗（ヴェエル）、全部で110円余とあり、洋装一揃えは、日本服の錦紗縮緬（きんしゃちりめん）の長襦袢（じゅばん）と帯の新調代に相当し、経済的で手入れも楽、身も心も軽く、活活（いきいき）と家の内外に働くことができると洋装を評価している。大正9年のサラリーマンの平均給与は51円である。

文部省は、大正7年から家事科展覧会を、8年から生活改善展覧会を東京教育博物館で開催して好評を博し、10年には日本服装改善会を設立して、婦人、児童の洋服化を宣言している。

この間、8年には東京市街自動車女子車掌の白衿制服が採用され、山脇高等女学校の制服に洋服が実施されるなど、順次、女学校の教員、生徒に洋服が着用されていく。

明治末年に和装であった平塚雷鳥は、同志の市川房江らと男女の機会均等を主張して、新婦人協会を結成し、活発な運動を展開し始めた頃、二人は大正9年7月、酷暑に耐えかねて洋装の軽快さから「紺サージのスーツ」を誂えて和服を脱いだのである。

関東大震災を契機に、職場の女性の仕事着として、活動的な洋服があらためて注目されたが、普及には至らなかった。一方、子供は一層の洋装化が進む。この背景には学校での洋服着用の奨励、既製服の増加、婦人向け雑誌の誌上洋裁があげられる。

4　モガ・ルック②銀ブラ（婦人画報『ファッションと風俗の70年』より）

『婦人世界』では10年の子供洋服裁縫講習会を皮切りに、「女児服と下着の縫い方」「可愛らしい男児服の作り方」など子供服の誌上洋裁の記事が誌面を賑わすようになる。婦人服は12年6月号の口絵に「初夏にふさわしい流行新型洋装」と題してモデル3点の原色写真を紹介し、13年7月号では「婦人洋装の下着の着け方」がイラスト付きで説明されているが、まだ婦人洋装の記事は少ない。

『主婦の友』では大正6年の創刊以降、関東大震災のあった12年10月号を除き美人画を表紙にしている。顔立ちから髪型、服装に至るまで、その時代の風俗を物語っているものと思われる。この表紙画では漸く大正12年4月号にセーラー服の少女を登場させているが、以降も春、夏にプレーンなドレスに帽子、時に水着姿が描かれ、昭和2年から4年にかけては世相を反映して断髪のモダンガールが登場してくる。和洋混合から洋装時代へと変遷の様子がうかがえて興味深い。洋装が次第に一般化していく12年6月号には「婦人洋服の正しい着方」を下着から上着のスーツ着用まで、説明付きで写真を載せている。15年6月号になると、流行のギャルソンヌ・スタイルの外出着と浴衣地でつくったハウスドレスが紹介される。

13年の夏には大坂商人が木綿の簡単服の通称アッパッパを売り出し、以後、庶民の間に夏のファッションとなる。15年（1926）頃から昭和初期にかけて、モダンガールといわれる、断髪に化粧も濃く、派手な洋装の若いブルジョァの女性や丸ビルのオフィスガール達がモダンな街、銀座を闊歩して人目を引いた。昭和2年には度々モボ・モガが警視庁に検挙されるが、モガのスタイル、いわゆる欧米のギャルソンヌ・スタイル、筒型、ショート・スカートは、洋装化の先駆けとなる。

大正末から昭和初期にかけて、文化裁縫女学校（後の文化服装学院）、ドレスメーカー女学院が相次いで設立される。昭和2年には三越がはじめてファッションショウを開く。パリのファッションは、ただちに銀座に届けられ、5年（1930）にはウェストラインはナチュラルの位置に戻り、スカート丈は長くなる。

今和次郎の大正14年（1925）5月の銀座通りの調査では、和装に対し女子の洋装は、わずか1%であり、昭和3年（1928）の日本橋三越前では16%であった。

大震災後は、女性の社会進出、住居や生活様式の洋風化とともに、都市部では洋装の女性が徐々に増加し、昭和7年の日本橋、白木屋の火災による女店員の惨事から、活動的な洋装が見直されたが、大衆の間に洋装の定着をみるのは、太平洋戦争の終結後（昭和20年・1945）であり、婦人参政権を獲得するのは昭和20年12月のことであった。

引用・参考文献

(1) 常見美紀子『20世紀ファッション・デザイン史』スカイドア　2000

C.W.Cunnington『English Women's Clothing in the present Century』New York 1958

Nora Waugh『Corsets and Crinolines』London1954

ジェームズ・レーヴァー『西洋服装史』中川晃訳　洋販出版　1973

セシル・サンローラン『女の下着の歴史』深井晃子訳　文化出版局　1981

井上泰男『ふだん着のヨーロッパ史』平凡社　1987

海野　弘『アール・ヌーボーの世界』造形社　昭和45

海野　弘『モダン・デザイン全史』美術出版社　2002

遠藤武・石山彰『写真にみる日本洋装史』文化出版局　昭和55

大石　尚『コレクション　アール・デコファッション』繊研新聞社　2010

熊澤慧子『二十世紀モード』講談社　1994

古賀令子『コルセットの文化史』青弓社　2004

佐々井啓　編著『ファッションの歴史―西洋服飾史―』朝倉書店　2003

高階秀爾『世紀末芸術』紀伊国屋書店　1963

豊原繁子・井上和子　『日本風俗史学会所蔵明治時代洋装の研究』「風俗」第8巻第3号 昭和44

豊原繁子・井上和子　『日本風俗史学会所蔵明治時代の婦人服について』「風俗」第20巻第1号 昭和56

中山千代『日本婦人洋装史』吉川弘文館　昭和62

深井晃子『ジャポニスムインファッション　海を渡ったキモノ』平凡社　1904

深井晃子『ファッションの世紀　共振する20世紀のファッションとアート』平凡社　2000

南　静『パリ・モードの200年』文化出版局　昭和50

村上憲司『西洋服装史』創元社　昭和42

アンダーカバー・ストーリー　京都服飾文化研究財団　1983

1830~1930　西欧服装美術展　共同通信社　1977

ウィーン工房 1903~1932　美術出版社　2011

『婦人世界』明治39年4月～昭和2年5月　実業之日本社

『大正・昭和　女性の風俗六十年』主婦の友社　昭和52

日本初のレース伝習施設
—東京府レース製造教場の設立—

中央区教育委員会文化財保護審議会委員
野口　孝一

はじめに

レースは、「糸の複雑な構成とそれによってつくりだされる空間とのコントラストの精細な、優雅な美しさによって、多大な労力と時間を費やして製作されたハンドワークとして、美術工芸品とも目される十分な質感と独特な気品」（日本繊維意匠センター編『レースの歴史とデザイン』1962 年）を備えている。レースは、古代エジプトの遺跡からボビンレースが発見されたとか、日本の奈良時代に唐から伝来したニードルレースが唐招提寺に所蔵されているという話があるが、近代レースは、中世ヨーロッパにその起源をもち、王侯、貴族、教会、裕福な商人たちに支えられて発達したといわれる（飯塚信雄著『手芸が語るロココ』1990 年）。

このレース編みの技術がいつごろ日本に入ってきたか明らかでないが、一般には日本が 1859 年（安政 5 年）に開国してからのことと考えられる。しかし、レース自体は、オランダ、中国、朝鮮との交流があった江戸時代に日本に在留した外国人が持ち込んだり、輸入品のなかに入り込んできたことは十分考えられる。

『女学雑誌』第 17 号（1889 年 8 月）が、同年 7 月 30 日の『中外電報』に載った記事を紹介する形で伝えるところによると、京都市上京区元二十八組役行者町の者が 7 月 24 日の祇園祭礼の際におこなう「見送り」は、同町の場合、「綱の見送り」と称し、当日雨天であれば、幅 5 尺、丈 1 丈ばかりの花鳥模様の「組レース」を装う慣例であった。そしてこのレースはその時点で 150 年前に伝来したものであったという。このような使用例は稀であったに違いない。レース編みの技術が日本に移植されたのは開国以後であったと考えるのが妥当であろう。

本稿で採り上げる東京府レース製造教場は、1880 年 7 月、レース編みの技術の普及のために東京銀座に設立されたものであるが、一般には殆んど知られていない。管見の範囲では、太平洋戦争以前においてもっとも早い著作は外国人のもので、レースの歴史をグローバルにまとめた fanny Bury Palliser,BA History of Lace, 1902 年（パリサー著『レースの歴史』）である（文化学院大学教授植木淑子氏の教示による）。

本書の初版は 1865 年で、私が参考にしたのは第四版本（1902 年）である。版を重ねるごとに書き加えられ、第四版本は総ページ 536 ページの大著である。日本に関する記述は後版で書き加えられたものと思われるが、日本の紹介はわずかに 5 行に過ぎない。同書には日本のレース業についてつぎのように紹介されている。

> 器用な日本人は、ボビンレースの製作方法であるホニトン方式を採用した。日本政府は、ピロレース製造のための学校を横浜につくり、イギリス婦人の監督のもとに日本ならではのレースの製作を後押ししている。

パリサー本の記述は不正確である。政府が主導したこと、イギリス婦人が教師であったことは正しいが、以下にみるように、横浜で開校したのではなく、東京銀座であった。

日本の著作では堀越勇次郎著『レース工業』（1932 年）、河野富子著『ドローン・ウォーク』（1933 年）、および『京橋区史』（1942 年）にそれが存在した事実を簡単に紹介しているに過ぎない。戦後では、日本繊維意匠センター編『レースの歴史とデザイン』(1962年) に紹介され、その後、NHKが「世界手芸紀行」として放映後刊行された福山有彩編『世界手芸紀行①ニット・レース編』(1989年) にもわずかに紹介されている。

堀越勇次郎著『レース工業』はつぎのように紹介している。

> 東京にては、明治十三年七月、京橋区日吉町に、東京レース製造所が開始され、某外人の夫人を師として、製造を開始されたのを始めとし、其後東京府にても之を奨励した。彼の田口卯吉氏が府の補助金を得て、レース伝習所を築地に設立し、斯業に貢献したのも有名な事実であった。

このようにわずか数行の紹介に過ぎず、設立年、設立場所、外人教師の採用については正しいが、文中の「田口卯吉氏が府の補助金を得て、レース伝習所を築地に設立」という事実は確認されておらず、不正確である。本書の刊行年が1932年であり、東京レース製造教場は1892年に閉鎖されてから40年が経っているので、事実が正確に伝わらなくなっていたのであろう。

1　設立の経緯

東京府レース製造教場は、1880年7月、東京市京橋区日吉町2および3番地 (現在の銀座八丁目5番地) に設立された。呼称については、東京府レース製造教場とも東京府レース教場、東京府レース製造所、東京府レース製造伝習所ともいわれたが、教場正門に掲げられた看板には「東京府レース製造教場」(縦4尺5寸、横1尺) と記されていたところから、これが設立当初の正式名称と思われる。しかし、東京都公文書館所蔵文書には東京府レース教場の名称が多用されているところから、のちにこの名称に変更されたと思われる。以下「レース教場」と略す。

なぜこの時期に高級手芸のレース編みの教場を設立する必要があったのであろうか。この時期は、国会開設請願運動が全国的に展開して自由民権運動が高揚して政治的には不安定な時期であると同時に、外交的には安政条約の改正を目指して欧化政策を採用し、また正貨政策のため貿易振興につとめた時期でもあった。

1879年9月に井上馨が外務卿になると、不平等条約の改正を促進するため、欧米風の風俗、習慣を積極的に導入しようとして欧化政策をとった。井上はその一環として1881年東京市麹町区内山下町に上流社会の社交の場として鹿鳴館の建設に着手し、1883年7月に竣工している。そこでは日毎夜毎に舞踏会、夜会、バザーなどが開かれ、そこに出席した婦人たちの襟元、胸元、袖口を飾ったのがレースであった。

井上馨が外務卿に就任して10か月後にレース教場が開設されている。後述するように、ここの生徒たちが鹿鳴館の舞踏会に出席した婦人たちの求めに応じてレースの製造にあたったのである。この事実からレース教場が明治政府の欧化政策の一環として設立されたことをうかがわせる。

岩倉具視を特命全権大使とする遣外使節団は、1871年から73年にかけてアメリカからヨーロッパの国々を視察して欧米の制度、技術、文化全般にわたって学んだ。この一行はイギリスにおいて「レース作業所」を見学していた。この使節団の公式の報告書ともいえる『特命全権大使　米欧回覧実記』二 (久米邦武編) によると、明治5年10月2日 (1872年8月30日) に「ウォーリッキ」州の首府「コヴェントリー」府を訪れ、「メヨ」駅から馬車にてまず「カセス」社の紡織場に直行している。ここはレースを「織ル」工場であった。久米は次のように記録している。

> ○「カセス」氏社ノ紡績場ニ至ル、此ハ棉糸ヲ以テ、専ラ線綈(レース)類ヲ織ル所ナリ、線綈ノ組織(そしょく)ハ、織機ニ奇巧ヲ設ケ、緯糸(よこいと)ヲ環繞(かんじょう)セシメ、組紃(そじゅん)ヲナシ、空隙(すきま)多キ薄(はく)沙(さ)ノ如キノヲ織テ、其面ニ種種ノ花紋ヲ組出シ、装飾ノ用ニ供ス、幅狭ク織タルハ、婦人ノ衣領(エリ)、袖口、裳(も)ノ摺襞(ヒダ)等ニ、縫付テ飾リトナス、猶笹縁(サヽヘリ)ノ如シ、幅広ク織タル、精良ナル絹「レイス」ハ、婦人夏ノ肩掛布ニ用フ、一ケニテ千弗ノ価ニ及フモノアリ、棉製ノモノハ、帳噸窓幔(ちょうちゆそうまん)ナトニ用フ、又麻ニテモ織ル、舶来「ショルッ」ニ胸ニ飾リタル組紋ハ其一ナリ、是ハ「ドレスコート」ヲ服スル時ニ用フルモノナリ、此麻糸ニテ組織シタル線綈モ、頗ル価アルモノニテ、精密ノ品ハ、方寸ニテ価ヲ定ムルニ至ル、其他婦人ノ覆面巾、衣裳ノ笹縁ナトニ、種種ノ巧ヲ極ム、線綈類ノ組織ハ各国

皆精ヲ競ヒ、欧米各国ミナ盛ンニ行ハル物ナリ、中ニ於テ仏国、及ヒ以太利益ノ両国、殊ニ其長技ナリ、又白耳義(ベルキー)、独逸(ドイツ)モ高名ナリ、〇此場ハ一千八百六十二年ニ剏建(そうけん)シ、多ク棉糸ノ組織ヲナセリ、一二ノ織機ヲ運動スルヲ見シニ、経糸(たていと)ヲ疎排シ、緯糸ヲ環繞セシム、一綜ニ一繞スル、蜘蛛ノ網ヲ結フカ如ク、其理ヲ弁知シ難シ、日本ニテハ猶不急ノ巧ニ属ス、場中ニ職人ヲ用ヒル二百四十人、幼童多キニオル、蒸気輪ハ三十馬力ト、二十馬力トノ二箇ヲ設ケタリ、

一行は、その後「織絹場」の「スチーブン」氏社、「袂時計(オツツチエ)製造所」の「ロゾレム」社を訪れている。「カセス」社のレース業はこの記述からみると、手編みレースではなく、機械織りのレースともとれる。

イギリス在住だった米山徹幸氏（当時大和証券勤務、現埼玉学園大学経済経営学部教授）に「カセス」社について調査を依頼したところ、コヴェントリー・シティー・ライブラリー館員の調査では、この地方は特別にレース業が盛んというわけではなく、ただ一社CASH社というレース工場があったという結果がえられた。「カセス」社のスペルがわからないので、何ともいえないが、昔の日本人がこれを「カセス」と聞いたのではないかと思うとのことであった。なお、「スチーブン」社は1854年に設立され、1908年に株式会社となり、1940年にドイツ軍の爆撃を受けて破壊され、いまはないという。

ヨーロッパでは18世紀半ばころ、レースの機械編みが普及し始めていた（飯塚信雄前掲書）。使節団一行は「カセス」社で、手編みとも機械編みともはっきりしないが、はじめてレースそのものとその製法を実際に見てきたわけである。この事実がレース教場の設立に直接結びついたとはいえないが、使節団一行の頭の中には貴婦人たちの着飾った礼装姿や、レース編みの印象が刻み込まれたことは確かであろう。

またこの時期は、殖産興業政策との関連で正貨蓄積のため貿易振興（とくに直貿易）につとめた時期でもあった。開国以来、日本の貿易収支は輸入超過で、しかもその取り扱いは輸出入とも外国人商人によってほとんど独占されていた。1877年においても日本商人の輸出入取扱高はわずかに2.5パーセントに過ぎなかった。外国人商人は安政条約による諸特権、豊富な資金力と市場網とによりゆるぎない力を持っていた。そこで政府は、財政資金を国内輸出業者に貸し付けることによって直輸出を促進しようとした。政府は金本位制の導入のために正貨を蓄積する目的で設けた準備金を活用したが、勧業資金、貿易荷為替資金として製造会社、横浜正金銀行、直貿易会社、さらに個人へも貸し付けた。貸し付けは紙幣でおこない、回収は正貨でおこなうことを原則とし、対外支払い資金に当てたり、正貨の蓄積に当てた。

レース教場が1882年4月にレース製造資金として68,300円を無利子、10か年据え置きの条件で借り入れたのはこの準備金の中からであった。この点からみて、レース編みの伝習を通してゆくゆくは輸出産業として育成したいという意図があったものと思われる。しかも、レース教場への貸し付けは士族授産を目的とした起業基金名目でなされており、士族授産の性格が付与されていた。しかし、のちに述べるように、開業当初は士族授産事業と呼べるものではなかった。

レース教場関係の資料は東京都公文書館に所蔵されている。以下の分析は断りのない限り、同館所蔵の文書による。おもな文書名はつぎのとおりである。

1　回議録 レース教場 勧業課　(611.B3.2 府明Ⅱ明 13.82)
2　レース諸書類 勧業課 (611.B3.3　府明Ⅱ明 13.82)
3　回議録 レース教場営繕書類 勧業課 (613. C 3.1c2c　府明Ⅱ明 16.87)
4　回議録 レース教場 勧業課 (614.c2.6 府明Ⅱ明 17.80)
5　回議録 レース 二冊の内 農商課 (616.B3.6 府明Ⅱ 20.61)
6　レース教場書類 商工課 工務係 (617.B5.4 府明Ⅱ明 21.76)
7　稟申録 農商課 (617. C 5.1 府明Ⅱ明 22.015)
8　レース教場書類 農商課 (617 D.8.2 府明Ⅱ明 13.82)
9　士族授産ニ係ル書類 農商課 (620. D 8.17 府明Ⅱ明 26.95)

レース教場創設の構想がどのような経緯で生まれたかについては必ずしもはっきりしない。1880年6月4日付けの東京府知事松田道之宛に出された内務省勧農局長品川弥二郎の書類から、レース教場が国の事業として始まり、事業の運営監督は東京府に委ねられたことがわかる。

此回レース製造所ヲ新設シ、外国人ヲ雇入、差向生徒弐拾名募集之積ヲ以、該事業創設可致筈、尤費用之儀ハ本局ヨリ支出可致候間、事業之監督等一切御府於テ

御取扱相成度、此段御照会及候也

「回議録　レース教場」 勧業課　明治13年

レース教場は、殖産興業政策を所管した内務省勧農局で計画され、勧業政策の一環としてレース編みなる新技術の普及を計り、レース事業の振興を計ろうとしたもので、その費用は同局予算のなかから支出され、事業の運営、監督は東京府が責任をもったわけである。

レース教場は、東京市京橋区日吉町2及び3番地の二等煉瓦家屋の空家を利用して1880年7月5日に開業した。同年6月10日付けで東京府知事松田道之から大蔵卿佐野常民に出された「京橋以南煉瓦家屋仮用之儀ニ付上申」によると、

今般勧農局協議済、同局経費ヲ以府下ニ於テ「レース」製造所ヲ設ケ、外国教師ヲ雇入生徒募集事業開設可致筈ノ処、差向キ右教場ニ充ツヘキ場所無之ニ付テハ、京橋区日吉町二三番地ニ二等煉瓦連屋別紙図面ノ通リ、当時人民払下ケ望ミノ者無之候間、当分教場ニ仮用イタシ度

「回議録　レース教場営繕書類」 勧業課　明治12年

とあるように、レース教場の設立にあたり、たまたま空家になっていた煉瓦家屋をこれに当てたことがわかる。これに対し大蔵卿は6月29日付けで、「上申ノ趣聞キ届ケ候条教場仮用中ニ係ル修繕費敷地代共悉皆支弁可致、尤仮用中タリトモ該家払下ゲ望ノ者候ハハ速ニ明渡候儀ト可相心得事」と、修繕費、敷地代は東京府が持つ事、煉瓦家屋の払い下げを希望する者が現れた場合は速やかに明け渡す事を条件に認可している。

レース教場の建物は、空家になっていた二等連屋4戸を利用してこれに当てた。煉瓦家屋完成後、予想に反して入居者が少なく空家が多いことに悩んでいた東京府は、空家のまま放置すれば破損、朽損がひどくなるので、早急な利用を考えていた。ちょうどその時、レース教場開設の話が持ち上がったのである。したがって最初の段階では空家対策が先行していて、建物は、払い下げを望む者が現れた場合には速やかに明け渡すことになっていた。建物の管理は、当初東京府が当たっていたが、のちに大蔵省に移った。

教場は居住用に造られた家屋を模様替えし、第一図のように改造して教場用とした。間口8間半、奥行き10間で、建坪は煉瓦家屋部分46坪2合余であった。

その後、この建物の払い下げ希望者が現れなかったようで、教場として使用してから丁度2年後の1882年7月1日付けで、東京府に払い下げられた。二等煉瓦家屋の払い下げ状況を示す「二等煉瓦家屋払下帳」（東京都公文書館蔵）によれば、その家屋は日吉町2番地第一戸・第二戸、同3番地第一戸・第二戸の合計4戸分であった。前述のように、その直前の1882年4月には起業基金の名目で68,300円の政府資金の貸与をうけているところから、この資金で煉瓦家屋の払い下げを受け、合わせて教場の拡大をはかったと思われる。

2　生徒募集

開業に先立ち伝習生の募集を行なった。この段階では士族に限定せず、むしろ裕福な家庭の子女を対象に募集している。東京府文書中に「レース教場生徒募集ニ付華族部長江照会案」なる文書がある。

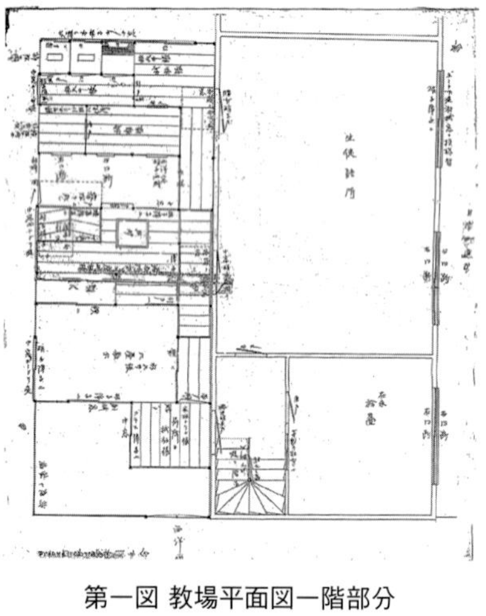

第一図 教場平面図一階部分

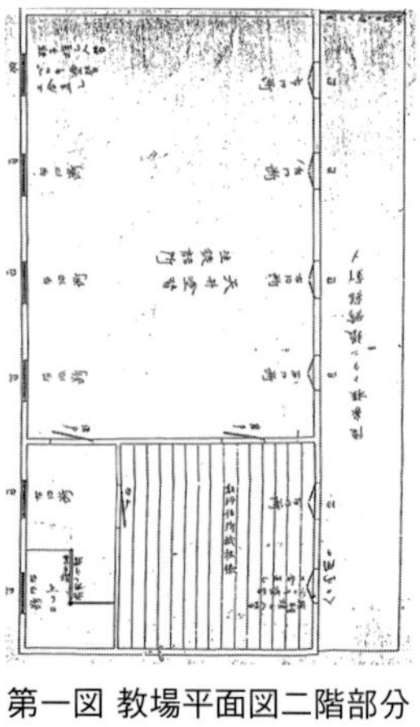

第一図 教場平面図二階部分

府下京橋区日吉町三番地ニ於テ今般女工組糸細工教場ヲ開キ英人女教師雇入伝習為致候ニ付、女生徒年齢十二三歳ヨリ十七八歳迄十五六名限入学為致度、左右組糸縁飾製造ハ欧州ニ於テモ頗ル上等高尚ノ手工ニ属シ、婦女衣服百般ノ用ニ供シテ又欠ク可ラサル装飾ニ有之旨ニ付、内地婦女子将来其手芸之習熟候上ハ最モ貴重ノ声価ヲ得ヘキ見込ニ可有之候、就而ハ華族息女方ニ於テ御望ミノ向ハ伝習被成候ハハ裁縫技芸ノ一助ニ可相成様被存候、勿論該場入学ノ女生徒ハ其身元ヲ選ミ相当之資産アル者ヲシテ就業セシメ、且場中従事候モノハ給仕ニ至ル迄一切婦人ヲ用ヒ其教則等当府於テ厳ニ取締相設ケ候筈ニ候、即今生徒募集ニ臨ミ既ニ京師ヨリ二名ノ生徒希望ノモノ有之、

「回議録　レース教場営繕書類」 勧業課　明治12年

この文書は、東京府内で起草されたものであって、照会がなされたものかどうか確認できないが、生徒の中に華族の子女がいるところから、この照会はなされたものとみてよいであろう。生徒募集の対象を華族にまで拡げているところからも、レース教場は士族授産とはいい難い。つぎに、生徒の構成からそれ確かめよう。

第1表は、第1回と追加募集に応募してきた27名のうち採用された25名の名簿である。のちにみるように、「レース製造教場概則」によれば、定員は20名を限度とした。採用者のうち華族の子女は田沼智恵（千恵の表記もある）、道（路）姉妹と細川万佐の3名にすぎず、士族出身は5名、平民出身は11名、不明が1名と、生徒の過半数は平民出身で占められている。士族出身者が全体の4分の1に過ぎないということは、実態からいっても士族授産事業とはいえない。なお、華族という身分は、1869年の版籍奉還後、公卿、諸侯（大名）の称を廃止して華族とし、士族の上に位置づけた（のちに薩長土肥出身の勲功者も華族となる）。77年に華族学校として学習院を開設し、82年には宮内省に華族局を設置した。社会的身分として爵位が授けられるのは84年7月の華族令によってである。

華族部長への照会案でもわかるように、華族の採用にあたって大変な気の使いようである。四民平等が宣言されてから10年以上経ったその当時にあっても、その身分差は厳然たるものがあった。いやむしろこの時期身分差は広がっていたといってよいであろう。華族と同席して伝習を受ける士族、平民の資格審査が厳格であったことは、「其身元ヲ撰ミ相当ノ資産アル者ヲシテ就業セシメ」というところからもわかる。平民出身者11名中8名までその保護者が府会議員であるか、区会議員という選ばれた人たちであり、良家の子女に限定して伝習を認めていた。採用にあたって士族出身者、平民出身者とも居住地の区長に身元照会を行なうなど厳格に選考している。

採用された25名のうち何名かについて少し詳しくみていこう。

華族出身の田沼智恵、道姉妹の父意尊は、旧石高11,260石の上総小久保藩旧藩主であり、寛政の改革のあとをうけて、商業資本と結び積極政策を推進して田沼時代を築いた田沼意次の子孫であり、細川万佐の父興貫は旧石高16,319石の常陸谷田部藩旧藩主であった。

平民出身の中井錫の父新右衛門は、播磨屋と号し、1808年以来江戸の本両替を勤め、明治時代に入ってからも明治政府会計官為替方、東京為替会社の貸付方などを勤めた。同時に下り酒問屋でもあって、のちに中井銀行を創立し、貴族院議院多額納税議員となったほどで、江戸・東京の有力商人・金融資本家であった。

星野いくの父清左衛門は、伊勢屋と号する砂糖問屋で、日本橋区の区会議員を勤め、通商会社の頭取でもあった有力な日本橋商人であった。この砂糖問屋から文学者星野天知が出ている。イクは天知の姉にあたる。星野天知は近所に住む文学者平田禿木と語らい、北村透谷、島崎藤村らも加わって、雑誌『文学界』（1893年創刊）を発行した。『文学界』は日本近代文学の黎明を告げる雑誌であった。この雑誌の実質的な出資者は星野天知であり、天知の家が発行所となった。「あの砂糖問屋の奥にあった、茶屋風の部屋に集って、其処で一緒に茶を飲みながら雑誌の編集をしたり、それから文学を談じたりして時の経つのを忘れる位いであった。」とは、島崎藤村が「北村透谷の短き一生」の中で述べているところである。イクはのちに横浜の実業家増田増蔵のもとに嫁いだ。

細田以登の父細田安兵衛は、日本橋区西河岸町1番地で菓子商を営む栄太楼の当主であり、当時すでに東京の有名店を収録した『東京名家繁盛図録』などに名を連ねる東京有数の菓子商であった。

殆んどの生徒が東京在住者であったが、前掲の華族部

長への紹介案文にもあるように、はるばる京都から信濃小路志よう（章・しょう）、津田ミチ、土橋小糸の3名がレース伝習のため上京してきた。京都からレース伝習のため上京してきた事情については後述する。

同年10月、増員募集をおこなって5名採用している。内山せん、用瀬喜代の2名を除き、残り3名は千葉県、埼玉県、三重県の出身で東京府に寄留している。

ここで伝習生の年齢構成に触れておこう。「レース教場生徒募集ニ付華族部長江照会案」では、伝習生の年齢を12歳から18歳としているが、最年少が11年8か月の田沼ミチ、最年長が第2次採用の用瀬喜代の29歳10か月であり、かなりばらつきがある。25名の年齢構成を示すと、11~14歳11名、15~19歳10名、20歳以上4名の計25名である。やはり16歳以下が圧倒的に多いが、20歳を越す者が4名を数えることも注目される。なお、有夫者に関してみると、山崎泰、中林はる、用瀬喜代、小島かづの4名を数え、さらに信濃小路志ようと土橋小糸はその肩書きにそれぞれ「京都府士族季重女」「同平民壮女」とあり、妻であることをうかがわせる。これを含めると6名となり、かなりの比重を占めることになる。このように比較的年齢の高い有夫者がいることは、この人々がレース伝習にはっきりした目的意識を持って入所してきたことを示している。

3　教師の採用

教師には、大蔵省雇いのイー・ビー・ワッチソンを介して横浜在住のイギリス人チャホレス・H・ダラス夫人を月手当て百円の高級をもって迎え、7月5日、同所で開業式を行ない、翌日から火木土曜日の週3日間、午後1時から5時までを授業時間として、レース編みの伝習が始まった。

ダラス夫人は開業以来、五か月間の出勤すべき日数63日間のうち20日間欠勤、ほぼ3分の1欠勤したこととなる。横浜からの通勤とはいえ、欠勤が多いといわなければならない。その後の出勤状況については分からないが、ダラス夫人の評判はよくなかった。月手当百円という「過当」な給料を貰っているにもかかわらず、「技倆不十分」で解雇、1883年2月に改めて横浜居留地山手七〇番居住のW・H・スミス夫人を雇い入れた。レース教場主任の海福雪との間の口約書によると、毎週火曜日午前10時から午後4時までの6時間勤務で、報酬は1日13円（交通費・食事代を含む）とし、解約はレー

第1表　設立時入場者名簿

氏名	年齢	住所	保護者氏名	続柄	保護者氏名・その他
田沼智恵	12年9ヵ月	本所区松井町	田代意考	伯父	
田沼道	11年8ヵ月	本所区松井町	田代意考	伯父	
細川万佐	23年4ヵ月	本所区千駄木町	細川奥貫	父	
星野イク	13年2ヵ月	日本橋区本町	星野清左衛門	父	砂糖問屋、区会議員
青木ユウ	16年10ヵ月	日本橋区元柳町	青木禎吉	父	区会議員
青木ツマ	12年10ヵ月	日本橋区元柳町	青木禎吉	父	
中井鋳	11年11ヵ月	日本橋区金吹町	中井新右衛門	父	下り酒問屋・区会議員
細田以登	15年5ヵ月	日本橋区西河岸町	細田安兵衛	父	菓子商
松井和賀	16年1ヵ月	日本橋区本銀町	松井定圀	兄	
小島かづ	12年8ヵ月	京橋区南伝馬町	小島房次郎	夫	
田島よし	16年2ヵ月	芝区芝金杉浜町	田島安太郎	父	区会議員
加藤堂久	13年7ヵ月	芝区芝田町	加藤德兵衛	父	区会議員
澤　美	15年5ヵ月	麹町区飯田町	澤　簡徳	父	神田区長
丸山てい	15年5ヵ月	麹町区下六番町	丸山純一郎	兄	
村上タヅ	13年	麹町区	村上義雄	父	東京府官吏
桑田ヤス	13年7ヵ月	麹町区	桑田衡平	父	蘭方医・内務省勤務
町田ヨシ	12年10ヵ月	浅草区	町田今亮	父	府会議員・浅草区長
津田ミチ	12年6ヵ月	京都府下京区亀井町	津田　柳	父	
信濃小路志よう	23年8ヵ月	京都府	信濃小路季重	夫	九条諸太夫のひとつ
土橋小糸	17年8ヵ月	京都府	土橋　荘	夫	
山崎泰	19年3ヵ月	京橋区八官町	山崎　守	夫	
内山せん	17年	京橋区銀座	内山　左吉	父	
中林はる	17年	京橋区南伝馬町	中林　潔	夫	日報社新聞編集者
用瀬喜代	29年10ヵ月	牛込区若宮町	用瀬多八郎	夫	
荘　き志	21年10ヵ月	麹町区飯田町	荘　信三	父	

「レース書類」明治13年　　東京都公文書館蔵

ス教場の都合により1か月前の予告をもって行なえるとした。ダラス夫人の条件と比べると厳しいものであるが、それは生徒の習熟度が増し、外国人教師の手を煩わせなくともよいと判断したためと、経費節減を図った処置であったのであろう。

スミス夫人がいつまで勤務したか明らかでないが、後任のセント・ジョン夫人は（横浜居留地山手四八番館居住）は、1888年7月、妊娠を理由に翌年3月まで出勤できない旨の申し出があった。これに対してレース教場当局は熟練者が育ってきたため、教師なしでも授業に差し障りはないとして、セント・ジョン夫人の解雇を決めている。

4　伝習の内容

レース教場の大要は、募集に際して定められた「レース製造教場概則」のなかに示されている。

レース製造教場概則

第一　受業生徒ハ女子ニシテ年齢満十三歳以上タルベシ、但十三歳以下幼年ノモノト雖トモ都合ニヨリ受業ヲ許ス事アルベシ

第二　受業生徒ハ当分二十名ヲ限リトス、総テ学資金ヲ納ムルニ及バス

第三　授業上要用ナル組糸及ヒ諸器ハ当分之ヲ貸与スベシ

第四　授業ハ毎週月曜木曜土曜ノ三日ニシテ午後第一時ヨリ第五時迄トス

第五　生徒ノ暇ナキ者ハ願ニヨリ前条時限内其期ヲ定メ出席授業ヲ許ス事アルベシ

第六　授業志願ノ者ハ父兄或ハ其証人ヨリ府庁へ願出ツベシ、但シ退校モ本文ニ準シ願出ツヘシ

「回議録　レース教場」 勧業課　明治十三年

伝習生の年齢は満13歳以上とされているが、すでに述べたように、満13歳未満の者も含まれていた。定員についても20名限りとされているが、開所して4か月後の11末に田沼智恵・道姉妹、小島かづ、松井和賀の4名が退場しており、その欠員を埋めるためか、その時点で第二次募集をおこない、5名の増員を行なっている。総員21名となり、定員枠はそれほど厳しくなかったことが伺える。

学資金は無料、組糸および諸器械は貸与となっている。生徒が病気ないし都合で出席できない場合は、正規の曜日以外に午後1~5時の伝習を認め、便宜をはかっている。

のちに改定された「レース教場概則」では14条からなり、製造教場の目的から願書、授業内容、試験、終了証書等を規定している。目的では「教場ハ「レース」製造事業ヲ習熟セシメ将来婦女子ノ産業ヲ開クヘキ目的ヲ以テ其工芸ヲ教授スル所トス」（第一条）と定め、入場年齢は「年齢満十五年以上三十五年以下」（第二条）としている。

生徒心得に当たる「教場掲示」も定められていた。掲示というから教場内に貼りだされていたのであろう。

教場掲示

一　教場ニ在テハ諸事教師ノ指示ニ従フヘシ

一　教場ニ於テハ一切喫煙ヲ禁ス

一　生徒ハ授業中無用ノ談話ヲ為スヘカラズ、且受業外ト雖トモ猥褻ノ談ヲ為スヲ禁ス

一　場中ハ靴及草履ノ外昇降スル事ヲ許サズ

一　疾病其他ノ事故ニ依リ欠席スメモノハ郵便又ハ他ノ便宜ヲ以テ教場へ届出ツベシ

一　教師ハ勿論凡ソ敬礼スヘキ人教場ニ入ル時ハ相当ノ礼式ヲ行フベシ

以上

生徒の出席状況はどうであったろうか。東京府文書のなかに「教師及生徒勤退表」なる記録がある。この記録は、1880年7月5日から11月30日までの5か月間、毎週火・木・土曜日の出勤日63日間の出欠表である。皆勤者は信濃小路、土橋、細川、加藤、澤の5名で、京都からの上京組と華族のお嬢さんがよく頑張っている。欠参1日が1名（細田）、3日が2名（町田、永井）、4日が2名（桑田、津田）、6日が1名（丸山）、7日が2名（青木姉妹）、10日が1名（田島）、13日が1名（星野）、16日が1名（村山）という状況で、出席についてはそれほど厳しくはなかったようである。先に触れたように、華族出身の田沼姉妹は5日間出席しただけで退場している。ほかに小島、松井も退場し、新たに用賀、荘、山崎、中林、内山の5名が入場した。

修業の年限は１年６か月、これを６か月一期として３期に分けて、初歩から授業が始まった。レースの種類は初代教師ダラス夫人の出身国イギリスのレース編みであるホニトン・レースを基本とした。第１期は太糸組繍「ポインツ・レース」、「ハニトン・レース」、第２期は細糸組繍「ポインツ・レース」、「ハニトン・レース」、第３期は細糸組繍「ハニトン・レース」、「ムリユック・レース」、「アップリケ・レース」および各種細糸組繍を学んだ（第２図）。

第２図 期末試験課題

一期生ハニトン①

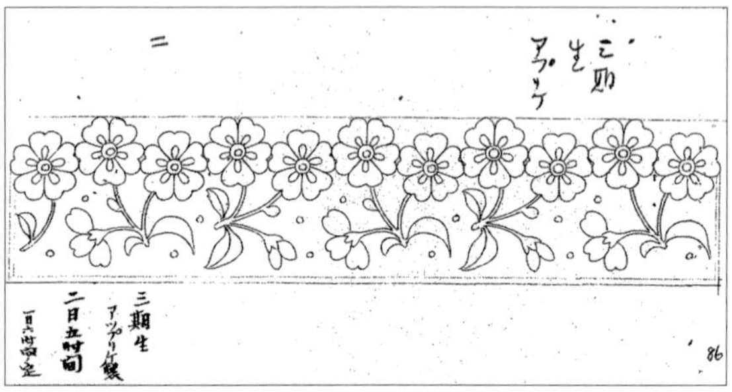

三期生アップリケ④

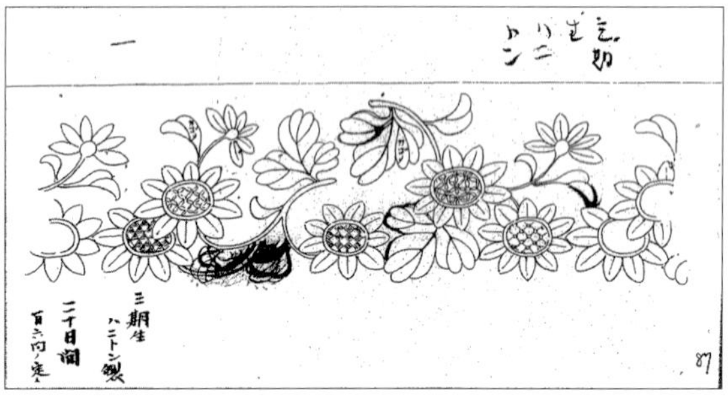

三期生ハニトン③

三期生リムリック⑤

二期生ハニトン②

麻糸、麻布などのレースの材料は、大倉組をとおしてイギリスのデボン、ハニトンやロンドンから取り寄せ、生徒にはそれを貸与するかたちで授業を行なった。

ここで1884年４月から10月までの７か月の生徒の状況をまとめておこう。在籍した生徒全員が女性で94名。その年齢構成は20歳未満が60名で圧倒的に多い。居住地別では芝区21名、麹町区12名、京橋区９名、赤坂区７名、日本橋区６名と、レース教場に近い区が多いが、全体では下町に比べ山の手の居住者の多いことが特徴的である。族籍別では開業当初に見られた華族の子女はみられず、士族48名、平民42名、不明４名で、レース教場が士族授産の性格を付与されたこともあって、士族出身者が多いが、平民出身者も士族出身者にほぼ匹敵する人数を数え、採用に当たって士族出身者のみを採用することが困難であったことがうかがえる。また、未婚、既婚別でみると、未婚者が76名、既婚者が15名、戸主が１名、不明が２名であった。なお、東京レース教場は、士族授産事業が女性に及んだ数少ない事例であろう（第２表）。

また、この期間にレース教場を去った者は18名を数える。その内未婚者が４名、既婚者が14名で、既婚者のうち１名を除いて全員が教場を去っている。当時の社会状況からいって既婚者が置かれた環境の厳しさが想像できるが、退場者の退場理由は、病気10名、結婚４名、家事都合が４名であり、未婚者がいずれも結婚を理由にやめているのにたいして、既婚者は病気または家事都合であった。病気の内訳は、眼病10名、腰痛２名、気管支カタル、喘息が各１名であった。眼病の多いことが特徴的である。当時一般的に眼病を患う人が多いなかで、揺らめきやすいランプの灯のもとでの細かいレース編みの作業は、ことさら生徒の目に負担をかけたことであろう。

5　準備金からの借り入れ

1881年３月、勧農局が廃止されて教場経費の支出の途が閉ざされた。「レース製造教場第一回実際要報」(1882年４月 ~12月）によれば、

レース事業ハ実験上婦女適応ノ工芸ニシテ、且将来殖産ノ望ミ有ルニ因リ弥此事業ヲ拡張セントシ、屡工務

第二表　入場生徒の状況（明治17年4月～10月）

生徒の年齢構成

年　齢	人　数
15歳以下	19
16～20歳	46
21～25歳	12
26～30歳	1
31歳以上	6
合計	94

生徒の居住地別人数

居住地	人　数
麹町　区	12
神田　区	4
日本橋区	6
京橋　区	9
芝　区	21
麻布　区	3
赤坂　区	7
四谷　区	5
牛込　区	4
小石川区	3
本郷　区	4
下谷　区	4
浅草　区	5
本所　区	3
深川　区	2
青山	1
横浜	1
不明	1
合計	94

族籍別人数

華族	0
士族	48
平民	42
不明	4
合計	94

「回議録　レース教場」明治17年

局へ照会シ其費途ヲ求ム、延テ十五年ニ至リ更ニ御省へ稟シ士族授産ノ目的ヲ以其方法ヲ具シ、レース教場ノ資金ヲ下付セラレンコトヲ要請ス、同年三月金六万八千三百円十ケ年無利子据置ニテ御省ヨリ貸渡サル、依テ府庁ニ於テ利殖方ヲ設ケ此ノ資金ヨリ生殖スル利子金ヲ以、レース教場一切ノ費途ニ充テ、且同年四月已降ハ教場ノ組織ヲ更正シ生徒ヲ増募シ区郡長ヲシテ管内本籍士族ノ婦女ヲ諭シ、此事業ヲ望ムルモノヲ入校セシメ専ラ士族就産ノ途ヲ開カントス

とあり、借り入れ以後は士族授産事業の性格を明確化することとなった。

ところで、生徒の応募は芳しくなかった。今までは、華族、士族、上層平民の子女を対象として募集してきたのを、資金借り入れを機に本籍士族に限定したのであるから、ただでさえ一般にレースの何者かも知られていない現状においては、士族に限定しての募集は困難であった。1884年1月の段階で、「目下何分応募ノ者寡少ニシテ満員ノ見据難相立、折角ノ好事業漸次拡張ノ目途阻塞候テハ其嘆息ノ次第」であった。東京府知事芳川顕正は、このままではどうにも立ち行かないので、士族授産事業の趣旨には反するが、まず本籍士族の子女を募り、応募がないときには寄留士族を募り、それでも定員に満たない場合は一般有志者ならびに他県居住者にまで募集範囲をひろげたいと、農商務卿西郷従道に伺いをたてている。これに対して農商務卿は特別の詮議をもって認めた（「レース教場制と募集之義ニ付上申」）。

この特別措置により島根県から出願のあった士族出身の飯塚てふ、きやう姉妹は入場を許されてはるばる島根から上京した（『女学雑誌』第1号、1885年7月20日）。1887年頃になると、定員は80名になっていたが、定員を満たすことはなかった。東京府内部ではレース教場をお荷物に感ずるようになっていた。

その間の事情は、この年の10月、レース教場の処分について東京府知事高崎小六から農商務大臣（1885年内閣制度が確立し大臣が置かれる）黒田清隆宛に提出された上申書に示されている。レース教場は、これまで80名の卒業生を出し、修業中の者60余名を数えているが、元来レース教場は技芸教授の場であって、製造所ではほとんどなくなっていた。当時民間において製造所などの施設はなく、ここを卒業しても技能を生かす場がなかった。融資者に働きかけて製造所を開設させようとしても、「販路未開ノ物品」であってみれば、このままレース教場を継続しても、「到底無用ノ技芸者ヲ造成スル」だけであって、その功益はない、この際「当庁信任スル所ノ人物ニシテ該事業ニ篤志ナル者有之候ハハ、該教場ヲ其者ニ払下ケ教授ト製造トヲ兼営シ卒業者ヲ使用シ販路ヲ内外ニ開カシメ、当初該教場ノ設立ノ趣旨貫徹候様致度」いとしている。これに対して大蔵大臣、農商務大臣連名で翌月「払下人ハ人選之上更ニ払下手続ヲ具シ農商務省へ伺出ベシ」（「レース製造教授処置方ノ義二付伺」）と回答した。

この情報が外部に漏れたとみえ、複数の新聞がレース教場が民間に払い下げるという記事を掲載し、その影響で入場希望者がさらに減少したという。東京府はレース教場経営を継続するよう方針を転換した。レース教場では生徒確保のため生徒募集の公告をすることによって、レース教場が民間に払い下げられるといううわさを打ち消し、「公衆ノ疑ヲ解、一ハ生徒ノ入校ヲ促シ、一ハ現時修業中ノ生徒ヲ奨励スル好手段」とした。2月末に『東

京日日』、『朝野』、『時事新報』、『毎日』、『読売』、『東京絵入』、『改進』、『大和』の各新聞に一斉に補欠生徒募集の公告を行なった。生徒募集の広告は、その後も繰り返し掲載されている。

6　内外博覧会への出品と販売

明治政府が推進した殖産興業政策の一環として、わが国に器械製糸の技術の伝習と普及のための施設として1872年10月、上州富岡に設立された富岡製糸場は有名である。政府は器械製糸を日本の有力な産業としてとくに力を入れ、その急速な技術向上のために、なかば強権を発動してこの事業を推進した、伝習女工は士族や有力農民の子女で占められていた。この体験をのちに綴った横山英の「富岡日記」にはその間の事情が詳細に述べられていることはよく知られている。

これに対してレース教場の場合は、当時の日本人には馴染みのないレース編みという「上等高尚」な手工業であって、ごく限られた一部の人たちの需要を満たすに過ぎなかった。技術の習得のほかに、1882年になると、「各家ヨリ注文ヲ託シ来ルモノ続々多キ」ニヨリ生徒のうち技能の上達したものがその注文に応じた。「襟袖先」、「ハンケツ」、「礼装縁飾」などであったが、積極的に海外での博覧会などに出品し、また、内地在留の外交官夫人や日本の上流夫人たちの依頼に応じている。これらの依頼品はすべて工賃を加えず材料原価で提供している。

日本国内においては、1881年3月に開催された第2回内国勧業博覧会に信濃小路しようら20名の製作にかかる「金銀モール」のレースを出品して進歩賞3等に入賞した。

1883年7月には1871年の岩倉具視を全権大使とする遣外使節に伴われてアメリカへ留学した津田梅子ら8名の少女のうちの一人、山川捨松から「私ニ於テ必要ノ儀御座候ニ付」として製作依頼があった。山川捨松は帰国後すぐに陸軍大将大山巌と結婚し、鹿鳴館に出入りすることになる。捨松が払い下げを受けたレースは、楓桜梅模様のハニトン・レース襟袖口飾り4尺6寸5分の豪華なものであった。生徒は夏季休暇に入るため、4名の者に自宅で製作させた。製作費は延べ76名分で29円26銭、糸、針、布などの原材料が2円50銭、合計31円76銭であった（「回議録　レース」勧業課　明治16年）。

レース教場では、さらに1886年8月に時の総理大臣兼宮内大臣伊藤博文夫人の注文に応じて葡萄模様服飾り13ヤールを延べ71名がかりで製作している。その代価はなんと501円16銭であった。料金の支払いは宮内省が行なっているところから、伊藤夫人には現物支給の扱いであったのであろう。ほかに宮内省および皇后宮職、「紳商」などからも注文があった。政府は条約改正を有利に進めようと、欧化政策の一環として展開された鹿鳴館の夜会に用いようとしたと思われる（第3図）。

1888年4月、生徒の作品を日本美術協会の美術展覧会に出品して銅牌を受賞し、1889年3月、東京府主宰の「米麦繭糸織物製茶家禽共進会」に3ヤール物3点、「襟袖飾」レース2組を、同年4月には養育院の慈善会に「襟袖飾」レースと「ハンケーフ」36点を出品している。

海外で開催される博覧会にも積極的に出品している。1883年5月にオランダ・アムステルダムの万国博覧会に出品したレースは、すこぶる高い評価を受けた。レースを託した七宝会社の社員の報告（6月14日）によると、そこを訪れたオランダの内務卿はその技術の優秀さに殊の外驚いたという。そもそもレースはベルギーの名産で、レースの輸出国フランスといえどもベルギーに一歩を譲り、欧州各国もベルギーに遠慮して博覧会に出品することはなかったのに、突然日本からのレースをみて、見物人はベルギー製のものを日本製として出品したのではないかと噂している、と報告している。日本がここに出品した楓形模様夫人用ハンカチは、澤ヨシの製作にかかるもので、製作にはおよそ120日を費やし、リンネル、糸、針などの材料原価は1円50銭余であった。これを61円50銭の価格をつけて出品したところ、蘭価180仏で売れた。1仏を1円40戦として換算すると252円となる。

1886年にイギリス、ロンドンのサウスケンジントン万国発明博覧会に出品したレースはヨーロッ

第３図 伊藤博文夫人レース受領証

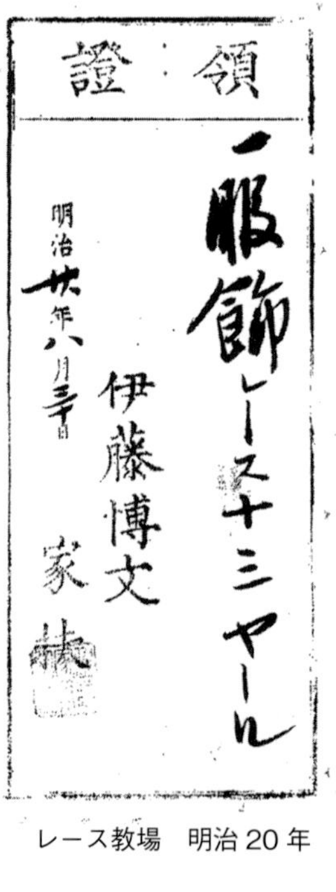

レース教場　明治20年

パで評判の高いブリュッセルの製品と比べても優れていたという。1889年フランス・パリ万国博覧会には、ホニトン・レースの蝙蝠傘飾り（菊・桜花模様）と団扇を2点出品している。

以上見てきたように、レース教場はレース編みの伝習をおもな目的として運営されてきたが、製造所としての性格もあった。レース編みの伝習も一応軌道に乗って外部への販売が可能な作品ができるようになり、かつまた、起業基金の中から士族授産を目的とした資金貸与があってからは製造所としての性格を付与したのである。

製品の払い下げは法人、外国人を問わず、その手続きが煩雑で、そのため思うように売れなかった。そこで1889年11月に卒業生の製品は、「工賃ニ原質代ヲ併セ別代価トス、之ニ二割ノ利益ヲ付シ」てこれを売値とし、在校生の製品は「十時間ヲ第三期生ノ製造品ハ一日金七銭、以一日ニ見做シ、第二期生ノ製造品ハ一日金五銭五厘、第一期性ノ製造品ハ一日金四銭ノ工賃ヲ積リ、之ニ原質代ヲ加ヘタル」を売値として販売促進をはかった。

7　海外輸出の試み

レース製造技術に習熟して完成した製品を海外に輸出することは、レース教場設立当初からの考えであった。海外で開催された博覧会に出品し高い評価をえて売れた場合もあったが、商業ベースで輸出されたことはなかった。

1885年下期には、「海外輸出商人ヲ選ンデ販売方ヲ託シ卒業生ニ販路ノ便与フルノ見込ヲ立シモ、未ダ其人ヲ得ザルヲ以テ広ク欧米各国ニ見本ヲ送リ我領事ニ託シ販路ヲ求ルノ見込ヲ以テ見本品製造中ナリ」という状況で、翌1886年にいたり、外国に向けて本格的に輸出しようとする試みが始まった。「卒業生ニ於テハ既ニ習熟セシ技芸モ目今無用ニ属シ殆ド失望ノ有様」であり、ついては各国在留の領事に見本を送り、市場調査を依頼した。各都市の業者の評判は、ほとんどが「清浄工妙」と賞賛しないものはなかったが、高価であること、近来盛大になってきた器械レースに圧倒されて販路の見込がたたない、というものであった。しかし日本の手編みレースの優雅で精巧な美しさは、ベルギー製のそれに対抗でき、日本風の模様と使用する糸を太くして労働力を減らすことで、価格を抑えることが必要だとしている。ヨーロッパでの販売は、1ヤール5、6円のものであれば売れるということで、レース教場では5円以下3円50銭位のものを製作してフランスへ送ることにしている（『女学雑誌』170号、1889年7月）。

1886年4月、レース教場は、ハニトン・レース12種、各種3ヤール物4個ずつ卒業生に製作させて、「一先ツ三井物産会社其他外国ニ開店スル確実ナル我貿易商人ニ委託シ、英仏ノ二国ニ輸出シ販売ヲ試ミ以テ将来ノ販路ヲ開キ、当場御開設ノ御趣旨ヲ達シ余多ノ卒業生ヲシテ収受シタル技倆ヲ望之如ク活用セシメント」した（「外国輸出レース製造着手ノ件」）。イタリーのベニス領事に送ったレースはローマで開かれた「織物及びレース大博覧会」に出品され、高い評価を得たという（「開業第八年事業景況要領」）。

8　レース編み技術の伝承

レース教場で学んだ女性たちは、レース教場が存続した12年間にかなりの数にのぼると思われる。彼女たちが卒業後、どのような道を歩んだか定かでない。レースの外国への輸出はすでにみたように不振であったし、鹿鳴館の欧化熱も国粋主義の台頭により冷め、レースの需要も落ち込んでいたと思われる。卒業生の多くは家庭に入って、趣味として生かすか、あるいは細々と内職で生計の足しにしていたと想像できる。

しかし、少数ではあったが、手芸教師としてレース編みの技術の伝承に努めた人たちがいた。現在分かっているのは、信濃小路しよう、土橋小糸、青木志計子の3名のみである。

信濃小路しよう、土橋小糸の2名はレース教場の開設と同時に、京都府女学校からレース編みの伝習のためにわざわざ派遣されたものであった。京都府女学校は1872年5月に「新英学校及女紅場」と名付けて、華士族の子女7、8名に英語ならびに高等の「和洋女紅」（裁縫、手芸など）を授けることを目的として設立され、その後、新英学校女紅場と名称変更し、さらに京都府立第一女学校となり、戦後は京都府立鴨沂高等学校となった。

『京都府立第一女学校一覧』（1898年9月、京都府立総合資料館蔵）によると、1880年6月、「生徒二名ヲ選抜シテレース製造ヲ伝習セシム」とあり、氏名の記載はない。同書の「旧職員表」によると信濃小路しようは1876

年12月13日から翌年3月24日まで三等助教試補であり、あいだ2年おいて1883年1月15日から同年7月21日まで用掛（レース受持）、さらに2年おいて1885年4月6日から1887年12月28日まで助教諭となっている。また、土橋小糸は、1876年11月2日から1880年5月29日までと、1883年1月15日から12月21日まで授業補であった。この2名はこれまでみるかぎり生徒できなく、「自創立至明治十六年府立学校沿革誌　学務課」（京都府立総合資料館蔵）に1880年6月「信濃小路しよう、土橋小糸等ヲレース伝習トシテ東上セシム、是レ卒業帰府ノ上ハ有志者ニ伝習シ府下一大産業ヲ興サンガ為ナリ」とあり、信濃小路しよう、土橋小糸の両名は京都府から派遣されたことが確認できるが、1880年6月までは信濃小路、土橋両名は生徒であった可能性がある。1880年7月から1883年1月までの期間は、レース教場在籍中であり、京都府女学校女紅場は空席となっている。

信濃小路しよう、土橋小糸の両名は、レース編みの技術の伝習という任務をおびてレース教場に学んでいたのである。さきにも触れたように両名は1880年7月5日から11月30日までの5か月間の開業日63日間の皆勤者であり、とくに信濃小路はその技術も優秀で、教授方心得として後輩の指導に当たっていた。1881年3月に開催された内国勧業博覧会には信濃小路ほか20名の製作したレースが「進歩三等」の賞牌を受けた。また、1883年5月開催のオランダ博覧会には土橋小糸の「花丸模様」を出品している。信濃小路は第1期から第3期の前過程終了に際し優等賞状を受けて卒業した。

信濃小路は、在学中成績優秀につき1882年12月、教授方心得に任命され、月給7円を支給されたばかりであったが、京都府においてはレース課程を開くために派遣したことを理由に京都府立女学校へ呼び戻された。1883年1月15日から同年7月21日までの期間、用掛（レース受持）として女学校に勤務したが、東京府では信濃小路の人柄と技倆を高く評価して、京都府に掛け合い、レース教場に呼び戻した。その伺書に「其ノ年齢モ相長シ居リ候得ハ教授方等ニハ最適当シ、且其技芸モ頗ル優等ニ居リ、従来ノ製品ハ最モ声価ヲ得候モノニ而技倆上ニ於而可惜ノ人物」と評価している。かくして信濃小路はレース教場の女教師として迎えられた。ところが、ふたたび1885年4月、京都府女学校の教師として赴任している。

ところで、京都府女学校女紅場は、1880年7月、女紅場の名を廃し、たんに京都府女学校（87年に高等女学校）と称し、普通学科、師範学科、手芸専修科を置き、手芸専修科のなかに裁縫、刺繍、綴織、押絵、剪、袋物、養蚕の科目を置いた。そして綴織のなかにレース編みが入っていた。同校では、1885年にレース編みを独立させ「レース科」を設置し、レース編み教育に力を入れた。おそらく中等教育課程で始めてのレース科であったと考えられる。しかし、レース製造業の先行きがおぼつかなかったためか、1887年12月にレース科はわずか2年10か月で廃止となった。この年の卒業生は12名を数えるに過ぎなかった。綴織科も翌年3月に廃止となり、同科在校生8名は京都府上京区大坂町3 番戸の京都愛育舎（舎主岡本宇野）に引き継がれた。土橋小糸はすでに退職していたが、信濃小路は1887年12月28日、つまりレース科廃止まで在職していた。その後については明らかでないが、生徒とともに愛育舎に移籍したとも考えられる。

青木志計子は1888年に卒業、時に17歳であった。その後、クリスチャンの加藤俊子が「精神ありて資金乏しき女子を教えて、独立自修の途を立てさする」（「妾の信仰歴」、本井康博著『回想の加藤勝弥』所収）ことを目指して設立した「独立女学校」に入学した。同校は「毎日、午前に和漢英の三学及び数学等を教え、午後は裁縫、刺繍、養蚕その他の手工を教授」（『女学雑誌』第28号、1891年8月）した。校長の加藤俊子の死後、あとを継いだ内村鑑三は、同校の目的を自給独立の精神を備えた平民的女子の育成とした。ここで学んだ青木志計子は、1892年にプロテスタント系の新潟女学校の手芸科教師として赴任している（本井康博「カルヴィニズムと職業教育　女子独立学校をめぐって　」、『キリスト教史学』42号、1988年12月）。

『女学雑誌』128号（1888年9月）の「新報」欄の報ずるところによれば、この度本郷区弓町二丁目1番地にある普及福音協会内に「レース伝習場」が独逸協会教師ドクトル・ヘーリング夫人、警視庁雇いヘーンの令嬢、および壱岐坂会堂牧師シュミデル夫人らによって設立された。「我国の婦人にひとつ有益なる業を授けんとの趣旨にて何人にても専らレースを業となさんとするものには無月謝にて教授し、又其の伝習に要する物品器具等は一切貸与し、又其レースの出来上がりたるものは代価にて買上る」としている。同所の募集広告によると、修業期間はおよそ一ヶ月、日本人教師としては西浦ちやう外数名があたり、生徒の技術の巧拙により差があるが、毎月2~5円の賃銭をうることができるとしている（『女学雑誌』185号、1889年11月）。この「レース伝習所」とレース教場との関係は分からないが、レース教場の事業に刺激されて開設されたものと思われる。

9　レース教場の閉鎖

レース教場で伝習を終えた生徒たちがここで身につけたレース編みの技術をのばす機会は、殆んどなかった。すでにみたように、当時国内のレースの需要はごく一部の上流階級を除いてほとんどなかったし、また、海外輸出もレースの器械編みの普及のため伸びず、ひとつの職業として生かすことは難しかった。レース編みの教師の道を歩んだ信濃小路しやうや青木志計子らは稀な例であろう。大部分の卒業生は趣味として生かすほかなかったといってよい。

生徒募集は、新聞広告まで出してその勧誘をはかったが、希望者は少なかった。1887年10月22日付けで、東京府府知事高崎五六から農商務大臣黒田清隆宛に次のような「レース製造教場処置方ノ儀ニ付伺」が提出されている。

当府所属レース製造教場ノ儀ハ本十五年以来御貸下ケノ士族勧業資金ヲ以テ維持致シ当時専ラ府下士族ノ婦女ニ教授スルノ目的ニ有之候処、兎角応募者少ナキヨリ十七年ニ至稟議ノ上当分ノ間族籍ヲ問ハス入場ヲ許スモノトシ、授業致シ来リ現今マデ卒業セシ者ハ八十余名修業中ノ者六十余名有之候、然ル処元来該教場ハ技芸教授一方ニシテ製造所ノ性質ヲ有セス民間ニモ未タレース製造所等ノ設無之故前段卒業者ノ折角習熟シタル技芸モ之ヲ活用スル能ハス、現今修業中ノ者モ亦此景況ヲ察シ倶ニ失望致シ居候、就テハ有志者ヲ誘導シ他ニ製造所等ヲ開設セシメントスルモ販路未開ノ物品ナレハ容易ニ之ニ応スル者ナク、此ノ如キ有様ニテハ今後該教場ヲ持続スルモ到底無用ノ技芸者ヲ造成スル迄ニシテ更ニ其効益モ無之ニ付、此際当庁信任スル所ノ人物ニシテ該事業ニ篤志ナル者有之候ハハ、該教場ヲ其者ニ払下ケ教授ト製造トヲ兼営シ卒業者ヲ使用シ販路ヲ内外ニ開カシメ当初該教場設立ノ趣旨貫徹候様致度（後略）

東京府は、1887年末に先細りの状態のレース教場を手離し、民間に移行することを決定し、それまでのレース教場の運営に携わってきた丸田正盛ら3名に教場ならびに教場がそれまで引き継いできた士族勧業資金を貸与して、レース教場の存続をはかった。ところが、士族勧業資金の処分についていては、ほかにも大勢の旧士族がいるわけで、士族勧業資本金を丸田正盛らに単独で貸与することに疑義が出て、結局これを分割して、田口卯吉、関直彦らの「小笠原水産採取事業」にも貸与する方向で決着がはかられた。しかし、丸田側はこれに同意せず、これに対して東京府は裁判に持ち込み、結局、1892年11月、東京地方裁判所の判決が出て、原告つまり東京府の勝利に終わった。

これより前、東京府の裁判提起段階で、丸田は井上多志見と連名で『郵便報知新聞』（1892年10月19日）に「大火急広告」を出し、東京府の教場財産ならびに丸田個人の財産の裁判所による差し押さえ措置のため、やむをえず教場を閉鎖する旨を公告した。在校生ならびに卒業生にとっては、勧業資金の帰属をめぐる丸田と東京府士族総代会との紛議は、噂としておそらく知っていたとはいえショックであったろう。ここに1880年7月以来12年3か月にわたり続いた東京府レース製造教場は閉鎖された。

なお、冒頭で紹介した堀越勇次郎著『レース工業』のなかで指摘された田口卯吉の築地のレース教場は、東京府レース製造教場の事業を引き継いだとは考えにくく、はたして存在していたのか疑問のあるところである。

東京府レース製造教場の歴史的意義は、その後のレース業の発展を検証する事によって明らかになるであろうが、レース教場の閉鎖によりレース編みの技術習得にかける女性たちの思いが踏みにじられて終わったことは残念である。

付記　本論文は、銀座に関心を持つ者で結成された銀座文化史学会発行の『銀座文化研究』9号（2006年4月）に発表した「東京府レース製造教場の設立」を改題、加筆したものである。

岩絵具とマティエール
―近代岩絵具の黎明期―

東京藝術大学大学院准教授
荒井　経

はじめに

“マティエール”(マチエール)とは､言うまでもなく｢物質｣を意味するフランス語の matière のことであり、美術用語に転じて「材質感」や「絵肌」を意味する。

マティエール matière（仏）
(1) 材料、材質、素材（material, 英）
(2) 材質感（texture, 英）。表現された対象固有の材質感を指す場合と、作品自体の表面の平滑さとかごつごつした感じなど、素材の選択、用法によって創り出した“肌合い”あるいは絵の場合には“絵肌”を意味する場合がある。
（『新潮世界美術辞典』新潮社　昭和 60 年）

マティエール（仏 Matière）・メティエ（仏 Métier）
マティエールとは広く材料・材質を意味する言葉であるが，絵画上の用語としは（ママ）絵具と画布と筆触が作りだす画面の肌をいう．（中略）ことに油絵具の発明によってマティエールの扱いに大きな可能性が開けてきた．（中略）
メティエとは画家・彫刻家が当然習得すべき職業的な技巧をいう．この言葉が特に問題になりだしたのは印象派のころからで，外光の印象をすばやく画面に写しとるために，従前の扱いにくいメティエをすてて簡略化された手法をとろうとしたためである．（後略）
（竹内敏雄編『美学事典　増補版』弘文堂　昭和 49 年）

私が“マティエール”という言葉を覚えたのはいつ頃であろうか。1967 年に日本画家の息子として生まれた私は、物心ついたときにはその言葉を知っていたように思う。それから半世紀近く経った今でも“マティエール”は、日本画家の間で日常的に使われる用語の一つであり続けている。日本画にとっての“マティエール”とは何か。そこには、西洋画におけるそれとは異なった、日本画の世界でしか通じ合えないようなニュアンスが込められてきたように思えてならない。

『美学事典　増補版』にあるように､西洋におけるマティエールは油絵具の発明や印象派による伝統の打破など、時代によってその意味合いを変えてきたのであるが、日本画におけるマティエールは、多くの場合「岩絵具」という日本画独特の色材によって表現された絵肌のことを指す。日本画家の間では､しばしば「岩絵具のマティエール」というように伝統的な色材として知られる「岩絵具」と舶来の美術用語であった“マティエール”がミスマッチとなって使われるが、今日、多くの日本画家はこのミスマッチに違和感すら覚えなくなっている。つまり、マティエールの受容から少なくとも数十年を経た今日の日本画では、岩絵具という色材がマティエールを担う材料として広く認知されているということである。本論考では、日本画におけるマティエールという概念の受容とその影響について、ミスマッチを支えることになった岩絵具の近代史を辿る作業から読み解いていきたい。

岩絵具

ここから岩絵具についての論を展開するためには、まず岩絵具という色材に関する一定の知識を共有しておかなければならない。

日本画を特徴付ける岩絵具という色材は、天然に産する鉱物を粉砕精製した顔料の一種であり、その起源を大陸に有するものの、古代から今日までの千数百年間に亘って日本で使われ続けてきた伝統を有している。そうした岩絵具の持つ歴史性は日本という国の歴史性と重ねられ、日本画という絵画の正統性を素材から裏付けてきた。

岩絵具は、チューブに入れられた油絵具や水彩絵具、アクリル絵具とは異なって、接着剤や展色剤が加えられていない顔料そのものである。従って、岩絵具を画面に定着させるには接着剤との混合が必要であり、日本画やその起源となる絵画においては膠という動物性蛋白質の接着剤が用いられてきた。岩絵具は、天然に産する鉱物から製する顔料であるが、どんな鉱物からでも作れる（作られてきた）わけではない。岩絵具の原料は、粉砕しても発色できる色の濃度と適当な硬度をもった鉱物でなければならなかった。そうした条件下で選ばれてきた鉱物が藍銅鉱（アズライト）と孔雀石（マラカイト）であり、作られた岩絵具が青色の「群青」と緑色の「緑青」【図1】である。

つまり、近代の日本画あるいは近世までの日本絵画に

図1緑青　孔雀石と粒子の粗細

用いられてきた色材のすべてが岩絵具というわけではないのである。岩絵具とは、日本画の色材すべてを包括する語ではなく、ある特徴を有する色材、即ち群青と緑青を指す語であって、特に近世までの日本絵画において岩絵具は色材の一部に過ぎなかった。これは日本絵画に限らず世界中の古典絵画に共通することであるが、絵画の色材はさまざまな原料から製されていた。主なものを挙げれば、貝殻から製する胡粉、煤を膠で固めた墨、植物染料に由来する藍や藤黄、カイガラムシから抽出した染料に由来する臙脂、土を精製した黄土や朱土、古くから化学合成されてきた鉛白、鉛丹、水銀朱などである。これらは岩絵具と呼ぶには当たらない色材である。また、これらは決して岩絵具を補完したり、代替したりする色材として岩絵具の下位に位置づけられてきたのではない。古典絵画は、さまざまな原料に由来するさまざまな色相と透明度をもった色材が複雑に組み合わされて描かれてきたのである。

さらに古典絵画の技法に通じた方のために言を進めれば、天然の鉱物から製される辰砂や石黄[註1]も岩絵具とは言い難い（少なくとも本論考が提示する狭義の岩絵具には当たらない）。赤色の辰砂は、人工的に合成される水銀朱とほぼ同一の成分を持った顔料であるが、中国の明末に編纂された『天工開物』[註2]で水銀朱の製法が紹介されているように、早くから人工の水銀朱に置き換えられていたものと考えられる。また、石黄は古典的な色材としてよく挙げられるものの、絵画への使用例は決して多くない。しかしながら、筆者が辰砂や石黄を岩絵具としないことには、そうした歴史的な経緯ばかりでなく物質的な特性に最大の根拠がある。

岩絵具である群青と緑青の重要な特徴に“粒子分け”というものがある。製造工程で粉砕された藍銅鉱や孔雀石は、網を張った篩によって粗い粒子と細かい粒子とに分別される。細かい粒子は、水干（水簸、水飛とも書く）と呼ばれる沈殿法によってさらに分級されていく。水中に投じた原料を攪拌すると、粒子の大きなものから沈殿していくという原理を利用した方法である。これらの方法によって、群青と緑青の粒子は数段階に分けられ、粒子の大きさごとの用途に使われる。現在の粒子分けは最大で10段階以上に及んでいるが、近世でも4~6段階程度には分けられていた。粗い粒子の群青や緑青は砂状で、細かい粒子は粉状である。かつて群青と緑青以外の色材にこのような粒子分けは存在していない。

群青と緑青に対して粒子分けが行われる理由は、彩度をコントロールすることにある。群青の原石である藍銅鉱と緑青の原石である孔雀石は、細かく粉砕するほど彩度が下がって白濁してしまう。顔料として最も使い勝手の良い粉状の群青と緑青が「白群青」「白緑青」と呼ばれるのは、粉状の群青や緑青が白濁しているためである。従って、藍銅鉱や孔雀石から彩度の高い鮮やかな青色や緑色を得るために、敢えて使い勝手の悪い砂状に留めて

おくのである。様々な化学合成によって鮮やかな色材が作れるようになる近代化以前の世界では、鮮やかさは掛け替えのない価値であった。鮮やかな色彩は混色によって濁らせることができるが、濁った色彩を鮮やかにすることはできないからである。

一方、辰砂と石黄の原石は、粒子を細かくするほど彩度が上がって鮮やかになる点で異なっている。粒子の粗い辰砂は赤黒く、石黄は茶味を帯びているが、粉状にすると鮮やかな赤色と鮮やかな黄色を呈する。古代から近世において、辰砂や石黄が粒子分けされてきたことを示す文献がないことからもわかるように、これらを濁った粗い粒子で使うことには、発色においても、使い勝手においても利点を見出せない。[註3] 従って、天然の鉱物から製される顔料であっても、群青、緑青と辰砂、石黄は区別して考えなければならないのである。

これから筆者が述べる「岩絵具」とは、飽くまで“粒子分け”があることを条件とする特異な色材のことであり、日本画のマティエールとは、その岩絵具に特有の粗い粒子が演出するザラザラとした表現効果のことである。重ねて言うが、伝統的と呼べる岩絵具の群青と緑青における砂状の粒子は、飽くまで彩度を保つという色彩表現のための苦肉の策であって、マティエールを演出するためのものではなかった。近世までの画家にとって、群青や緑青がザラザラしているのは当然のことであり、それをマティエールという造形要素として捉える視点は存在していない。それでは、いつから岩絵具はマティエールを演出するよう材料になったのであろうか。

近代の岩絵具

今日、近現代美術が展示される美術館において、日本画の表面が砂状の岩絵具で覆われていることに違和感を持つ人は少ない。むしろ、キラキラと光を反射して輝く岩絵具こそが日本画特有の美であるといった解釈すらある。転じて、近世までの日本絵画が展示される博物館において、画面が砂状の岩絵具で覆われている作品を見出すことはない。砂状の粒子はおよそ濃厚な緑色と青色の部分にだけに見出せるものである。(岩絵具の群青は、緑青に比べて微粒子でも強く発色するため、展示ケース越しではその粒子を明確に観察できないこともある。)つまり、現在の日本画の色彩とマティエールを担う多くの岩絵具は、まったく伝統的な色材ではなく、近代になって開発された色材だということである。

現在の日本画で使われる岩絵具は、「天然岩絵具」「新岩絵具」「合成岩絵具」の3つに区分されて流通している。これらは、原料や製法による区分である。現在の岩絵具は、伝統的な岩絵具の領域をはるかに超え、最大手メーカー一社の商品だけでも160種類(160種類×11粒度=1760色)に及ぶ。これらの膨大な種類の岩絵具が、画面全体にマティエールを持った日本画の表現を支えているのである。

「天然岩絵具」は、文字通り天然の鉱物を粉砕精製して作られた岩絵具であるが、現在、数十種類を数える天然岩絵具の原石は、少なくとも近世までには岩絵具の原料とされてこなかった鉱物である。例えば、石英や大理石を原石とする水晶末、インド産のグリーンジャスパーを原石とする緑瑪瑙、南アフリカ産のブラックトルマリンを原石とする電気石末などである。中には、岩黄土、岩朱土、岩岱赭のように伝統的に使われてきた色材名が付されている岩絵具もあるが、これらは新しい岩絵具に古風な印象を与えるための商品名であって、名称と原料は異なる。天然岩絵具の「天然」も、古来の岩絵具であるかのような印象を与えるが、天然ではない岩絵具と区別するために付された名称である。つまり、群青と緑青以外の天然岩絵具は、近代に開発された新しい岩絵具なのである。筆者は、誤解を避けるべくこれらを「後発の天然岩絵具」[註4] と呼んでいる。

「新岩絵具」は釉薬の技術を応用して作られる人造の岩絵具である。新岩絵具は、その名のごとく新しく登場した岩絵具であり、現在で言う「合成岩絵具」が登場する以前には人造岩絵具、模造岩絵具、合成岩絵具、新岩絵具などとさまざまに称されていた。現在、最も多くの種類と色相を有する新岩絵具は日本画に欠かせない色材となっている。鉛ガラスの体質と金属酸化物の発色剤を焼成して作ったフリット、いわば人造の原石を粉砕するという新岩絵具の製法では、天然の鉱物からは得ることのできない色相を岩絵具に与えることができた。

「合成岩絵具」は、無色の天然岩絵具である方解末の表面を合成顔料によって着色した人造の岩絵具である。耐光性に劣るという評価もあるが、新岩絵具のように焼成という工程を経ないため、より鮮やかな色彩を自在に表現することができる上、極めて安価に供給できるというメリットも持っている。

こうした近代の岩絵具が、いつ登場してきたのか。残念ながら日本画には、技法や材料を体系的に記した研究書はほとんど存在しない。日本画の技法に関する書籍は、概ね日本画を描く方法を教示するハウツー本であり、刊行された時点の日本画技法しか知ることができないのである。そこで筆者は、商品目録の収集、画材店やメーカーでの聞き取り、文献による重要作品の絞り込みと熟覧（一部に自然科学分析を実施）という調査方法によって近代における岩絵具の起源を探った。

近代岩絵具の起源

筆者が現時点で収集できた日本画材店の商品目録は、明治42年から昭和末までの約20編である。これらの内の9編[註5]に記載された色材については、拙稿「〈資料〉「商品目録」近代日本画の材料（色材篇）」『東京藝術大学美術学部紀要　第48号』（平成22年）で公表している。また、同資料には、明治期の情報を補完するために、明治10年から明治36年までに5回開催された内国勧業博覧会出品目録[註6]の抜粋も加えている。これらの資料ならびに調査から見えてきたことは、明治後期に近代岩絵具の開発が萌芽し、大正期に一定の流通へと至り、戦後になって急速に需要と供給が高まっていったという流れである。

近代岩絵具の萌芽は、内国勧業博覧会出品目録から窺うことができる。内国勧業博覧会は、19世紀のヨーロッパで活況を呈していた博覧会をモデルに日本国内で開催されたもので、農産物、工業製品、美術工芸品といったあらゆる物品が全国から出品された。そこには、第2回（明治14年）で京都の藤村彌三郎、第3回（明治23年）で東京の中村治兵衛と京都の藤村幸助、第4回（明治28年）該当する出品者なし、第5回（明治36年）で京都の石田吉作といった日本画材商も名を連ねている[註7]。その内で、注目すべきは第5回で石田吉作が三等賞を受賞していることである。石田吉作（-1918）は、現在も続く京都の日本画材店・放光堂の創業者である。

石田吉作　下京区烏丸通三条下ル

三等賞（岩絵具　水彩絵具）

放光印岩紺青　同岩群青　同薄群青　同白群青

本孔雀印岩緑青　本孔雀印五番緑青　本孔雀印白緑青

本珊瑚末　本水晶末　茶金石末　極製赤口末　同茶末

同水ノ胡粉

瑠璃棒藍　極製岱赭棒　八色入水彩絵具　六色入水彩絵具　学校用水入（ママ）彩絵具

（第5回内国勧業博覧会出品目録より　下線は筆者）

吉作が出品した「本珊瑚末」「本水晶末」「茶金石末」等は従来の出品には見られなかった岩絵具である。内国勧業博覧会は、“殖産興業”を推し進める明治政府が国内産業奨励事業として行ったものであるため、伝統産業の保護ではなく新規産業の奨励と育成に重点が置かれていた。和紙を例にとれば、第5回で名誉銀牌という高位の受賞を果たした伊野精紙合資会社（高知県）への讃は「夙ニ一社ヲ組織シテ和紙各種ノ改善ヲ図リ他ニ率先シテ機器ヲ応用シ以テ斯業ノ方向ヲ知ラシム其製品ノ功緻ナル其成績ノ卓出ナル最モ嘉賞スヘジ（ママ）」（前掲書　下線は筆者）というものであり、伝統産業における新機軸の提示を評価していることがわかる。そうした審査基準に鑑みて、吉作が受賞した理由は、伝統的な岩絵具に新商品を創り出したことによるものと考えられよう。[註8]

また、やや遅れて群青と緑青以外の岩絵具を紹介している商品目録がある。明治42年に大日本絵画講習会販売部（東京市麻布区飯倉町四丁目）が発行した『洋画材料品日本画用品明細目録』である。大日本絵画講習会は、日本画家の荒木寛友（1850-1920）に師事した後、画材販売と出版を生業とした木田寛栗（1875-）が興した絵画の通信教育を行う会社であり、この目録は受講生を対象とした通信販売のカタログである。[註9]

黄緑青　群緑青　茶緑青　老緑青

黄緑青（キロクシヨー）は岩緑青のごとくにして黄色を帯びたるもの、群緑青（グンロクシヨー）は群青と緑青と交ざりたるがごとき色、茶緑青（チアロクシヨー）は緑青の茶色を帯びたるもの、老緑青（ローリヨクシヨー）は岩緑青の濃きものにして共に近頃新たに製造したる絵具です、其の用途は花鳥山水人物に兼ね適し中々雅致ある面白い色が出ます、

番号　品名　一匁　一両目

1066	黄緑青	二十銭	七十八銭
1067	群緑青	二十銭	七十八銭
1068	茶緑青	二十銭	七十八銭
1069	老緑青	二十銭	七十八銭

水晶末　瑪瑙末　珊瑚末

水晶末とは水晶を粉末にしたるもの、瑪瑙末とは瑪瑙を粉末にしたるもの、珊瑚末とは珊瑚樹を粉末にしたる者で何れも最近の発明品です、此等の品は人物画の中に用ひて意外に面白き結果を生ずることがあります、

番号	品名	一匁の価
1070	水晶末（細）	十四銭
1071	同（粗）	十四銭
1072	白瑪瑙末	十四銭
1073	赤瑪瑙未（ママ）（細）	十四銭
1074	同（粗）	十四銭
1075	珊瑚末	十五銭

（大日本絵画講習会販売部『洋画材料品日本画用品明細目録』明治42年より　下線は筆者）

この目録には、石田吉作が第５回内国勧業博覧会に出品した「（本）珊瑚末」「（本）水晶末」を含む数種類の岩絵具が当時の新商品として掲載されている。「黄緑青」「群緑青」「茶緑青」「老緑青」については、伝統的な岩絵具の緑青の色相の幅を拡張した岩絵具であるが、従来の緑青に他の岩絵具をブレンドした混合岩絵具であったか、後に言う新岩絵具のような人造物であったかは定かではない。

以上のような資料から、明治後期の時点で群青と緑青以外の岩絵具が少しずつ登場してきたことがわかる。ただし、残念ながら明治42年以前の商品目録が入手できていないため、近代岩絵具の起源を石田吉作であるとして早計に帰結させることはできない。しかし、この時期に登場する近代岩絵具が新商品として認識されていること、その種類がまだきわめて少ないことなどに鑑みて、近代岩絵具の起源は概ね明治30年代と考えることができそうである。

岩絵具の新表現 - 横山大観《山路》

では、近代岩絵具は当時の日本画家にどのように受容されていったのであろうか。筆者らは、明治以降の日本画作品に関する文献調査から重要作品を割り出した。それが横山大観（1868 − 1958）の《山路》（明治44年　永青文庫蔵）である。【図2】

図２横山大観≪山路≫ 明治44年 永青文庫蔵

明治40年に開設された文部省美術展覧会（以後、文展）は、それまでにない大規模な官設の美術展であり、話題作を輩出する流行の発信源となっていた。その中で岩絵具による新表現が最初に取り沙汰されたのが、第５回文展の横山大観《山路》であった。以下は《山路》の岩絵具に関する当時の論評である。

止むを得ず大観の『山路』が第一の見ものとなつたがその最も愉快な点は茶緑の新顔料を駆使した所にある

（「文展の第一印象」『万朝報』明治44年10月16日）

横山君は常に新しいことを考へ出す人で、後から人に真似られる点が他と違つて、氏のえらい点であらうと思ふ。去年は岩絵具沢山の『山路』を出品して、当時は褒貶相半ばし、自分もあれはそんなに好みもしないが、兎に角、あの『山路』が日本画家に影響したことは素晴しいものである、誰でも今度の文展へ行つた人は気が着いたであらうが、岩絵具を使つてゐる絵が可成りに多い。

（笹川臨風「横山大観氏とその絵画」『日本美術』165 明治45年1月）

《山路》は、馬を牽いた一人の男が歩く冬枯れの山路を俯瞰構図で描いた絹本著色の画であるが、枯葉を表現した褐色系の岩絵具による大胆な筆致が造形上の見逃せ

ない特徴となっている。その褐色系の岩絵具こそが「茶緑の新顔料」であり、「後から人に真似られ」たとされるものである。明治44年当時『万朝報』が「新顔料」とする「茶緑」（茶緑青（ちゃろくしょう）の略称）は、明治42年発行の『洋画材料品日本画用品明細目録』にも「近頃新たに製造したる絵具」として紹介されているように、未だ普及の途上にあった初期の近代岩絵具であったと考えられよう[註10]。

筆者らは、平成19年に《山路》の寄託先である熊本県立美術館において熟覧調査を実施して論評に取り上げられている粗い粒子の岩絵具を確認し[註11]、平成22年に行われた東京文化財研究所と永青文庫の共同研究において、改めて色料の蛍光X線分析による自然科学調査を実施している。[註12] 蛍光X線分析は、対象物の表面に微弱なX線を照射することによって元素の種類や含有量などを求める非破壊、非接触の分析方法である。

先に行った《山路》の目視調査では、大観が使用した褐色系の岩絵具は現在の絵具名で言えば岩金茶や岩岱赭に類する後発の天然岩絵具であると思われたが、蛍光X線分析の結果、鉛が顕著に検出されたことから鉛ガラスに由来する人造岩絵具であると推定された。（但し、大観がこの褐色系の岩絵具を人造岩絵具として認識していたか否かについては、科学分析の結果とは別次元の問題として考えねばならない。）なお、《山路》における枯葉の表現は、この褐色系の岩絵具なくして実現できないものであることから、新しい物好きとして知られる大観が、褐色系の新しい岩絵具を入手したことで《山路》という画題に取り組んだ可能性も提示しておきたい。

《山路》で岩絵具による新表現が話題となった大観は、《柳蔭》（大正2年　東京国立博物館蔵）などでも粗い粒子の岩絵具で筆致を強調する表現を行っているが、決して岩絵具表現に拘泥することはなかった。以後の大観は、岩絵具表現よりむしろ水墨表現の探求に傾注していったのである。しかし、たとえ結果論であるにせよ、《山路》によって大観が示した近代岩絵具による新表現は、後の日本画で隆盛する岩絵具表現の起点に位置するものとなった。笹川臨風によると《山路》の岩絵具表現は、早速、翌年の第6回文展に影響したという。臨風は、先に掲げた論評の続きにおいて《山路》の影響を受けたとされる作家と作品名を挙げ連ねられている。

> ざつと挙げてみると菊池契月氏の「茄子」木島桜谷氏の「寒月」それから島成園女史の「宗右衛門町の夕」中、左の女が全く岩絵具仕立で出来てゐる、何と驚くぢやないか。少なくとも之等はあの「山路」に感化されたものと思はねばならぬ。
>
> （笹川臨風「横山大観氏とその絵画」『日本美術』165　明治45年1月）

現在、臨風が具体名を挙げた作品3点の内2点は所在不明であるが、木島桜谷（1877-1938）の《寒月》（京都市美術館蔵）については熟覧調査によって岩絵具表現を確認することができた。《寒月》は、雪の積もった山中に一匹の狐を配した作品で、臨風が指摘したように竹の濃紺色や雑木の黒褐色には粗い粒子の岩絵具が多用されている。

また、所在不明となっている菊池契月と島成園の作品に関しては、現存する文展出品作品を対象にした観察を行って岩絵具表現を確認している。菊池契月（1879-1955）については、《茄子》に続く文展出品作である第7回文展《鉄漿蜻蛉（おはぐろとんぼ）》（第7回文展　東京国立近代美術館蔵）と《ゆふべ》（第8回文展　京都国立近代美術館蔵）の観察を行った。《鉄漿蜻蛉》は、船に乗った少年の腰紐に使われた明るい青色に岩絵具の粒子があるのみであったが、《ゆふべ》には、浴衣の白色や濃紺色などに粗い粒子の岩絵具が多用されていることが確認できている。なお、臨風が名指ししたもう一点の作品である島成園《宗右衛門町の夕》（所在不明）と関連作品については後述する。

岩絵具の新表現 - 北野恒富《日照雨（そばえ）》

筆者は、文献調査と作品観察の過程において、もう一点の重要作品を発見している。それが北野恒富《日照雨》（明治44年　個人蔵）である。

北野恒富（1880-1947）は、初期文展で頭角を現し、再興日本美術院展で活躍した大阪日本画壇の中心的な画家で、《日照雨》は明治44年の第5回文展に出品された恒富初期の話題作である。第4回文展で初入選を果たした《すだく虫》（所在不明）に続き、人物像を肉感的に描出した《日照雨》には三等賞という高い評価が与えられた。一方で、《日照雨》は、岩絵具による実験的な技法が試された作品でもあった。恒富は、後年に《日照雨》の技法について次のように語っている。

> 色彩なども従つて艶なものにしたのは勿論であるが、わけても当時にあつて色彩を全部岩絵具でやつたのは随分使ひ悪かつた、単に帯や傘ばかりでなしに、浴衣や雨まで全部岩絵具でやつて見た、その方が強烈な感じをそゝるやうに思つたのである。
> （北野恒富「第五回文展三等賞　日照雨」『帝国絵画宝典』大正７年７月　帝国絵画協会　『北野恒富展』図録　2003年所載　下線は筆者）

また、《日照雨》への作品評には「水晶末」が使われたこと、そしてその岩絵具技法が当時にあって新奇な技法であったことが記されている。

> 場中での呼び物となつてゐる、併し著色には難がある、水晶末を用ひたといふあの雨の硬い事は何うであらう、日の映つた積りには違いないが、あんなのが降つたら傘が破れて身体に疵が出来る（国民）
> （北野恒富「第五回文展三等賞　日照雨」『帝国絵画宝典』大正７年７月　帝国絵画協会　『北野恒富展』図録　2003年所載　下線は筆者）

> （前略）水晶末を使つたとか云ふ雨や着物の彩色などを非常に新しい事のやうにして讃め立てた者もあつたやうだが別に感心もしない、普通の通り胡粉で雨の線を描たつて大したかはりもないやうに思はれた（美術新報、中村星湖）（北野恒富「第五回文展三等賞　日照雨」『帝国絵画宝典』大正７年７月　帝国絵画協会　『北野恒富展』図録　2003年所載　下線は筆者）

つまり、恒富の《日照雨》は、大観の《山路》と同じ明治44年の第５回文展で発表された近代岩絵具最早期の作品ということになる。筆者は、《日照雨》の熟覧調査を行って「水晶末」による表現を確認するとともに技法の詳細を観察した。水晶末は、天然鉱物（水晶とは限らない[註13]）を粉砕精製した岩絵具で、一見して白色を呈しているが、粒子は無色透明で砂糖や塩に似ている。《日照雨》における水晶末は肉眼でも見える程に粗い粒子で、恒富自身が述懐しているように、雨、水溜り、浴衣、傘、下駄の鼻緒など画面の随所に使われていた。

大観の《山路》と恒富の《日照雨》は、ともに同年同展で新しい岩絵具による技法を提示した作品である。しかし、当時43歳の大観が既に画壇に地位を築いた審査委員であったのに対して、32歳の恒富は一般出品者として前年の文展に初入選を果たしたばかりであり、画家としてのキャリアは大きく異なっていた。また、東京の大観と大阪の恒富では活動拠点が異なる。二人の接点は、何といっても大正３年に大観が再興した日本美術院展に恒富が初回から参加したことであり、それに先立つ明治40年頃、大阪の泉布館に滞在していた大観を恒富らが訪問したという[註14]が、《山路》を引き合いに出した恒富の述懐[註15]でも岩絵具の表現には言及していないなど、第５回文展における二つの岩絵具表現が、恒富と大観という人的な関係に由来するという証拠は見つからない。

そこで、《山路》と《日照雨》に立ち返って技法を比較してみることにする。《山路》にも《日照雨》にも肉眼でそれと分かるほど粗い砂状の粒子が使われている。これは、岩絵具という素材の特徴を強く意識した表現といえる。しかし、同じ岩絵具でも《山路》に使われたのが黄褐色や赤褐色といった有色の岩絵具であるのに対して、《日照雨》に使われた水晶末が白色（透明）の岩絵具であるという点に大きな違いがある。《山路》に使われた褐色系の岩絵具は、明らかに枯葉の固有色を表現したものである。同様に、《日照雨》の雨や水溜りは、白色（透明）のモチーフを白色（透明）の水晶末で表現したものと解釈できるが、浴衣や傘の表現には水晶末と岩絵具ではない有色の顔料を併用する技法が使われている。浴衣は、縞模様を水晶末で盛り上げた後に黒褐色の顔料で色彩が加えられており、傘の赤褐色も水晶末に赤褐色の顔料が併用されていた。これらの表現は、充分な色数の近代岩絵具が未だ開発されていなかった明治末年頃における恒富の創意として解釈されるべきものであって、《山路》の岩絵具技法とは異質である。

こうして、恒富と大観の人間関係や岩絵具技法の差異を見ていくと、《日照雨》と《山路》に直接的な影響関係はないものと考えられる。

岩絵具の流行と震源

ここで、笹川臨風の評論で名前が挙がった島成園(1892-1970)について考えてみたい。島成園は、大正期の大阪における代表的な女性日本画家であり、恒富との緊密な関係もよく知られている。ところが、先にも述べたように成園が第6回文展に出品した《宗右衛門町の夕》は所在不明となっているため、古いカラー写真[註16]から図像を窺えるのみである。そこで筆者らは、翌年の第7回文展に出品された《祭のよそおい》(大阪市立近代美術館準備室蔵)の熟覧調査を行って技法を確認することにした。

《祭のよそおい》は、芸妓ではなく少女をモチーフにした作品であるが、奥行きを遮断した空間設定に着物の女性像を配する構図には、《日照雨》や《宗右衛門の夕》のスタイルがそのまま踏襲されている。熟覧調査でも、着物の随所に岩絵具が使われ、裏地の赤色部分に水晶末と思われる岩絵具と岩絵具ではない赤色の顔料を混合する技法が観察できた。この技法は恒富の《日照雨》に通じるものである。

恒富は、成園を含む数名の画家と合宿していたときに《日照雨》を描いたという[註17]。ならば、成園は《日照雨》に使われた新奇な技法を目の当たりにしていたことになる。残念ながら、《宗右衛門の夕》に使われた技法を確認することはできないが、臨風が「左の女が全く岩絵具仕立で出来てゐる」と指摘する岩絵具が水晶末であったとしても不思議なことではない。そうした大阪における成園と恒富の緊密な関係に照らすと、《宗右衛門の夕》の岩絵具表現には《山路》の影響よりも《日照雨》の影響があったと考える方が妥当であろう。このように断片的な調査結果からではあるが、第5回文展を起点とする岩絵具の流行は、必ずしも大観の《山路》による一極的な影響ばかりではなかったものと思われる。

岩絵具の新表現を試みた《山路》と《日照雨》が同年同展に登場したことについては、今のところ偶発的な共時性としか捉えるほかはない。しかし、当時の大観や恒富に共通した興味が、岩絵具のもたらす物質感の効果に向かっていたとは言えよう。その背景を考える上で、審査員、観客、批評家の眼に晒され、洋画と日本画が競合して展示された文展という場の影響は見逃せない。恒富が「その方が強烈な感じをそゝるやうに思つたのである」(前掲)と述懐するように、より視覚的な強さが求められる会場芸術において、それまでの日本画ではほとんど意識されなかった質感という造形要素が発見され、それを担う材料として近代岩絵具が見出されていったものと推測されるのである。こうした文展における一流画家や新進画家の試用によって、開発当初あまり普及していなかった近代岩絵具は一気に普及していった。

岩絵具とマティエール

ところで、筆者が本論考で日本画における“マティエール”を主題にしながらも、ここまで《山路》や《日照雨》に対してその言葉を充てることを避けてきたのには理由がある。その一つは、これらの新奇な岩絵具表現が何に由来するのかが不明瞭なことである。《山路》は、南画と印象派を結び付けた「新南画」の端緒と目されることが多かったが、2013年刊行の《山路》に関する研究書に佐藤志乃氏が寄せた論考註18では、それが後付けの評価であったことが明らかにされている。また、この時期のマティエール表現に深く関わる印象派やポスト印象派、表現主義に見られる油絵具のタッチに由来するものではないかという説に対して、同書の林田龍太氏の論考註19では、《山路》におけるタッチが画家の主観性に軸を置いたものではない点を指摘して近似性を否定している。確かに、大観は《山路》においてあらゆる部分をタッチによって描いているのではなく、限定的なモチーフの表現だけに岩絵具のタッチを用いている上、ガサガサと音を立てそうな枯葉というモチーフと粗い粒子の岩絵具をこすり付けたような表現には短絡的な関係性が見て取れる。そうした観点から《日照雨》を見ると、透明な水を透明な岩絵具で表現しようとした雨や水溜り、凸凹のある布の質感を岩絵具で表現しようとした浴衣など、《日照雨》の岩絵具も飽くまでモチーフの再現的な表現のために使われていることがわかる。従って、いずれの岩絵具表現も同時代の西洋画における油絵具のタッチとその結果として生じるマティエールとは異なる次元の表現ということになろう。

そして、もう一つの問題は“マティエール”という言葉と概念が、《山路》や《日照雨》が描かれた明治末期に受容されていたのかということである。林田氏は、同論考の註において、この時期の文献資料から“マティエール”という言葉が見出せていないことを報告している。同氏が論考を執筆した時点で確認できた最も早い文献は、昭和4年12月の洋画家有島生馬による「マティエールについて」(『アトリエ』)であり、初出文献を確定するにはさらなる調査が必要とのことであるが、大正15年8月に洋画家の田辺至が書いた「画面の肌触り」(『アトリエ』)に“マティエール”という言葉が使われていないとする同氏の報告は、用語の普及を知る上で有力な情報である。となると、それを十数年も遡る明治末期の大観や恒富は、“マティエール”という言葉と概念を持たずに《山路》や《日照雨》を描いた可能性が高い。

近代絵画は、“色”と“形”を造形要素として抽出することによって従来の再現的な絵画表現を大きく組み替えて超克していったのであるが、やや遅れて“マティエール”もまた絵画に備わった造形要素として認識されていった。絵画が色と形という抽象的な要素によって成り立つという形而上の概念が、逆に絵具の物質性という逃れられない形而下の要素を炙り出したわけである。果たして、そうした意味で《山路》や《日照雨》における岩絵具表現は、マティエールの表現に相当するのであろうか。マティエールとは、それが外来語であることが端的に示すように輸入された概念である。従って、その概念下で意図された表現こそがマティエールなのであって、西洋における近代絵画の文脈を共有していない時期の日本画から類似の表現を発見して、マティエールとする視点は転倒していると言わざるを得ない。

しかしながら、西洋絵画におけるマティエールの概念に照らしただけでは、《山路》と《日照雨》に使われた岩絵具表現の全体像は評価することはできないであろう。印象派の時代に、一部の前衛たちが油彩画の伝統的なメティエを打破することでマティエールの意味を変えていったように、大観や恒富の試みは、日本絵画の伝統的なメティエに照らすことによって評価される必要がある。本論考では、伝統的な岩絵具が飽くまで色材であり、その粗い粒子が彩度を確保する色彩表現のために存在していたということを説明した。そうした日本絵画の伝統的なメティエからすれば、《山路》と《日照雨》が粗い粒子を持った岩絵具という特異な色材を質感表現の材料に置換する新しい発想と手法によって、日本絵画の伝統的なメティエを打破したというローカルな文脈が見えてくるのである。つまり、《山路》と《日照雨》は、近代絵画の文脈におけるマティエールを日本画に受容した作品としてではなく、以後の日本画で独特の了解を形成していく「岩絵具のマティエール」ひいては「日本画におけるマティエール」の起点として位置付けられるべき作品なのである。

〈謝辞〉

なお、本論考に必要にあたった多くの作品調査においては、小倉実子氏、橋爪節也氏、三井知行氏、吉中充代氏、塩谷純氏、三宅秀和氏、林田龍太氏、鶴見香織氏、佐藤志乃氏からのご高配を賜りました。また、画材調査においては、放光堂、得應軒、得應軒本店、上羽絵惣、ナカガワ胡粉絵具、彩雲堂本舗の方々ならびに久安敬三氏から貴重な情報提供を賜りました。記して感謝いたします。

註

1. 硫化砒素を主成分とした黄色の結晶である石黄(オーピメント)は、橙色の結晶である雄黄(リアルガー)に対して雌黄とも呼ばれてきたことから、同じく雌黄と呼ばれた樹脂由来の藤黄(ガンボージ)としばしば混同されてきた。
2. 宋応星著　藪内清訳注『天工開物』平凡社 1987年(東洋文庫)などの邦訳あり。
3. 現在、天然辰砂として販売されている岩絵具には粒子分けがあるが、これは天然の辰砂鉱から製されたものではなく人工の硫化水銀の結晶を粉砕したものであり、原料、粒子分けともに伝統的なものではない。また、天然岩黄として販売されている石黄にも粒子分けがあるが、これも岩絵具の現状に合わせて製しているものである。
4. 荒井経「岩絵具　近代色料のローカルスタンダード」『BT美術手帖』2005年5月号　美術出版社
5. 大日本絵画講習会販売部1点、放光堂3点、得應軒4点(内3点は谷中得應軒)、上羽絵具商会1点。
6. 藤原正人編『明治前期産業発達史資料』明治文献史料刊行会 1959年—　を資料とした。
7. 第1回内国勧業博覧会(明治10年)については、資料とした『明治前期産業発達史資料』における京都部分に多大な欠落があるため京都の日本画材店を確認できていないが、それ以外地域を掲載した部分から日本画材店の出品は確認できない。また、第5回で他の日本画材店とは異なる染料の部門に、福井治三郎(下京区油小路通四条北入一六京都)が「人造岩絵具」を出品しているが、人物、商品ともに詳細は不明である。
8. 吉作の七回忌に配布された冊子『放光是新』(大正13年)には、吉作が日本画家山元春挙の依頼で従来にはなかった水色岩淡群青、黒口群緑青を開発したこと、洋画家浅井忠の勧めで水絵具の開発に取り組んだことなどが記されている。

9. 大日本絵画講習会と木田寛栗については、及川益夫『大正のカルチャービジネス』皓星社 2008 年に詳細である。
10. 第 2 回内国勧業博覧会（明治 14 年）、第 3 回同博覧会 (明治 23 年) にも茶緑青の出品は確認されているため、茶緑青は近世日本絵画の材料から近代日本画の材料が確立される間に流通していた岩絵具であると推測できるが、天然と人造の別、色調などの詳細は明らかでない。
11. 荒井経・柏木聖子が熟覧調査によって確認。
12. 荒井経・小川絢子・平諭一郎「岩絵具の新表現―《山路》の材料と技法」東京文化財研究所編『横山大観《山路》』美術研究作品資料第 6 冊　中央公論美術出版 2013 年ならびに、文化財保存修復学会第 33 回大会 2011 年のポスターセッションにおいて報告している。
13. 京都の老舗日本画材店である彩雲堂本舗の藤本蘭華（蘭華は画号）が刊行した同人誌『川柳　彩』（大正 6 年　10 月号）の広告には、水晶末が大理石であることが示されている。
14. 橋爪節也「夜雨庵　北野恒富―その芸術と逆節」『北野恒富展』図録 2003 年東京ステーションギャラリー他
15. 北野恒富「観山追憶―我らに遺したその偉業を思ふ―」『大毎美術』第百号　昭和 5 年 10 月（『北野恒富展』図録 2003 年東京ステーションギャラリー他　所載）
16. 小川知子、産経新聞大阪本社編『島成園と浪華の女性画家』東方出版 2006 年に参考図版として掲載あり。
17. 橋爪節也「夜雨庵　北野恒富―その芸術と逆節」『北野恒富展』図録 2003 年東京ステーションギャラリー他
18. 佐藤志乃「《山路》をめぐる言説」東京文化財研究所編『横山大観《山路》』美術研究作品資料第 6 冊　中央公論美術出版 2013 年
19. 林田龍太「《山路》と洋画」前註に同じ。

大正・昭和期の鉛汚染
―含鉛おしろいの影響―

東京大学 大学院新領域創成科学研究科准教授
吉永　淳

明治時代からみられていたとされる非感染性の小児の「脳膜炎」が、母親が使用していた含鉛おしろいによる鉛中毒であることを、大正12年（1923年）、京都大学小児科の平井毓太郎教授が突き止めた。1895年にその原因不明の「脳膜炎」（当時は「所謂脳膜炎」と称されていた）が最初に医学的に報告されてから原因解明まで四半世紀と長くかかったのであるが、その間の医学的な経緯については、堀口らによる一連の文献に詳しい（堀口ら、2008他7報）。

高いレベルの鉛に長期間曝露すると、主に神経系、消化管、腎臓、造血系に毒性を示し、貧血や鉛疝痛などの典型的な鉛中毒症状を呈する。神経系への毒性のうち、もっとも重篤なものが脳症であり、せん妄、昏睡、痙攣などの症状があらわれる。成人に比べ小児の鉛への感受性は高いので、より少ない曝露量で神経系への影響がみられる。明治～大正期の「脳膜炎」は、現在知られているところのこの脳症であったと考えられる。

江戸時代にも含鉛おしろいによる鉛中毒があったことはよく知られている（高橋、1997）。また、当時の遺跡から発掘した人骨の鉛含有量が高いことが現代の分析機器の適用によって明らかとされ（たとえばKosugi et al., 1988）、江戸時代に鉛による人体汚染があったことは明白な事実となっている。おしろい使用と人骨鉛含有量との直接の関連が明かされたわけではないが、江戸時代のおしろいによる鉛人体汚染は、科学的状況証拠によって裏付けられていると考えてよい。しかしながら、明治～大正時代の人体鉛汚染については、平井教授によって患児の臓器や脳脊髄液、おしろいなどの鉛分析が行われた記録はあるが、現代的な分析機器で当時の人体汚染を裏付けることは困難である。歴史的な人体試料というと骨がすぐに思いつくが、江戸時代までと異なり、明治以降の人骨は考古学的資料とはみなされないため、分析をするには遺族の承諾を得るなど、実際的にはきわめて困難であるからである。

1980年代初めの頃、東京大学医学部人類生態学教室鈴木継美教授らの研究グループによって、わが国の過去の環境汚染及び人体汚染の変遷を調べるべく、関東甲信越を中心とする諸地域から、明治～昭和期に切って、主に針山の詰め物やかもじとして残っていた女性の頭髪約70試料が収集された（図1）。誘導結合プラズマ発光分光分析法（ICP-AES）という多元素同時分析法を用いて、この頭髪に含まれる各種微量金属濃度が測定され、1900-1920年に切った頭髪の鉛濃度が高いことが報告されている（Suzuki et al., 1984）。この報告が、明治・大正期に鉛による人体汚染があったことを、現代の分析機器を使用して裏付けた唯一のものといえるであろう。

図１　東大医学部保健学科人類生態学教室で収集されたかもじの写真

このたび筆者は同研究室に保管されていた頭髪試料の

使用許可を得、より高感度な分析法である誘導結合プラズマ質量分析法（ICP-MS）によって鉛濃度と同位体比の分析を行なうことができた。以下にはその結果（Matsumoto and Yoshinaga, 2010）について紹介したい。分析した頭髪試料は、上記の歴史的試料のうち、十分な残量のあった大正～昭和の40試料に、現代女性の頭髪5試料を加えたものである。試料は酸で分解して溶液化し、ICP-MSで鉛濃度の定量と、鉛同位体比（$^{207}Pb/^{206}Pb$、$^{208}Pb/^{206}Pb$）の測定を行った。

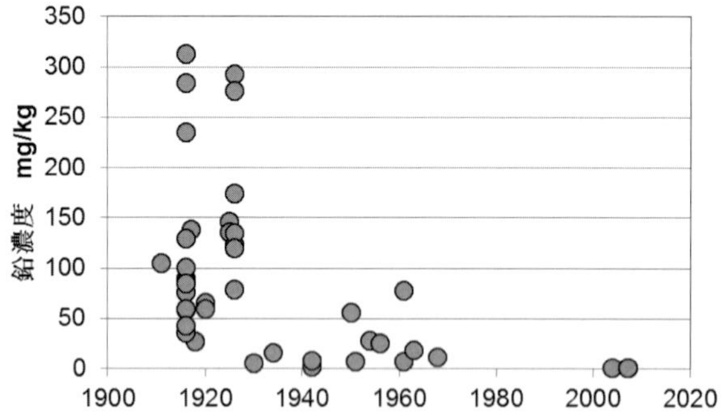

図2 頭髪を切った年と鉛濃度の関係.

図2に、頭髪を切った年ごとの鉛濃度をプロットしたものを示した。なお、今回測定した明治～昭和の頭髪40試料は、前述のようにすでにSuzukiらによってICP-AESで1980年代に鉛濃度が測定されたものであり、今回の測定値を比較すると、相関係数0.992のきわめてよい一致が得られている。約30年の年月を隔てても、頭髪中鉛が安定に存在していることを示すものである。頭髪中鉛濃度は1910~20年代、すなわち大正～昭和初期にかけて28~313 mg/kgと高い濃度を示し、その後1930年代に入ると急降下、50~60年代にかけて漸増した後、現代（2000年代）は1 mg/kgと低い値となっている。平井教授による「脳膜炎」の原因解明によって、昭和5年（1930年）内務省省令「有害性着色料取締規則」の改正を経て、昭和9年（1934年）に含鉛おしろいの製造・貯蔵・販売が全面禁止となった。今回の測定結果でも、1930年代以降の頭髪鉛濃度は20年代までに比べると大きく低下しており、含鉛おしろい全面禁止の時期とよく符合している。この結果から、やはり明治～大正、昭和初期までの女性の頭髪には、おしろいによる鉛汚染が反映しているといっても差し支えないであろう。なお、1940年代からの漸増は、戦後の日本人の鉛汚染源となった有鉛ガソリンによる鉛大気汚染を反映しているものと考えられる。

体内に吸収された鉛が血流とともに頭髪内部構造に取り込まれるルートと、生えている頭髪に外部から鉛を含む微粒子が吸着するルートの2つが頭髪鉛の起源である。前者は人々の健康に影響を与えうる鉛であるが、後者は必ずしも人々に取り込まれたものではないため、1910~20年代の非常に高い頭髪鉛濃度は、必ずしも彼らの体内鉛量を反映するものではないことに注意が必要である。それでも、彼らの身近な環境中に高い鉛濃度の「もの」があったことを示す強力な証拠である。

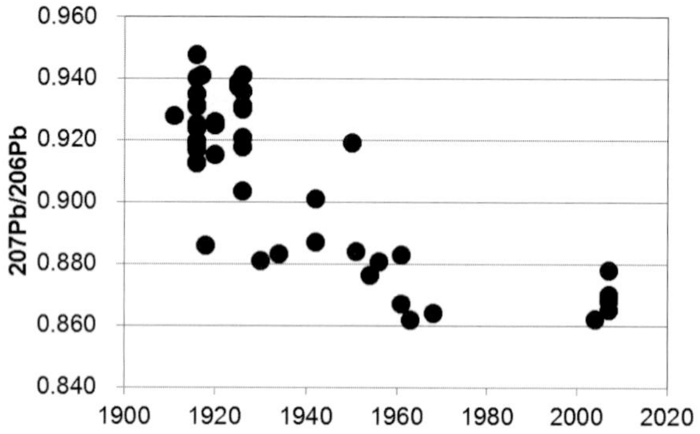

図3 頭髪を切った年と鉛安定同位体比（$^{207}Pb/^{206}Pb$）の関係.

図3は頭髪中鉛の安定同位体比の$^{207}Pb/^{206}Pb$と切った年との関連を示した。1910~20年代の同位体比は0.92~0.93という値を示し、その後直線的に低下をして1960年代以降0.87位で一定している。鉛の安定同位体比は、鉛鉱床の成立年代や母岩の組成などによって変動する。その結果として、鉛を採掘した鉱山ごとに同位体比が異なる。わが国の鉛鉱山から採掘された鉛の$^{207}Pb/^{206}Pb$は、おおむね0.84付近の値を取ることが知られており、この頭髪に見られた0.92~0.93という値は、明らかに国外から輸入された鉛鉱石から精錬された鉛が頭髪に取り込まれている、あるいは付着していることを示している。わが国では明治以降、工業化が発展するとともに、国外から鉛鉱石を輸入するようになった。1900~20年にわが国で消費されていた鉛の産地は、オーストラリア（43%）、日本（24%）、アメリカ（19%）の順であったという（Hirao et al., 1986）。オーストラリアの代表的な鉛鉱山であるブロークンヒルの鉛の$^{207}Pb/^{206}Pb$は0.96といわれている。このことから推測すると、大正期に国内で生産されていた含鉛おしろいは、オーストラリア産の鉱石から精製した鉛から生産されたものであった

のだろう。1930年代以降の、含鉛おしろいの影響を受けていないと思われる頭髪にも0.9を超えるものが見られるが、これはおしろい以外の外国産鉛による汚染を反映したものと考えられる。なお、高橋雅夫先生やポーラ文化研究所が所有されている明治時代のおしろいを提供いただき、筆者が鉛同位体比の測定をしたところ、オーストラリア産鉛ときわめて近い同位体比をもつものと、純国産とみられるものなどが混在していた（未発表）ことを申し添える。

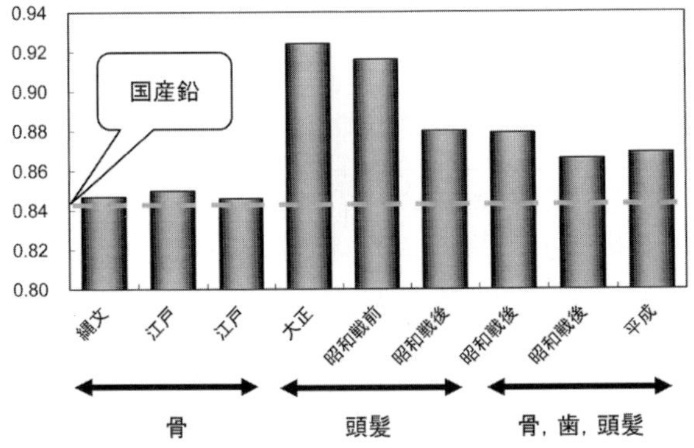

図4 日本人の身体を汚染していた鉛の同位体比の歴史的変遷

図4は本稿のまとめとして、筆者が以前測定した、江戸時代以前の人骨の $^{207}Pb/^{206}Pb$ と今回の頭髪鉛のそれとを並べて示したものである。江戸時代までは国産の鉛の同位体比を示し、明治以降は外国産の鉛が流入し、時代とともにおそらく鉛（あるいは含鉛製品）輸入国の構成が変化するとともに、われわれ日本人の体を汚染した鉛も変化していったことを示す図である。鉛脳症が小児に広くみられるなど、鉛による人体汚染の高さもさることながら、歴史的に見て、大正時代に（おそらく明治時代も）人々の身近にあり、おそらくは人体内にも取り込まれていたであろう鉛が、他の時代と大きく異なった起源をもっていることがわかる。こうした人体汚染が女性が使用したおしろいを介したものであったという点を考え合わせると、人間と鉛の関係史からみて、明治・大正時代は特殊な時代であったということができる。

文献

高橋雅夫（1997）化粧ものがたり．雄山閣出版，東京．

堀口俊一，寺本恵子，西尾久英，林千代（2008）「児科雑誌」に発表された仮称所謂脳膜炎（鉛毒性脳症）に関する研究の足跡（1）平井毓太郎による究明まで労働科学 84: 62-71.（他、「児科雑誌」に発表された仮称所謂脳膜炎（鉛毒性脳症）に関する研究の足跡（8）1927年から内務省令改正（1930年）まで（前編）．まで計8報が労働科学誌に掲載されている。）

Hirao Y, Mabuchi H, Fukuda E, Tanaka H, Imamura T, Todoroki H, Kimura K, Matsumoto E（1986）Lead isotope ratios in Tokyo Bay sediments and their implications in the lead consumption of Japanese industries. Geochemical Journal 20: 1-15.

Kosugi H, Hanihara K, Suzuki T, Hongo T, Yoshinaga J, Morita M（1988）Elevated lead concentrations in Japanese ribs of Edo era（300-120 BP）. Science of the Total Environment 76: 109-115.

Suzuki T, Hongo T, Morita M, Yamamoto R（1984）Elemental contamination of Japanese women's hair from historical samples. Science of the Total Environment 39: 81-91.

Matsumoto M, Yoshinaga J（2010）Isotope ratios of lead in Japanese women's hair of the twentieth century. Environmental Science and Pollution Research 17: 643-649.

化粧品としての綿臙脂

日本画家　沓名弘美
国立科学博物館理工学研究部研究員　沓名貴彦

緒言

綿臙脂（図１）とは、円板状の薄い木綿の綿に赤色染料を染み込ませ、乾燥させた色料である。中国で製造され、奈良時代から近代にかけて、朝鮮、日本に輸出されていた記録が残り、化粧品、絵画や染色などの美術工芸の赤色色料、漢方薬等に用いられていた。

筆者等は、絵画材料としての綿臙脂を継続して研究している。綿臙脂は、朱やコチニールなどその他の色料には替えがたい独特の深く鮮やかな赤色を出す事ができるが、現在では修復や模写、模造などの限られた用途にしか使用されていない。中国での製造が途絶え、日本で大切に細々と使用されていた在庫品も減少しつつあり、消滅の危機にある貴重な色料である。筆者等の研究の目的は、綿臙脂を再現し、現代の絵画材料に復活させることである。その製法を調査していくうちに、化粧品としての臙脂、綿臙脂について理解がなければ、古式に基づいた再現は不可能であることに気付かされた。化粧品、化粧文化について門外漢である我々であるが、綿臙脂について書かせていただく事で、皆様からご意見を賜わることができれば幸いである。

臙脂とは何か

近年、関西の日本画材店より、戦前の在庫と思われる二種類の綿臙脂が包装紙とともに発見された。

大型のものは、直径約 32cm で九寸と考えられる。包装紙に「孫源茂」の屋号があり、住所が書かれていた（図2）。現在の中国杭州市で製造されたものであった。

小型のものは、直径約 23cm で「七寸」の表記があった（図3）。包装紙には「彩源」の屋号と地名の表記があり、

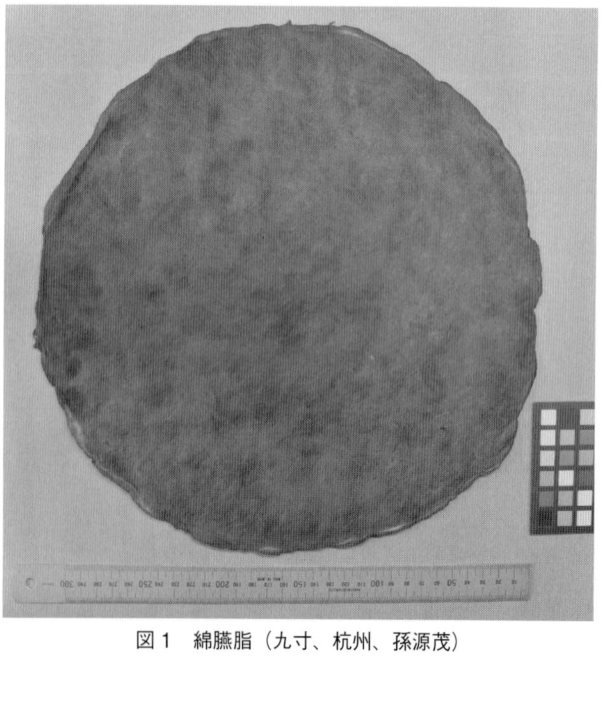

図１　綿臙脂（九寸、杭州、孫源茂）

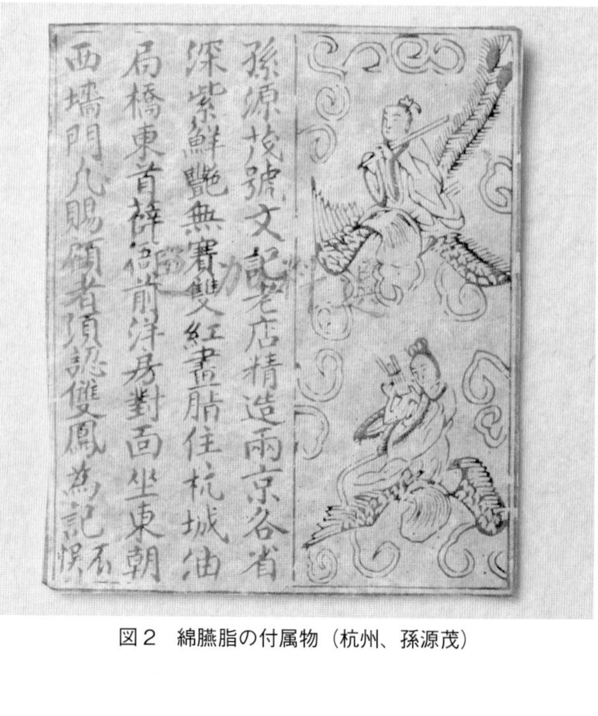

図２　綿臙脂の付属物（杭州、孫源茂）

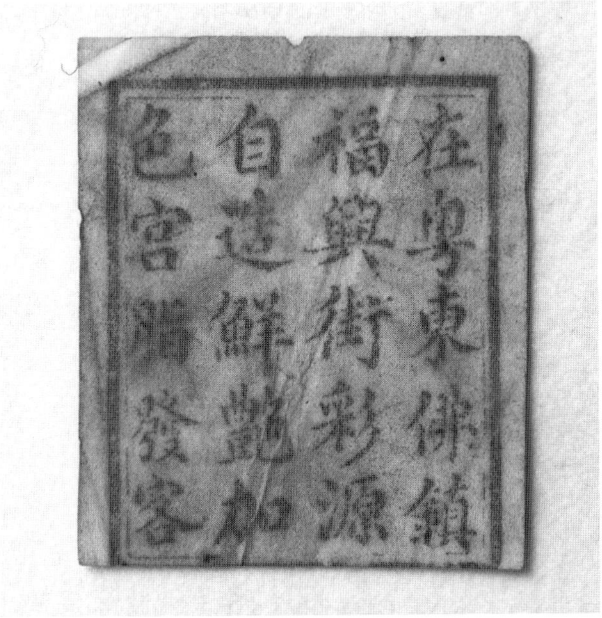

図３　綿臙脂の付属物（佛山、彩源）

広東省佛山市で製造されたものであった。

二種類とも、円形の薄い綿に、赤い色素をしみ込ませ、乾燥させたものであり、その包装紙や文献の記録から、主に化粧品として利用されたことがうかがえる。

これらの詳細は後述するが、この発見が、筆者等を綿臙脂の研究に向かわせたきっかけであった。綿臙脂の手がかりが中国に多くある事は、この二種の綿臙脂からも確実なようであり、研究は、中国の文献調査から始められた。調査の結果、中国と日本の様々な文献から多くの臙脂に関する記述を収集する事ができた。

しかし、「エンジ」を表す語句は、中国語の発音ではみな yān zhī で同一であっても、漢字が大きく異なっていた（表1）。

このように、臙脂や綿臙脂には多くの異なる表記があるが、『四庫全書』全体を検索すると、「エンジ」を後に置く表記のみが見られ、現代中国語で「胭脂」と表記される事から、日本語では「綿臙脂」と表記するのが妥当であると考える。

表１　臙脂の様々な名称

中国	焉支 燕支 燕脂 臙脂 胭脂 烟支 臙肢 綿燕脂 棉燕脂 綿臙脂 緜燕支 綿胭脂 胡臙脂 金花臙脂 紅藍臙脂 乾臙脂 油臙脂 蠟胭脂 白臙脂 福建胭脂 雙料杭脂 杭州雀舌 臙脂餅 etc
日本	烟子 烟紫 燕紫 円子 生臙脂 猩臙脂 正臙脂 せうえんじ 臙脂綿

「エンジ」という言葉が、歴史に最初に登場するのは、司馬遷の『史記』に記された、紀元前 121 年の「我が焉支山を失うや、我が婦女をして顔色なからしむ」という、霍去病の西域遠征により豊かな故郷を失った匈奴の嘆きの歌が最初である[1]。

焉支山（甘粛省張掖市）は、現在もその名で呼ばれ、祁連山脈の南に位置する。その名に関して、「エンジ」の音は、匈奴の王妃を意味する言葉の「閼氏」の音と同じであると、『前漢書』で註がつけられている[2]。また、『史記』の注釈書の『史記索隠』では、東晋の習鑿歯の『與燕王書』をひいて、以下のように述べられている[3]。なお、習鑿歯がこの手紙をしたためたのは、379 年、前秦の苻堅が習鑿歯の故郷の襄陽（湖北省襄陽市）を攻略し、彼を長安に招いた時であると考えられる。

> 焉支山の麓ではベニバナを産します。ご存知でしたでしょうか。北方の人はこの花をから緋色や黄色を染めます。そのうち良質のものから、烟肢をつくります。夫人が顔に色をさすために用いるものです。私は幼少のころより何度も烟肢を眼にしておりますが、今日初めてベニバナを見ました。後ほどその種をお送りします。匈奴の妻を閼支と呼ぶのは、その美が烟肢の如くであるからです。「閼」の発音は「煙」と同じです。

このことから、匈奴はベニバナを原料として臙脂をつくり、それを化粧に用いていたことが分かる。「顔色なからしむ」というのは、ベニバナの良質な産地を失った為に、頬紅で化粧ができなくなったことを指していたのである。

さらには、既に四世紀には臙脂が中国に定着していた事がうかがえる。「エンジ」はもともと中国文化圏のものではなく、その言葉は漢語にとって外国語であるがゆえに、音訳で漢字があてられていたのである。以降の時代の様々な漢字による異なる表記も、音訳のゆらぎが原因だと考えられる。なお、紀元前 100 年に成立した漢字字典の『説文解字』には、臙脂に関する語句は収録されていない[4]。

「エンジ」は、焉支山の地名を通じて、漢語に外来語として定着し、中国の色彩文化を豊かにしたのである。

この時代の臙脂の原料とされるベニバナは、西域を探検した張騫（紀元前126年に漢へ帰還）により中国へもたらされたものとされている[5]。しかし実際は前漢、もしくは武帝期に、中国にベニバナが伝来した事を、張騫に代表させて記録したと考えるほうが現実的であろう。

ベニバナについての記述をたどると、五代の馬縞の『中華古今注』[6]に、「殷の紂王（帝辛）の時代から、ベニバナからとった汁を凝縮させて燕脂をつくることがはじまり、燕國から燕脂が産出するがゆえに燕脂といい、燕脂を使う化粧を桃紅粧という」と書かれているが、王至堂[4]は、他の古代の文献の地志や物産に関する記述に燕国でベニバナや臙脂を産する記述が見られないことと、色素の抽出の工程等から、この説に否定的である。

またベニバナの中国への伝来と「エンジ」の語源に関して、その発音にサンスクリット語の影響が見られないことから、インドを経由せずにベニバナが中国に伝来した説[7]、さらに語源をたどり、テュルク語の ašy またはその原形に求める説がある[8]。他にも、中央アジア、西アジアのベニバナを表す言葉を調べると、「エンジ」に似た発音が多く見つかるが、結論は、植物学者やテュルク語族の専門家の研究を待つべきであると考える。

以上から、前漢の武帝期頃に中国にベニバナを原料とした臙脂が伝来し、それが晋代には化粧品として中国に定着していたことがわかる。

なお、漢代には未だ中国には木綿は伝来しておらず、白粉をベニバナの色素で染めて用いていた[9]。

図4は、唐代の婦人俑であるが、臙脂による化粧の様子を如実に表していると考え、ここに紹介する。頬を赤くする化粧には、何か意味があるのだろうか。「赤い頬」というシンボルは、中央アジアの諸民族にしばしば現れる。高原に棲むチベット族は自らを「赤い頬の」という言葉で修飾する。高原の強い日差しと低温で乾燥した気候が、頬を赤く充血させるのである。また、古代のモンゴル族には、ある植物の実から赤い液をとり、冷気と乾燥から肌を保護するために頬に塗る習慣が有ったという[10]。人が「赤い頬」求めることには、外見の美しさ以外の文化的、機能的な意義があると思われる。

武帝期以降、シルクロードを中心とした東西南北の往来が盛んになり、晋代に至り、4世紀には東南アジアの物産が中国に知られるようになった。また、後漢末以来の仏教文化の受容により、中国の芸術や医学は多様性を増した。ベニバナは、美しい発色の赤色色素を持つが、その含有量は微量であり、色素の抽出も難しい。ゆえに、高貴な婦人の代名詞になったのであろう。ベニバナを用いた臙脂や染織品は、清代に至ってもなお製造が続くが、交易により四方からもたらされた文化や物産により、唐代になると、臙脂はその原料を変え、用途も化粧以外に美術工芸の色材へと広がっていく。

唐代の医学書『外台秘要方』（752年に成立）に、さまざまな美容薬や化粧品の製法とともに、ベニバナを用いない「崔氏造燕脂法」が紹介されている[11]。

紫鉱（ラック）（一升、あらかじめ砕いておく）、白皮（八銭、あらかじめ細砕いておく）、胡桐涙（半両）、波斯白石蜜（少量）。

銅の容器に水を八升入れ、強火で魚の眼ほどの泡が出てきたら紫鉱を加え、更に沸いて来たら、白皮を加える。撹拌して、さらに加熱し、十数える。紫鉱などが下に沈んできたら、火から下ろし、絹で濾す。清浄な綿を薄くのばして番餅（西域で食された小麦の生地を薄い円形にして焼いた食品）のようにつくる。大小

図4「彩繪女陶俑」唐 8～9世紀（ギメ東洋美術館 MA6106）

は適当でよい。この綿に、濾した液体を徐々に浸透させ、竹ばさみではさんで炭火の上で干肉を炙るように乾燥させる。これを六七回繰り返すと完成するが、十回以上繰り返したものは色も濃く美しい発色をする。

『外台秘要方』では美容も医療や薬学の一部とみなされ、「崔氏造燕脂法」が含まれる巻三十一には、美肌や美髪のための34種の美容薬や化粧品が記載されている。後の時代においては、ラックと綿臙脂は、皮膚や血液の病に効果がある薬材として、様々な処方が医学書に記載されている。現代ではラックに明らかな薬効は無いとされ、漢方として使用される事は稀であるが、現在も中国の漢方薬材市場では、ラックを購入する事ができる。

『外台秘要方』の臙脂は、「綿」を用いている。蚕の繭からつくられる真綿は、ラックの色素を吸収してしまい、綿臙脂の用途に適さないので、筆者は木棉の綿であると考える。木綿の中国での利用は、宋代にはじまるとされているが、6世紀初頭には、西域の高昌国（トルファン）で木綿（白叠子）が栽培され、布が織られた記録がある[12]。西域との交流が盛んであった唐朝において、綿として木綿が利用されていた可能性は否定できないと筆者は考える。

主な原料の紫鉱とは、ラックカイガラムシが亜熱帯の樹木に寄生し、枝に添って樹脂の塊を形成したものである。これをスティック・ラックと現代では呼び、工業的に加工して、シェラックという樹脂やラック色素へと精製する。シェラックは、粒のチョコレートのコーティング等に、ラック色素は、日本では赤の食品色素としてトマトケチャップ等に加えられている。赤い色素は、樹脂に包まれたカイガラムシの体内に存在する。ラックは、ベニバナよりもはるかに色素の含有量が多く、抽出も容易である。

中国におけるラックの歴史は、4世紀初頭の晋代の記録に、「赤膠」[13]、「居風縣（ベトナム）の蟻絮藤」[14]よりはじまる。これらは、ラックであると考えられる[15]。この頃、漢民族の南方進出により、ベトナム等の東南アジアの物産が中国に知られるようになった。やがて、八世紀になると、安南（北ベトナム）より唐朝に土貢として紫鉱（ラック）が納められる[16]。以降、唐代の本草書や博物学的な随筆に、他の様々な異国の産物とともに、ラックに関する記述が見られるようになる。

唐と同時期の奈良時代の日本では、正倉院に薬として「紫鉱六十斤」が納められたこと、仏画や仏像の彩色に「烟子」または「烟紫」として、単位が「枚」で表記される綿臙脂とおぼしき画材が大量に用いられたことが、正倉院に関連する文書に八世紀中頃の記録として残っている[17]。薬材の紫鉱と色料の綿臙脂は、中国だけでなく、日本でも珍重されたのである。

唐代以降も、ベニバナ等を原料とする臙脂はつくられていたが[18]、唐代においてはじめてラックを原料とする綿臙脂が作られた事は中国と日本に残る記録から、確実であると考える。

そして、綿臙脂は以降の時代も、医学や薬学、絵画技法材料、技術書、地方志、行政文書などにしばしば登場する（表2を参照）。その記述をたどると、唐代から民国まで、その形態をほとんど変える事なく綿臙脂が製造され、使われていた事がわかる。

綿臙脂の変遷

現在、綿臙脂は中国での製造が途絶え、化粧品としても画材としても使用されてはいない。ただ日本のみが、文化財の保存修復や美術工芸の為に、僅かに残る在庫を細々と使い繋いでいるに過ぎない。

冒頭に紹介した、二種類の綿臙脂、「孫源茂」と「彩源」は、調査が進む過程で、綿臙脂の歴史を語るのに適した、対照的な資料であることがわかった。この二種類について書く事で、綿臙脂の宋代から近代までの歴史を述べたい。

・杭州産「孫源茂」

付属する紙片から、浙江省杭州市で作られた事がわかる（図2）。また、屋号の「孫源茂」は、清末の詩人、丁立誠（1875年頃に挙人）が杭州の街を詠んだ『武林市肆吟』[19]に詠み込まれている。

胭脂彩奪孫源茂、宮粉首推孔鳳春。
北地南朝好顔色、蛾眉淡埽更何人。

この詩から、「孫源茂」は臙脂の名店として、「孔鳳春」（化粧品メーカーとして現存）は白粉の名店として、それ

表2　化粧品としての綿臙脂に関する年表

年代	出土遺物、事項
前漢　前期	海州西漢霍賀墓より出土した粧奩に納められた小円盒より、辰砂からつくられた赤い粉末が発見された。[35]
168 BC 頃	馬王堆一号墓より出土した雙層九子漆奩に納められた盒子より、白粉や臙脂とみられる物質が発見された。[36]※
121 BC	霍去病の西域遠征。「我が焉支山を失うや、我が婦女をして顏色なからしむ」の詩が詠まれる。焉支山の紅花より頬紅が製せられ、頬紅に用いられていたとされる。(『史記』)[1]
69 以後	楽浪郡遺跡王盱墓より出土した漆鏡奩におさめられた盒子より、白粉や臙脂とみられる物質が発見された。[37]※
200s 末期	ベニバナは西域では燕支と呼ばれていたが、中国では紅藍という名称であった。臙脂は西域で作られていた。ベニバナで粉をそめた燕支粉が存在した。(崔豹『古今注』)[9]①
300s 初期	赤膠、居風縣（ベトナム）の蟻絮の記録。(張勃『呉録』)[13][14]
379	ベニバナが原料の臙脂が中国で使用されていた記録。(習鑿歯『與燕王書』)[3]
500s 初期	高昌国（トルファン）で木綿（白疊子）が栽培され布が織られる。(『梁書』)[12]
700s 初期	代國長公主（689-734）が宮中で石榴から臙脂をつくる。(『北戸録』)[38]
700s	山榴花の汁の臙脂。山榴花は石榴であろう。(鄭虔『胡木草』)③
706	アスターナ古墳群よりスタインが発掘した遺物の中に、綿臙脂とおぼしき赤いフェルト状の遺物が存在する。[39]※
700s 前期	安南（北ベトナム）より紫鉱（ラック）が土貢として納められる。(『新唐書』)[16]
752	化粧品としての綿臙脂の製法「崔氏造燕脂法」。(『外台秘要方』)[11]
700s 中期	「紫鉱六十斤」が正倉院に納められる（『種々薬帳』）。 烟子または烟紫として単位が枚で表記される綿臙脂とおぼしき画材が大量に記録に残る。(『大日本古文書』)[17]
784	漢中郡（陝西省漢中市）より紅藍燕脂が土貢として納められる。(『新唐書』)[18]
800s 中期	ラックが絵画に赤い色料として用いられていた。(『歴代名画記』)[13]
800s 後期	山燕脂花の汁で粉を染めた臙脂があった。山燕脂花は未詳。(『北戸録』)②
900s 後期	南方では紫鉱（ラック）をエンジと呼んでいた。(李珣『南海藥譜』)④
1018	契丹の陳国公主墓より出土した金銀花奩（龍紋化粧箱）の中に納められた盒子より、臙脂とみられる物質が発見された。[40]※
1100s	范仲淹が鄱陽の妓女を懐しみ、綿臙脂に詩を添えて贈る。(『西溪叢語』)[41]
南宋	杭州に二軒の臙脂の作坊があった。(『夢粱錄』)[20]
1100s 中期	紅花で3寸ほどの丸い綿を染めた綿燕支や、金花烟支について。(『爾雅翼』)[42]
明～清	帝室での婚儀に綿燕脂や金花燕脂が結納品として贈られた。(『禮部志稿』)[43]
1578	《本草綱目》で①②③④を引用し、四種の臙脂を挙げる。[44]
1673	臙脂はラックの汁を綿に吸収させたものが上質で、紅花や山榴花の汁のものはその次であった。(『天工開物』)[44]
1700s	画材としての綿臙脂（雙料杭脂）とその用法について。(『小山画譜』)[22]
1797	杭州の西湖の水で紫梗を煎じて得られる綿燕脂（杭州雀舌）が最上である。(『繪事瑣言』)[23]
清 末期	杭州市街の臙脂の作坊の「孫源茂」が詩に詠まれる（丁立誠『武林市肆吟』)[19]
1909 ～ 1957	京都と東京の日本画絵具店のカタログに中国から輸入された大小や品質が異なる綿臙脂が数種類掲載されていた。[46]
1932	北平（北京）では、綿花の工房で化粧用と絵画用の臙脂を製造していた。[47]
1949 以前	北京に「蕙蘭芳」という作坊があり、紅花、茜、ラック等から綿臙脂を製造していた。[27]
1955	当時すでに本当の臙脂餅の入手はたいへん困難であった。アヘン戦争後（1840 後）に大量に輸入された洋紅で代用されていた。[28]

※成分は不明

ぞれ清末の杭州の街に華を添えていた様子が想像できる。

筆者は2010年に、付属する紙片にある「油局橋」の地名を頼りに、「孫源茂」の手がかりを杭州の街を歩いて訊ねた。「油局橋」の地名と、小さなコンクリートの橋は現存するが、現地はビルと車の往来が激しい幹線道路があるのみで、清代の面影を探しあてる事はできなかった。

現代化が著しいが、杭州は南宋の旧都であり、多くの文人を輩出した文化都市である。杭州の城市に関する非常に詳細な記録が、地方志等にまとめられて、今日まで伝わっている。呉自牧が南宋の都、臨安（現在の杭州）を懐かしみ著した『夢粱録』には、非常に細かく杭州の街並みや風俗が記録されている[20]。これによると、南宋の時代の杭州には、修義坊北（杭州上城区中山中路三元坊巷附近）の「張古老胭脂舗」、官巷（上城区解放路官巷口附近）の「染紅王家胭脂舗」の二店の臙脂の作坊（手工業品の製造と販売を兼ねる店舗）が存在していた事がわかる。『杭州府志』には、杭州にある織物、錫箔、胭脂、紡績等の作坊は、南宋の宮廷の需要から興ったという記述がある[21]。おそらく、『夢粱録』の二つの作坊も、宮廷へ綿臙脂を供給していたと考えられる。

南宋の二つの臙脂の作坊と「孫源茂」の関係は不明であるが、「孫源茂」も南宋の流れを受けた作坊であった可能性は高い。杭州の綿臙脂が高品質である事は、十八世紀の絵画技法材料書の『小山画譜』[22]、『繪事瑣言』[23]等で、繰返し述べられている。「孫源茂」の綿臙脂を染料分析したところ、ラックの色素が検出された[24]。また、その包装が古風な意匠であることから、「孫源茂」の綿臙脂は、南宋の伝統を受け継ぎ、伝統的な製法で製造されたものと考えられる。

・佛山産「彩源」

広東省佛山市は、広州市に隣接する都市である。宋代には窯業が盛んであり、明清には商工都市として栄えた。付属する紙片にあった「福興街」（『佛山忠義郷志』には「潘涌舗街道福興街」として記載[25]）は、現在も佛山市に残る地名である。筆者が2012年に佛山を訪れた時は、既に再開発のために古い店舗が閉店し、建物の取り壊しが行われていたが、かろうじて、清代の面影を感じ取ることができた。地元の漢方医の話では、福興街の附近には、祭祀に用いる赤い紙を商う店が多かったということである。まだ閉店していない幾つかの店舗には、赤い装飾品や対聯の為の赤い紙が並べられていた。佛山は、古くから朱の生産で名高く、近代に至っては顔料の販売や製造で栄えた。『广东省志』には、1938年以前の顔料類の工業製品として、「棉胭脂、纸胭脂」が挙げられている[26]。「彩源」の綿臙脂もそうした佛山の産品として、福興街の店舗に並べられていたことだろう。

染料分析では、彩源の綿臙脂からは初期合成染料とみられる成分が検出された[24]。広州は明代より西洋に開かれた貿易港として栄え、1739年の記録では、広州と佛山が手工業的な内外の化工品を商う事で栄えたとの記述がある[26]。絵画技法書の『繪事瑣言』(1797年)[23]には、洋紅という輸入の赤色色料は非常に高価であり、華南では入手できたが、華北、華東では入手困難だった事が記される。洋紅と検出された初期合成染料とみられる成分の関係は不明であるが、伝統的な綿臙脂の製法が、欧州からもたらされた合成染料によって変化したことを推測する材料の一つとして、参考になると考える。おそらく西洋の影響によって、効率を優先した結果、合成染料を原料とした綿臙脂が作られたのであろう。

1950年代以降、中華人民共和国が成立し、中国の社会や産業に大きな変化が起きた。王定理[27]は、解放以前（1949年以前）、北京に「蕙蘭芳」という綿臙脂の作坊があったと述べるが、やはり現在は存在しない。花鳥画家の于非闇は、『中国畫顏料的研究』（1955年）で、既に本物の綿臙脂の入手が非常に困難であり、洋紅を用いていると述べている[28]。また、日本での聞き取り調査では、日本に現存する綿臙脂の多くは、戦前に日本に輸入されたものであった。文化大革命（1966年）がおきると、贅沢品としての化粧品の製造、販売が禁止され[26]、この時期に、臙脂や綿臙脂の文化は、ほぼ消失してしまったと考えられる。

洋紅は、「西洋から来た赤い色料」という意味で、特定の染料や顔料を指す言葉ではない。洋紅は、その時々により品質や色味が異なっていたという。于非闇は、綿臙脂には綿臙脂に適した用途と利点が、洋紅には洋紅のそれがあり、両者は替えの効くものではないと述べているが、現代の中国絵画では、洋紅が綿臙脂に代わり、赤の色料として広く用いられている。現代でも、中国画や日本画の絵具には「胭脂」、「臙脂」という色名があるが、これらは主に合成顔料を用いて臙脂に似た色を作っているだけで、ベニバナやラックからつくられた物ではない。

化粧品に話を戻すと、現在では合成染料の製造技術が発達し、化粧品に用いられる色素は、ほとんど合成色素になっている。中国も日本も、近代化により西洋の化粧法を取入れたことから、綿臙脂だけでなく、ベニバナから作られた紅をも現代ではあまり使用することが無くなっている。

このように、現代では、化粧品としての綿臙脂は、消滅したと同然の状態になっている。しかし、前述したように、文化財の保存修復や美術工芸の用途では、未だに根強い需要があり、復活が求められている。化粧品においても、化粧文化の研究や天然成分の化粧品として、臙脂や綿臙脂が注目される事を、筆者は期待している。

文学作品にみられる綿臙脂

以上、臙脂の歴史的な変遷を述べたが、どのように綿臙脂が使用されていたのかについては触れていなかった。文学作品中の描写は、時として、当時の生活や風俗を描写した、貴重な資料となりうる。ここでは、作品中の描写をもとに、綿臙脂の使用について論ずる。

『紅楼夢』（18 世紀中頃に成立）には、清朝における臙脂の二種類の使用法が、こまやかに描かれている。

本作品は、清朝が隆盛を極めた乾隆期につくられ、繊細な情緒の描写とともに、当時の貴族社会の風俗や娯楽、服飾等が非常に細かく描かれており、文学以外の多方面から研究が行われている。しかし、綿臙脂等の画材に焦点をあて、『紅楼夢』を研究した成果は、中国においてもまだ多くはない。

本作中で臙脂に類する語は、色名や植物名の表記等で何度か出てくるが、実際の使用に関する描写で主なものは、以下の二箇所で、二種類の異なる使い方がされている。

一種は、絵画の顔料として[29]。賈惜春が「大観図」を描く為に書き留められた様々な用具や材料の中に、「胭脂十片」が挙げられている。他の顔料は、「箭頭朱四兩，南赭四兩，石黄四兩，石青四兩，石綠四兩」と「両」という重さの単位で表現されるのに対し、臙脂は「片」という、薄く平たい切れはしを数える量詞で記されている。「大観図」という庭園を描く画題と、他の顔料の数量から考えると、これらは綿臙脂を細かく切ったものであろう。

これに類似したものが、ほぼ同時代の絵画技法書、『繪事瑣言』（1797 年）にみえる[30]。

> 南北の画家は、こぞって最上の綿臙脂として「杭州雀舌」を求める。雀舌とは、木綿の綿を大小が異なる薄い円板状に加工し、紫梗（ラック）の汁を吸わせ、乾燥後に、それぞれを雀の舌のような形に切り分けたものである。その色は濃く鮮やかで、他はこれに及ばない。

「雀舌」は、二等辺三角形に近い形の小さな切片を示す。杭州には前述したとおり、上等の臙脂をつくる工房が存在していた。他に列挙された顔料も、「管黄四两，廣花八兩」等と、形状や産地が明記された上等のものである事から、この場面に出てくる「胭脂十片」は、「杭州雀舌」を意識した最上の臙脂である事が想像できる。

もう一種は、化粧品として[31]。以下は、主人公で御曹司の賈宝玉が、兄嫁の侍女である平児の化粧をなおし、慰める場面である。宝玉は、自らの侍女の襲人の上等の化粧道具を用いる。

> ……さらには、臙脂も薄く平たいものではなかった。小さい白玉の合子の中に、薔薇の膏薬のようなものがある。
>
> 宝玉は微笑みながら言う。
>
> 「市で売っている臙脂はみな清潔ではないね。色も薄い。これは上等なよい臙脂から調えたものだよ。臙脂から絞り出した汁の上澄みをとり、花の露を加え、蒸気をあてて水分をとばす。それを細い簪の先で少しだけ掌にとり、僅かな水でのばして唇に塗り、掌に残った臙脂をそのまま頬にはたくのさ。」

上記の「臙脂も薄く平たいものではなかった」という箇所は、原文では「胭脂也不是成張的」と記される。「張」は、薄く平たい形状を示す語である。この段の臙脂は、綿臙脂そのままではなく、それから色素を抽出し、花の露の香気や薬効成分を加え、使いやすいようにあらかじめ調えられて、白玉の合子に保存されている。

最初に唇に濃い臙脂を、その残りを頬に付ける描写からは、当時の日常の化粧の手順が垣間見られる。

『紅楼夢』にみられるこれらは、同じ作品の同じ邸宅の中で、当時の臙脂が絵画にも化粧にも、赤色の色料として同様に珍重されていたことを示しており、非常に興味深い。清朝の物語ではあるが、綿臙脂が唐代から近代までその姿を変えなかった事を考えると、それ以前の綿臙脂の使用、特に化粧における使用については、ここから類推してよいと思われる。

『紅楼夢』は、日本の『源氏物語』としばしば比較される。地域や時代が異なっても、『源氏物語』は同じく貴族社会が舞台の、恋愛と数奇な運命がテーマの長編小説である。

『源氏物語』は、平安貴族社会における絵画や染色、日常生活をも細かく描写しているが、不思議な事に臙脂やそれに類する表現は全く見られない。かわりに頻繁に登場するのはベニバナの紅や蘇芳である。『万葉集』等の和歌でも同様に臙脂に類する語句は全く見られない。正倉院にラックや綿臙脂についての記録が有るにも関わらず、万葉集や『源氏物語』に臙脂が見られない事については、更なる研究が必要である。

日本では、平安時代の『新猿楽記』(11世紀頃)に綿臙脂が登場する[32]。この作品は、猿楽を見物する家族や人々を描写しながら、当時の風俗や世相を鮮やかに表現している。

八郎の真人は、蝦夷から鬼界島まで船で渡り、中国からの品物も扱う商人の首領である。彼が扱う唐物が列挙される中に、「紺青、燕紫、緑青、空青、丹、朱砂、胡粉」があり、絵具の類として「燕紫」が挙げられている。

また、朝鮮半島の高麗の『老乞大』(14世紀中頃)にも、綿臙脂の記載がある[33]。『老乞大』は、高麗から北京へ商売に出かける商人の物語を通して、商用の中国語会話や北京の様子を学ぶ、当時の参考書である。

北京にて、漢人が高麗の商人を連れて雑貨を買い付けに行く段で、「香搽粉一百貼、綿臙脂一百斤、蝋臙脂一百斤、粉一百斤」と、化粧品の類として「綿臙脂」、「蝋臙脂」が挙げられている。

中国、日本と、それぞれの記録や描写、また現存する綿臙脂の包装等を比較してみると、中国では、化粧品としての使用が主であり、日本では美術工芸の色料としての用途が目立つ。日本での貿易の記録や化粧に関する綿臙脂の記録の調査では、現時点において、日本での綿臙脂の需要は、化粧品よりも、美術工芸の色料としての方が多いという印象がある。日本にも化粧品としての綿臙脂に関する記録[34]もあるが、それよりも美術工芸に供された記録のほうが多い。この差が、和歌や『源氏物語』等に臙脂に類する語や描写がでてこない原因であるかもしれない。これは、今後、化粧文化の専門家の方に研究を進めていただきたい事項である。

結語

化粧品としての綿臙脂は、中国の前漢の武帝期に、ベニバナが原料の臙脂が中国に知られ、唐代に至り、東西南北の交流によって、木綿の綿とラックをもちいた綿臙脂がつくられたことを起源としている。中国に知られる以前の、匈奴における臙脂の文化、さらにその先の、ベニバナを用いた化粧品の起源、頬を赤く彩る文化の起源については、まだ不明な事が多い。

中央アジア、中国の出土遺物の報告書を調べると、表二に示したように、発掘された化粧箱の中に、稀に臙脂や綿臙脂とおぼしき遺物が存在している事がわかった。これらの遺物の詳細や成分を調査する事ができれば、さらに多くの事柄が判明するであろう。

文献調査を通じて、綿臙脂は、様々な文化や、異なる風土の産物が結合して生まれた、非常に興味深いものであり、その用途も、化粧品、美術工芸の色料、薬と、幅広いことがわかった。現在、消滅に瀕している綿臙脂を復活させる事が筆者の目的であるが、そのためには、学際的な研究の広がりが非常に重要であり、様々な文化の背景を知る事が、中国の宋代の花鳥画や、日本の奈良時代の工芸品に残る彩色にみられる、綿臙脂と思われるあでやかな紅色の再現に繋がると考えている。単なる材料としての綿臙脂の復元だけでなく、その色を必要として創りだした文化の復興にも繋がるよう、綿臙脂の研究を今後も進めていきたい。

謝辞

調査や資料提供に御協力いただいた多くの方々に、深く謝意を表します。また、化粧品としての綿臙脂の研究に関して、ビューティーサイエンス学会理事長高橋雅夫先生、ポーラ文化研究所村田孝子研究員に、貴重なご教示とご協力を頂戴いたしました。この研究は、平成23年度－平成24年度ポーラ美術振興財団美術館職員の調査研究助成「綿臙脂の再現に向けての基礎研究(Ⅰ),(Ⅱ)」(沓名貴彦)、平成24年度科研費奨励研究「綿臙脂の復元とその活用に関する研究」(沓名弘美)を受けて行われました。

註・参考文献

※中国の文献は《》で、日本語の文献は『』で表す。

(1) 司馬遷撰《史記》(香港、迪志文化出版有限公司、文淵閣四庫全書電子版[便攜硬碟模式 1.0]、2007 年) 巻一百十 匈奴列傳第五十。
(2) 班固撰《前漢書》(文淵閣四庫全書電子版) 巻九 元帝紀第九。
(3) 司馬貞撰《史記索隱》(文淵閣四庫全書電子版) 巻二十五 匈奴列傳第五十二。習鑿歯《與燕王書》を筆者訳出。
(4) 王至堂《秦汉时期匈奴族提取植物色素技术考略》(《自然科学史研究》1993 年 04 期) 61 − 65 頁。
(5) 趙彦衛撰《雲麓漫抄》(文淵閣四庫全書電子版) 巻七。張華《博物志》(現在は散逸) を引用。
(6) 馬縞撰《中華古今注》(文淵閣四庫全書電子版) 巻中。
(7) Berthold Laufer: SAFFLOWER,"Sino-Iranica",pp323-328 (1919), Chicago, Field Museum of Natural History.
(8) 藤田豊八著「焉支と祁連」『東西交渉史の研究 西域篇』(東京、国書刊行会、1974 年) 361 − 388 頁。
(9) 崔豹撰《古今注》(文淵閣四庫全書電子版) 巻下。
(10) 村上 正二著『モンゴル秘史 二』(東京、平凡社、1972 年) 89 頁。
(11) 王燾撰《外台秘要方》(文淵閣四庫全書電子版) 巻三十二より筆者訳出。
(12) 姚思廉撰《梁書》(文淵閣四庫全書電子版) 巻五十四 諸夷 高昌國。
(13) 張彦遠撰《歴代名畫記》(文淵閣四庫全書電子版) 巻二。《呉録》より「赤膠」の記述。
(14) 徐堅撰《初學記》(文淵閣四庫全書電子版) 巻八 蟻漆。《呉録》より「蟻絮」の記述。
※張勃《呉録》は既に散逸しているが、様々な文献に引用されて、断片が現存する。
(15) 王进玉《中国古代対紫铆的开发应用》(《中国科学技術史料》2002 年、第 21 巻第 3 期) 226 頁。
(16) 宋祁撰《新唐書》(文淵閣四庫全書電子版) 巻四十三上 志第三十 地理志。
(17) 奈良時代古文書フルテキストデータベース
(東京大学史料編纂所
http://wwwap.hi.u-tokyo.ac.jp/ships/shipscontroller)
(18) 宋祁撰《新唐書》(文淵閣四庫全書電子版) 巻四十上 志第三十 地理志 右東道採訪使治襄州。
(19) 潘超、丘良任、孫忠銓等編《中華竹枝詞全編 四》(北京、北京出版社、2000 年) 471 頁。
(20) 吳自牧撰《夢粱錄》(文淵閣四庫全書電子版) 巻十三。
(21) 龔嘉儁修、李榕纂《浙江省 杭州府志》(台北、成文出版社、1974 年) 1514 頁。
(22) 鄒一桂撰《小山画譜》(文淵閣四庫全書電子版) 巻上。
(23) 迮朗撰《繪事瑣言》(雨金堂、嘉慶四年 1799 年) 巻四。
(24) 沓名弘美、沓名貴彦、佐々木良子、佐々木健『綿臙脂の再現に向けての基礎研究(一)―綿臙脂の歴史的変遷―』(『文化財保存修復学会第三四回大会研究発表要旨集』2012 年) 30―31 頁。
(25) 呉榮光等纂修《佛山忠義郷志》(1830 年) 巻一 郷域志。
(26) 广东省情信息库
(http://www.gd-info.gov.cn/shtml/mastersite/z01/index.shtml)
(27) 王定理、王書傑著《中央美術学院中国画伝統色彩教学》(長春、吉林美術出版社、2005 年) 95 頁。
(28) 于非闇著《中国畫顔料的研究》(北京、朝花美術出版社、1955 年) 23 − 24 頁。
(29) 曹雪芹著、兪平伯校訂、王惜時参校《紅樓夢八十回校本》(北京、人民文学出版社、初版 1958 年、三刷 1993 年) 第四十二回《蘅蕪君蘭言解疑癖　瀟湘子雅謔補餘香》452 頁。
(30) 迮朗著《繪事瑣言》(雨金堂、嘉慶四年 1799 年) 巻四燕脂より筆者訳出。
(31) 兪平伯校訂《紅樓夢八十回校本》第四十四回《變生不測鳳姐潑醋　喜出望外平兒理妝》471 頁より筆者訳出。
(32) 藤原明衡著、川口久雄訳『新猿楽記』(東京、平凡社、1938 年) 279 頁。
(33) 金文京、玄幸子、佐藤晴彦訳注、鄭光解説『老乞大』(東京、平凡社、2002 年) 332 頁。
(34) 佐山半七丸著、速水春暁斎画図、高橋雅夫校注『都風俗化粧伝』(東京、平凡社、1982 年) 89、184 頁。
(35) 南京博物院、连云港市博物馆《海州西汉霍贺墓清理简报》(《考古》1974 年 03 期) 183 頁
(36) 湖南省博物馆、中国科学考古研究所《長沙馬王堆一號漢墓 上集》(北京、文物出版社、1973 年) 63、88 − 89 頁。
(37) 東京帝国大学文学部編『樂浪』(東京、刀江書院、1930) 52 − 53 頁。
(38) 段公路撰《北戸録》(文淵閣四庫全書電子版) 巻三 山花燕支。
(39) Stein, A. 1928. Innermost Asia, vol.2, pp.664-665, vol.3, pp.197.
(40) 内蒙古自治区文物考古研究所、哲里木盟博物馆編《辽陈国公主墓》(北京、文物出版社、1993 年) 42 頁。
(41) 姚寬撰《西溪叢語》(文淵閣四庫全書電子版) 巻下。
(42) 洪焱祖音訳、羅願撰《爾雅翼》(文淵閣四庫全書電子版) 巻三 燕支。
(43) 林堯俞纂修、俞汝楫編撰《禮部志稿》(文淵閣四庫全書電子版) 巻二十 納采問名禮物。
(44) 李時珍撰《本草綱目》(文淵閣四庫全書電子版) 巻十五 燕脂。
(45) 宋応星撰《天工開物》(早稲田大学図書館蔵、楊素卿梓崇禎十年序の写本) 彰施第三巻 附燕脂。
(46) 荒井経『〈資料〉近代日本画の材料「商品目録」(色材篇)』(『東京藝術大学美術学部紀要』第 48 号、2010 年) 43 − 87 頁。
(47) 池澤匯、婁學熙、陳問咸編《北平市工商業概況》(北京、北平市社會局、1932 年) 825 頁。

唐代の美顔術
――『千金方』面薬方――

一般社団法人日本医史学会理事長
北里大学東洋医学総合研究所部長
北里研究所教授
小曽戸　洋

はじめに

医学と美容、すなわち、病気を治療する行為と、容貌を美しくする行為の境に、一線を画することはむつかしい。病気になれば容姿が劣化するのは必然であるが、健康であっても、より容姿を美化することは可能であろう。医療術と美容術とが明確に区別しがたい所以である。

中国の唐王朝（618―907）は都を長安に置いて律令制度を布き、文化の隆盛をみた。医学も例外ではない。漢～六朝の医学を承け、唐代には数多くの医学書が編纂された。今日残る書はそう多くはないが、それでも唐の医学を伝える資料に『千金方』、『千金翼方』、『外台秘要方』、『医心方』、敦煌文書などがある。

前言を念頭に、ここでは唐代を代表する医方書『千金方』に着目し、そのうちの美容と最も密接した関係にある面薬方について検討してみたい。

Ⅰ.『千金方』

『千金方』は唐代きっての名医、孫思邈（581[1]～682）の撰になる医学全書で、全30巻。7世紀半ば（650年代）の成立とみられる。書題は、人命は千金より貴いということから名づけられた。はじめに医師の倫理を説き、ついで婦人病・小児病に巻をあてる。婦人・小児を優先したのはこの書の特徴の一つである。ついで種々の急性・慢性疾患の病態と治法を述べる。多くの疾病は陰陽五行説に基づく臓腑理論で分類されている。後半は、雑病・救急・食治・養生・脈診・鍼灸などについて記される。

日本へは奈良時代（天平年間）に伝来し活用された。北宋代には『備急千金要方』と題して校訂刊行（宋改）され（1066）、現伝流布本の祖となった。古写・古版本としては、宋改以前の旧態を伝える古鈔本（真本千金本、巻1）、同じく宋改以前の宋版（新彫孫真人千金方、巻1～5、巻11～15、巻21～30）、宋改南宋版（備急千金要方）がいずれも日本に伝存する。

さて、美容（美顔）に最も関係するのは、巻6（七竅病）の最後の篇、面薬第9である。前掲の現存テキストのうち、真本千金方と新彫孫真人千金方には当該巻が欠失しているので、以下、宋改本（国立歴史民俗博物館所蔵南宋紹興版および江戸医学館影宋版）によって検討を行う。

Ⅱ.面薬処方の概要

巻6第9は目録では「面病」となっているが、本文では「面薬」となっている。篇題下に「方八十一首」とあるとおり、実際計81処方が登載されている。

第1方は、五香散と称し、「皯皰・黶䵟・黒運・赤気[2]」を治し、顔面を「白光潤」にする処方。計32味より構成され、その粉で顔を洗うと2週間で白くなり、1年すると抜群の効果があるという。

第2方は、手や顔を洗えば「白浄・悦沢」となる澡豆方。計19味から成る。

第3方は、「面黒不浄」を治す澡豆洗手面方。計20味から構成。10日にして「色白如雪」となり、30日にして「如凝脂」となるほど神験があるという。

第4方は、洗面薬澡豆方。計7味で構成。百日にして「白浄如素」という。

第5方は、洗面薬方。計8味から成るパウダー洗剤。

第6方は、洗面薬で、「皯䵟」を除き「悦白」にする処方。

計10味。これで手面を洗えば1年足らずで「悦白」になるという。

第7方は、澡豆にて「手乾・少潤膩」を治す処方。計9味。

第8方も、澡豆方で、計8味。

第9方は、桃人澡豆で、「悦沢」となり、「皯黷」を去る処方。計5味。酢で溶き、手面を洗うよう指示がある。

第10方は、澡豆にて「手乾燥・常少潤膩」を主治する処方。計9味。8月・9月に調合して冷所に保存し、翌年3月以降は使用してはいけないとある。

第11方は、玉屑面膏方で、「面無光沢・皮肉皴黒」を主治し、長期使用すれば「潔白光潤」になるという。計28味から成る外用の膏薬。

第12方は、面脂膏薬で、顔面を「悦沢」にし、老化防止効果があるという。計21味。

第13方は、錬脂法。豚脂などの動物脂で面脂を作る法。

第14方は、玉屑面脂方。計33味。

第15方は、同じく玉屑面脂の方で、色黒を色白にし、老け顔を若返えらす作用があるという。計54味。

第16方は、面脂方で、「面上皴黒」に生じた疾患にみな効くという。計29味。

第17方は、面膏方で、「風寒」を去り、面を「光悦」にし、老けを戻し、皴を除去する効果があるという。計10味。

第18方は、猪蹄湯で、手面を洗えば「光潤」になるという。計8味。

第19方は、顔面を「白浄・悦沢」にする処方。計6味。

第20方は、猪蹄にて、面皮をのばし、「老皴」を除き、「光沢」にする処方。

第21方は、白面方で、計2味。

第22方は、鹿角散で、百歳の老人でも面が「少女」のごとく、光沢が出て、「潔白」になるという処方。計11味。牛乳を用い、鹿角を石上で研磨するが、牛乳がないときは小便で代用できるという。

第23方は、面を「潔白・悦沢」にし、顔色を「紅潤」にするという処方。計4味。酒を用いて溶く。

第24方は、同前。桃花を用いる。

第25方も、同前。桃花を漬けた酒剤。3月3日に作る。百病に効くという。

第26方は、桃花丸。面の「黒皯」を主治し、「潔白・光悦」にする丸剤。計4味。

第27方は、鉛丹散。色黒を治し、白きこと「如雪」にするという。計2味。

第28方は、白楊皮散で、面と手足の色黒を治し、「光沢・潔白」にする処方。計3味。赤味を帯びさせるには桃花を加える。30日で面が白く、50日で手足も白くなるという。

第29方は、面の「皯黷」を身体の内外から治する処方。松脂を用いた酒剤。

第30方〜第32方は治外膏方（外用薬)。第30方は計16味。第31方は計3味。第32方も計3味。

第33方〜第36方は「面皯」を治す外用処方。第33方は計2味。第34方は計3味。第35方は白附子末を酒で溶いて塗る。第36方は計3味。

第37方〜第41方は、面の「皯黷黒・膚色粗陋・皮厚状醜」を治す処方。

第42方は、面の「皯黷」を「悦沢・光白・潤好」にし、手の皴を治す処方。計10味ほどの薬物が組合わされる。

第43方は、面の「皯黷」、面皮の荒れを治し、老化を防ぐ処方。計5味。

第44方は、「皯黷」で黒ずんだ面を「潔白」にする処方。計4味。

第45方は、「面黒」で「皯皰」を生じたのを治す処方。計4味。

第46方は、面の「皯皰」を治し、「悦白」にする処方。計4味。

第47方・第48方は、「皯子」で面が汚れたのを治す処方。前者は朱砂が主薬。後者は計5味の処方。

第49方は、面の「皯黷」を治す処方。計8味。

第50方は、面の「黒皯黷」で、面皮の「皺皴」を治す処方。計5味の散剤を羖羊の乳を用いて塗る。

第51方は、面の「皯」を治す処方。丹砂を用いる。

第52方は、白瓜子丸で、面の「皯黷」を治し、色白にする処方。計15味の丸剤。

第53方は、面の「黶子・黒誌」を除去する処方。

第54方は、「粉滓・皯黷」を治す処方。計2味。

第55方は、「粉滓・皯黷・皴皰および茸毛」を除去し、面を14〜5歳時のように「悦沢・光潤」にする処方。計15味から成る。

第56方・第57方は、面の「粉滓」を治す処方。前者は熬した礬石を清酒で溶いて塗布する。後者は生の菟絲苗を擣いて塗布する。

第58方は、「面皰」を治す処方。計3味。

第59方は、気の盛んな少年に生ずる「疱瘡」を治す処方。胡粉と水銀の2味。

第60方は、白膏で、面の「査疱・疥癬・悪瘡」を治す処方。計4味。

第61方は、梔子丸で、「酒査鼻の皰」を治す処方。計4味。

第62方は、「鼻皰」に塗布する処方。計4味。

第63方は、面の「査疱」を治す処方。鸕鷀屎と猪脂を用いる。

第64方は、面上の「風」を治す処方。計4味。

第65方は、「面皰」の重症に用いる処方。計4味。

第66・第67方は、「面皰」を治す処方。それぞれ2味の処方。

第68方は、「面査」を治す処方。酢漬けの木蘭皮を乾かし、粉末にして温酒で服す。

第69方は、面に「熱毒悪瘡」があるのを治す処方。計3味。

第70方以下、終りの第81方までの12方は「滅瘢痕」、すなわち顔面の皮膚炎による損傷痕を治療する処方である。紙面の都合上、割愛に従う。

Ⅲ. 面薬方の構成生薬解析

上述の面薬方計81処方につき、それらを構成する生薬について統計検討を行った。

81処方を構成する生薬は、およそ170種ほどあった。同類種属、同一種に由来する薬品もあり、主効薬というより賦形剤、調整剤、基剤、溶剤というべき薬材も含まれている。これは外用塗布剤も多くを占めるので、他の内科疾患処方よりも割合が多いのは当然であろう。

同じ生薬と思われても異なる表記がなされる場合もある。これは孫思邈が『千金方』を編纂するにあたって引用した漢〜唐の医方書の原表記に由来するものであろう。『千金方』の処方の多くはそれ以前の医書からの引用であって、孫思邈自身による創製処方はそう多くはないと思われる。よって構成生薬約170種というのは正確な数字ではない。

以下、構成生薬を由来起原の植物薬・動物薬・鉱物薬の3種に分け、使用頻度の高い順から挙げてみよう。

Ⅲ－1. 植物由来の生薬

面薬方では外用の塗布剤（膏薬）や洗顔剤が多いため、他の内科治療薬と違って、動物ないしは鉱物由来の生薬の占める割合も少なくない。しかし面薬方で使用される約170種の生薬のうち、植物由来の薬物は6～7割を占めている。中国薬物学が本草学と称されるゆえんである。

最も使用頻度の高いのは、白芷と附子であり、全81方のうち、それぞれ20方に配剤されている。附子は白附子と指定されることが多い。動鉱物も含め、全体的に「白」の字のつく生薬が頻繁に用いられる。いうまでもなく、美白効果を期待しての理由である。

ついで、全81方のうち、芎藭（川藭）が14方。茯苓・萎蕤・商陸がそれぞれ13方。茯苓はほとんどの場合、白茯苓と指定されている。

以下、土瓜根が12方、冬瓜人・藁本・杏人・白朮がそれぞれ11方、白斂・桃人がそれぞれ10方、防風・細辛・零陵香がそれぞれ9方、当帰・辛夷人・木蘭・甘松香がそれぞれ8方、丁香（丁子香）・栝楼子・青木香がそれぞれ7方、菟絲子が6方、蜀水花・黄耆・藿香・梔子花・桃花がそれぞれ5方、皀莢・畢豆・桂心がそれぞれ4方、杜若・大豆黄巻・杜蘅・天門冬・白檀（香）・蕪青子・蜜陀僧・烏頭（烏喙）・甘草がそれぞれ3方に配剤されている。2方以下はいま略す。

面薬である以上、香粧品が多いのは当然である。いわゆる香薬に属する薬物の使用頻度が高い。

Ⅲ－2. 動物由来の生薬

約170種が用いられる面薬のうち、動物由来の生薬は2割強の約36種である。

最も使用頻度の高いのは、鷹屎白で、黄鷹糞1方を含めると計13方に配剤されている。他の鳥類の糞屎も用いられる（たとえば雀屎・鸕鷀屎など）。また鳥類では鶏が多用される。当時から鶏は飼育されており、利用が比較的容易だったのであろう。鶏卵は7方（雞子白6方、雞子黄1方）、ほかに飼鳥雞が用いられている。脂肪の活用としては鵞脂が多く用いられ、6方に配剤されている。

昆虫由来の生薬は、白殭蠶が注目される。その使用頻度は多く、8方に用いられている。白殭蠶の美顔効果については今後の研究が期待される。また基剤として有用な蜂に由来する白蜜（蜜）が5方に用いられている。

哺乳類の使用頻度は最も高く、各組織が活用されている。とくに軟膏基剤としての機能から膏油が用いられることが多い。

猪は日本でいえば豚である。猪脏が11方に、猪脂が8方に、猪蹄が3方にと、猪は計22方に配剤されている。

鹿類で多用されるのはジャコウジカの香臍である麝香である。麝香は希少品で、唐代には香薬・万能薬の最高品としてもてはやされた。8方に配合されている。鹿角が1方に配剤されている。

羊類も多用される。羊腎脂が2方、羊脂が1方、羊脏が1方、羊髄が3方、白羊乳が1方に配剤される。また羖羊脛骨が1方、羖羊胆が1方、羖羊乳が1方に用いられている。羊類由来品は計12方に含まれることになる。

牛が基原の薬物も少なくない。牛脂が1方、牛髄が1方、牛胆が1方、牛黄が1方、牛乳が1方に配剤される。牛黄は牛から稀に取れる胆石で、麝香と並ぶ、あるいはそれ以上の高貴薬であった。

熊の脂肪である熊脂は3方に配剤されている。

犬も用いられた。白犬脂（白狗脂）が3方に配合されている。

このほか、胡粉が5方、珊瑚が3方に用いられる。貝類としては牡蠣、人（ヒト）由来の薬品としては人精（精液）も用いられることがあり、その薬品としての利用は紀元前をはるかに遡ることが知られている。

Ⅲ－3. 鉱物由来の生薬

ここで鉱物と称するのは、非生物的（無機質）、すなわち中国本草学で、金と水に属する薬物のことである。面薬方を構成する約170種の薬品のうち1割強がこれを占める。

最も多いのが玉屑で、5方に配剤される。ついで、白石脂が4方に、礬石・水銀がそれぞれ3方に配剤。このほか、石膏・芒消・鉛丹・白礬石・石硫黄・石塩・朱砂・雌黄・雲母粉・禹余糧・清漿水なども用いられている。これらには現在、人体に有毒とされる薬物も含まれている。

以上、『千金方』巻6・第9篇の面薬に記載される処方と薬物について概観した。時間の制約上、薬物使用頻度の統計数字には誤りがあろうかと思う。後日の再検を期す。

処方については調整法、薬物については『神農本草経』『本草経集注』などの古典本草書との関係、そしてその基原天然物について検討し、解説を加えたかったが、時間的余裕がなく、次の機会に譲ることにした。

さらに、今回は『千金方』に限ったが、孫思邈が著した姉妹編とされる『千金翼方』の記載は看過できないものである。すなわち、『千金方』の面薬方は男女共通の処方であるが、『千金翼方』での面薬方は、巻5婦人病の婦人面薬第5篇中にあって、女子に限定されており、美容とより密接な関係にあるからである。これについては今後の検討に期したい。これら中国古医籍の記載は現代でもなお活用できる可能性を多いに秘めていると思う。

最後に、筆者が多忙にかまけて原稿提出の期限を大幅に遅延し、倉卒にして粗稿に終ったことをお詫びし、あわせて今後のビューティサイエンス学会の発展と、髙橋雅夫会長のさらなるご健勝を祈念して謝辞に代えさせていただく。

注

1）生年はほかに509、516、541年など諸説がある。

2）「䵟」は顔面の黒い気色。「䵳」も同様。「皯䵳」とも書き、あるいは「鼆」の字も用いられる。

『千金方』の著者・孫思邈の像（『歴代名医図姓氏』明代16世紀の刊本―孫思邈の像は少年と虎を従える構図が多い）

面藥第九（方八十一首）

五香散治䵟皰䵳䴴黑運赤氣令人白光潤方

畢豆四兩　黄耆　白茯苓　萎蕤

杜若　商陸　大豆黄卷各二兩　白芷

當歸　白附子　冬瓜人　杜蘅

白殭蠶　辛夷人　香附子　丁子香

蜀水花　旋覆花　防風　木蘭

芎藭　藁本　皂莢　白膠

杏人　梅肉　酸漿　水萍

天門冬　白朮　土瓜根各三兩　猪胆二具暴乾

右三十二味下篩以洗面二七日白一年與衆別

洗手面令白淨悦澤澡豆方

白芷　白朮　白鮮皮　白斂

白附子　白茯苓　羌活　萎蕤

栝樓子　桃人　杏人　菟絲子

商陸　土瓜根　芎藭各一兩　猪胆大者一具細切

千金方六下　二十　又

冬瓜人四合　白豆麪一升　麪三升溲猪胆爲餅暴乾擣篩

右十九味合擣篩入麪猪胆拌匀更擣每日常用以漿水

洗手面甚良

治面黑不淨澡豆洗手面方

白鮮皮　白殭蠶　芎藭　白芷

白附子　鷹屎白　甘松香　木香各三兩一本用藁本

土瓜根一兩一本用甜瓜子　白梅肉三七枚　大棗三十枚

麝香二兩　雞子白七枚　猪胆三具　杏人三十枚

白檀香　白朮　丁子香各三兩一本用細辛

冬瓜人五合　麪三升

右二十味先以猪胆和麪暴乾然後合諸藥擣末又以白

豆屑二升爲散旦用洗手面十日色白如雪三十日如凝

脂神驗（千金翼無白殭蠶芎藭白附子大棗有桂心三兩）

図1『備急千金要方』（江戸医学館影宋刊）巻6面薬第9の第1方〜第3方の記載

白面方

牡蠣三兩　土瓜根一兩

右二味末之白蜜和之塗面即白如玉旦以温漿水洗之

愼風日

鹿角散令百歳老人面如少女光澤潔白方

鹿角長一握　牛乳三升　芎藭　細辛

天門冬　白芷　白附子　白朮

白斂各三兩　杏人二七枚　酥三兩

右十一味㕮咀其鹿角先以水漬一百日出與諸藥内牛

乳中緩火煎令汁盡出角以白練袋貯之餘藥勿取至夜

取牛乳石上摩鹿角取塗面旦以漿洗之無乳小便研之

亦得

令人面潔白悦澤顔色紅潤方

猪胆五具　蕪菁子二兩　栝樓子五兩　桃人三兩

右四味以酒和熟擣傅之愼風日

又方

採三株桃花陰乾末之空心飲服方寸匕日三并細

腰身

千金方六下　二十六　浩

又方

以酒漬桃花服之好顔色治百病三月三日收

桃花丸治面黑䵟令人潔白光悦方

桃花二升　桂心　烏喙　甘草各一兩

右四味末之白蜜爲丸服如大豆許十丸日二十日易形

一方有白附子甜瓜子杏人各一兩爲七味

鈆丹散治面黑令人面白如雪方

鈆丹三十銖　眞女菀六十銖

右二味治下篩酒服一刀圭日三男十日知女二十日知

則止黑色皆從大便中出矣面白如雪

図2　同じく第21方〜第27方の記載

隠された口腔、開かれた口腔

日本歯科大学新潟生命歯学部
医の博物館　客員教授
西巻　昭彦

1. はじめに

歯科医学史領域において、「お歯黒」の先行研究は多い。しかし、「お歯黒」そのものの行為は、化粧であり、風俗であり、かならずしも歯科医学領域と直接関係するものではなく、口中医学書に記載されていることはきわめて少ない。しかし、黒い歯を使った木床義歯（江戸時代）や、明治時代以降も黒色陶歯による義歯が製作されたことを考えるならば、補綴領域とはある種の関係性を認めないわけにはいかない。一方明治時代以降近代歯科医術が西洋から入ってくると、前歯において使用された材量は金であった。金を使用する意味合いは、歯牙硬組織に近似した性質をもつ材料は金であり、このため実際、金を使用した金属冠は、天然歯牙に近い感触をもっている。このため金が安価であるならば広判囲に普及したはずであるが、その高価さゆえに一部の有産階級にしか用いられることはなかった。そのために前歯の金冠は外からの視線にさらされている場所であることから、富の象徴として認知されることになる。戦後、アメリカから、前歯部分が白いポーセレン焼付け金属冠が入ってくると、しだいに白色の陶歯に国民の眼は変化していく。これはアメリカ文化の影響が戦後強くなったともいえるが、歯を架工するよりもナチュラルさが化粧の概念として重きをおかれてきたことも、視線の変化としてとらえることができる。近年は予防歯科の発達し、歯口清掃も普及していく結果として、歯垢、歯石をつけている人々は少なくなったのみならず、自分で磨く自家磨きの他に、歯科医院など第３者の手で磨く他家磨きの概念も、少しずつではあるが浸透してきている。さらにそれを一歩進め、歯を白色に染めるホワイトニングも行われるようになった。これは、テレビジョンなどの視覚マスコミニケーションの発達により、より白い歯の化粧を求める傾向が強くなっていると考えることができる。歯を、白いとはいえ染色したり、かなり強い H2O2 で歯質を白色化することは、いわば歯の架工であり、古代からの歯を架工する方向性が復活したととらえることもできる。このような流れの中で、今回、歯と化粧との関係について、その一端を考察した。

2. 政治変化と化粧の関係

「革新の歴史」とは、歴史をみる人間としては、血湧き肉躍る用語である。しかし反面として、我々は変革の歴史のなかに政治の実際が、いかにその内部と底流で苛酷で常規を似って測ることができない流れで進んでいくか、負の側面が今日あまり言われない傾向がある。筆者は「革新の歴史」と言われる変化はひとつは大化改新であり、後ふたつは、鎌倉幕府の成立と明治維新である。岩淵辰雄は、「文化の改新に於ては、国内の氏族政治が何等かの変革を呼び招いた。氏族政治の頽廃した空気は、当時の任那府に在る我が派遣将兵の墜落腐敗となって現れていた。遂に天智天皇は、国内刷新を先決として、任那府を放棄して、太宰府以東、瀬戸内海、大和および日本の西本部を要塞化して、国内政治の改新、建て直し専らならざるを得なかった。当時、朝鮮を通じてもたらされる中国の国情は、文化燦然として、政治的には漢以来四百年、隋、唐に至って完成した郡県政治というものが、旧来の氏族政治、封建政治に対して、新しい指標を為すに足るものを持っていた。明治維新に在っては、いうまでもなく徳川三百年の鎖国、封建の制度に対して、産業革命以後の欧米の勢力が新興の勢いを似って、駸々として東洋に迫ってきていた。公議即ち議会政治と、民族の新興独立の気運が至るところに漲っていた。支那思想に代わって、明治時代を規定すべき思想の指標もここに出来上がっていた。」と記し、さらに「維新乃至改新の本質を成するものは制度や機構ではない。人である。大化の改新では中大兄皇子あり、藤原鎌足があった。明治維新では西郷、大久保等よく大事を成した。一人のその人であって、初めて天下も政治もあるの道理である。だが、政治という概念からいえば、維新も改新も欝屈して捌け口を求めている人心を解放して、それに希望と方向を与えて活力を吹き込むことである。」と述べている。大化の改新と明治維新共、外に圧力があったこと、国内政治の疲幣、外に基盤となる政治と文化が存在したことに共通性がある一方鎌倉幕府の成立は国内政治の疲幣に対して、新興勢力である武士階級が貴族階級にとって変わったことでかならずしも外に外圧があったわけではない。いずれにしても、「革新の歴史」は、その人心の方向性を決定するおおきな促面をもっているし、化粧もその変化の中で考えると、大化改新は従来の文化に、中国文明が入ってきたこと、鎌倉幕府の成立は、その権力が貴族階級から武士階級に変わることにより、武士文化が前面にでたこと、明治維新は、近代欧米文化の流入により、やはり化粧にも大きな変化を認めるこができる。一例を挙げるならば、持統天皇時代白粉が入ってきたこと、また明治以降お歯黒がしだいに消えていったことなどが相当する。

3. 隠された口腔

お歯黒は、歯を黒く染める風習の起源をどこに求めるかはっきり解明されていない。後漢書東夷列傳に「黒歯国東海中に在り其俗婦人を悉く黒く染む」、応神天皇に「歯並びは椎や菱の寶のように」とあり、このことが古代より日本にお歯黒が定着した論拠となっているが、反対論もあり、確定していない。現代人から考えるならば、黒く染められた歯を視ると奇怪な感をもつが、戦前ベトナムの一部ではお歯黒の風習が残っており、それほど昔の話ではない。

黒は、色彩感覚的な意味合いとして、死、絶望の色であり、反面、永遠、神秘、高貴、威厳という相予盾する感覚を持っている。日本において、歯の架工に関してかなり早い段階（人骨、埴輪など）から認められており、この歯の架工が延長した位置にお歯黒が存在すると考えられる。口腔は、外と消化器を結ぶ入口であり、魔除けという意味合いもあったと推測されるし、また第三者に対しての威厳も存在したと思われる。それがいつのまにか化粧として定着したことは、その方向性との民族のもつ指向性が一致したと思われ、東アジア地域、太平洋地域で多く認められるが、反対にヨーロッパ地域には認められないという。いずれにしても歯は早い段階から化粧されていた事には、誤りはないと考える。もし、歯口清掃（すでにカニクイザルで認められる）を行わないとしたら、歯垢、歯石の沈着により、歯は白色からしだいに黄褐色へしだいに変化していくことが考えられる。その不快さが歯の清掃に向かわせたとも思われるし、歯にものがはさまれば、それをとろうとする本能的な行動と、第３者から視線を考えるならば、お歯黒は歯垢が多いと黒染されないという事実を複合的に考察すると、お歯黒という行為は、歯を自己が肉眼で見るには鏡などを使用せねばならず、自己ではなく他者から見るられる視線を意識したと考えられる。

現実に口腔の中を黒く染め黒く見せるという行為は石田かおり氏によれば「口を隠す」という意味が存在すると述べている。もちろんこれは、口腔を隠すのみではなく、顔全体を白粉で覆い、眉毛をけずり、別の部分に眉を引き、口唇にわずかな紅を梁り、表情そのものを消すことにより、高貴さを象徴する化粧であった。源氏物語によれば、高貴な女性は男性にとってはわずかに「かいまみる」のみであった。しかし、一端夫婦のちぎりをかわしたならば、暗い室内の中のわずかな「ともびし」の中で、白い顔面と、わずかに朱を塗った口唇、黒い歯は、わずかな光の中で浮かびあがる顔面は、見る人をして幽玄な美の世界へ導いたと思われる。『源氏物語』橋姫に薫の君が大君、中君を竹の透垣からかいまみる場面で「内なる人、一人は柱にすこしゐ隠れて琵琶を前に置きて、撥へを手をまさぐりにしつつゐたるに、雲隠れたりつる月のにはかたいと明るくさしでたれば、〈中の君〉『扇ならでこれしても月はまねきつべかりけり。』とて、さしのできたる顔、いみじくらうたけに　にほひやかなるべし」と記されている。わずかな「月の光」や「ともびし」の光量は、黒い歯には吸収される反面、白いはだには光を反射してわずかな輝きを示すその様子はまさに王朝美のひとつの展型と言えよう。顔面の中で口腔は、その一部を形成されているが、口腔のみを隠すのではなく、表情を隠すことがその目的であるならばこれは静の文化である。貴族政治は、摂関家を中心とする静の政治であり、外から影響が少ない世界で行われたことを考えるならば、政治形態のひとつのメタファとも言えよう。

4. 源氏物語絵巻にみる口腔観 ―静の文化の象徴―

「源氏物語絵巻」は、紫式部の『源氏物語』を絵巻物化したもので、その最古のものは徳川美術館、五島美術館に所蔵されている。この国宝「源氏物語絵巻」徳川本、五島本は、後白河法皇により12世紀後半制作され、三十三間堂に所蔵されていたと言われているが、確実な事はわかっていない。いずれにしても、平安末期から鎌倉初期にかけてと考えるのが妥当であろう。『源氏物語』は、文学全体のイメージとして、光源氏（図1）が理想の男君として描かれている。これらの絵巻の詞書き絵図は復数の書家や絵師によって制作されたと考えられ、全段を通して厚い彩色で全部を塗り、そこに細い線で描く「つくり絵」の手法をとっている。そのため『源氏物語』の視覚的に必要な情趣と人間心理を造形化するために必要な情趣と人間心理を造形化するのに必要なバランスのある色彩効果をタテ軸に、密度の高い画面描写をヨコ軸として、その両者の効果により観者が絵巻の世界へ引き込まれていくと考えられる。このような貴族を主体とする「源氏物語絵巻」は、幽雅で抒情性ある身体描写を必要としている。その手法として目は一線で、鼻はくの字の「引目鉤鼻」という面貌表現がされているが、この技法に口腔の描写については一般に特別な記載がない。これは結果として口腔に関して自由度をもたせるためとも考えられるが、細い描写であることはまちがい。「源氏物語絵巻」19図のうち、関屋は顔面が削落し、当時の実態は不明である。また断簡として若紫が残っているが、加筆のあとがはげしく今回の研究対照としては除外している。開口について、薫が横笛を吹く場面（図2）、雲井雁が若君を受乳させる場面（図3）また明らかに対話

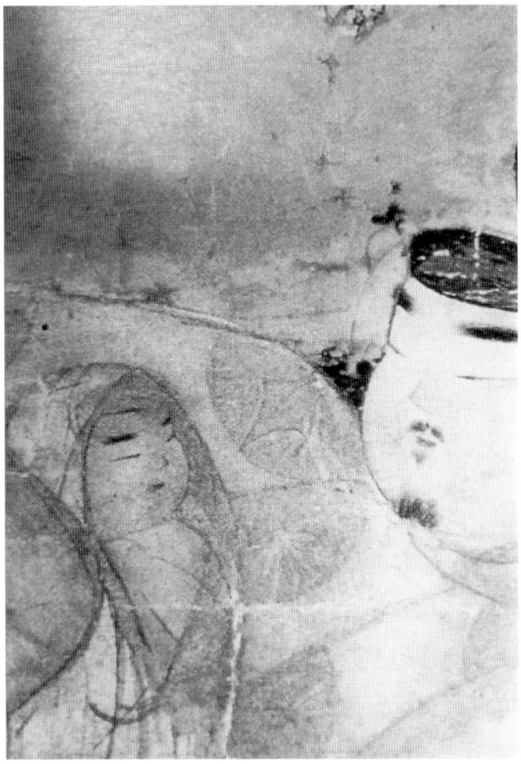

図1　源氏物語絵巻（徳川美術館）　光源氏

図2　源氏物語絵巻（徳川美術館）　薫

図3 源氏物語絵巻（徳川美術館）　雲井雁

している場面でも口腔は開口していない。「源氏物語絵巻」は、口腔が描写されているものは、男性13図、女性41図にものぼるがどの図も開口した場面は存在していない。これは、「引目鉤鼻」技法の特徴的な要因と考えられるが、鉤鼻にかんしては2図明らかに鼻が描写されている場面があり（東屋、早蕨）があり、その点から推測すると一切開口場面を描写していないことは「源氏物語絵巻」そのものが開口描写の表現をとると、幽美さ、抒情性をそこなうと考えられたためと思われる。眼は、線の描写、鼻も線の描写が多いのが実態であるが、口腔の描写は朱が多く、遠目では点のようにも見えるが、どちらかというと半円形をした表情が多く、かならずしも一定した表情はないが、眼、鼻が線的であるならば小さいながらも面的表現ととらえることができる。このような口腔表現は微妙な顔の表情に大きな影響を与えるためにある程度の自由度をもっているものと推察される。さらに、「源氏物語絵巻」の特徴のひとつとして袖や扇などで口腔を隠す表情がしばしば見られるが、これは今日でもはじらいとして口腔をハンカチで隠す慣習として残っており、現代にも継承性をもつ「隠す口腔」として注目される。

5. 男性貴族はお歯黒はいつからつけられたか。

男性貴族がお歯黒がつけられたのかは、はっきりした事は不明である。もっとも古い史料とされているのが恵命院宣守が著した『海人藻芥』（1420）で、「（鳥羽院）の御氏以前は、男が眉の毛を抜き、鬢をはさみ、金を付ける事一切えなし」と述べられている。このことは、鳥羽院の頃よりお歯黒を男性貴族がつけたといわれる根拠となっているが、後代の記録のため確実性にとぼしいと言われている。一方、藤原定家の『明月記』に、1226年7月29日付けの日記に「成実、今日直衣始め女院に参ず（直衣の色甚だ濃て、鉄を付け眉を作る）」とあり、これは確実な記録である。前述の「源氏物語絵巻」は引目鉤鼻の技法により口腔は開口されていない。また、同時期に製作されたと考えられる「伴大納言絵巻」には、庶民は普通の目、鼻、口の表現であるが、貴族階段は引目鉤鼻の技法（図4）がとられ区別されている。『源氏物語』腎木に「御歯すこしくくちて口のうち黒みてゑみ給へるはほのうつくしきは女にて見奉らまほしきやうなり」記され、口が黒いので女性のようと言う記述は、女性の歯は黒いという記号で男性はそうではないという根拠となり、紫式部の時代、男性貴族の歯はお歯黒をつけていないと推測される。鉄漿付けと引眉は一体として語られることが多く、平安末期に描かれた推測される「伴大納言絵巻」（図4）、「源氏物語絵巻」（図1）には、明らかに引眉の表現がみられる。このことは開口されていない口腔には、鉄漿付けが行われていたのではないかと推量される。「源氏物語」の描かれた時代には、お歯黒は男性貴族は行っていなかったが、「伴大納言絵巻」、「源氏物語絵巻」が平安末期に制作されたと規定されるならば、すでに男性貴族はお歯黒をしていたと考えられ、紫式部の考えた光源氏と「源氏物語絵巻」の表現化された光源氏とでは差があるのではないかと思われる。このことで『海人藻芥』の記述が不確実なものとも言えず、鳥羽院の時代の倒錯した宮廷文化にその端があるとの概念も、ひとつの根拠となりうると思われる。

図4伴大納言絵巻（出光美術館）　貴族の男

6. 開かれた口腔、—動の文化へ—

武士の台頭は、今まで押さえつけられていた貴族政治が、最早武士のパワーを制御することが不能となったためと一般的には考えられる。これは、律令政治と荘園の予盾がいっきにふきだしたためであるが、武力をもつ武士階級がこれを制圧するのは、時間の問題であったかもしれない。新しい武士階級の文化の表象をさぐるのに最適な絵巻物のひとつに「男衾三郎絵巻」をあげることができる。口腔の機能は咀嚼、発音、顔面の形成、審美、呼吸路、捕食、攻撃器、感覚などがあげられるが、「男衾三郎絵巻」には、トキの声などさまざまな口腔が描写されている。「男衾三郎絵巻」の成立は、室町初期と考えられているが、その物語は、吉見二郎と男衾三郎の兄弟が対照的に描かれている。吉見二郎は武士でありながら貴族的生活を行い、美しい妻をめとり、絵巻ではその表現を引目鉤鼻技法を（図5）とっている。一方、男衾三郎は貴族的生活よりも武士的生活を好み、その妻も醜女をめとり、絵巻での表現は、実証的描写である（図6）このように対照的な兄弟であるが、吉見二郎は山賊におそわれてあえなく落命してしまうことは、かなり寓意的である。また、その男衾三郎の姫と国司が見合いをする場面では（図7）、国司は引目鉤鼻で描かれ、姫は丸い目や天狗鼻にへの字にまがった口と縮れ髪の醜女として描かれている。このあたりは、貴族政治から武士政治に変化した背景と、その武士政権への反発の二重性が見られ興味深い。への字の口は、詞書きによれば「言い出すことば、ことにはかばかしき事はなかりけり」記され、この詞書の表象ととらえることができる。

このような開かれた口腔は、鎌倉時代の「平治物語絵巻」では、はっきりみられる。「平治物語絵巻」六波羅行幸の巻（東京国立博物館）では藤原信頼（図8）はすでに引目鉤鼻では描かれておらず、大きく開口した状態で描かれている。また、「平治物語絵巻」信西の巻では、

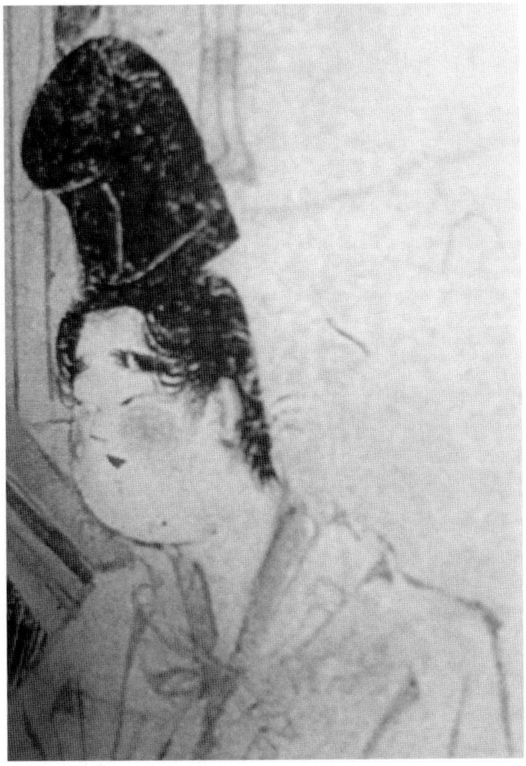
図5　男衾三郎絵巻（文化庁）　吉見二郎

図6　男衾三郎絵巻（文化庁）　男衾三郎夫婦

図7　男衾三郎絵巻（文化庁）　男衾三郎の娘と国司

図8　平治物語絵巻（東京国立博物館）　藤原信頼

口腔が大きな役割をになっている。信西の巻では（静嘉堂文庫）は、全部で四段階に分かれ、一段目は信頼の除目、これは詞書きが現存していない。二段目は信頼の自殺と斬首、三段目は信頼の首実験、四段目は三条河原での首のうけわたし、京大路を渡される信西の首、獄門にかけられる信西の首と物語は展開していく。注目すべきは三段目の首実験される信西の首（図10）が閉口状態であるが、四段目大路を渡される信西の首が（図10）が開口状態である。詞書きには、「十七日源判官資経以下の官人、三条河原にて、信西が首を受け取って、大路をわ

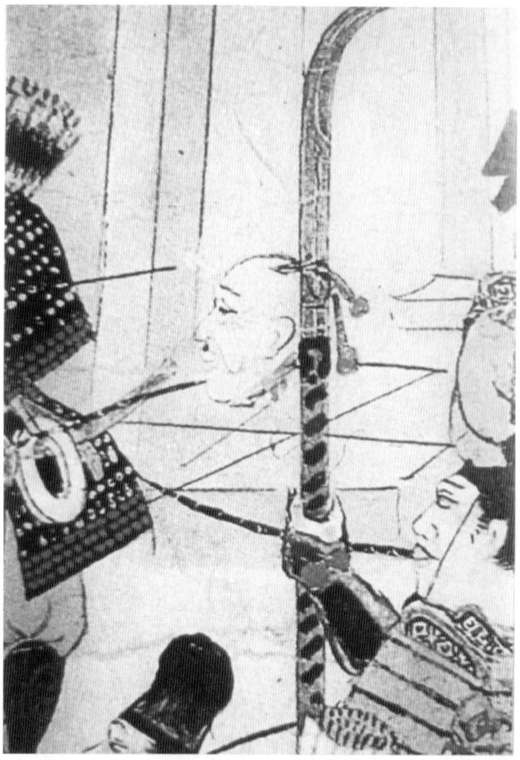

図９　平治物語絵巻（静嘉堂文庫）　信西の首

図10　平治物語絵巻（静嘉堂文庫）　開口した信西の首

たし」と記され、信西の首がどうして開口されたのかふれられていない。これは、古熊本である陽明文庫本でも同様である。ところが金刀比羅本では「京中の上下河原に市をなす。信頼・義朝の車を立み給ふ。十五日、午尅の事なるに、晴たる天気、にわかにくもりて星出たり。信西が頸、渡けるに、信頼・義朝の車の前にてうちうなずきてぞ通ける。『只今、敵をほろぼしてんず、おそろし』とぞ、人申しける」と記されている。このことは、信西の首が開口したことは絵画上うなずく事の変形と考えられる。物語の展開上、この開口により、信頼、義朝は没落していくこととなり、大きな転換点となっている。このことは、静から動への文化的変化一端としてあらわれていると考える。

7. 新しい口腔化粧文化の誕生

明治時代は、近代西洋文化が流入してきた時代であり、これは政治的転換によりもたらされたものである。同様に平安時代から鎌倉時代は、政治の主体が貴族から武士へ転換したことにより、口腔も支配者階段の変化により、隠された口腔が開かれた口腔へと変化していった。このことは、化粧も政治的変化と密折なかかわりあいをもっていると考えられる。このことは、明治時代にもおこっており、西洋歯科医学の金冠は、ある種の富の象徴性として、お歯黒の変わりに根ずいていくことになるが、一方お歯黒も明治時代すぐにはすたれることはなかった。この様子は、一種の不協共和音的和音という文明開化がもたらした日本文化と西欧文化の不可不思議な一形態を認めると考える。長らく続いた隠された口腔すなわちお歯黒文化も大正の時代から姿を消し始め、第２次世界大戦による敗戦により、アメリカ文化の影響によりナチュラルな歯が全面に押し出されてきた。これは開かれた口腔がさらに前面に押し出されともいえる。さらに近年のホワイトニングは長らく架工された歯の伝統を引き継ぎ、より歯を白く見せるため人工的な化粧をほどこすことは、従来からの伝統文化の変型と、開かれた口腔が癒合により、新しい化粧文化を構築したと考えることができる。

参考文献

1）岩淵辰雄：岩淵辰雄全集、青土社、1968、名古屋
2）石田かおり：化粧せずに生きられない人間の歴史、講談社、2000、東京
3）高橋亨：物語文芸の表現史、名古屋大学出版会、1987
4）日本絵巻大成 12（小松茂美編集）男衾三郎絵巻詞、中央公論社、1978、東京
5）日本絵巻大成 13（小松茂美編集）平治物語絵詞、中央公論社、1977、東京
6）国宝伴大納言絵巻、出光美術館、2006、東京
7）国宝源氏物語絵巻、五島美術館、2010、東京
8）新編日本古典文学全集源氏物語、小学館、2008、東京

歌川豊国、歌川国吉　月岡芳年の外眼部描写の特徴

エビスクリニック眼科
東京医科大学客員教授
田中　孝男

はじめに

人物像の眼差しに惹かれることは、誰もが経験することではないかと思う。目を描写する場合、左右の外眼部における瞼を描き、結膜（白目）と角膜（黒目）やその中央の瞳孔を描いて視線を作り、感情や表情と協調して眼差しを創りだす。画家にとっては極めて肝要な作業である。

民衆が文化を謳歌することの許さ始めた江戸時代から明治時代にかけて、人気を博し、支持を得た代表的浮世絵画家集団として歌川派が知られる。

後の邦画に大きな影響を残した一派である。

江戸から明治時代に繋がる絵画の歴史の中で活躍したこの派の代表的絵師に焦点を当て、描かれた絵の生命線とも考えられる眼の特徴を検討した。

対象と方法

歌川派三画家が描いた美人画（歌川豊国の作品５点1、歌川国芳６点2、月岡芳年の５点3）を対象（表１）とした。各作品の前眼部をスキャナで取り込み、画面上で、左右眼の瞼幅、角膜横径、瞼裂幅を測定した。

測定項目は、（1）瞳全体の大きさの指標として角膜径（角膜横径 / 瞼幅 X100%）、（2）情動や調節に連動する指標として瞳孔径（瞳孔径 / 角膜横径 X100%）、（3）瞼の開き具合を現す瞼裂（瞼裂幅 / 瞼幅 X100%）、

（4）眼瞼の挙上度、すなわち目のつりあがり度（顔の正中線に直交する基準線に対する角度）を求めた（図１）。各の平均値を求め、作者別に統計学的に検討を行った（t-test,　Statview soft ware, Abacus concept CA, USA）

結果

測定結果　表２

作者	題名
歌川豊国	風流三幅対・難波屋おきた 三美人・雪 三美人・月 三美人・花 高しまひさ
歌川国芳	雪月花　月 雪月花　雪 山海愛度図会 ooitai 当流女諸例鏃方 山海愛度図会 けむったい 梅の魁（拡大画像 K13-001）.
月岡芳年	風俗参十二相　うるささう 新柳二十四時　午後一時 風俗参十二相　かゆさう 新柳二十四時　午後十二時 魁頭百撰相　秀頼公北之方

表１　対象作品

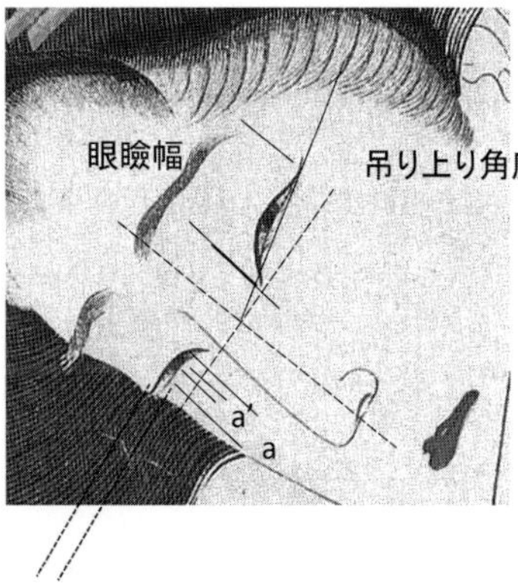

眼瞼裂幅　　a/a'=瞳孔径/角膜横径x100（瞳孔径%）

図１　測定法

（1）　角膜径

角膜径について算出した平均値の結果をみると右眼は豊国 47.4%、国芳で 32.9%、芳年 50.2%%、各平均値に豊国と国芳、国芳と芳年の間にそれぞれ有意差（p=0.008, 0.003）を認めた。

		右眼				左眼			
作者	n	角膜%	瞳孔径%	瞼裂%	吊り上り°	角膜%	瞳孔径%	瞼裂%	吊り上り°
豊国	5	47.4±5.2	58.0±11.3	26.4±4.9	30.0±0.0	43.0±9.2	50.0±0.0	25.0±8.7	30.0±0.0
国芳	6	32.9±8.6	47.8±10.6	27.2±5.1	23.3±5.2	34.8±3.6	47.8±10.5	27.3±7.6	20.0±0.0
芳年	5	50.2±8.9	44.6±15.6	25.6±6.4	17.6±4.4	40.2±0.45	45.2±18.1	17.6±2.3	19.0±4.1

値＝平均値±標準偏差

表2　結果の一覧

左眼は豊国43.0%、国芳34.8%、芳年が40.2%で、豊国と国芳の間に有意差（p=0.03）を認めた。瞼幅に占める角膜横径の結果をみると、国芳は比較的小さめの角膜を描いたことが解る。

(2)　瞳孔径

右眼の瞳孔径の結果を平均値でみると、豊国58.0%、国芳47.8%、芳年44.6%であり、左眼は豊国、国芳、芳年はそれぞれ、50.0、47.8、45.2%であった。統計学的に、作者別にみた統計学的有意差はない。

(3) 瞼裂

瞼裂、すなわち瞼の開き具合の結果をみると、

豊国、国芳、芳年と作者別に左右の値をみると、それぞれ右（26.4、27.2、25.6%）、左（25.0、27.3、17.6%）であった。作者別にみた有意差はなかった。

(4)　眼瞼のつりあがり度

豊国の場合、左右で等しくそれぞれ30.0度であることが特徴であり、国芳も左右等しいいものの20.0度と約10度ほど水平に近い。一方国芳の場合、左19度、右17.6度と豊国や国芳よりも、さらに水平に近づく事が特徴であった。吊り上り程度に関してみると、豊国と国芳の間、豊国と芳年の間には $p<0.0001$, $p<0.001$ で有意差がみられた。

考案

人の外眼部のほぼ中央、白目のなかに黒目が位置する。眼球壁は、強膜と呼ばれる白い膠原線維から構成され、透明な結膜越しにすけてみえるので白目の色調はこの強膜の白さに由来する。

黒目とは解剖学的に角膜全体をさし、その中央には瞳孔が位置する。瞳孔は透明な水晶体の前方にあって、眼内への光量や水晶体の焦点を合わせ、すなわち調節機能に関与する。左右の瞳孔を通る光軸が視線を構成する。

正しい眼位（正位）の場合、左右の瞳孔を通る光軸が焦点を結ぶ視線を形成する。人の感情が視線に伴うと、文学的用語として「眼差し」を意味すると思われる。

眼差しを人がどのように受け止めるか、その印象は、定量し難い。人の美意識という個々の価値観や美の基準は、個々の感性によることが大きく、また社会的背景に大きな影響もうけていると考えられるからである。

例えば仁王像の様に、外眼部の結膜越しに観察される白目と黒目の割合が、極端に白目部分が大きい場合、いわゆる「三白眼」や「四白眼」と呼ばれる外眼部所見は、時に恐れ感など負の感情を覚えさせてしまう事が多い。外眼部の様子は、人の抱く印象に少なからず影響を与えている。

現代の日本人女性における外眼部構築を解剖学的にみた場合[4]、眼瞼幅は平均28mmとされている。眼瞼裂（上下に瞼が開く程度）は7~9mmとされ、角膜は11~12mmなので、黒目が白目に対して占める割合（角膜径/眼瞼幅）は約40%になり、瞼裂幅/眼瞼幅は28%となる。

明所において普通瞳孔は径3~4mmとされるので、瞳の開き具合（瞳孔径/角膜径%）は27~33%となる。また瞼の内眼角~外眼角にかけ平均4mm拳上しているため、成人女性の場合約10度鼻側から耳側に向けては吊りあがる。

今日の検討を振り返ってみた場合、角膜径の値をみるかぎり、豊国と芳年の角膜所見は実際と同様か幾分大きめに描くのに対して、国芳は右32%、左34%と小さく描く。瞳孔径は豊国が右58%、左50%と散瞳状態に近い。一方、国芳の場合、瞳孔径%は豊国の値に近いが偏差値が±10あることを考えると、豊国よりも作品の内容に応じて瞳孔の大きさを自由に描いたと思われる。芳年は、さらに平均値45.2%でありながら偏差値が±18.0

と大きさは様々に描いた。これは、安寧を反映する副交感優位の縮瞳した状態から、感情の露わに散瞳した交感神経優位の状態まで瞳の表現にこだわった形跡ではないかと考えた。豊国、国芳、芳年と世代が推移するにつれ、眼の吊り上りは、より水平に近くなり、実測に近づきながら、同時に瞼の開き方は狭くなったが、極めて精緻な瞳孔の表現が施されていたのだと考えた。

今回の検策は少数の作品を対象にした限られたものにすぎない。また本検討はあくまでも Preliminary な試みである点はお断りしたい。

またこのような美術作品を解剖学的にみる事が適切であるかは、今後対象を増やして検討を重ねて意見を述べたいと考えている。小さな診療所を構えて一年になる。来院した幼児に待ち時間に絵を描かせて気晴らしをさせてみると、子供たちは最後に目を書き入れる。「だるまの目入れ」のように、絵に生命が宿る瞬間である。幼児ですら、一心に目を描写してその大切な「人」を表現するのである。江戸～明治にかけた絵師や彫師の情熱に敬意を表したい。

文献と出典

1. 豊国　浮世絵体系　9巻　集英社　昭和51年
2. はじまりは国芳　江戸スピリットのゆくえ　柏木智雄　内山淳子　片多祐子　大修館書店　平成23年
3. 月岡芳年の世界　吉田漸　悳俊彦　東京書籍　平成5年
4. 田邊吉彦　2眼瞼　眼の辞典、8-12、朝倉書店三島済一編、2003年

年齢によるエストロゲン減少に伴う肥満型の変化

株式会社村山　代表取締役
医学博士
村山　舞

≪背景≫

過去100万年間人類は飢餓と戦う厳しい時代を生き抜いてきた。そしてその時代時代を、生存のために脂肪組織は活躍した。しかしながら近年50余年、飢餓とは無縁の生活に恵まれた先進国のわれわれにおいて、過剰な脂肪組織は生活習慣病の発症を促進するという現実に直面している。

特に日本人はβ３アドレナリン受容体（交感神経から脂肪を燃やすよう指令をされたものをミトコンドリア内のUCPに伝える役割）の変異により脂肪分解抑制作用が働き、脂肪分解の速度が遅く太りやすいピマインディアンに近いタイプでもあるといわれている。さらに倹約遺伝子型を有する頻度が高く、食生活や生活習慣のわずかな乱れにより肥満、あるいは生活習慣病を発症しやすいともいわれている。

日本肥満学会では肥満の定義はBMI25以上と定めており、BMI22を有病率が最も低い基準値とし、増加・減少共に増加では生活習慣病の発生率が高くなり、減少では貧血・ガン等の疾病の頻度は上がると認識されている。

さらに、生活習慣病を引き起こす大きな原因の一つとして体脂肪率の問題があるが、体脂肪率は男性で15~20%、女性は20~25%が適正である。その中でも男性は内臓型肥満の類型が多く、女性は皮下脂肪型肥満の類型が多いため生活習慣病のリスクは男性の方が高いといえる。

しかしながら、女性における糖尿病をはじめとする高血圧などの生活習慣病の疾病率も決して低いわけではない。そのためこの生活習慣病のリスクとなる肥満の類型と男女差は本当に存在しているのかを統計的に分析した。

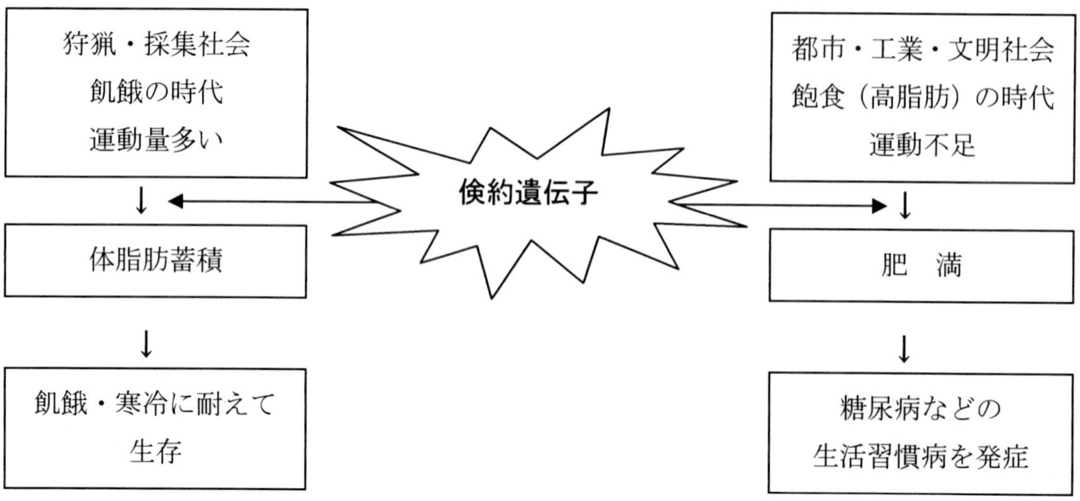

倹約遺伝子:余剰エネルギーを蓄積できる遺伝要素

≪目的と対象≫

肥満が社会現象となりつつある現代社会において、本研究では特に女性ホルモンであるエストロゲンが肥満の類型にどのように変化を与えているのかを統計的に分析した。単純性肥満の認められた女性120名を対象に行った。

女性ホルモンであるエストロゲンは皮下脂肪を蓄える作用をもっているが、閉経後はエストロゲン減少に伴い、脂肪の蓄積が皮下脂肪から内臓脂肪へ移行しているのではないかと推測した。そのため、年齢別に体幹部と下肢の体脂肪率を比較し、脂肪のつき方を調査し、また発汗を伴う筋肉運動等を行った時の脂肪燃焼率の違いについても検討した。

≪対象≫

2008年10月25日から2009年7月16日までの約9ヶ月間で気エステティック・イヴに入会され、体質改善による健康痩身を希望された120名のモニター女性を対象に行った。いずれも病的な肥満ではなく、単純性肥満の認められた20歳~77歳の方である。

年齢層の内訳としては、20代が40名・30代が30名・40代が30名・50代が15名・60歳以降77歳の方が5名の計120名である。

≪方法≫

入会時にTANITA体組成計を用い、部位別の体脂肪率を測定した。

次に発汗を伴う経絡痩身法をベースに、それぞれの体質や脂肪の質・体型などを考慮し、その人に合ったオプション技術を選び、組み合わせて週に1~2回のペースで行った。

オプション技術とは主にマッサージ類を指し、ハンドマッサージや機械を用いた施術なども含まれる。(経絡痩身法については2007年に国際健康美学会にて発表)また、生活習慣改善のための指導は適宜行った。

そして10回の来店の後、再度部位別の体脂肪率を計り、その変化を検証した。

表1

20代(40名)		30代(30名)		40代(30名)		50代(15名)		60歳~(5名)	
32.6%	27.4%	35.0%	31.4%	33.4%	29.7%	35.4%	34.0%	35.5%	36.6%
5.2% >		3.6% >		3.7% >		1.4% >		< 1.1%	
脚	体幹部	脚	体幹部	脚	体幹部	脚	体幹部	脚	体幹部
33.2	28.8	31.1	24.9	35.1	32.3	38.7	40.5	35.6	35.2
29.4	21.1	33.2	31.2	32.0	24.8	34.4	32.1	34.5	39.0
28.1	19.2	34.5	31.1	41.0	42.0	32.7	29.2	36.3	38.4
28.6	21.2	42.2	45.0	33.1	26.8	35.4	35.1	32.2	30.1
33.5	28.7	35.6	31.5	32.6	28.8	34.9	31.2	38.8	40.2
32.1	24.6	31.4	26.2	37.3	39.1	36.5	34.8		
29.5	19.6	33.6	30.0	38.1	34.2	41.6	43.2		
36.6	34.4	40.2	39.9	37.1	34.3	33.1	27.6		
34.4	32.2	35.2	33.5	33.8	30.2	37.2	32.8		
25.5	17.2	35.7	32.5	36.7	35.0	33.4	31.6		
32.2	27.6	29.1	17.9	30.2	24.0	38.6	39.8		
31.1	26.3	34.5	30.4	32.8	30.8	33.4	31.7		
31.8	24.6	39.6	39.0	35.6	32.1	32.5	33.5		
34.3	31.1	31.4	26.2	27.0	19.4	34.8	32.8		
37.8	33.9	30.7	23.2	35.6	32.1	33.9	35.2		
32.3	30.0	38.2	39.1	30.6	22.8				
31.7	27.4	31.3	25.6	33.1	30.5				
29.4	25.6	32.2	26.0	27.6	18.8				
30.4	24.0	37.9	36.4	34.7	32.4				
33.2	29.0	31.1	25.5	31.2	30.4				
33.2	28.3	33.2	28.7	33.6	29.5				
35.6	34.9	35.6	31.4	29.8	25.5				
29.5	22.9	35.5	32.7	30.8	27.9				
35.4	32.0	42.3	43.1	41.0	38.8				
32.9	28.4	33.1	27.2	27.8	26.6				
32.1	27.5	36.7	32.5	36.6	32.6				
32.7	26.1	35.7	32.8	33.8	31.8				
29.5	23.1	45.1	48.7	34.7	30.5				
27.7	23.1	31.8	23.3	28.8	24.5				
35.1	32.5	31.1	27.7	30.2	24.8				
35.5	31.2								
34.8	32.4								
37.7	36.2								
32.1	22.8								
39.4	40.8								
26.4	17.7								
27.9	19.9								
36.3	34.7								
33.1	39.2								
30.4	24.0								

≪結果≫

入会時の体脂肪率の内訳は表１に示した通りである。一番上には年代と平均の体脂肪率を載せてあるが、特筆すべきは50代以降で脂肪の蓄積部位が下肢から体幹部に移行しており、60歳~77歳においては有意に体幹部の脂肪率が高いことが認められることである。これによりエストロゲンが脂肪の蓄積部位決定に関与していることが示唆される。

（体脂肪率は全て％表記）

表２・表３では経絡痩身法を行った１回ごとの減量数の違いを比較した。減量数は体重の減量数と体脂肪率の減量数の両方を計測した。表２には10回の経絡痩身法を行った後の、１回の平均値を出したものである。ここでは年齢ごとの平均値のみ抜粋して記載した。これにより、経絡痩身法は皮下脂肪型肥満と内臓脂肪型肥満や年齢による１回ごとの体重減量数に有意な差は認められないことが確認された。

表２

20代（40名）	30代（30名）	40代（30名）	50代（15名）	60歳~（5名）
体重 減量数	体重 減量数	体重 減量数	体重 減量数	体重 減量数
5.3kg	4.8kg	5.1kg	5.8kg	4.6kg

表３

20代（40名）		30代（30名）		40代（30名）		50代（15名）		60歳~（5名）	
脚 体脂肪	体幹部 体脂肪	脚 体脂肪	体幹部 体脂肪	脚 体脂肪	体幹部 体脂肪	脚 体脂肪	体幹部 体脂肪	脚 体脂肪	体幹部 体脂肪
-3.6%	-5.8%	-3.1%	-6.3%	-4.0%	-6.2%	-2.8%	-5.6%	-3.3%	-5.1%

さらに、表３では経絡痩身法は単に体重の減少だけでなく体脂肪燃焼にも効果があることをあらわしている。この表は経絡痩身法を行った10回の平均値を年齢ごとに表したもので、経絡痩身法10回後に減少した体脂肪率の平均値である。

特に体幹部の体脂肪率があらゆる年齢層で有意に減少したことも認められた。

≪考察≫

以上の統計結果から、女性に多い皮下脂肪型肥満は、閉経を迎えた後のエストロゲン減少に伴い、生活習慣病のリスクの高い内臓脂肪型肥満に移行することがわかった。しかしながら皮下脂肪型も内臓脂肪型も経絡痩身法は有効であり、その体重減量数や体脂肪減少率に有意な差は認められなかった。

今後は体幹部の体脂肪率減少が皮下脂肪からきているのか内臓脂肪からきているのかCTスキャンなどを用い、さらなる解析が必要だと考える。

プラセンタ療法

日本胎盤臨床医学会理事長
吉祥寺中医クリニック院長
長瀬　眞彦

プラセンタ療法とは胎盤（プラセンタ）を治療に使用する療法のことである。この療法を知る医師の数はまだまだ少ないが、実は50年以上の歴史があり、ここまでに積み重ねられた臨床経験も膨大なものがあり、数多くの論文も書かれている。

近年では美容効果でプラセンタという名前は一般によく知られるようになってきたが、プラセンタ療法に携わる医師は基本的に難病を主とした疾患治療に使用している。

私の10年以上にわたるプラセンタ療法の経験を元にプラセンタ療法について述べる。

1、プラセンタ療法とは？

「プラセンタ療法」とは、プラセンタエキス、つまりヒトや動物の胎盤から抽出したエキスを治療などに使う療法のことである。日本では現在、このプラセンタエキスを原料とした注射剤、内服剤、サプリメント、化粧品などが実用化されており、疾患の治療や健康増進、アンチエイジング（抗老化）や美容などのために、それらのものを単独で、あるいは組み合わせて使用する各種のプラセンタ療法が存在している。

したがって、疾患の種類や症状の程度にもよるが、例えば注射が苦手な者や、プラセンタ療法を受けられる医療機関への通院が困難な者などには、内服剤やサプリメントが、また美容のために手軽にプラセンタの効果を得たいという者には、化粧品などがあることから、状況に応じた選択が可能である。

注射剤の原料はヒトのプラセンタエキスで、一方、内服剤やサプリメントではブタやウマ、化粧品ではブタのプラセンタエキスが使われているが、効果という点では、ヒトのプラセンタエキスと同程度とされている。

このほか、プラセンタの組織を直接皮下に埋め込む「埋没療法」もある。しかし、その実施例は非常に限られているというのが実情である。

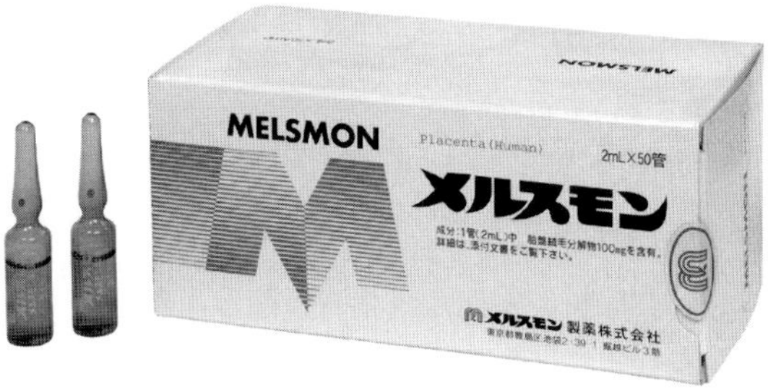

図１：プラセンタ注射

2、皮下や筋肉のほか ツボにも注射する

各種のプラセンタ療法のうち、注射剤を用いる「プラセンタ注射」は医師のみが行なえる療法である。通常は皮下や筋肉内に注射する。しかし、あまり改善が見られないときなどは、より高い効果を期待できる「ツボ注射」も、行なわれている。ツボ注射では、鍼灸治療で使用する「経穴」、いわゆる「ツボ」に注射剤を注入する。

鍼灸治療は「中医学」の基本的な治療法の一つである。私は中医学を中心とした治療を行なっているが、この中医学は数千年の歴史を持つ、中国の伝統医学であり、これが日本に伝わり「漢方」と呼ばれる日本の伝統医学の源となった。

注意点としては、美容系のクリニックなどではよく点滴注射で行っているところもあるが、これは正式に定められた投与方法ではなく、またそれによるショック例も報告されているので、私が理事長として奉職している日本胎盤臨床医学会では点滴注射は行わないように推奨している。

3、プラセンタ（胎盤）とは何か？

「プラセンタ」（Placenta・英語）とは、前述したように「胎盤」のことである。もともとはラテン語で、「お菓子（ケーキ）」を意味する言葉である。ヒトの胎盤の形状が円盤状で、平たいホットケーキに似ていることから、こう呼ばれるようになったといわれる。

プラセンタは胎児を守り、育てるために妊娠中につくられる一時的な臓器で、出産によりその役目を終えると体外に排出されてしまう。

ヒトの場合、卵子と精子の出会いにより生まれた、直径0.1㎜ほどの一個の受精卵が約280日後の出産時には、体重3~4kg、体長約40㎝の胎児へと成長する。プラセンタも同様に成長し、直径約15~20㎝、厚さ約1.5~3㎝、重さ約500gになる。

プラセンタは胎児とへその緒（臍帯）でつながり、その中を血管が走っており、母体の中にあって、まだ人間の体として一本立ちしていない胎児と母親を結んでいる。

そして、妊娠の期間中、胎児に必要な酸素や栄養素の供給を仲立ちし、まだ発展途中の胎児の内臓に代わって消化や排泄をする。

また、ホルモン分泌を行ない、病気にかかりにくくするための免疫を与えるなど、胎児が母体の中で健やかに成長するために、実にさまざまな働きを担っている。

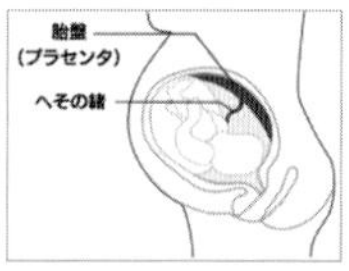

図2: プラセンタ（胎盤）

4、プラセンタ療法の歴史

プラセンタには、それを乾燥して粉末化したものなどが洋の東西を問わず、紀元前から薬として利用されてきた長い歴史がある。

「西洋医学の父」「医聖」などと称される古代ギリシャの医師ヒポクラテス（紀元前460年頃~紀元前377年頃）は疾患の治療に、また、エジプトの女王クレオパトラ（紀元前69年~紀元前30年）や、時代が下ってフランス国王ルイ十六世の王妃マリー・アントワネット（1755年~1793年）は、自身の美容のために利用したといわれる。

中国では、不老長寿の妙薬として、秦の始皇帝（紀元前259年~紀元前210年）や、それ以後の歴代の皇帝たちが用いたとされている。

また、唐時代の医学書『本草拾遺』（陳蔵器著、739年）には「人胞」「胞衣」の名で紹介されており、玄宗皇帝の寵愛を受けた楊貴妃（719年~756年）も美容のために用いたと伝えられている。

さらに、明時代の薬学書『本草綱目』（李時珍著、1596年）には「紫河車」の名での記載が認められる。「河車大造丸」という高齢者や虚弱者向けの滋養強壮剤である、中国の医薬品には紫河車が含まれており、現在でも欠かすことのできない生薬の一つとなっている。

中国以外でも、韓国の医学書『東医宝鑑』（許浚著、1613年）に「紫河車」「紫河車丸」の名での記述が見られ、主として精神科領域での治療に使用されたようである。

一方、日本では中国から生薬として伝わり、江戸時代には、紫河車を配合した「混元丹」という滋養強壮の薬が加賀の三大秘薬の一つに数えられた。

図3: クレオパトラ

5、　西洋医学的な使用法の開発

このように長い間、漢方薬的な使われ方をしてきたプラセンタを、最初に西洋医学的な療法に使用したのは、旧ソ連オデッサ医科大学のV・P・フィラートフ博士（1875年~1956年）である。

博士は1930年代、埋没療法（組織療法）を開発し、この療法にプラセンタを用いた。埋没療法とは、冷蔵保存した健康な組織（皮膚やプラセンタなど）を皮下に埋め込む療法のことである。

プラセンタの埋没療法は第二次世界大戦後に日本でも

取り入れられ、その効果の多様性や持続性が高く評価されて治療法として発展した。しかし、安全性の確保や施術の習熟などといった面で高い難度が要求されるため、現在では実施例は非常に限られている。

これとは別に、日本人の独自の研究によるプラセンタの内服剤も戦後

誕生し、現在に至っている。

また、埋没療法の研究を基に、1950年代に入ると、より安全で簡単な治療が可能な、プラセンタ抽出エキス由来の注射剤が開発された。これにより、プラセンタの効果を手軽に体感できるようになったことは事実で、多くの患者にとって大変な恩恵といえるであろう。

さらに、1970年代には化粧品、1980年代後半にはサプリメントなどへのプラセンタエキスの応用が活発化した。

そして近年、医療面でもプラセンタエキスに対する注目度がより高まってきている。

図4: V・P・フィラートフ博士

6、 栄養成分に富むプラセンタ

胎児の発育を支えるプラセンタにはタンパク質、脂質、糖質、ビタミン、ミネラルの五大栄養素をはじめ、人間に必要とされるほとんどの栄養素が含まれている。

プラセンタには、全身の細胞を活性化するさまざまな「成長因子」が存在することも確認されている。プラセンタがつくり出すこれらの成長因子は細胞分裂を活発にするとともに、胎児の細胞を各種臓器へとつくり替えていく働きをする。

その中の「肝細胞増殖因子」は、肝臓だけでなくほかの臓器も修復・再生させることから、再生医療の分野で大変、注目されている物質である。

7、プラセンタ療法の薬理作用

プラセンタのさまざまな薬理作用のうち、主なものは次のとおりである。

・自律神経調整作用
・内分泌調整作用
・免疫賦活作用および免疫調節作用
・基礎代謝向上作用
・抗炎症作用
・強肝、解毒作用
・活性酸素除去作用
・血行促進作用

以上のように実に幅広い薬理作用を発揮することがわかる。

8、多様な疾患に効果がある

プラセンタについては、多岐にわたる疾患に効果を示すとの報告が多々あり、以下のような疾患などに有効性が認められている。

・アレルギー疾患……アトピー性皮膚炎、気管支喘息、花粉症など。

・産婦人科疾患……更年期症候群、乳汁分泌不全、月経痛など。

・自己免疫疾患……関節リウマチなど。

・肝臓疾患……肝炎、肝硬変など。

・精神神経疾患……うつ病、自律神経失調症、不眠症など。

・整形外科疾患……肩こり、腰痛、ひざ痛など。

・　がん治療によるQOLの低下

・疲労の改善

・肌の老化……肌荒れ、乾燥肌など。

なぜ、効果があるのか、という問いに対する明確な答えは、現在のところ見つかっていない。フィラートフが提唱している生物源刺激素や吉田が提唱しているHGFパラドックスなどは仮説であって未だそれを実証したものはいない。しかしながら、前述のような薬理作用が総合的に働いての結果だと考えられている。

例えば､交感神経（緊張させる神経）と副交感神経（リラックスさせる神経）のアンバランスによる、自律神経の変調がかかわる更年期障害などにプラセンタが有効なのは、そのアンバランスを改善するように自律神経調整作用が働いているためと考えられる。

9、生薬としてのプラセンタ

生薬も、中医学の基本的な治療法の一つである。生薬としてのプラセンタ、つまり紫河車について、少し専門的になるが、ここで触れておく。

生薬の作用は「去邪」（外敵の退治。抗生物質や抗ウイルス薬の作用に相当）と、「補正」（正気の補強。免疫力の強化に相当）に大別され、これらのうち紫河車は補正の作用にすぐれている。

中医学で人体の免疫力を司る構成成分とされる「気」（生命エネルギー）、「血」（血液の機能と、精神安定および筋肉や眼、皮膚を潤す作用）、「水」（血液以外のすべての体液〈消化液、リンパ液、組織間液〉）のすべてを補うという、非常にすぐれた働きを行う。

また、生薬の特性として「四気」「五味」「帰経」がある。四気は「寒・熱・温・涼」の四つに分けられ、紫河車は温める力が穏やかな「温」に当てはまるため、冷え性の者に有効であり、ゆっくりとマイルドに温める。

五味は「辛味・苦味・酸味・甘味・鹹味（塩辛い）」の五種類があり、味により生薬の治療効果が異なる。紫河車は元気を補う作用がある甘味と、腫瘍などの固いものを溶かしたり、ものを和らげたりする鹹味の二種類をもっている。

帰経は、どの臓器により有効かということであり、人体は気、血、水と五臓、つまり「心」（心臓の機能と精神活動）､「肺」（肺と気管支、鼻および皮膚の発汗作用）､「腎」（腎臓と副腎、腰および成長、生殖、老化、冷え性、ホルモンに関する機能）､「肝」（肝臓と自律神経の機能）､「脾」（消化機能全般と出血、止血に関する機能）から成り立つとされ、紫河車は、これらの臓器のすべてに有効であることがわかっている。

生薬としての作用や特性という面から見ても、紫河車は大変すぐれた働きを備えているといえる。

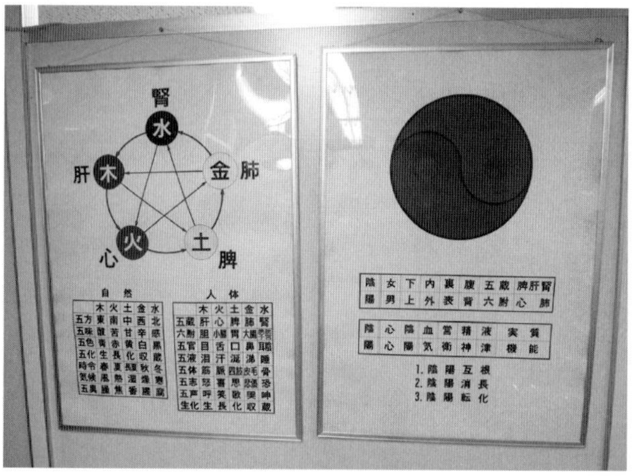

図5: 中医学における陰陽五行図

10、効果の実際

「アレルギー疾患の改善」

人体には｢抗原抗体反応｣という免疫システムが備わっている。これは、ウイルスや病原菌などの体外からの異物（抗原）に対して抗体をつくって結合し、撃退するというものである。

ところが、例えばダニ、カビのようなアレルゲン（アレルギーを引き起こす抗原物質）が侵入したとき、この働きが過剰になりすぎると、体の正常な細胞までが攻撃されてしまう。このとき発症するのがアトピー性皮膚炎や気管支喘息などのアレルギー疾患である。

とくにアトピー性皮膚炎の発症には、「アトピー素因」と呼ばれる生まれつきアレルギーを起こしやすい体質や皮膚かぶれ、乾燥肌などといった要因が複雑に絡んでいる。

プラセンタ療法がアレルギー疾患に有効なことは、私の患者でも数多く経験している。26歳の女性の患者のケースを提示する。

小学生の頃よりアトピー性皮膚炎があり、ステロイド軟膏を使用していたが、20XX年6月にその副作用のために中断している。

その後、季節の変わり目などに悪化を繰り返していたが、20XX年6月に原因不明のまま、急激に悪化し、プラセンタ療法を開始した。全身の皮膚の苔蘚化が著名で、赤みを帯びたアトピー性皮膚炎が見られ、掻痒感と悪寒がひどく、のぼせ感、不眠もあった。

そこで、通常のプラセンタ注射を週１回開始したところ、掻痒感、のぼせ感、さらに不眠も改善し、８回目でほぼ症状が消失した。その後、プラセンタを３回不定期に注射し、治療を終了した。

プラセンタがアトピー性皮膚炎に有効なのは、抗アレルギー作用をはじめ、抗炎症作用、免疫調節作用、内分泌調整作用、基礎代謝向上作用などが複合的に働くからであると推察される。

また、気道が狭くなり呼吸困難を招く気管支喘息にも効果がある。それは先の薬理作用に加え、自律神経調整作用が気道を広げるように働くことで、症状の改善を促すためと考えられている。

「関節リウマチの症状の軽減」

関節リウマチは手足の指や手首、肘、膝などいくつもの関節に同時に炎症が起こって腫れや痛みが生じる疾患である。そして、さらに病状が悪化すると関節が変形し、手足の機能が損なわれる可能性もある。

関節リウマチは、自己免疫疾患の一種であり、この種の疾患の発症にも「抗原抗体反応」が関与している。本来は「自己」である、我々の体を構成する成分を異物（抗原）と認識し、抗体をつくって攻撃することが原因である。

プラセンタは、関節リウマチにもすぐれた改善効果を発揮する。68歳の女性の患者のケースを提示する。

28歳のときに出産してから、関節リウマチに悩まされるようになった。症状は左肩、左ひじの痛み、それに左腕脱力感、左踵痛であった。別の医院でリウマトレックスという、リウマチによく使用される免疫抑制剤を服用していたが、吐き気、倦怠感、胃痛、微熱などの副作用がでたため中断している。

20XX年４月から通常のプラセンタ注射を二週間に一回の割合で開始した。すると二週後、肌がツルッとしてきたとのことであった。四週後には痛みが和らぎ、シップを使う量も減って、六週後には倦怠感がなくなり、元気が出てきたなどの改善が見られるようになった。

三ヶ月後には梅雨時でも例年より痛みが軽く感じられ、また四ヶ月後より、リウマチの関節の炎症の指標（CRP）の数値の低下が見られ、同年12月にはCRPが0.25（正常値0.3）と正常化した。

治療を始めてから約一年三ヶ月後には、杖なしでも階段が降りられるほどに下肢の痛みも改善している。現在、月一回注射を行なっていて、経過は良好である。

プラセンタには、抗炎症作用などとともに鎮痛作用もあり、痛みの軽減に有効に働く。また、免疫調節作用、抗アレルギー作用などが相まって、体質の改善を促し、関節リウマチの根本的な改善に効果をあげていると考えられている。

「うつ病や月経前緊張症に対しての効果」 月経前緊張症とは、月経の3~10日前から現われ、その開始とともに治まる、頭痛、乳房痛、下腹部痛、便秘、むくみ、肌荒れなどの身体的症状、およびイライラ、憂うつ、不安などの精神的症状のことである。

原因は明らかではないが、女性ホルモンの一種であるプロゲステロンやストレスなどが関与しているのではないかと考えられている。

また、うつ病や自律神経失調症、不眠症などにもストレスの関与が大きいことはよく知られている。

自律神経調整作用や内分泌調整作用のあるプラセンタは、こうした精神神経疾患にも有効に働きかけ、その改善を促進する。

以下、症例を２例提示する。

43歳の女性、以前から月経前に気分の落ち込み、体のだるさ、肌荒れ、むくみなどの症状があった。月経前緊張症と診断し、通常のプラセンタ注射を二週間に一回の割合で開始した。

本人の弁によると、「注射後すぐに、過去のいろいろな記憶が蘇って、30歳代に憶えていた好きな歌の歌詞を自然に思い出した」とのこと。脳神経系に効いていることが可能性として考えられた。

その後、根気よく治療に通われた結果、激しい症状は時間とともに改善し、約二年後には、日常生活を快適に過ごせるようになった。

32歳の女性、医師にバセドウ病を指摘され、内服薬の投与を始められた。しかし、気分の落ち込み、動悸、偏頭痛に悩まされるなどの症状がでて、近くの精神科を受診したところ、うつ病と診断され、抗うつ薬等を処方されている。

その後も、生理前に強くなる気分の落ち込み、頭痛、胃部不快感、動悸などの症状を訴えるたびに、薬ばかり処方されることに疑問を感じていたとのことである。

そこで通常のプラセンタ注射を二週間に一回始めたところ、半年後にはそれらの症状がほぼ改善し、喜ばしいことに妊娠するまでに状態が回復した。

11、放射線障害の回復の可能性

「傷ついた遺伝子を修復」

1982年の日本放射線影響学会で発表された実験データではあるが、国立遺伝学研究所変異遺伝部の賀田恒夫部長らによると、通常なら20日以内に死亡する放射線量を浴びたマウスにプラセンタエキスを注射しておくだけで、200日以上良好な状態であることが判明している。

賀田部長らは1981年に、ヒトや動物のプラセンタエキスが、変異原性（細胞を変異させる性質）を打ち消す力をもっていることを発見しており、その後の研究から、それは傷ついた遺伝子が修復されるためであることなどがわかった。

「マウスの放射線障害が回復」

実験では、20匹単位のマウスにすべてが死亡してしまう線量であるX線を照射した。

その結果、えさと水だけのマウスは20匹全部が13~17日目に死亡したのに対し、照射後40分以内にプラセンタエキスを注射したマウスは一匹も死なず、すべてが200日以上生き延びた。

マウスの死因は、放射線に感受性の高い腸管細胞の遺伝子障害によるものであり、一方、プラセンタエキスを注射したマウスは二、三日は下痢を起こしたが、そのあと回復している。また、解剖例では一度生じた胃、小腸、肺などの出血がおさまっていた。この実験で使用したのは、ヒトのプラセンタエキスであった。

このように、プラセンタは放射線障害の回復にも有効であることが動物実験であるが証明されている。

12、美肌や美白などの美容効果もある

肌のトラブルの一つであるシミは、基底層のメラノサイトでつくられる黒褐色のメラニン色素が表皮や、時として真皮に沈着して生じる。

皮膚に紫外線が当たると有害な活性酸素が発生し、炎症を起こしやすくなるが、それが刺激となって、紫外線を防ぐためにつくられるのがメラニン色素である。

通常は、皮膚の新陳代謝により、角質層まで移動し、はがれ落ちてしまうので、シミにはならない。しかし、浴びた紫外線の量が多く、活性酸素が大量に発生すると、それに応じてメラニン色素も過剰につくられる。

こうしたケースや、皮膚の新陳代謝機能が低下している場合などには、シミとして残りやすくなる。

プラセンタには活性酸素除去作用や抗炎症作用、そして新陳代謝を高める血行促進作用などがあるため、シミの予防や改善に効果的で、また、美白効果も期待できる。

13、結語

このように、長い歴史があり多様な疾患に有効であるプラセンタ療法を臨床的にも基礎的にもさらに研究し、プラセンタ療法を全世界に普及してゆくことが私が奉職している日本胎盤臨床医学会の目的である。

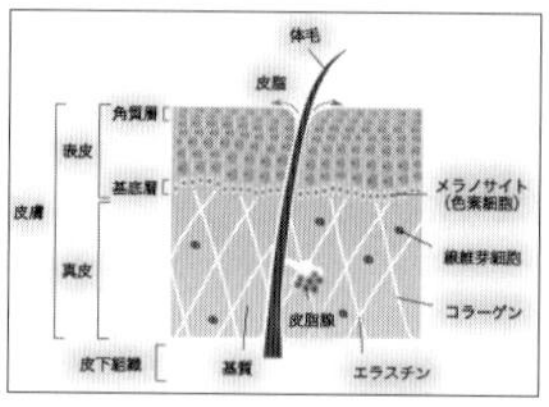

図6: 皮膚の断面図

引用文献

1) 吉田健太郎：メルスモン注射と更年期の臨床例（1）、胎盤医療研究会会報　第8号、13-26、2001
2) 吉井友季子：メルスモン注射と更年期の臨床例（2）、胎盤医療研究会会報　第8号、27-28、2001
3) 高見武志:Laennec投与により血中HCV-RNAの陰性化を認めたC型慢性肝炎の2症例、基礎と臨床、30（12）:3549-3553、1996
4) 上野正樹：肝斑におけるプラセンタエキス注射を用いた複合療法、日本胎盤医療研究会会報　第14号、32-34、2004
5) 沖山明彦：当診療所におけるプラセンタ（胎盤）療法について、胎盤医療研究会会報　第8号、29-30、2001
6) 森下幹人：森下「組織療法」について、日本胎盤医療研究会会報　第13号、49-64、2003
7) 関歴兵、千坂正毅：穴位注射の基礎と臨床：中医臨床、Vol.19（No.2）102-112（230-240）、1998
8) 長瀬眞彦：胎盤エキスの経穴注射における考察、日本胎盤医療研究会会報　第13号、6-8、2003
9) Ke-xin Liu et al.: Hydroxyprolylserine derivatives JBP923 and JBP485 exhibit the antihepatitis activities after gastrointestinal absorption in rats. J.Pharmacol.Exp.

Ther.,294(2):510-515,2000
10) T.Fukui et al.:Purification and identification of antioxida nt substance
in human-placenta extracts,J.Health Science,46,117-125(2000)
11) 亀井淳三、宮田重雄：行動薬理学的手法をもちいた、ヒトおよびブタ由来プラセンタエキスによる抗ストレス効果の効力比較、日本胎盤医療研究会会報　第13号 38-42、2003
12) 唐沢陽介ほか：薬理と治療、9（3）、299-308、1981
13) 唐沢陽介ほか：基礎と臨床、15（3）、661-670、1981
14) 上田英雄ほか：肝臓、Vol.15、162（1974）
15) 長瀬眞彦：プラセンタ（胎盤）療法：東方医学、Vol.20, No.3、
31-38、2004
16) Piyali Datta et al.: Spectroscopic and chromatographic evidences of NADPH in human placental extract used as wound healer, Journal of pharmaceuticaland Biomedical Analysis, 34, 1091-1098,2004
17) 長瀬眞彦：更年期障害、疼痛、美容などにプラセンタ療法、ハート出版、
2011
18) 日本胎盤臨床研究会研究要覧　第4号　26 － 37, 2009

白色顔料―含鉛白粉による乳幼児鉛毒性脳症研究の歴史

大阪市立大學名誉教授
堀口　俊一

はじめに

著者の大学在任中、主たる研究テーマは職業性中毒、就中、鉛中毒であった。定年退職後も労働衛生関連機関等に勤め、研究を継続し、現在に至っている。そのうち最近約十年間に対象として来ているテーマは、当初「仮称所謂脳膜炎」といわれていた乳幼児鉛毒性脳症の研究史である。これは明治初期から我が国で知られていた乳幼児の脳膜炎で、長らく原因が不明であった。大正末期に至り、京都大学小児科の平井毓太郎教授（写真 1）によって、母親の用いていた白粉中の鉛に起因することが明らかにされた。

今回、本稿においては、著者による「児科雑誌」（写真 2）を資料とする「仮称所謂脳膜炎」の研究史を中心として紹介するとともに、関連する事項（白色顔料、白粉、鉛白の毒性、明治・大正時代における役者等の鉛中毒）を加えて述べて見たい。

写真１　平井毓太郎肖像写真（退官時）と自署

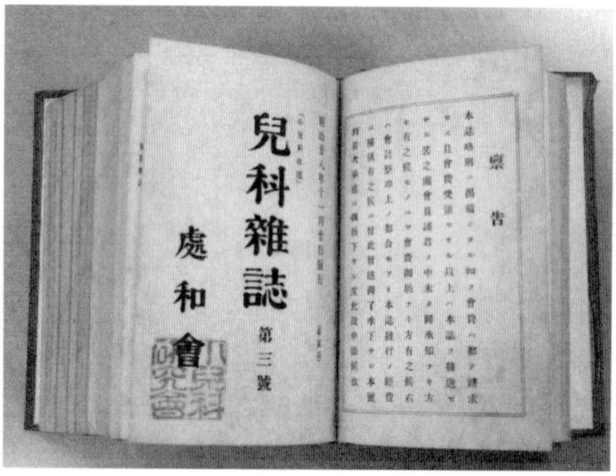

写真２　児科雑誌第３号、明治 28 年（1895）
（第１号、第２号は「小児科」と題する）

白色顔料

手元の岩波理化学辞典（第４版第５刷、1991）を引くと、顔料とは「水、油などに不溶の白色または有色の粉体で、有機顔料と無機顔料に大別される」。本稿に関係のある無機顔料については次のごとくである。「無機質の着色粉末。有機顔料にくらべ安定性が高く、耐熱性、下地を隠す能力（隠蔽力）、着色力、耐候性が大きい。半面、あざやかな色彩のものは少ない。したがって、耐久性の必要な塗料、絵具あるいは陶磁器、セメント、プラスチックなどの着色に利用する。これらは化粧品、医薬品、電子コピーなどにも使われている。白色、黒色顔料は無機顔料の独壇場である。白色顔料にはチタン白 TiO2、亜鉛華 ZnO、鉛白 2PbCO3・Pb（OH）2 などがある。チタン白が最も優れている」。

本稿執筆中、NHK　BS プレミアム（2012 年８月 22 日）「美の饗宴（再）藤田嗣治　パリで絶賛の白肌美女」を見る機会があり、私には初耳の興味ある内容であった。そこで、さらにGoogleから藤田嗣治の項を引くと、産経ニュース（2011.1.24 07：17）の記事として「(前略) その代名詞となる『乳白色』の暖かみや透明感を出すために、絵画の表面にタルク（滑石）を塗ったことが近年の研究で明らかになっている。/ 人生の大半をフランスで送った藤田だが、第二次大戦前後は日本に滞在。1942(昭和17) 年ごろに土門 (拳) がアトリエで撮影した写真に、和光堂の販売しているベビーパウダー『シッカロール』の缶と商品名が写っていた。図録に掲載するために写真を取り寄せて、商品名に気づいたという。(中略) また同館（ポーラ美術館）所蔵作を光学調査したところ、ひび割れしやすいため下地に使ってはいけないとされるジンクホワイト（亜鉛華）を作品の地塗りに使っていたことも分かった。藤田はシルバーホワイト（鉛白）をよく地塗りに使ったが、日本で描かれた『ラ・フォンテーヌ頌』(昭和24年) など2点には、ジンクホワイトが使われていた。物資不足による代用品だったとみられる」などと出ている。余談だが参考までに付加える。

おしろい・白粉と白色顔料

髙橋[1]の著書によると、江戸時代以前の白粉は大別して植物性、鉱物性、動物性白色顔料をそれぞれ単品で使っていた。白粉としての必要条件はノビ（展延性)、ノリ（被覆力)、ツキ（附着力）である。植物性白色顔料の成分はデンプンで、米粉が最も多く使われていたが、アワ、ヒエ、ムギなども使われていたようである。穀類以外にキカラスウリの根のデンプンは天瓜粉と呼ばれ、主に汗しらずとして現在のボディパウダーのように使われていた。その他、オシロイバナの実、王瓜の根なども挙げられる。鉱物性のものは粘土、いわゆる白陶土や滑石粉（蝋石を粉末にしたもの)、雲母などあり、動物性ではハマグリなどの貝殻粉で、古くは胡粉と呼ばれいた。

以上の記述のあと、髙橋はその原料や使い方などから、伝統的おしろいと近代的無鉛おしろい、というように区別した方がはっきりするとして、伝統的な水銀白粉と鉛白粉について以下のように記述している。奈良時代になって大陸から「鉛白（鉛白粉)」や「軽粉（水銀白粉)」の製法が伝わった。奈良、平安、鎌倉、室町と、古代から中世にかけては、主に穀物の「粉（おしろい)」とハフニとよばれていた「鉛白粉」が使われていた。中世末期ごろから「水銀白粉」も使われるようになったが、16世紀のはじめ､梅毒が中国からもたらされ急速に広まり、その治療に「水銀白粉」が有効なこと、さらに虱とりにも効果のあることなど、その隠れた用途はいつとなく知れ渡った。しかし、｢水銀白粉」の原料の水銀の産出量がしだいに減少し、需要に供給が追いつかなくなり、江戸時代に入ると「鉛白粉」が一般的に使われるようになった。(関連する興味ある記述が続くが、このあたりで引用を略す)。

鉛白の毒性

職業性鉛中毒の基礎的研究として嘗て行った著者らの実験が、今回取り上げた鉛白の毒性や中毒発現の条件と関連するところがあるので、本章で取り上げて考察することにした。それらはまず、幾種かの鉛化合物の動物に対する投与実験に白粉の原料であるヒドロキシ炭酸鉛（或は塩基性炭酸鉛）があること、次に白粉による中毒が多くは経口的中毒であり、著者らは鉛を経口的、経気道的及び皮下注射によって投与した比較実験があること、さらに小児の鉛中毒が夏季に多発することと関連して、高温環境が鉛中毒の発現に及ぼす影響についての動物実験がなされていることである。

鉛化合物の急性毒性のデータ[2]は成書の記載から以下に引用するが、致死量の指標が化合物によって異なるのでヒドロキシ炭酸鉛と他の化合物の毒性の強弱を直接には比較はできない。以下に参考として掲げるにとどめる。鉛白粉の原料はヒドロキシ炭酸鉛で鉛白として市販される。古くから大量に使われた顔料であり、この物質による中毒症例は莫大である。以下の致死量（末尾注参照のこと）が挙げられる。MLD：1g/kg（経口―テンジクネズミ)、LD：124mg/kg（腹腔―テンジクネズミ)、LD_{75}：250mg/kg（腹腔―テンジクンズミ）である。鉛粉と他の二、三の鉛化合物の致死量は次の如くである。鉛粉ではLD：>1000mg/kg（腹腔―ダイコクネズミ、粒経325メッシュ)、LD_{33}：100mg/kg・4ヵ月（腹腔―テンジクネズミ)、酢酸鉛（Ⅱ）(酢酸第一鉛、鉛糖）でははLD_{50}：130 mg/kg（腹腔―ダイコクネズミ)、LD_{50}：120 mg/kg（腹腔―ハツカネズミ)､LD_{50}:120mg/kg（静脈―ダイコクネズミ)、LD_{50}：150mg/kg（腹腔―ダイコクネズミ)、硫化鉛(Ⅱ)でLD_{50}:1600mg/kg(腹腔—ダイコクネズミ)、LD_{20}:113mg/kg・4ヶ月(腹腔—テンジクネズミ)、LD_{55}:220mg/kg・4ヶ月(腹腔—テンジクネズミ)、MLD:10g/kg・3日(経口—テンジクネズミ)、また塩化鉛(Ⅱ)(クロル鉛、二塩化鉛)ではLDL_0:2000mg/kg(経口ローテンジクネズミ)である。(注　LD:到死量、MLD:最小到死量、LDL_0:関連報告中の最小致死量、LD_{50}:経気道以外の投与で、その試験に用いられた一群の実験動物の50%を致死させると推定される投与量)。

鉛化合物の差異による鉛の代謝実験:著者の属した教室では和田[3)](1957)が酢酸鉛をイヌに経口投与して、鉛収支とともに鉛に対する生体反応を併せ観察した。その後、著者ら[4)](1979)は和田の実験をモデルとして硫化鉛、ヒドロキシ炭酸鉛、および塩化鉛を用いて一連の実験を行った。これらの化合物は産業界で広く取り扱われているが、酢酸鉛に比べて体液に対する溶解性が低いために、鉛中毒の実験的研究に利用されることが少なく、毒性に関する知見は従来乏しかった。また、現時点でみると、本稿で論じている白色顔料としてのヒドロキシ炭酸鉛の実験を含んでいるので、参考となるであろう。

和田[3)]は体重6kg前後の雌成犬3頭(A,B,C)を用い、うちA,Bに酢酸鉛30mg(Pbとして16.38mg)を含むように調整した溶液1mlを毎日経口投与し、Cを対照とした。各イヌとも最初の60日間を観察期間とし、その後イヌAには60日間、イヌBには98日間、酢酸鉛溶液を投与した。総投与鉛溶液量はイヌAで1800mg(Pbとして982.8mg)、イヌBで2940mg(Pbとして1605.2mg)となった。これに食餌中の鉛、吸入空気中の鉛を考慮して加えると、酢酸鉛投与期間中の総鉛摂取量はイヌAで984.8mg、イヌBで1609.4mgとなった。鉛投与前の血液鉛濃度はイヌA、Bと対照Cとも約20μg/100gであったが、鉛投与とともにイヌA、Bは速やかに上昇して50~60μg/100gとなった。しかしその後は大きな変動を示さずに経過した。ただしイヌBは実験の終り頃低下した。次に鉛の収支をみると、大部分が糞便中へ、一部少量が尿中へ排泄され、総摂取鉛量に対してイヌAでは86.5%、イヌBでは89.6%が排泄された。従ってイヌAでは13.5%、イヌBでは10.4%が体内残留量と推定された。また、組織中の鉛についてみると、歯牙において最も濃度が高く、骨がこれに次いだ。歯と骨以外の内臓組織には少量の鉛が検出されたのみであるが、そのなかでは比較的に肝臓、脾臓および腎臓に多かった。体内に残留した鉛の約97%が歯と骨に蓄積され残余が軟組織に分布した。

次に他の3種の鉛化合物について著者ら[4)]の行った実験では、固形飼料を粉砕して得た粉末に蒸留水を加えて塊状とし、その中に1日の投与量の鉛を封じ込んで食餌投与の直前に嚥下させた。また飼料そのものからの鉛摂取量は1日平均400μg、呼吸による取り込み鉛量は1日平均4.7μgとして収支計算に用いた。この実験における鉛の摂取と排泄の収支をみると、硫化鉛投与イヌでは総摂取鉛量の95.4%および98.7%が、ヒドロキシ炭酸鉛投与イヌでは98.9%および97.9%が、塩化鉛投与イヌでは98.5%および95.1%が排泄された。排泄鉛量の95~98%は糞便中へなされ、尿中への排泄は0.05~0.24%であった。したがって、体内残留鉛量は摂取量の1~5%となって、3種の鉛化合物の値に収支に関して有意の差を認めなかった。臓器組織における鉛分布をみると、骨と歯牙に、次いで骨髄、気管、体毛に鉛濃度の高い傾向を認めた。しかし、鉛の投与量に応じた差は認められなかった。また、以上3種の化合物の投与実験の成績を酢酸鉛投与実験の場合と比較すると、酢酸鉛の吸収量は他の3種の鉛の吸収量を明らかに上回り、本稿で問題とするヒドロキシ炭酸鉛については1~2%である。

侵入経路の差異による鉛の排泄と体内残留—動物実験:含鉛化粧品による小児鉛中毒は母親が自身に塗布した白粉が経口的に乳児体内に侵入したものと看做される。著者ら[5,6)](1957,1958)は放射性鉛(RaD)のテンジクネズミに対する投与実験において、鉛投与20日後の累積排泄量は皮下注射の場合20.3%(尿10.7%、糞便9.6%)、経口投与の場合86.8%(尿2.0%、糞便84.8%)、気管内注入の場合46.1%(尿11.3%、糞便34.8%)であった。そこで総投与RaD量から尿及び糞中へ排泄されたRaD量を減じた値はほぼ体内残留RaD量と考えられる。さらに注射部位の皮下組織、あるいは侵入経路となった消化管、肺、気管に残留しているRaD量を減じると、これらの値は一応体内に吸収されたRaD量を表すものとしてよいと考えられる。すると所謂体内吸収RaD量は経気道投与の場合に最大で約32%、次いで皮下注射

24%、経口投与の場合は最小で5%、前二者の3分の1ないし6分の1である。いずれの投与方法においても、投与されたRaDの大部分は骨格、歯牙などの硬組織に蓄積され、軟組織には極めて微量しか検出されないが、比較的多く検出された臓器を挙げると、皮下注射及び経気道投与の場合は腎、消化管、肝で、経口投与の場合には肝であった。以上の結果から経口投与では鉛の体内吸収量は凡そ5%と見做される。

高温環境の鉛中毒発現に及ぼす影響に関する動物実験：著者ら[7,8]の実験ではハツカネズミを使った急性実験（4~48時間）において、35℃群は22℃群に比べて鉛排泄量が減少し、体内組織中の鉛量が増加した。また、ウサギを用いて行った14週間にわたる実験では、30℃群は20℃群に比べて赤血球数、血色素量の減少程度が大きく、また尿と糞便への排泄鉛量も減少し、二、三臓器の鉛量が増加した。これらの結果は高温環境において、生体の鉛に対する感受性を高めることを示唆した。後述のヒト乳幼児に見られた鉛毒性脳症が夏季に多発したこととの関連が推測される。

明治・大正時代における役者等の鉛中毒

わが国の近代（明治維新以降）における鉛中毒の歴史について見ると、当初は含鉛白粉による役者の鉛中毒である[9,10]。現東大医学部の精神科初代教授榊俶（さかきはじめ）は明治24年（1891）9月、東京医学会総会において「慢性鉛中毒ノ実験」と題する報告を行っている(当時の「実験」という言葉は症例の経験という意味で使われていた)。あとで内容は2編の詳細な論文として東京医学会雑誌に掲載されている[11,12]。榊の報告の初めの1編は上記学会総会演説の内容である。その中に、明治22年、星野元彦が俳優二人の鉛中毒症を記載したのが鉛中毒症例の嚆矢であり、続いて明治23年、佐藤進の鉛粉中毒論で、二人の俳優に鉛中毒があったことを記載し、「本邦ノ鉛粉ノ鉛分ニ富メルコト、及ビ其衛生上ノ関係ニ就テ、熱心ニ論ゼラレタリ。此等ノ実験ハ、直接ニ病理研究ノ材料トナスコト能ハザレドモ、本邦ノ鉛粉ノ中毒ヲ起シ易キト、俳優社会ノ多キトノ二点ニ至リテハ、大イニ余ノ注意ヲ惹起セリ」と述べている。「予ガ実験」（症例）の項の内容について三浦豊彦の要約を以下に引用する。「患者は本名中林銀次郎、年齢四十三歳、芸名中村雀蔵という役者で毎日のように舞台に出るので、常に鉛粉で濃厚な化粧をし、時には鉛粉を洗除することなく翌日になったこともある。やがて鉛中毒の症状があらわれる。二十五歳の時、頑固な疝痛になやまされ、次第に記憶力減衰し、上肢に不全麻痺があらわれ、一八九〇年（明治二十三）十月には精神症状があるので、巣鴨病院に入院して、痴呆状態で死亡、病理解剖も行われている。」榊はさらに次の1編の同題（承前）において、諸臓器の化学的検査の項で、「生理化学教室ニ送リテ、鉛ノ定性分析ヲ乞ヘリ」、「初メ肝臓ノ一片（アルコール漬三十瓦）ヲ取リ（方法中略）上述ノ如ク定性分析ニヨリ、鉛ノ存在セザルヲ知ルヲ以テ、素トヨリ定量分析ニ着手セズ」、「前述、肝臓ヲ検セル方法ヲ以テ、左ニ列記ノ臓器（腎、肺、脾、筋、脳質）中、鉛ノ存否ヲ検セシニ、悉ク消極的ノ成績ヲ得タリ。（中略）此化学的分析法ニ従ヘバ、我患者ノ臓器中ニハ鉛分ヲ含有セズ」と述べて、当時の鉛検出法の限界を物語っている。同じく榊[13]による「白粉の中毒及其撰擇」（婦人衛生会雑誌、明治25年）には、上記の中村雀蔵の例を引き、役者の白粉の使い方が一般婦人の化粧における場合と違うこと、白粉に多量の鉛が含まれていることなど、一般人に解りやすく話しており、速記録のような内容である。以下に一部引用してみる。「今日まで幸にして御婦人が鉛類の沢山這入いって居る白粉を用ひに成りましても、別段にドウと云ふ事の無かったのは、付けると申した処が、顔と頬に少し付けるのみですから、幸ひに毒のあると云ふとき知らずに通って居りました（著者注　やや文意不明）」、「第一俳優と云ふものは、幕の替り目毎に白粉を付けなほさなければならない場合が有る。そして付けまする前には、必ずお湯に這入り、スッカリ垢を流してから付け、又一幕済むと復サウ云ふ風にする。垢の付いて居る上におしろいを付けるのとは違って、垢を落して白粉を涅り込み、又洗って又付けると云ふ、様に丁度おしろいが皮膚の中に染み込む位ゐに付ける。それも一日だけでは無い、芝居の有りまする限りは毎日さうして居る。ソレが中村雀蔵は十六歳から四十三歳になります間、用ゐ来たって其年限は凡そ二十七年間です」、「是れは白粉のなかの鉛の中毒であると云ふ事を察しましたから、尚ほ委しく聞き訂して、其白粉を取り寄せて見ました処が、非常に鉛を沢山含んで居る。役者の付けまする処の白粉は、御婦人方のお付けになる白粉とは違ひまして、丁度白墨見た様な四角なもので、『パッチリ』と云ふ白粉の種類の物を四角に固めたので、(白粉の実物を示す) 此白粉を忽ちの中につかって仕舞う。是が白粉の中で一番色の白いので御座います。此白粉には鉛が沢山這入ってゐる。只今順にお目に懸けますが、御覧になる時は貫目を引いて御覧んなさい、非常に重う御座います」。以上、白粉について興味ある記述なので、ほぼ原文の文体で引用した。

次に三浦謹之助[14] (東大医学部内科学教授) は、36歳の男子で、腹痛、便秘、手の運動麻痺を生じ、疼痛のため莫比 (モヒ) の注射を要して、入院時莫比中毒のあった鉛中毒患者の供覧を日本神経学会第三次総会で行っている。

また森田正馬[15] (東京慈恵会医大教授) は「鉛中毒性精神病」(明治42、1909) と題する論説の冒頭において次のように述べている。「鉛中毒性精神病ハ西洋ニアリテハ古来其報告甚ダ多ク且ツ年々中毒患者ノ増加スルヲ見ルトイヘドモ日本ニ於テハ其例甚ダ少ナク余ノ寡聞ナル未ダ其報告ヲ見ズ。東京府巣鴨病院ニハ明治34年鉛中毒ト莫比中毒ト合併セル一例アリシノミ。根岸病院ニアリテハ明治14年以来昨年初メテ余ガ爰ニ報告セントスル一例ヲ見タルノミナリ。/余ハ初メテ此鉛中毒性精神病ヲ見ルニ及ンデ自ラ左ノ疑問ヲ起セリ即チ鉛中毒ニ固有ノ精神病アリヤ、又譫妄ハ鉛中毒ニ固有ノ形ヲ呈スルヤ或ハ他ノ消耗性譫妄ト区別スル所ナキヤ是ナリ。而シテ爰ニ余ガ此一例ヲ報告セントスル目的ハ単ニ一例トシテ記載ニ保存シ及ビ是等ノ疑問ニ対シ有識ノ人ノ教ヲ乞ハント欲スルガ為ナリ」。上記の記述中、東京巣鴨病院の例は三浦の記載した男子の例と符号すると看做される。森田は続いて外国文献から鉛中毒性精神病の記載を挙げて紹介したあと、「余ノ一例ハ鉛中毒性譫妄状態ヲ再発シテ治癒セルモノナリ」として41歳の俳優の症例を詳細に記載している。

「斯ク鉛中毒ノ譫妄ハ中毒ニヨル脳ノ刺戟ト慢性ノ消耗ニヨリテ起ル者ナルベク其原因ト鉛中毒ノ他ノ身体的症状ヲ顧ミズシテ単ニ譫妄其者ノミヲ見テ之ヲ他ノ妄覚病等ト区別シ難キガ如シ」と述べているが、肝心の白粉についての記述は既往歴中に「白粉ノ鉛毒ノ恐ルベキヲ知リテ之ヲ注意スト雖モ無鉛ノ白粉ハ高価ニシテ且ツ含鉛白粉ノ如ク附着宜シカラザルタメ絶対ニ之ヲ廃スルコト能ハズトイフ」と3行あるのみである。

大正時代に入って、三浦謹之助[16] はさらに21歳の女優、青山胤道[17] は男優の、入沢達吉[18,19] は図案画工と女優の鉛中毒の臨床講義を行っている。含鉛白粉による鉛中毒症例は明治22年に報告されて以来、明治、大正を通じて十数例にのぼっているという。

無鉛白粉については、高橋[1] の著書に詳しく、また著者[20] も「無鉛白粉の話―帝国座と大学白粉―」と題して述べたので、本稿では省略する。ただし最近検索した文献に栗本庸勝[21] という人の「白粉問題ニ就テ」(明治36年) に次のような記述もある。「栗本氏ハ白粉ハ衛生上有害ナルモノニアラズトナシテ、左ノ如キ結論ヲナセリ (一) 女生徒ノ白粉問題ハ外観上ノ問題タルニ過ギズ従テ通学時ハ停止スルヲ可トス、(二) 衛生上ヨリ視察スルトキハ婦女ノ白粉ヲ用フルハ不可ナラズ、(三) 鉛毒ハ人ノ想像セル如ク甚シキモノニアラズ、(四) ナルベク無鉛毒ノモノヲ用ヒ薄化粧ヲナスハ精神衛生上必要ナルコトナリ、(五) 白鉛ヲ用フルハ間接ニ身体清潔保持ノ上ニ影響シテ所謂衛生ニ叶フモノナリ」。以上は医学中央雑誌の抄録であるが、原著 (平仮名文、途中句読点なし) には「併し夫でもまた鉛中毒を恐れるといふならば所謂無鉛毒白粉を用ゆるのが宜しい或る人の調べたところに拠ると坊間に売り弘められた白粉の種類は目下凡そ八十余種類の名があるが其原料は大抵同一であって其中で所謂鉛分の無いのが僅に二十余種類他の六十余種には何れも多少の鉛分が含まれて居るといふことである左に参考の為に其名称丈を掲げて置かふと思ふ。(白粉名称略) 以上の六十六種は大抵何れも多少の鉛分を含めるものだといふことである。(白粉名省略) 以上の二十種は何れも原料に鉛を用ゐてないから先づ無鉛毒白粉と称することが出来るとのこと」と述べて、上記の5項目の結論に終わっている。ちなみに栗本氏の肩書は「警視廳第三部長　醫学士」であり、このような立場の医師が当時はこのような考え方を公表していた。

小児科領域における仮称所謂脳膜炎、小児鉛中毒研究の歴史

我が国で最も古く創刊された小児科学領域の雑誌「児科雑誌」第3号 (第1号は「小児科」、明治28年、

1895）に伊東祐彦、小原頼之[22]により、「所謂脳膜炎」という疾患名が初めて記載された。その後、約40年を経て、所謂脳膜炎の原因が慢性鉛中毒であることが大正12年、平井毓太郎[23]により同誌第281号（1923）に報告された。その間及びその後も、所謂脳膜炎を巡って多数の研究が「児科雑誌」に発表された。以下、順を追って、著者の既発表の論著から、その経過を述べる。

1. 平井毓太郎による究明まで（1985~1923）

平井毓太郎（京大小児科教授）が大正12年（1923）に所謂脳膜炎の原因が母親の用いていた白粉中の鉛によることを究明するまでの38年余の間に、「児科雑誌」に57編の報告が掲載されている[24]。これらのうち、最初に所謂脳膜炎という名称が付された経緯、次いで重要な検査所見を提供した報告、統計的観察の研究報告について述べる。

(1)「所謂脳膜炎」の名称の経緯

明治28年（1985）、伊東・小原[22]は、7ヶ月女児の病床記事の冒頭に「所謂脳膜炎トコ丶ニ仮称スルトコロノモノハ結核性ニモアラス化膿性ニモアラサル一種ノ脳膜炎ニシテ彼ノバビンスキー氏ノ急性脳水腫一名脳室脳膜炎及ウンゲル氏ノ脳室脳膜炎一名非結核性急性脳水腫ニ甚タ類似セル一病ノ称号ニシテ二年未満ノ児殊ニ第一生歯期前後ノ児ヲ侵シ一カ年中最モ夏季ニ多ク之ヲ見ル此病ハ病勢ノ劇烈ナルニモ拘ハラス往々治癒シ且種々ノ障害ヲ恰スカ或ハ著シキ障害ヲ恰サスシテ治癒ス之レ化膿性ニモアラス将又結核性ニモアラサル一種ノ脳膜炎ニシテ之ヲ両性ノ脳膜炎ノ原因経過及予後等ニ徴スルニ大ニ其特性ヲ異ニスル事ハ既ニ人ノ知ルトコロナレハ敢テ多言ヲ要セサルナリ然ルニ所謂脳膜炎ハ消化不良性ノ吐乳及青便ニ多ク之ヲ見ルモ百日咳ニ合発セルノ実例ハ蓋シ僅少ナラン『祐彦(注　伊東の名、祐はネ偏でなく示偏)曰予ノ数年間医科大学（注　東大）小児科助手奉職中未タ曾テ見サルトコロナリ』偶々茲ニ其一例ヲ実験セリ依テ其経過ノ概略ヲ掲ケ以テ他ノ実験ノ報道ヲ俟ツ」と述べ、本文に移っている。この報告が「所謂脳膜炎」という名称の初出である。この6年後の明治34年（1901）、東大小児科教授の弘田長[25]は「治癒スベキ脳膜炎ニ就テ」と題する原著において、この脳膜炎の詳細について述べ、「脳膜炎ノ中ニテ一種比較的ニ予後ノ良イ脳膜炎ガアルト云フコトハ諸君ハ既ニ御実験ニモナッテ居ラウト思ヒマス。私ハ今此者ニ対シテ新シキ名ノ下シヤウガアリマセヌカラ所謂脳膜炎ト称ヘテ始終実験スルノ目標トシ、今日尚ホ其名称ヲ下シテ居ルノデアリマス」と名称を付与した理由を述べている。続いて「而シテ何人モ未ダ此種ノ脳膜炎ニ就テハ何人モ其意見ヲ発表シタ人ガナイノデアリマス。『ベルツ』氏の内科書[26]ヲ見マスルト結核性脳膜炎ノ条下ニ『比較的ニ予後ノ良好ナル脳膜炎ガ日本ニアル。併シ其脳膜炎ハ果シテ結核性デアルヤ否ヤト云フコトハ未ダ解剖ノ数ヲ経ザレバ判断ヲ下スコトガ出来ナイ』ト云フコトヲ言フテ居リマス。（中略）兎ニ角永年ノ間日本ノ医学ニ従事シテ居ラル丶経験ニ豊富ナル『ベルツ』氏モ矢張リ治癒スベキ脳膜炎デアルト云フコトハ認メテ居ルヤウデアリマス。然ルニ私ノ此種ノ脳膜炎ハ欧羅巴ニ於キマシテハ実験致シタコトガナイノデアッテ、特別ニ日本ニ此種脳膜炎ガアルモノト謂ハネバナラヌト思フノデアリマス」。さらに2年後、明治36年（1903）、弘田[27]は「再ビ小児脳膜炎ニ就テ」演説を行った。抄出すると、以下のように述べている。

ベルツは固より次第に話を聞いてみると「治ル脳膜炎ガアル」という話で、病理教室では小児科のように脳膜炎でもないものを脳膜炎として持ってこられては困ると仄に聴いた。しかし「解剖家ガ何ト云テモ実験家（臨床家の意）ハ脳膜炎ト言ハザルヲ得ヌ容態ダカラ脳膜炎、病体解剖ノ方ハ死ンダ奴ヲ扱フノダカラ、ドウデモ言ヘルガ、（中略）然ラバ何デアルカト云フ問題ガドウシテモ出テ来ナケレバ成ラナイ。実ニ不思議ニ堪ヘヌノデス」そこで、脳膜炎には化膿性脳膜炎、結核性脳膜炎、脳脊髄脳膜炎、漿液性脳膜炎のほかに、第五の種類の「プソイドメニンギチス」（注　偽性脳膜炎）を入れて5種類なければならないと述べ、「ソコニ先刻大月君ノ言フタ、所謂脳膜炎ト云フヤツハ（中略）」どの種類の脳膜炎に入れたら適当かと云う問題であるが、これは中々容易に判断をくだすことが出来ない。（中略）自分の信じるところでは胃腸から起ってくる脳膜炎である。その理由は胃腸の疾患の多い夏に一番よく起ること、また病体解剖で往々濾胞性腸炎の診断が伴っていることである。そこで自分の考えでは所謂脳膜炎は上記の第四か第五、プソイドメニンギチスか漿液性脳膜炎に「往カナケレバ成ラヌ」（注　分類する）と考えているが、このことは未定であるとしている。最後に、この脳膜炎の病体解剖が大学の教室では少ない。小児科学会では、材料を十分集めて、凡その想像がつくくらいまで研究してみたいと考えて今日この脳膜炎のことを講演に持ち出したのである。「願クハ開業医諸君ニシテ御同感ノ方ハ施療患者ノ方ヲ成タケ大学へ送ッテ戴クヤウニシタイ（後略）」と希望を述べている。

(2) 重要な検査所見の指摘

平井による究明までに、所謂脳膜炎の所見について幾つかの重要な研究が発表されていた。しかし、これらの研究者は所謂脳膜炎の原因を鉛中毒に結びつけることが出来なかった点で共通している。

高洲[28・29]は在独時、鉛中毒患者の血液に塩基性顆粒赤血球の多数出現していることを経験している。日本の脚気が鉛中毒に類似していることから、乳児脚気患者の血液を調べたが塩基性顆粒赤血球は見当たらなかった。しかし、所謂脳膜炎患者の血液に沢山認めたことを報告した。これは、哺乳児の乳汁摂取量の過剰か、或は乳汁成分不良か、或は二つの合併による一種の胃腸性自家中毒と結論している。ここまで有力な鉛中毒の所見を得ながら、所謂脳膜炎と鉛中毒を結びつけることが無かったことは惜しまれる。高洲は平井による究明後も鉛毒説に疑義を呈している。なお、その後、瀬川[30]も赤血球の塩基性顆粒について報告しているが、疾病の種類には関係なく、症状の重い時に発現著明であると述べて、所謂脳膜炎の症例は挙げていない。

大月[31]は所謂脳膜炎患者の糞便検査の報告を行っている。その終りの方で10名の患者中8名、及びその母親8名中6名に歯齦の黒変と、患者10名中4名に便秘を記載している。しかし歯齦の黒変については乳母選択上、参考として注意すべきことではないかと想像したと述べて、鉛中毒の症状である鉛縁であるとの認識はない。

稲野[32]は所謂脳膜炎患者の糞便並びに尿の検査について報告し、21例中9例に、かなり著明にヘマトポルフィリンの排泄を証明した。これは、重症の場合に全部陽性で、回復期では6例中一例を除き陰性で、さらに貧血、赤血球の多染、塩基顆粒などの変化の強い場合、すなわち赤血球の破壊に原因のある貧血に密接な関係があると思うと述べている。しかし鉛中毒による貧血に関して意義のある所見であるが、所謂脳膜炎の鉛起因説には言及していない。

南出[33]は所謂脳膜炎患児の血清が著明な黄色調を呈すると報告している。鉛貧血が溶血性であることを示唆する所見として高ビリルビン血症は古くから知られており、意義のある報告である。

川村[34]は明治40年から大正5年までの10年間の大阪医科大学小児科教室（主任高洲教授）における仮称所謂脳膜炎の統計的観察について報告している。症例数は381名で、現在の疫学的研究の先駆としての有意義な研究である。特に大阪市気象と患者数については、罹患児の多いのは七,八,九月の3か月間で、平均気温が高く、湿度の高い時に患者数が最多数であることなどの記述は重要であるが、この疾患の本態に迫る見解はみられない。

別に発表された「日新医学」において、「本病ノ本体ハ今尚不明ナリ。或ハ之ヲ以テ細菌性ト為スベキカ、将又新陳代謝ノ障礙ニ帰スベキカハ、未決定セラレザル問題ナリ」と述べている[35]。

57編中、唯一の乳幼児鉛中毒例の報告が杉[36]によってなされ（ただし内抄）、白粉について触れている。抄録の全文を現代の文章にして以下に示す。「乳児の鉛中毒は非常に稀であるが、著者は満1年の小児に見られた例を報告した。この小児は頭部顔面、頚部、躯幹上肢に汗疹を生じたので、約1ヶ月間その治療の目的にある種の化粧用白粉を1日3回多量に撒布した。ところが患者は次第に羸痩し貧血を来たし、殊に舌爪歯齦が暗色に着色し吐乳した。そこで著者は白粉の撒布を禁じたところ、舌は4日目に清潔となり歯齦の着色は第6日に消褪し、爪甲は月余で漸く正常に復したという。なお、著者はこの白粉を分析したところ鉛塩の含有を確かめた」。本例は典型的な鉛中毒例で、当時すでに含鉛白粉による役者の鉛中毒は認められていた。このような乳児の鉛中毒例の症例報告があったにも拘わらず、所謂脳膜炎の原因に結びつかなかったのは本症例に脳膜炎症状が見られなかったからだろうか。

2. 平井毓太郎による所謂脳膜炎は慢性鉛中毒症であることの立証[37]

大正12年（1923）、平井[23]は児科雑誌の診療雑談の欄に「余ハ研究ノ結果本症ノ慢性鉛中毒症ナルコトヲ確認シ得タリ。其詳細ハ他日報告スル所アル可シト雖、一日モ早ク之ヲ会員諸氏ニ告ゲテ、諸氏ノ接セラルヽ患家ニ適当ノ注意ヲ与ヘラレンコトヲ望ムノ念切ナルヲ以テ、爰ニ先ヅ予防法ト治療法トニ関シテ略述セントス」と述べた。あと、日本小児科学会第29回総会（大正13年、1924）において「仮称所謂脳膜炎ハ慢性鉛中毒ナリ」の発表によって初めて所謂脳膜炎の鉛毒説を宣言した。その自己抄録[38]は唯3行で、次の内容である。「慢性鉛中毒ノ他覚的主要徴候ハ塩基性顆粒赤血球、『ヘマトポルフィリン』尿、亜黄疸色、鉛縁等ナルガ所謂脳膜炎ニモ之ヲ証明シ且患児ニ使用セル撒布料並ニ母氏ノ化粧品ヲ検シテ鉛分ヲ含有セルコトヲ知リ尚死後臓器中ヨリ定量的ニ鉛分ヲ検出シテ所謂脳膜炎ノ鉛中毒症ナルコトヲ断定セリ」。この発表は会報[39]として、さらに速記体の文章で記録され、文献を付して報告されている（写真3）。この会報の中で、白粉に触れたところを原文で抄出すると以下の如くである。「患児ノ母親ニ白粉ヲ用ユル程度

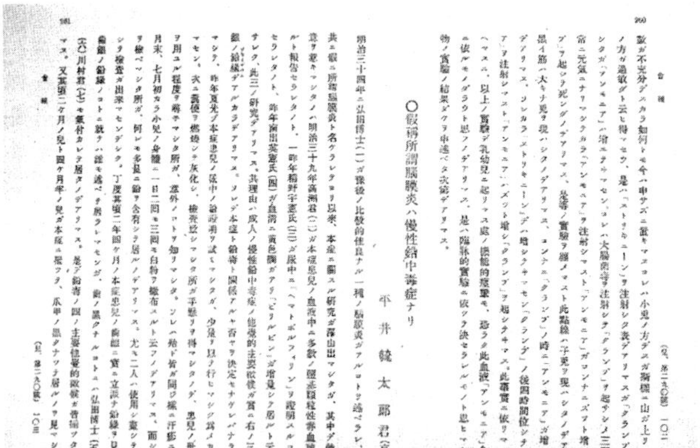
260 會報 （第二九〇號） 一〇二

滋ガ不完分デスカラ如何トモ今ハ申サズニ置キマスコレハ小兒ノ方デスガ斯樣ニ出ガ上リマスデ小兒ノ方ガ過敏ダト云ヒ得マセウ、是ハ「ストリキニーン」ヲ注射シタ後デアリマスガ「グランプ」ハ起シテシタガ「アンモニア」ハ殖エテヰマセン、コレハ大腸菌等ヲ注射シテ「グランプ」ヲ起サシメ三四時間後非常ニ元氣ニナリマシテカラ「アンモニア」ヲ注射シマスト「アンモニア」ガコンナニズツト增ニ「グランプ」ヲ起シテ死ンダノデアリマス、是等ノ實驗ヲ纏メマスト此點線ハ子兎ヲ現ハシタノデアリマシテ、黑イ筋ハ大キナ兎ヲ現ハシタノデアリマス、コンナニ「グランプ」ノ時ニ「アンモニア」ガ增シテ居ルノデアリマス、ソレカラ「ストリキニーン」デハ略シテヰマセン「グランプ」ノ後四時間位シテ「アンモニア」ヲ注射シマスト「アンモニア」ハズツト增シ「グランプ」ヲ起シテヰマス、此事實ニ依リマシテ私ハ考ヘマスニ、以上ノ實驗デ乳幼兒ニ起リマス處ノ機能的痙攣モ、恐ラク此血液「アンモニア」含量ノ增加ニ依ルモノダラウト思フノデアリマス、是ハ臨牀的實驗ニ依ツテ決セラレルモノト思ヒマシテ、唯動物ノ實驗ノ結果ダケヲ申述ベタ次第デアリマス。

○假稱所謂腦膜炎ハ慢性鉛中毒症ナリ

平井毓太郎君（京都）

明治三十四年ニ弘田博士（一）ガ豫後ノ比較的佳良ナル一種ノ腦膜炎ガアルコトヲ述ベラレ、伊東君ト共ニ假ニ所謂腦膜炎ト名ケラレタヨリ以來、本症ニ關スル研究ガ澤山出マシタガ、其中デ特ニ私ノ注意ヲ惹キマシタノハ明治三十九年高洲君（二）ガ本症患兒ノ血液中ニ多數ノ鹽基顆粒性赤血球ガ發現スルト報告セラレタノト、一昨年稻野宇吉氏（三）ガ尿中ニ「ヘマトポルフィリン」ヲ證明スルコトヲ發表セラレタノト、昨年演出英憲氏（四）ガ血清ニ黃色調ガアリ「ビリルビン」ガ增量シテ居ルト云フ報告ヲサレタ、此三ノ研究デアリマス。其理由ハ成人ノ慢性鉛中毒症ノ他覺的主要徵候ガ實ニ右ノ三症候ト齒齦ノ鉛緣デアルカラデアリマス。ソレデ本症ト鉛毒ト關係アルヤ否ヤヲ決定セナケレバナラヌト考ヘマシテ、昨年夏先ヅ本症患兒ノ尿中ノ鉛證明ヲ試ミマシタガ、少量ヲ以テ行ヒマシタ爲メカ出テ參リマセン。次ニ糞便ヲ燃燒シテ灰化シ、檢査致シマシタ所ガ手掛リヲ得マシタノデ、患兒ノ母親ニ白粉ヲ用ユル程度ヲ尋ネマシタ所ガ、意外ノコトヲ知リマシタ。ソレハ殆ド皆ガ同ジ樣ニ汗疹ニ對シ、六月末、七月初カラ小兒ノ身體ニ一日二回モ三回モ白粉ヲ撒布スルト云フノデアリマス、而シテ其白粉ヲ檢ベマシタ所ガ、何レモ多量ニ鉛ヲ含有シテ居ルノデアリマス。尤モ二人ハ使用シ盡シテ無イト申シテ檢査ガ出來マセンデシタ。丁度其頃二年四ヶ月ノ本症患兒ノ齒齦ニ實ニ立派ナ鉛緣ヲ見マシタ。齒齦ノ鉛緣ノコトニ就テハ誰モ述ベテ居ラレマセンガ、此ノ黑クナルコトニハ弘田博士（五）大月君（六）川村君（七）モ氣付カレテ居タノデアリマス。是デ鉛毒ノ四ノ主要他覺的徵候ガ皆揃ツタ譯デアリマス。又其頃二ヶ月ノ兒ト四ヶ月半ノ兒ガ本症ニ罹ツタ、爪甲ノ黑クナツテ居ルノヲ見マシタ。是ハ

會報 （第二九〇號） 一〇三 261

写真3　児科雑誌第290号、大正13年（1924）における平井の報告の掲載頁

ヲ尋ネマシタ所ガ、意外ノコトヲ知リマシタ。ソレハ殆ド皆ガ同ジ様ニ汗疹ニ対シ、六月末、七月初カラ小児ノ身体ニ一日二回モ三回モ白粉を撒布スルト云フノデアリマス。而シテ其白粉ヲ検ベマシタ所ガ、何レモ多量ニ鉛ヲ含有シテ居ルノデアリマス。尤モ二人ハ使用シ尽シテ無イト申シテ検査ガ出来マセンデシタ。（中略）又弘田博士ガ十数年来東京ニ本症ガ殆ド皆無ニナッタト云ハレ、唐澤君モ明治三十八年カラハ東京ニ本症患児ガ無イト云ハレテ居リマスガ、夫ガ丁度東京デ白粉ガ吟味セラレ、無鉛ノモノガ主トシテ用ヰラルヽ様ニナッタ時ト一致スルノデアリマス。ソレ等ノコトヲ併セ考ヘマシテ本症ノ鉛毒ニ原因スルコトヲ確認致シマシタカラ、取リ敢ヘズ児科雑誌診療欄デ含鉛化粧品又ハ撒布料ヲ使用セヌ様ニ警告シテ置キマシタ次第デアリマス。（中略）毛髪カラモ多量ノ鉛ヲ得マシタガ、是ハ主トシテ撒布シタ白粉ガ毛髪ニ附着シタノデアッテ、鉛ガ吸収サレテ毛髪中ニ出テ来タノハ僅微デアロウト思ヒマスガ、診断ノ参考ニナルコトガアリマス。斯様ニ鉛中毒症ノ総テノ主要徴候、含鉛化粧品又ハ散布料ノ使用、臓器中鉛ノ証明等悉ク皆揃ヒマシタカラ本症ヲ鉛毒症ト断定シテ差支ナイト思ヒマス。尤モ本症ト鉛毒トノ関係ヲ判断スルニ就キマシテハ余程注意ヲ要シマス。結核性脳膜炎、漿液性脳膜炎、特発性痙攣ヤ伊東博士ノ所謂人乳中毒症ヤ種々ノ脳疾患等ガ所謂脳膜炎ニ似タル症状ヲ呈シ、間違ヘラルヽコトガアリマスカラ、血液ヤ脳脊髄液ナドヲ精シク調ベテ、診断ヲ正確ニセネバナラズ、又一方白粉天瓜粉等ノ検査ヲ充分ニシナケレバナリマセヌ。例之バ母親ハ良キ白粉ヲ用ヰテ居リ、児ニハ白粉ヲ撒布セヌト申スノガアリマシタガ、児ニ用ヰテ居ル天瓜粉ヲ検ベテ見マシタラ、多量ニ鉛ヲ含ンデ居リマシタ。又母親ハ白粉ヲ用ヰズ、児ニハ二三度シカ白粉ヲ撒布セヌト云フノガアリマシタガ、能ク尋ネマシタラ、十六歳ノ娘ガ毎日含鉛白粉ヲ塗ケテ居リ、其娘ガ児ヲ護リシテ居ルコトガ分リマシタ。或ハ鉛ヲ微量シカ含有シテ居ナイト云フ評判ノ白粉ヲ用ヰテ居ルト申スノニ、検ベテ見マシタラ、偽物デアリマスカ、多量ノ鉛ヲ含有シテ居リマシタ。ソレデスカラ余程綿密ニ調査シナケレバ判断ヲ誤ルコトガアリマス。爰ニ福岡市デ求メマシタ化粧品、撒布料等十種ニ就テ鉛ノ有無ヲ調ベテ見マショウ。一匙ノ可検品ヲ取リ稀酢酸ニ溶解シ、之ヲ濾過シテ、夫々十％クローム酸カリウム液ヲ滴下致シマスト、含鉛ノモノハ沈澱ヲ生ジマス。即チ二種ハ鉛ヲ多量ニ含有シテ居リマス。尚酸化亜鉛ニモ微量ノ鉛ヲ含有シテ居リマス。日本薬局方ノ検査法デハ百万分ノ四位鉛ヲ含有シテ居ル酸化亜鉛ハ合格シテ居リマス。斯様ナ次第デアリマスカラドウシテモ此有害ナル含鉛ノ化粧品、撒布料等ヲ販売スルコトヲ禁ズル様ニセナケレバナラヌト思ヒマス。」と結んでいる。

平井[40]は翌大正14年（1925）、第30回日本小児科学会総会において「宿題　所謂脳膜炎ニ就テ」報告した。速記内容による記録は表5、文献56を含む21頁に及び、さらに10名の追加、討論が10頁を占め、全部で30頁を超える。この報告から、白粉に関する言及のあったところを項目別に以下に抄出する。

地方的分布：本症は明治38年（1905）頃までは東京

にも随分多く見られたが、唐澤はそれ以後殆ど見ないと記し、弘田も本症を見る機会が稀になったと述べている。これは明治34年（1901）頃から東京では白粉の吟味が厳重になり、無鉛白粉が多く多く製造されるようになって、明治36年（1903）の内国勧業博覧会の時に白粉屋が鉛白粉の危険なことを説き、色々鉛の検査法などの標本を出したりして、是非無鉛白粉を使わなければならぬことを盛んに宣伝していた。その結果、東京では本症が著しく減少したものと思う。しかるに鉛白粉が今なお随分用いられている関西地方、大阪を中心として神戸、京都、奈良、和歌山等では今なお本症患者が沢山みられる。白粉中鉛の含否を調べた統計も出来ているが、或る地方に鉛白粉と無鉛白粉が何種販売されているということのみでは真のことは分からない。現に私は名古屋の白粉を葛谷から21種送って貰ったが、その内ただ1種が含鉛であった。しかし（中略）販売されている鉛白粉の種類は少なくとも、多数の人がこの白粉を使えば中毒者が沢山出る訳である。本症が白粉を多く使用する都会に多く、その使用の少ない村落には余り本症を見ないこと、明治38年後に東京で著しく本症の減じたこと等、何れもよく鉛毒説に合致する。

家庭の階級：以前、高洲が記したものの中には本症は上流（階級）の者に多いので、解剖する機会がないとしている。実際そうであった。ところが後に川村が統計を取った頃には中流以下の者にも少なくはない、すなわち階級に関係しないと述べている。このことの意味するところは、以前は上下ともに一様に鉛白粉を使ったので化粧する余裕の多い上流の者に多かったのが、只今では上流の人は良い（多くは無鉛）白粉を使うことが増し、中以下の者は安くて「ノビ」の好い計り売り白粉、すなわち含鉛白粉を多く使用するために、化粧を多くする上流も化粧をすることは少ないが悪い白粉を用いる下流も同じことになってきたのであるかと思う。

家族的の関係：まだ細君が若くて、お化粧を盛んにする時の子、すなわち初めての子が本症に罹るのが多い。それから甚だしいのは同胞5人とも罹った例がある。これらは母親が鉛白粉を何時までも使っておれば何人も本症に罹ることが説明できる。なお、親の鉛毒のために流産、死産、早産することがあり、本症患児の母親にもこれらが見られる者がある。所謂脳膜炎患児総数298人中、母親が流産、死産、早産をした者が56例あり、うち本症患児で9ヶ月早産の者が19例ある。これらは両親の梅毒かも知れないが、このうち4人だけはワッセルマン反応の検査を行った。うち3例は母親だけ行ったが陰性、1例は母子とも陰性であった。尤もOliverは鉛毒でワッセルマン反応が出る者があると述べている。なお、私の知己で極めて謹直な人で花柳病など無い人の細君が死産をして、その原因がわからなかったが、次に生まれた子が本症に罹り、それが多量の鉛を含んでいる白粉を使用したためであることが分かり、遡って以前に死産した時のことを調べて、特に多く同じ鉛白粉を使用していたことが分かった。これらのことを考え合わせると、梅毒でなく鉛毒のために流産、死産、早産することがあると考えられる。

季節：夏に多い。親も子も夏に白粉を用いることが遥かに多い。白粉屋に聞いても夏は冬の数倍売れると云っている。一昨年私が調べた時、母親から聞いて驚いたのは、どの子の母親も同じように、祇園祭の頃（7月中旬）から児の顔、頭、その他殆ど全身に1日に2回も3回も白粉を塗ると云う。すると8月、9月に症状が現れてくる者が多い。以前から本症は汗疹のある者に多いと云われていることに一致する。また、母親も夏は行水する毎に化粧するというように白粉を多く用いる。なお、高洲も述べたように夏は児の胃腸が弱くなり、アシドージスに傾きやすいという関係もあろう。しかし冬でも多量に鉛白粉を用いれば起ってくる。

診断：（前略）私は鉛毒に気付いてからは総ての所謂脳膜炎の例において鉛の源泉を必ず証明している。ただし余程周到に調べなければわからぬこともある。殊に一例余程苦心したのがある。総て使用した化粧品を調べたが鉛を含んでいない。しかし大便から多量に鉛を証明しているので、鉛を摂取したに違いないと思い、何か嘗めるとか、口の中へ入れたものは無いかと吟味したところ、よくこの人形の玩弄物を口に入れていたと云って持ってきた。御覧のとおり陶磁性で色々の絵具で着色してあるが、嘗めたために剥げている。これを調べたところ多量の鉛があった。同じような例が大津の赤十字病院で経験されており、藤野が調べた玩具の多数が鉛を含んでいるのを考えても、鉛源はどこにもあり得るので源泉の分らぬ時は余程周到に注意して探さなければならない。諸君の報告の中に鉛白粉を使用しないのに本症が起こったと云うのが往々あるが、鉛源が無いとは断言できない。白粉も名だけでは分らない。福岡で無鉛の評判のある白粉の中に鉛があったという。どうしても現物について自分で検査しなければ確実なことは分からない。或は以前に鉛を摂取したが、それが骨質の中に沈着していて、後に中毒症状が起ってくるかも知れない。なお、鉛を含んでいるものは化粧品、打粉、玩具、膏薬のほかに、チョコレート等の錫箔の包紙がある。また、缶詰などに時として鉛のあることがある。またこれは幸いにして余りないことであるが、以前水道水の為に多数の人が中毒した報告が出ている。

治療法：母親が含鉛化粧品を使用していた場合は母乳を廃めるのがよい。母乳中に鉛が出てくるのであるから廃乳が合理的である。(後略)

追加、質問、討論：平井の自抄（第30回総会、1925）のあとに付されている当事者の自抄を参考にして簡潔に記載する。

佐野寅一：昨年（1924）5月以来今年（1925）3月までに名古屋地方で経験した94名の慢性鉛中毒症について、その原因は主として白粉で、うち64%はツメカエ白粉による。

高洲謙一郎：私はなお所謂脳膜炎は鉛中毒であるとの説を疑う。白粉の宣伝により東京には少なく関西に多いと云われるが、一方から云えば東京の宣伝が関西に聞こえないことは無いであろう。また田舎に少ないと云われるが今日田舎に廉価の含鉛白粉が多く用いられると述べている。答　宣伝だけでなく、化粧品屋が良い無鉛のものを製造するようになったからである。大阪では下等品を売る店もまだ沢山あるためであろう。田舎では風通しがよく、打粉することが少ないために稀なのであろう。

唐澤光徳：東京及びその付近で、含鉛の化粧品も相当にあり、その他の関係もほぼ同じ人口の割合であるのに、何ゆえにこの種の疾患が少ないのか、何か鉛に加えるに何等かの条件があるのではないか。答　無鉛白粉が多く用いられるためであろう。

小林静夫：昨年（1924）7月以降、当地その他の白粉164種について鉛分の検査を行い2種を除くほかは、すべて鉛分を証明し得た。また、鉛中毒を起こす人は関西方面に多い。これは化粧が関西方面の人は濃厚であることによるのであろう。すなわち直接乳房から経口的にくることもあるのであろうか、多田の診断を基礎としてのことである。答　母の胸に塗抹した白粉で中毒を起し得ることは無論である。

大谷國吉：熊本では所謂脳膜炎の症例は私のこれまで16ヶ年の臨床経験では非常に稀である。熊本地方で症例の少ないのは平井博士の「所謂脳膜炎ハ鉛ノ慢性中毒ナリ」との説から、熊本地方で使用されている化粧品その他は鉛含有のものが少ないためであるに違いないと想像して、その含有率について検査したが、鉛含有のものが比較的少なくなかった。それで含鉛化粧品の実際の使用者が少ないのではないかと考えて、このことについて調査しているところであるが、今日までの調査成績ではその想像は当っていないようである。それで、私は地方的に所謂脳膜炎症例の頻度に差異がある原因についてなお今後研究の余地があると信じる。

岩川克輝：新潟地方で所謂脳膜炎を十数年見ることが出来なかったことを不思議に思う。この地方的関係と含鉛化粧料を平気で用いていた時代の内外の医学史においてやはり所謂脳膜炎の非常に流行した事実があるか否かを伺いたい。答（上記二人へ）もし含鉛白粉を使用する者が少なくないのに鉛中毒者がないとすれば、その理由は私には解らない。

池田嘉一郎：私は12年間大連にいて毎年夏期に比較的多数の所謂脳膜炎患者を日本人の小児に見たが、支那人の小児には未だ経験したことはなかった。ところが昨年（1924）10月に2名の支那人小児で経験することができた。1例は生後6ヶ月の男児で、他の1例は生後10ヶ月の女児である。いずれも腰椎穿刺を行い、脳脊髄液に所謂脳膜炎に見る特異の変化を証明した。2例とも硫化反応陽性で、母親の用いる白粉及び撒布粉の鉛の含量を調べて多量なことを知った。このように風俗習慣を異にする支那人小児においても所謂脳膜炎と鉛中毒とが原因的に関係のあることが認められるのは面白いことであると考えてここに追加する。

3. 平井による究明後の反響と法的規制

大正12年（1923）、平井毓太郎によって、乳幼児の仮称所謂脳膜炎が母親の用いていた白粉、撒布料等に含まれる鉛に起因することが究明された。これを契機に該疾患に関する研究が堰を切ったように報告され、以後大正

15年（1926）までの4年間に約200編の関連報告が「児科雑誌」に掲載され、これらの大方は平井の鉛毒説を支持するものであった[41,42]。ただし大久保直穆は亜鉛中毒説[43]、高洲謙一郎ほか二、三の学者は疑義[44]を唱えたが何れも否定されて[45]、平井の鉛毒説は確立した。その後の諸家の「児科雑誌」における研究発表の経過については、筆者は共同研究者の協力を得て、「日本産業衛生学会総会」に発表し、また「労働科学」誌上に論考として逐次報告して現在に至り、なお継続中である。

仮称所謂脳膜炎の鉛毒説の確立は行政に反映するところとなり、昭和5年（1930）、内務省令による有害性着色料取締規則の改正により、鉛白使用化粧品に関する規制が明文化され、昭和10年（1935）から実施に移された。

著者の考察[46]

1. 社会的中毒研究の先駆的業績としての意義

近年、砒素ミルク中毒や油症など食物中毒、水俣病、イタイイタイ病など環境中毒が発生したが、乳幼児の所謂脳膜炎の原因解明は如上の先駆をなした研究としての意義を忘れることは出来ない。

2. 本態認識までに時間を要したのはなぜか

鉛を含む白粉の毒性は、すでに役者などの中毒例が知られており、無鉛白粉の製造まで行われていた。しかし、成人の場合の中毒発現と異なり、乳幼児では脳膜炎症状を呈する型であったことが一つの理由として考えられる。また、東京では明治40年から大正5年の間に所謂脳膜炎が殆ど消失してしまっていたので、研究の対象から遠ざかったことも考えられる。しかし、関西では、なお鉛白粉が使われ、所謂脳膜炎が発生していた。

本態の発見にとって、平井教授に次いで最も近いところにいたのが、明治38年に血液中に顆粒赤血球（好塩基点赤血球）の出現を報告していた高洲謙一郎（大阪府立医大教授）であった。その他、鉛中毒に関連のある症状が個別に他の研究者によって報告されていたにもかかわらず、これらの情報は単発的で、文献をよく読み、これを総合的に判断して、確証する学者がいなかったと云える。

3. わが國の職業性鉛中毒研究との結びつきはなかったのか

わが國で産業現場の鉛中毒の実態調査が報告されたのは、鯉沼茆吾博士が大正12年に「工業鉛中毒ニ就テ」と題して、日本衛生学会に蓄電池工場の鉛中毒を発表したのが初めてであった[47]。この研究が平井教授の研究と結びついたという記録はない。

4. 欧米文献の寄与

当時、わが國における鉛中毒の研究、特に実験的研究は殆どなされておらず、平井教授は J.Ind.Hyg. に掲載されていた米国ハーバード大学生理学教室における動物実験の結果に注目していた。経気道投与と経口投与との鉛吸収量の差、臓器中鉛と中毒症状との関係、骨の中の鉛の化学形態と Ph による移動、中毒症状と Ca との関係など、鉛中毒の説明に大いに役立ったと述べている。

5. 速報の意義

「所謂脳膜炎が慢性鉛中毒症であることを確認することができた。その詳細は他日報告することができるが、一日も早くこれを学会会員の皆さんに報告して、皆さんが接せられる患者の家に適切な注意を与えて欲しいと切に望むので、ここに先ず予防法と治療法に関して簡単に述べたい」と、まず速報的に報告した。このことは重要な事実であって、発見の詳細の報告に先んじて、予防と治療が緊急の事態であることの平井の認識に基づくもので、予防医学的に意義が大きい。

6. 生体試料中の鉛測定の意義

当時困難であった尿、糞便、臓器中の鉛の測定を理学部の化学者に協力を依頼して実施し、その結果が鉛中毒起因説の重要なエビデンスとなった。

7. 現在から見た鉛中毒の診断項目

現在では血中鉛の測定が最も重要であり、またポルフィリン・ヘム合成系への鉛の影響が明らかにされてきた現在、赤血球プロトポルフィリン、尿中デルタアミノレブリン酸、尿中コプロポルフィリン等の測定が行われて、尿中ヘマトポルフィリンの測定を行っていた当時と比べて隔世の感を否めない。

8. 現在における疫学的手法の進歩

現在では非伝染性疾患、たとえば職業性或いは環境性疾患に対しても疫学的手法が応用されて、疾患の原因究明に寄与している。当時、このような手法が応用されていれば、原因究明を速めたであろうと考えられる。

おわりに

我が国では明治、大正時代を通じて、乳幼児にしばしば認められる一種の脳膜炎が問題となっていた。「仮称所謂脳膜炎」と称されて、小児科領域で研究されていたが40年近く原因不明であった。漸く大正の終りに近い大正12年（1923)、京都大学小児科の教授であった平井毓太郎によって、母親の用いていた白粉中の鉛に起因する慢性鉛中毒であることが究明され、該疾患は跡を絶った。著者は大学在任時代、職業性鉛中毒を主たる研究テーマの一つとしていたが、退職後は小児の鉛中毒であった仮称所謂脳膜炎（鉛毒性脳症）の研究史に興味を持ち、「児科雑誌」（現在は「日本小児科学会雑誌」）を資料として、「日本産業衛生学会」への発表と、「労働科学」誌への論説執筆を最近10年余にわたって続けてきた。今回、「白色顔料」の表題を冠して、これまでの研究の一端を記述した。執筆にあたり、ビューティサイエンス学会理事長高橋雅夫先生の慫慂に感謝する。

文献

1) 高橋雅夫：化粧ものがたり．雄山閣出版．1997.
2) 後藤　稠、池田正之、原　一郎編：産業中毒便覧．医歯薬出版．1981.
3) Wada,N.：Studies on the industrial lead poisoning I. Absorption, transportation, distribution, deposition and excretion of lead 4. An experimental study of lead intake in dogs, Osaka City Med. J., 4：113－133,　1957.
4) 堀口俊一、高田文比古、藤尾和久、津山敬彰：硫化鉛、ヒドロキシ炭酸鉛および塩化鉛のイヌに対する経口投与による鉛中毒の比較研究、住友産業衛生、15：104－121、1979.
5) 堀口俊一：生体内に侵入した鉛の運命について（RaDによる実験)、阪市大医誌、6：68－94,　1957.
6) Horiuchi, K. and Horiguchi, S.：Studies on the industrial lead poisoning I. Absorption, transportation, distribution, deposition and excretion of lead 5. An experimental study with radioactive lead（RaD）,Osaka City Med.J., 4：159－170,　1958.
7) Baetjer, A.M. and Horiguchi, S.：Effects of environmental temperature and dehydration on lead poisoning in laboratory animals, Excerpta Medica International Congress Series, 662：795－797,　1963.
8) 堀口俊一、笠原　明、森岡寀一、宇都宮忠正、品川興造：鉛中毒発現に及ぼす高温環境の影響―カイウサギを用いた実験的研究（職業性鉛中毒に関する研究補遺4)、住友産業衛生、15：122－128、1979.
9) 三浦豊彦：労働と健康の歴史　第三巻、143－145、労働科学研究所、1980.
10) 三浦豊彦：労働と健康の歴史　第七巻、29－34、労働科学研究所出版部、1992.
11) 榊　俶：慢性鉛中毒ノ実験（附）鉛中毒ノ病理追加及ビ本邦鉛粉ニ就テ、東京医学会雑誌、5（23）1355－1371、1891.
12) 榊　俶：慢性鉛中毒ノ実験（承前)、東京医学会雑誌、6（14)、631－642、1892.
13) 榊　俶：白粉の中毒及其選択、婦人衛生会雑誌、第26号、4－11、1892
14) 三浦謹之助：鉛中毒患者の供覧、医学中央雑誌、2巻、979頁（日本神経学会第三次総会）
15) 森田正馬：鉛中毒性精神病、医学中央雑誌、6（12)：1599－1604、1909.
16) 三浦謹之助：鉛疝痛（BIeikolik)、神経学雑誌、15（2)：86－91、1916.
17) 青山胤道：鉛毒麻痺（臨床講義)、実験医報、第1年、569－573、1915.
18) 入沢達吉：慢性鉛中毒症（臨床講義）其一、実験医報、第5年、487－493、1919.
19) 入沢達吉：慢性鉛中毒症（臨床講義）其二、実験医報、第5年、494－498、1919.
20) 堀口俊一：無鉛白粉の話―帝国座と大学白粉―、労働の科学、54（6)：376－379、1999.
21) 栗本庸勝：白粉問題に就て、学校衛生、4：10－14、1903.
22) 伊東祐彦、小原頼之：百日咳ニ所謂脳膜炎ヲ合発セルー例、児科雑誌、3：7－8、1895
23) 平井毓太郎：所謂脳膜炎ノ予防及治療ニ就テ、児科雑誌、281：80－81、1923.
24) 堀口俊一、寺本敬子、西尾久英、林千代：「児科雑誌」に発表された仮称所謂脳膜炎（鉛毒性脳症）に関する研究の足跡（1）平井毓太郎による究明まで、労働科学、84（2）62－71、2008.
25) 弘田長：治癒スベキ脳膜炎ニ就テ、児科雑誌、27：1－15、1901.
26) E.ベルツ（竹中成憲、本堂恒次郎、馬島永徳共訳)：鼈氏内科学、金原寅作、341、1893.
27) 弘田長：再ビ小児脳膜炎ニ就テ、児科雑誌、38：151－156、1903.
28) 高洲謙一郎：塩基性顆粒ヲ有スル赤血球ノ発現ニ就テ、児科雑誌、79：951－959、1906.
29) 高洲謙一郎：塩基性顆粒ヲ有スル赤血球ノ発現ニ就テ、児科雑誌、80：16－36、1907.
30) 瀬川深：赤血球ノ塩基嗜好性顆粒ニ就テ、児科雑誌、162：889－914、1913.
31) 大月豊：所謂脳膜炎ノ糞便ノ検査ニ就テ、児科雑誌、135：620－629、1910.
32) 稲野宇憲：所謂脳膜炎患者ノ糞便及尿検査、児科雑誌、267：1085－1091、1922.
33) 南出英憲：所謂脳膜炎患児ノ血清黄色調ニ就テ、児科雑誌、275：479－480、1923.
34) 川村驥徳：自明治四十年至大正五年十ヶ年間ノ大阪医科大学小児科ニ於ケル仮称所謂脳膜炎ノ統計的観察、児科雑誌、228：455－509、1919.
35) 川村驥徳：仮称所謂脳膜炎ニ就テ（上)、同（下)、日新医学、11：107－152、375－443、附図4、1921.
36) 杉泰一：乳児鉛中毒ノ一例、児科雑誌、193：81－82、1916.
37) 堀口俊一、寺本敬子、西尾久英、林千代：「児科雑誌」に

発表された仮称所謂脳膜炎（鉛毒性脳症）に関する研究の足跡（2）平井毓太郎による諸論文、労働科学、85（4）178－190, 2009.

38）平井毓太郎：仮称所謂脳膜炎ハ慢性鉛中毒症ナリ、児科雑誌、287：518－519、1924.

39）平井毓太郎：仮称所謂脳膜炎ハ慢性鉛中毒症ナリ、児科雑誌、290：960－967、1924.

40）平井毓太郎：宿題　所謂脳膜炎、児科雑誌、304：1334－1364、1925.

41）堀口俊一、寺本敬子、西尾久英、林千代：「児科雑誌」に発表された仮称所謂脳膜炎（鉛毒性脳症）に関する研究の足跡（6）平井毓太郎による原因究明後の諸研究（1923~1926）（前編）、労働科学、87（5）：186－200、2011.

42）堀口俊一、寺本敬子、西尾久英、林千代：同上（7）同上（後編）、労働科学、87（6）：226－239、 2011.

43）堀口俊一、寺本敬子、西尾久英、林千代：同上（3）大久保直穆による亜鉛中毒説、労働科学、86（6）：317－330、2010.

44）堀口俊一、寺本敬子、西尾久英、林千代：同上（4）高洲謙一郎その他による平井の鉛毒説に対する疑義、労働科学、87（1）：20－35、2011.

45）堀口俊一、寺本敬子、西尾久英、林千代：同上（5）鉛毒説に対する高洲謙一郎らの疑義への平井毓太郎の応答、労働科学、87（2）：69－86、2011.

46）堀口俊一：労働衛生史こぼれ話、大阪市立大學環境衛生学・公衆衛生学教室同窓会（たちばな会）総会講演資料、2003.

47）鯉沼茆吾：工業的鉛中毒ニ就テ、（第三八回日本衛生学会報告）、衛生学伝染病学雑誌、19（3）：323、 1924.

胞衣の産育習俗
――臍帯切断と胞衣納め――

一般社団法人日本医史学会監事
ビューティ サイエンス学会評議員
蔵方　宏昌

胎盤の呼称

胎盤を古くから「えな」と呼び、漢字の「胞衣」を当てている。中国の明時代に著した『本草綱目』巻五十二人部[(1)]に「人胞（捨遺）、胞衣（捨遺）、胎衣（綱目）、紫河車（綱目）、混沌衣（綱目）、混元母（蒙筌）、佛袈裟（綱目）、仙人衣」の呼称を挙げている。そして著者李時珍（1518~1593）は[(1)]「人胞は衣の如く人を包む。故に胞衣と曰う」と注釈している。

近江八幡の水原義博（三折 1782~1864）が著した『醇生庵産育全書』（嘉永３年 1850 刊）の外篇巻一[(2)]「胞衣臍帯説」に胞衣異称として「胞（病源候論）、衣（同上）、胞衣（隋書）、子衣（同上）、児衣（本草拾遺）、児胞（景岳全書）、佛袈娑（儒門事親）、混元毬（五雑俎）、混沌衣（本草綱目）、胎産衣（同上）、仙人衣（同上）、混元衣（万病回春）、胎臓（郷談正音）、混元母（本草蒙筌）、河車（集験方）、紫河車（同上）、衣胞（五雑俎）、天元一気（集験方）」を載せている。

永観２年（984）に丹波康頼（912~995）が編集した『医心方』巻二十三に[(3)]「治胞衣不出法」「蔵胞衣悪処法」「蔵胞衣吉地法」と記載され、「胞衣」の漢字は平安時代から使われていた。

江戸時代の解剖書・産科書では「胞衣」は胎盤に限定している。安永３年（1774）に杉田玄白（1733~1817）らが刊行した『解体新書』巻四に[(4)]「胞衣を説けば則ち（イ）胞衣。その形、円にして広く、細血道あり。錯綜して織るが如し。その凸処、子宮に固著す。その凹処、臍帯と膜との著く所なり。蓋し胎はこの内に潜居するなり。（ロ）その膜。胎を裹むことを主（つかさど）る。・・・」と記され（図１）、『醇生庵産育全書』巻一にも[(5)]「臍帯は児臍と胞衣との間に繋著して」とあり、胞衣を胎盤に限定している。

『本草綱目』では李時珍が注釈しているように、胞衣は胎盤と胎児を包んでいた卵膜も合せた意味で使っている。[(6)]『広辞苑』[(7)]『国語大辞典』など現代の辞典でも「えな胞衣」は胎児を包んでいる膜（卵膜）と胎盤を一緒にした物を指している。一般的に「えな胞衣」は胎盤と卵膜、そして臍帯の一部を含んだ、いわゆる後産を指している。

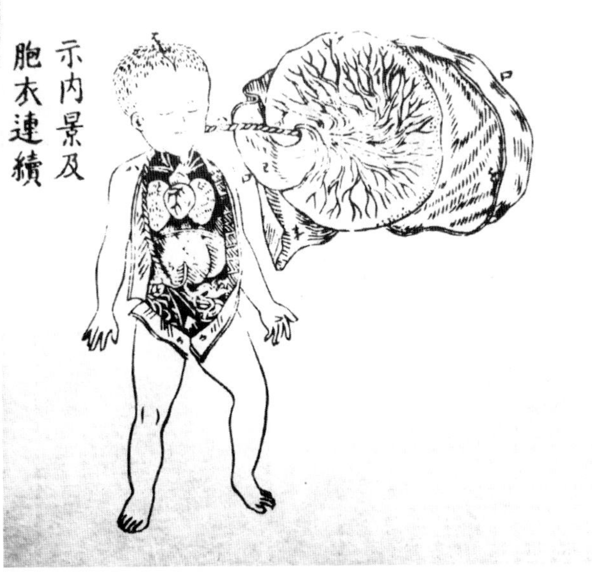

図１　胞衣と胎児内臓の連続図示　『解体新書』
序図　16 丁　妊娠篇図

胞衣埋蔵の起源

胞衣が母体から出ると、胞衣を壺や桶に入れ、その壺や桶を土中に埋める。この風習は縄文時代中期から行われていたと考えられている。

縄文時代中期の[(8)]神奈川県川崎市潮見台遺跡（図２）、

[9]長野県下伊那郡高森町増野新切遺跡、[10]長野県諏訪市荒神山遺跡などで、[11]底部が抜かれたり、底部が無い甕が発掘されている。底があっても、底を上にして伏せた甕がある。中には底部をていねいにキリモミで穿孔した物もある。

[12]埋めた場所は入口の床面下が多い。[13]諏訪地方では「えなを埋める場所は、土間の上がり端の踏み台下で、埋めて湯をかける。土間の敷居の下など人の多く踏む場所に埋めて、人に踏んでもらえば、幼児がまめに育つとも、産後が軽いともいわれている」と伝承されていた。

図２　川崎市潮見台遺跡　第11号住居跡張り出し部の埋甕
『埋甕―古代の出産習俗』図版２

平安時代の胞衣埋蔵

胎盤と胎児をつなぐ臍帯は、胎児が母体から出ると直ちに切断される。この時　使われる切断刀は竹刀である。[14]『日本書紀』巻二神代下に神吾田鹿葦津姫（木花開耶姫、大山祇神の子）が三子（火明命、火進命、火折彦火火出見尊）を産んだ時、「竹刀を以って、その児の臍を截る。その棄てし竹刀、終に竹林に成る。故、彼地　号けて竹屋と曰ふ。」と書かれているので、古代から竹刀を使っていたらしい。

この風習は平安時代にも引き継がれている。内大臣中山忠親の日記[15]『山槐記』治承２年（1178）11月12日の条に、建礼門院平徳子が安徳天皇を出産した時、竹刀を用いたことが書かれている。

平安時代には銅刀も用いている。[16]『康和元年御産部類記』の康和５年（1103）正月16日の条では、堀河天皇（1079~1107）室・藤原茨子が出産の時、茨子の兄・大納言藤原公実が銅刀を用いて臍帯を切断している。これは中国の影響らしい。[17]『医心方』巻二十五に中国の産科書『産経』を引用して、臍帯切断に銅刀を用いることを紹介している。鋭利な刃を持たない竹刀や銅刀を用いることによって、臍帯の血管を圧挫し臍帯切断面からの大量出血を防ぐ。今日の臍帯剪刀も鈍い刃の鋏になっている。なお、臍帯切断の役は[16]重臣か[18]乳母となる重臣の妻である。

胞衣は[19]「生児の分身」で「一定の場所を撰んで埋めなければ生児の将来の運命にも関することである」と考えられていたので、種々の迷信・俗信が伝えられた。[20]『医心方』巻二十三には、胞衣を納める日と方向が載っている。「蔵胞衣吉凶法第十六」は「産経」を引用して、吉日は生まれた月により、また生まれた日の十干により決まり、忌日（凶日）は四季により、また干支により決まる。[21]「蔵胞衣吉方第十八」で胞衣を埋める方向は「高燥向陽の地」が良く、このような所に埋めると、子は長寿で知恵高く、富貴となること極まりない、という。

胞衣の処理は[22]「蔵胞衣断理法第十五」によると、胞衣を先ず清水でよく洗い清潔にしてから紅い絹に胞衣を包む。銭５枚を字のある面を上にして新しい瓫（小さな土器）の底に並べ、その上に胞衣を乗せ新しい蓋を乗せて密封して虫などが入らないようにする。文才ある児にしたい時は新しい筆を一本、胞衣の上に置く。胞衣を清水で洗ってから清い酒を用いて洗ってもよい。胞衣と一緒に鶏の雛を入れてもよい。男児には雄鶏を、女児には雌鶏を入れると大いに吉である。向陽の地に３尺か３尺２寸　穴を掘って埋める。

胞衣を埋めてはいけない場所は[23]「蔵胞衣悪処方法第十七」では太陽や月が見えない陰湿の地、垣根の下、便所、どぶなどであり、このような所に埋めると、児は気疾（神経性疾患）、瘡疥（皮膚のできもの）、癰腫（化膿性のはれもの）に多く罹る。古井戸や社稷（国の神社）の近く、家墓の辺り、氏神神社の近くに埋めると児は狂癡（痴呆）して寿にならない（命は長くない）。古い瓫に入れて埋めると児は罪凶を得る。古墳や古井戸の近くに埋めると、児は孔竅（あな）が塞がって、耳目が聡明にならない。水辺や古池の近くに埋めると児は溺死して埋葬してもらえない。水溜りの中に入れると、児は失明して盲になる。牛小屋や穴倉の中に埋めると児は痴鈍となる。

他に、胞衣を焼き捨てると児も焼死する。胞衣の容器に虫や蛾などが入ると、児は醜悪となり、多くは瘍創の病となり死ぬ。胞衣が犬鼡猪に食べられると驚き易く、病気に罹り易くなる。

中国から入ってきた、これらの迷信・俗信は平安時代以降定着し、日本の迷信・俗信となって伝えられていった。

『康和元年御産部類記』の[16]康和5年（1103）正月16日の条では、藤原苡子（28歳）が左少弁顕隆の京五條の屋敷で堀川天皇の皇子を産んだ。[24]出生8日後の正月24日、巳の刻（午前9時から11時）大納言公実と左少弁顕隆が胞衣納めをしている。瓮の中に金銀・犀角・墨筆・小刀を入れた。金銀は富貴、犀角は長寿、墨筆は俊才を生児が備わるようにと願い、魔除けとして小刀を一緒に入れている。胞衣を埋める方角は[25]『御産部類記』に元永2年（1119）5月28日鳥羽天皇の中宮待賢門院藤璋子が皇子（崇徳天皇）を産み、誕生後7日目の6月5日の午刻（午前11時から午後1時）御所の申方（西南西）に埋めた。[20]『医心方』には胞衣を埋蔵する日と方角は生まれた月などで決っているが、平安時代は陰陽師の意見で決められている。

鎌倉時代の胞衣埋蔵

日本では古くから臍帯切断に竹刀を用いていたが、中国では竹刀を用いた文献が見当たらないという。梶原性全が正和4年（1315）に『万安方』62巻を著し、13世紀までの中国医学を部門毎に編述していて、臍帯切断については[26]第三十九巻に、南宋（金）の1150年に著されている『幼幼新書』を紹介している。「断臍法に云う、凡そ断臍は刀子を以って之（臍の緒）を割くを得ず。須らく令人（貴人）は単衣物を隔て咬断す」と臍帯の咬断法を勧めている。

咬断法は唐の655年頃著された[27]『備急千金要方』（略して『千金方』）巻五上「初生出腹第二」に記されている文の引用である。咬断にすると児は暖かい気が巡る。剪刀（金属の小刀）を用いる時は剪刀を懐に入れて暖めてから使うように勧めている。『千金方』の方法に対し、性全は[26]「竹刀を以って長さ六寸に切るのが尤も良い」と古来の竹刀を勧めている。長さは6寸（約18㎝）は『千金方』の見解である。

胞衣埋蔵法は『医心方』に記された中国の方法を引き継いでいる。九条兼実（1149~1207）の日記[28]『玉葉』承元3年（1209）5月25日の条に、産後4日目に当たるこの日、御湯の間で吉時に胞衣を清水で洗ってから美酒で洗い、これを緋纐（紅い絹織物）に包んでから、銭5文を入れた白い壷に入れる。洗った胞衣は銭の上に置いて、生気の方向（日の出る方向、東方）に向かい壷を密閉する。胞衣の入った壷を乾方（西北）に釣しておき、翌日　槽（胞衣壷の入った桶）を乳母のもとに運んだ。胞衣埋蔵の日時・方角は陰陽師に決めてもらう。胞衣は女房の左衛門佐が洗い左衛門尉行兼が壷を密閉しているが、平安時代、胞衣洗いは男の役割であり、大きな変化である。

『万安方』では、唐の752年頃に著された『外台秘要方』を引用している。ここにも[29]「児衣（胞衣）は先ず清水を以って之を洗い、次に清酒を以って洗う。なお銭一文を内れ〔胞衣を〕青帛（青い布）に包み、瓶の口を密閉して適当の処に安置し、満三日の後、向陽高燥の地、三尺を掘りて之を埋む。」とあり、『玉葉』の埋蔵法と同じである。

室町時代の胞衣納

室町時代は、古来のしきたりを伝える礼法家が出る。伊勢・小笠原・今川の三家が礼法三家と呼ばれている。中でも伊勢家伝書には産所礼式が書かれていて、胞衣埋蔵のしきたりも詳しく述べられている。寛正から大永年代に書かれたと思われる伊勢貞陸の[30]『産所之記』には次の内容が書かれている。

産所に胞衣桶を用意する。胞衣桶は他の桶（押桶）と同様、胡粉を塗り、その上に松竹鶴亀を書く。胞衣桶を

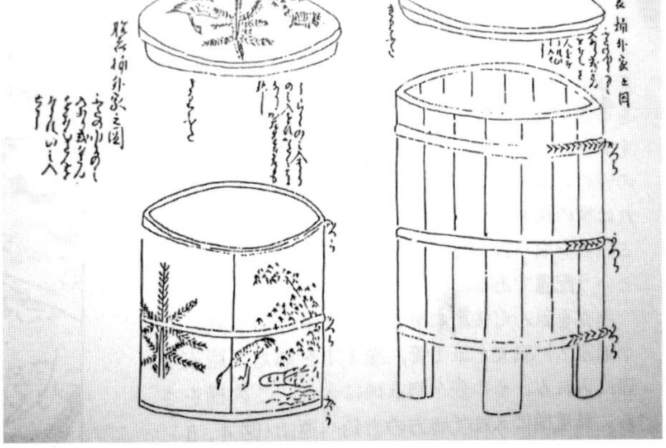

図3　胞衣桶と胞衣桶を入れる箱（右）　伊勢流『産所法式』寛政7年写　Medical Way　Vol.2 No.3、113頁　1985

入れる箱も用意し、この箱には足を6ヶ所に取付ける。箱の大きさは胞衣桶の大きさによる（図3）。胞衣はよく洗って白絹で包み胞衣桶に入れる。胞衣を洗う人は身内の者でおしゃべりでない人を撰ぶ。太平の文字がある銭十三文を胞衣と一緒に包み胞衣桶に入れる。胞衣を埋める時は蟇目の弓を射た人と陰陽師の頭（かみ）(陰陽寮の長官)の2人が付き添って、吉方に埋める。帰る時は、どっと笑う。胞衣を埋める吉方は、奇数月は丙壬（南北）、偶数月は甲庚（東西）の方角である。なお、臍帯を切る竹刀は、子孫長久の人に作ってもらう。

胞衣を洗う人は[31]「口にまめなき者」（おしゃべりでない人）というのは、家の秘事を外に漏らさぬためであり、胞衣は生児の連続であるため、児の将来を思い、多弁な人を忌み嫌ったからである。

また[31]胞衣を埋めた後、「どっと」笑って帰るのは葬儀でないこと、将来生児が物事に拘泥せず気宇広濶になるように祝す意味がある。この風習[31][32]は「胞衣笑（えなわらい）」といわれ、沖縄本島国頭村地方(与那)ではイヤワレエといい、児の命名日に父は胞衣を火神の後（うしろ）の軒下に埋め「上ン下ン（うしろ したま）　笑ひそうり、ヨーイ」と言うと、皆が一斉に笑った。

これらの産所礼式が武家の出産に取り入れられている。永享6年（1434）足利七代将軍義勝が誕生した時、伊勢貞陸が記録したといわれる[33]『御産所日記』には胞衣納が詳細に記されている。

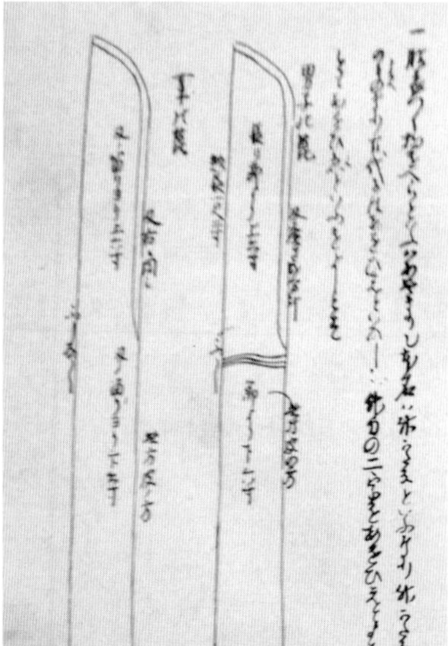

図4　臍帯切断の竹刀　伊勢流『産所法式』 Medical Way　Vol.1 No.2　116頁　1984

2月9日産所(波多野因幡入道元尚の宿所）には竹刀が2本用意してあり（図4)、義勝が生まれると、白い直垂を着た御所様（六代将軍足利義教）が来て　竹刀で臍帯を切った。この竹刀は白い直垂を着た重臣二階堂大夫判官之忠（産所の惣奉行）が献上している。2日後の11日、胞衣納が行われる。伊勢貞國（代官）が胞衣を洗い、その後、小林(家臣？)がうぶぎ(襁褓)を洗う。典薬（官医）の郷成卿（ごうなりさと）は南に向いて、胞衣を先ず清水で7回洗い、次いで酒で3回洗う。その後、酢に浸してから、三尺の白布に包んで、その上に赤色の絹布に包む。「太平」の文字がある銭を33文、筆1本、墨1丁を一緒に壷に入れる。埋める吉方は陰陽師が言う方角である。また郷成卿と伊勢貞國は白直垂である。

[34]「太平」という文字のある銭は北宋の太平興国元年（976）に発行された銅銭「太平通宝」と思われる（図5)。「胞衣笑」など多少違いはあるが公家の礼法が武家に伝えられた典型である。

図5　渡来銭「太平通宝」

江戸時代の胞衣納

室町時代より続く伊勢・小笠原・今川の三家の礼法は江戸時代にも伝えられ、公家と武家の礼法として定着する。これらの礼法は江戸時代に庶民にも伝えられる。この事で大きな役割をしたのが、小笠原礼法を受け継いだ水島伝右衛門元成（卜也（ぼくや） 1607~1697）である。[35]水島元成は小笠原を主にして他の流派の礼法も採り入れ、江戸時代の風習・風俗に適うようにした。これが水島流礼法で庶民にも広まる。五代将軍徳川綱吉（1646~1709）の髪置きの儀式で水島元成が「御白髪」を調整して上進したというので、1640年代には水島流礼法はかなり広まっていて有名になっていたようである。

『水島元成産所伝記』（写本）の[36]「胞衣納伝記」では、

臍帯切断に竹刀（竹篦）を用いる。「臍緒を切る篦は竹なり。左右刀の如く一尺二寸皮付きの侭付削る。柄を紙にて包み、左刀男結、右刀女結也」「臍の緒を“玉の緒”と云ふ、故に切ると伝うを忌みて“継”くと云ふ也」別の写本[37]『産所胞衣納伝記』に「篦は竹也、左右刀の如く一尺二寸に皮付の侭削る。柄を純（紙か）にて包て左刀男結、右刀女結也。竹に女竹男竹あり、生出より一の枝二本付たるを女竹と云。一本付たるを男竹と云。男竹を陽の篦とし、女竹を陰の篦として一対奉る。其故は生る子男なれば、左刀を以て臍の緒をつき、女子には右刀を用ゆ。また一説に男に右刀､女子に左刀をも用ゆと也。是も陰陽合体にて尤也。之成（元成）伝に新き小刀一本添る。中心を紙にて包事、右篦に同じ。是は竹篦にては臍の緒つきにくき故に、本の小刀にて切ん為也。継ぐとは切る事也。是は女言葉をかりていへり。臍の緒を玉の緒と云故に切と云を離て也。」

竹刀では臍帯が切れにくいので、水島流では竹刀を儀式として用い、実際には臍帯を切るのに小刀を用いている。[36]「胞衣納伝記」では「五斗入の土器。是を胞衣入れと云ふ。此土器の中に産石とて青石を納める。臍（の緒）を切る時、此石に当てて切る風をする也。」「後に胞衣盤に当て、又土器の上にて小刀にて切るなり。俗に子を取り上ぐると云ふは、臍の緒を継ぐ事なり。切り口より出る血を子に嘗めさするは虫を煩はぬ養生也。」俗信と思われる風習を伝えている。また[37]『産所胞衣納伝記』には「五斗入の土器一重､是を胞衣入と云。中の青石は産石と云。生石を用ゆ。平きがよし。臍の緒を切る時、此石に当て竹刀にて切る品をする。玉の緒なれば石程にかたかれと云祝儀ならん。」と別の俗信を伝えている。

胞衣埋蔵の儀式について「胞衣納伝記」に[36]「胞衣納の作法に五撰三鎮と云ふ事あり。五撰とは宿と日と時と方と地と也。三鎮とは地と衣と法と也。胞衣を吉水にて洗ひ、吉衣にて包む。貴人の胞衣は水にて能く洗ひ、其上を酒にて洗ふ也。能く滴りを除って蝶紙にて包み胞衣桶へ入れて、桑の弓、蓬の矢二本、熨斗鮑、昆布、栗を添へて蓋をして白布に包て箱に入る。胞衣は元気の被り物なれば大事に納むるがよし。」と胞衣を古来のしきたり通り洗い清めてから、蝶紙に包み、桑の弓、蓬の矢、熨斗鮑、昆布、栗を一緒に入れるという、従来にない方法を採り入れている。蝶紙については『産所胞衣納伝記』に[38]「雌雄の蝶を紙一重に書き置く。是は胞衣を包む紙也。師伝に蝶や蜻蛉は四翼六足ありて風土の数にも叶う虫也。其上蝶は酒の有所を教へし古事があれば胞衣を酒にひたして湿を除く理也。胞衣を酒にて洗ふも是にて了簡すべし。蝶の画やう畳よう図の如し。」と蝶紙の絵を載せている（図6）。桑の弓と蓬の矢については「弓矢は胞衣の悪難を防ん為也」「古語に、日は桑の中より出、月は蓬の中より出るとあれば、日月の恵みを受ける理もあらんか」と理由を述べている。胞衣と一緒に入れる産石が青なのは[40]「青は東方の春の色にて陽也」という理由である。

胞衣を埋蔵する方角は『産所胞衣納伝記』に[41]「胞衣納る方角、其年の玉女の方の地とは、たとへは当年寅の歳なれは寅より繰て九ッ目、戌の方也」とあり、その年の干支を基準に胞衣を納める方角が決まる。埋める穴は三尺六寸掘り、掘る時は地を踏む。その理由は「地を踏む事は地中の虫を脇へ払はん為也。胞衣納るに虫をも殺すまじきとの事也」という。穴に納める時は「天地長久の文」を添える。「是胞衣を納る祝言也。又天とは生れ子の父也。地とは母也。父母も長久に此土も安穏にて、此嬰児の胞衣も堅強にあれと云、祭文ともいへり」とあるが、これも後から加わった俗信と思われる。納める場所は「能土地を撰むべし」といい、屋敷内であろうが、外であろうが、「清地を撰むべき事」で、鬼門（北東）と金神（西）の方角は凶である。

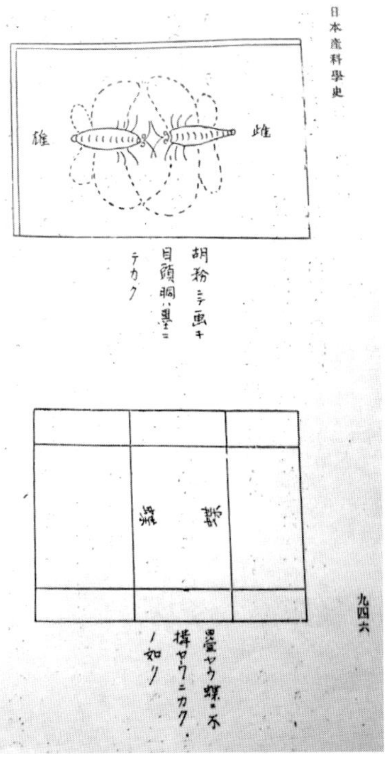

図６「蝶紙」開いた状態（上）と畳んだ状態　『日本産科学史』946頁

江戸時代の中期に活躍した香月牛山（啓益1656~1740）が元禄16年（1703）に著した『小児必要養育草』では、臍帯切断に金属の刃物を用いないように説いている。[42]「臍の緒を断つの説」では「臍の帯を断つ法、竹篦を用うべし。鉄の刃物を用うべからず。軟らかな絹にて、臍の帯を包み、或は単（ひとえ）の巻きて、歯にて噛み断つべし。」と咬断法を勧めている。

臍帯を切る長さは「長からしむる事なかれ、短かくすべからず、生まれ子の足掌（あしうら）〔足の裏をいうなり〕の長さにくらべて断つべし。長ければ､外より風を引きやすし、短ければ内臓腑を破る。」と中国の説を引用している。一方、江戸時代の中期の風習を紹介し、牛山（啓益）の考えを述べている。

「本邦の風習にて、収婆（とりあげばば）、まず浴せざる前に、生まれ子の足掌の寸にくらべ、または己れが季指（こゆび）の長さにくらべて、臍の緒を断つなり。啓益、按ずるにして、臍の緒を断つの法、右にいう所のごとく、寸法を定めて断つべき所を紙縷（かみより）にてきびしく結いて､竹箆にて切り断つべし。さて臍の帯を断ちたる跡を、軟らかなる絹にても、または杉原の紙をよく揉みて成りとも、二重ほど包み、糸を以てきびしく巻きて、産湯をなすべし。」と臍帯処理を述べ、このようにしないと「水湿の気、臍の帯の断ち目より入りて、病を生ずる事多し。」と注意している。

胞衣埋蔵については[43]「胞衣を納むるの法は、胞衣を水にて洗い、杉の曲物を、白く彩（だ）みて、鶴亀松竹を描きて、その内に納め、吉き方角をえらび、人の踏まぬ所の土中に深く納むべきなり。」とかなり簡素化している。次いで中国医書を引用し「『千金論』には胞衣を納むるには、新しき瓶の内に納めて、青き帛（きぬ）にて口を包み、その上を磚（かわら）にておおい、三日の後、吉日・吉方を選び、陽に向かいて、高所の地に埋る事。三尺にすべし。と見えたり。」と『医心方』にある「高燥向陽之地」に埋蔵することを勧めている。

胞衣を埋蔵する吉日と凶日は『拾芥抄』を引用している。吉日は12ヶ月、月ごとに違っている。反対に忌日は2ヶ月ごと、また四季によって異なる。

元禄5年(1692)草田寸木子が『女重宝記大成』を著し、これが評判良く増補されて江戸時代に活用されたという。巻三「懐妊の巻」に[44]「産前こしらえおくべき物」として「産屋の箆、竹にて削り、小刀のかたちに二本、左刃と右刃と一対、元を紙に包み、水引きを掛く。これは目うえの親類よりもらうか、歴々は、家老などにより上（あぐ）ることなり。箆親として始終そまつにせぬことなり。」｢押桶は、常にいう、胞衣桶なり。本式には、十二いるものなり。されども、一つにてもすむことなり。さしわたし七寸・九寸・六寸、高さ六寸・七寸、または八、九寸にもするなり。蓋有り。鶴・亀・松・竹を描くなり。十二押桶の時は、小刀も十二いるなり。押桶一つなれば小刀も一つなり。右の押桶・小刀・苧（お）・かわらけ三枚、かねてこしらえておくべし。かわらけの上におしあてて、小刀にて臍の緒をつぎ、跡を紙にてつつみ、苧にて結え付けておくなり。」とあり､竹刀（竹箆）は儀式として用い、臍帯を切るのは小刀である。古来、産所には押桶を沢山用意しておくが、その中の１つを胞衣桶に用いている。その他の押桶は初湯用の湯を入れたり、産婦の身体を拭いったりする湯水などを入れておくなどに用いる。ここでは押桶すなわち胞衣桶としていて、十二押桶を準備したら小刀も十二、押桶一つなら小刀も一つ準備すると云うのは礼法に見られない。著者の思い違いだろうか。

胞衣の埋蔵法については「押桶には、銭十二文、米少し入るるもあり。また、苧一すじ・わら五すじ・熨斗一すじ入るるもあり。方角をくり、よき方へ、地を一尺あまり掘り、塩水を上へ少しずつうち、押桶を埋（うず）むなり。塩水をうつは、地神を礼（らい）するいわれなり。(図7)」胞衣桶に入れる物も時代によって変わってきている。苧は麻であり、わらは稲藁で米の代用と思われる。胞衣を埋め

図７　庭に胞衣を納め､塩水をかけている町家「女重宝記大成」『小育ての書Ⅰ』257頁

る時、地面に塩水を打つことも礼法にないので、俗信と思われる。

庶民が胞衣を埋める場所について、当時の風俗を記している。[46]「俗には、“敷居の下、そのほか人の越ゆる処埋むべし”とも、また“産したる居間の下に埋む”ともいうなり。下々の産には、胞衣を薦につつみ路道に捨つるを、鴟・烏かけゆきて、宮社の上、神木・鳥居にすておくは、もったいなき事なり。」そして胞衣の役割について「胞衣は、子、胎内にて頭に被き、母の食物の毒気をふせぎ、その本は臍よりつづき、生気これより通ず。よって、胎内にては十月が間、子を養い、生まれ出ると乳をのむゆえに、臍の緒断ちても飢ゆることなし。」と記し、重要性を強調している。

天明元年（1781）児島尚善（恭）は『保産道志類辺』を著し、臍帯切断に焼断法を推奨した。[47]「臍帯を断法並に臍を護る法　胞衣を蔵る法」で「石天基の説に、臍帯をきる時、上品の艾をもて、紙によりこみ、紙撚となし、香油にしたして、臍帯を燻焼し、焦るるにいたれば、煖気児の腹中に入るなり。その後切断べし。さて切断には、先剪刀を人の懐中にて能あたため置、（火にてあぶるはあしし）それにて切べし。かくのごとくすれば、冷気内にひたすことなきゆへ、腹中痛む事なしといへり。」と冷たい金属の小刀で臍帯を切断すると、冷たい気が生児に入り病気になるという中国医書の記述は江戸時代の医師たちにも信じられていた。そして竹篦は儀式として用い、実際には冷たい金属の剪刀を用いる当時の風習を批判して、次のように記している。

「吾邦の習せには竹篦を用いて、鉄の刃ものを戒む。（唐土にても刃ものを忌）おもうに、是冷鉄の気、生児をそこなう事を恐れてなり。然るに今の世の人、只俗礼のごとくおもひて、竹篦にて断まねして、実は鉄刀を用ゆるは大なる誤りなり。臍帯は元ねばり強きものなれば、鈍刀にてこれを断ば、臍の内おのづから引動きて、その害多し。（いま世間に児の臍突出するものあり、おもふに是臍帯を断とき、つよく引いだすゆへならん。）もとより竹篦にては断がたし。今したしく試見るに、懐にて煖める剪刀を用ゆるを、大いによしとす。」

胞衣埋蔵については[48]「全嬰心法の説に、胞衣を蔵るは、先清き水をもて洗ひ、さて新なる瓶の内に納め入れ青き布にて口を包み、（千金方にも、かくいへり。）その上を磚にて密に蓋ひ、吉方をえらみ、（鬼門・金神等の方を忌。並に井竈の辺、流れ水の辺、皆忌へし。）又　陽の方にむかひ、人の踏ぬ処、高燥の地に、ふかく埋むべし。かくのごとくすれば、児長寿なり。もし軽易なる事を思ひ、胞衣を蔵ることを、慎まざれば、児おどろきて、安からずといへり。」と古式を紹介しているが「されど今世の俗習には、胞衣をおさむる事を粗略になし、門戸の内、床の下に埋み、あまつさへ、しばしば人の踏を、児の頭かたしといふ。誠に大なる誤りにて、今さら暁する言葉なし。」と嘆いていて、「吾邦にても上々方の御胞衣をおさむるには、定まりたる古礼あり。（礼家の書に詳なり。委くは其書に就て見るべし。）しかれば賎しき下々といへども、軽易にすべき事にあらず。予平生この事をさとせば、却て奇を好むと、人の嘲をうくるにそ。嘆かわしき事ならずや。」

庶民の間では水島流礼法も忘れ去られ、簡略になってしまったようである。

文化10年（1813）頃、賀川蘭斎（1771~1833）が書いた『産科記聞』（写本）巻之五「児」には

[49]「子を取揚げることは産婆のすることにて此方のかまうことに非ず。なれども時に臨み、卒時におさめるものなきときには教示を収むべし。先つ生るる時には家格にもよれども、大様は胞衣壷一対（貴人方は鶴亀などの模様の壷なり。平人は土器を用ゆ）土器一対、青石一対、ゴマメ魚二疋、竹篦二本、瓦にそへ、緒少許、臍帯五寸許のこして截るべし。麻緒にてくくり、その外面を截るなり。否則すべりて切れ難きなり。鋏刀にてつみきるとも構はぬなり。篦にて切り終らば胞衣を壺に納め、篦も土器も皆壷中に収むべし。青石は堅固に採り祝し、ゴマメはこまめの意を採ると云ふ。又胞衣其他穢物は他所に棄つべからず。篦など共に壷に埋めて、其家の入口か、人の滅多に掘らぬ処に埋めるが世俗の法なり。」

産科の大家が、子を取り上げる事は産婆のすることで、自分たち産科医が口出しすることではない、と言っているが、産婆という職業が定着し、正常分娩を任せられていたらしい、

胞衣埋蔵の風習も庶民の間では、変化していった。胞衣と一緒に入れる物は「こまめな人」になるようにと、カタクチイワシの幼魚を干した「ゴマメ（鱓）」である。出産の汚物、臍帯切断に使った竹篦などを胞衣と一緒に

入れて、家の入口や、掘られない所に埋めるという当時の習俗を認めている。また　青石を入れる意味も「青は東方の春色にて陽」という従来の意味が忘れられている。

江戸時代の末期には庶民の胞衣埋蔵が地域によって異なっていた。天保9年（1838）刊行の加茂熊斎著『安産幸運録』にその様子が記されている。

[50]「出産向き方、居所、胞衣埋め様方角あり、何れも大に吉凶あり。至って大切なり。殊に小児将来の運気に関す。又　国々により古代仕来りの土風ありて少異を免れず。」と、胞衣を埋蔵する地を選ぶことは大切な事である。しかし古代からその土地に伝わった法式があるので全国一律でないことを述べ、その例を挙げている。[50]「大坂辺にては胞衣を床の下に納め、又　穢れもの等を埋むるも同様の事なり。又　京都辺にては胞衣を門口の敷居の辺に、男女を左右に分けて此れを納め、穢れ物をば堀川辺の芥場へ捨也。南山城(やましろ)辺にては穢れもの等は雪隠の踏石の下に埋む。江(ごう)州（近江国・今の滋賀県）辺にては墓所に埋め、東河内辺にては牛部屋の内壁の側を掘て是を埋めると伝ふ。」と京都・大阪地方の風習を述べ、これらの風習に警鐘を鳴らしている。

「なれども之は一大事の事にして我屋敷を放れ遠方に捨てぬる時は、格別方位の障りなしと雖も、一体の方位善悪と母子の年に障りなき方を選み捨つべし。我居宅屋敷内に埋める時は、其場所方角に依て大に其祟りあるものなれば、此れを納むるに能くよく方位を選ぶ可き事也。故に国の土風と雖も害ある事は止めにし、陰陽家に托して予めその地位を定め、本命的殺を除けて、掘り置く月と臨月との方位吉方を選み、胞衣不浄の物等を納むる場所は前以て掘り置くべし。」

その地方の風習であっても、方角が悪いと祟りがあるので、陰陽家に頼んで吉日吉方を選んで胞衣や出産時に使った物などを埋蔵しなければならないと警告している。しかし、武家、特に将軍家では礼法に則って臍帯切断と胞衣納をしていた。旧幕府で中臈だった女性が徳川大奥の秘事を語ったことが、明治中期頃の東京朝野新聞に載った。この記事によると、[51]「臍帯を切るのは産婆の役で、御附の老女また中臈も立会ふ。傍にて立会の者、嬰児長命・果報勇敷・昇進繁昌、と唱へ、三方の上なる洗米を座中に撒く。」

大奥の出産に限らず、江戸時代には庶民でも出産には女性だけが関与している。臍帯切断の記載がないが、陰陽の竹篦と小刀を一本用意して、小刀で切断したと思われる。胞衣納では[51]「胞衣は先つ水を以て洗ひ清め、其後酒を焼きて蝶紙に包み、土器に入れて土器の蓋を為し、青色の絹にて全体を裹み、桑の小弓、蓬の矢、昆布、勝栗、熨斗を添へて胞衣桶（高さ三寸五分、円徑七寸五分、上に蓋あり。高さ九寸なり。胴には銀箔にて鶴亀松竹を画く）に納め之を白布にて結び、又白木の箱に入れて紅葉山の後庭に埋蔵する。」（図8）

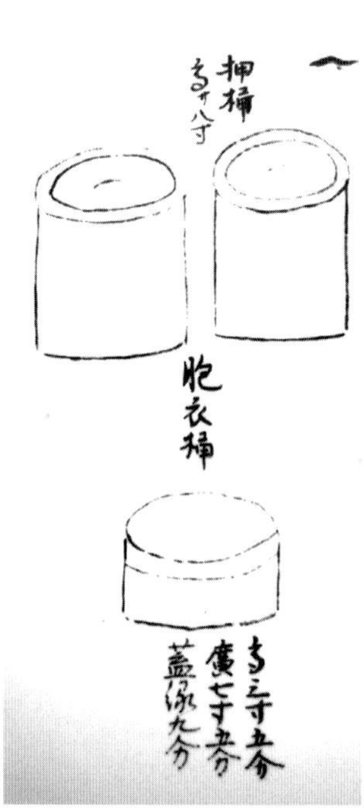

図8　胞衣桶　水島流
『産処之次第』（写本）

胞衣を蝶紙に包み土器に入れ、これを胞衣桶に桑の小弓、蓬の矢、昆布、熨斗鮑、栗を一緒に入れるのは、水島流の「胞衣納伝記」の通りである。紅葉山は江戸城内にある霊廟で、若君は生後31日目、姫君ならば生後32日目に紅葉山に参詣する。庶民の宮詣りに相当する行事である。

近代の胞衣処理

明治以降も民間では様々な俗信と地域の事情が加わり、胞衣埋蔵の方法も多様である。[52]『日本産育習俗資料集成』によると、胞衣を入れる容器は、つぼ（福井県三方郡）、どびん（三重県河芸郡）（図9）、炮烙（奈良県

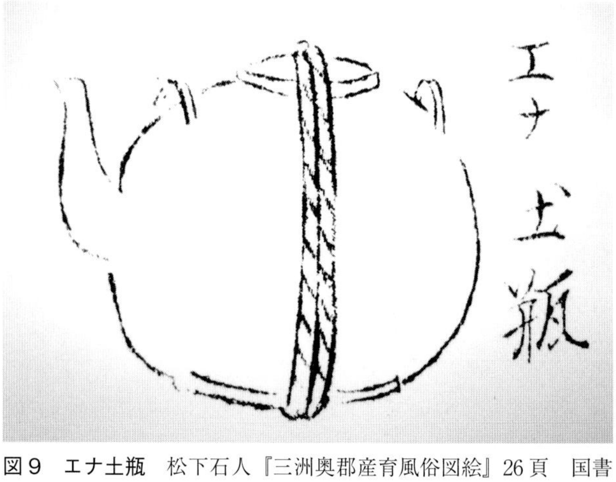

図9　エナ土瓶　松下石人『三洲奥郡産育風俗図絵』26頁　国書刊行会　昭和56年

生駒郡)、わらづと（福井県小川町)、押し箱（石川県金沢)、米俵の蓋（山梨県東八代郡)、椀（徳島県徳島市)、古布に包む（奈良県添上郡),紙に包む（群馬県吾妻郡)、油紙につつむ（長野県南佐久郡）など多種である。

胞衣だけを単独に埋めるのが多いが、男児の時は読み書きができるように筆と墨（秋田県秋田市)、女児の時は裁縫が上手になるように糸と針（秋田県秋田市）を胞衣と一緒に入れることも多い。

埋める場所は、床下（新潟県中魚沼郡)、廐の隅（福井県遠敷郡)、便所の隅（北海道上の国（ママ）)、部屋の隅（石川県江沼郡）など日の当らない場所や人に踏まれない場所。逆に出入口の敷居の下（栃木県河内郡)、台所の下（長野県南北安曇郡)、軒下（山梨県東山梨郡）など人に踏まれる場所である。

人に踏まれない場所に埋める理由は不明だが、人に踏まれる場所に埋めるのには積極的な理由がある。踏めば踏むほどその子が丈夫に育つ(埼玉県上里)、力がつく(埼玉県高麗本郷)、堅い子になる（埼玉県領家)、大勢の人に接するので賢くなる（埼玉県皆野)、出世する（高知県宿毛)、人見知りしない（香川県高松)、頭が固くなる（鳥取県大山）などの理由がある。

しかし、このような風習は、各地の胞衣穢物取締規則によって廃れる。[54]明治 19 年（1886）7 月 1 日の大阪府甲第 104 号府令で「妊娠分娩の節　胞衣其他の汚穢物は邸宅内に埋没するを禁す」と家での埋蔵を禁じ、墓地・火葬場・人家から隔絶した所に埋めたり焼却するよう勧めている。胞衣を決められた場所以外、勝手に処理することが出来なくなり、胞衣を取扱う業者が現れた。明治22年5月1日東京日日新聞に官許を得た「日本胞衣会社」の広告が載っている。(図 10)

[55]明治 24 年（1891）3 月に発令された東京の警察令第三号「胞衣及産穢物取扱方」では「胞衣産穢物取扱営業者は東京府庁の許可を得たる一定の埋納焼却場の外埋納又は焼却するを得す」と胞衣を取扱う業者の認知と埋納焼却場を許可にした。その後一部地域を除いて、胞衣は業者が処理することになり、胞衣納めの風習がなくなった。

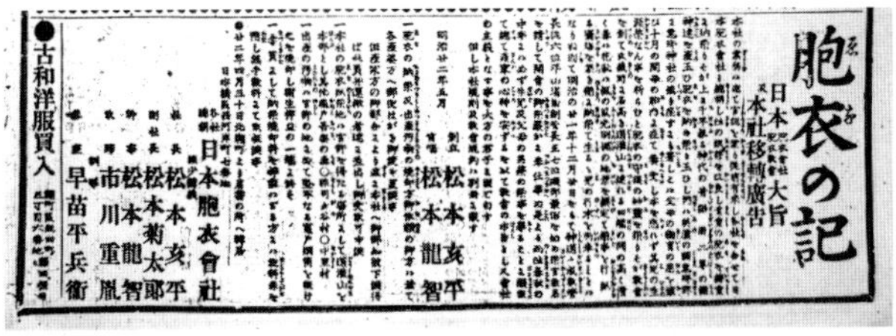

図 10　日本胞衣会社の広告「胞衣の記」 東京日日新聞　7 頁

(1) 李時珍『本草綱目』巻五十二人部　1615 頁　実用書店局　1968 年
(2) 水原義博『醇生庵産育全書』外篇　巻一　19-20 丁　嘉永三年
(3) 丹波康頼撰『医心方』巻二十三　1 丁　安政 7 年模刻
(4) 杉田玄白ら『解体新書』巻四　妊娠篇　第二十七　12-13 丁　安永三年
(5)『醇生庵産育全書』外篇　巻一　20 丁
(6) 新村出編『広辞苑』第 2 版　補訂版 241 頁　岩波書店　昭和 51 年
(7) 尚学図書編『国語大辞典』第 1 版 6 刷　291 頁　小学館　昭和 57 年
(8) 木下忠『埋甕―古代の出産習俗』 69-70、185-188 頁　雄山閣出版　昭和 56 年
(9)　同　68、249-254 頁
(10) 同　217-223 頁
(11) 同　68 頁
(12) 同　61、68 頁
(13) 同　4-5 頁
(14) 大野晋ら校注『日本書記　上』第 15 刷（日本古典文学大系 67）巻二神代代　下　157 頁
岩波書店　1980 年
(15) 梶完次稿、藤井尚久校補「明治前日本産婦人科史」(『明治前日本医学史』第四巻) 76 頁
日本学術振興会　1964 年
(16)『続群書類従』再版　巻九百九十九　531 頁　続群書類従完成会　昭和 6 年
(17)『医心方』巻二十五　11 丁
(18)『続群書類従』再版　巻九百九十八　514 頁
(19)「明治前日本産婦人科史」 46 頁
(20)『医心方』巻二十三　20 丁
(21) 同　22 丁
(22) 同　18-19 丁
(23) 同　20-22 丁
(24)『続群書類従』再版　巻九百九十九　536 頁
(25) 同　巻九百九拾九　524 頁
(26)「明治前日本産婦人科史」 86 頁
(27)『備急千金要方』 74 頁　国立中国医薬研究所（台北）中華民国 63 年　再版
(28)「日本産事紀要」 791 頁　承安 3 年（1173）の誤りか。
(29) 同　787 頁
(30)『群書類従』四翻刻　巻第四百二十　968-969 頁　経済雑誌社　明治 38 年
(31)「日本産事紀要」 796 頁
(32) 柳田國男『産育習俗語彙』 32 頁　恩賜財団愛育会

昭和 10 年
(33)『群書類従』四翻刻　948-949 頁
(34)『日本貨幣カタログ　2012 年版』 148-149 頁　日本貨幣商協同組合　平成 23 年
(35)「日本産事紀要」 810 頁
(36) 同　811 頁
(37) 緒方正清『日本産科学史』 943-944 頁　著者発行　丸善発売　大正 8 年
(38) 同　945-946 頁
(39) 同　952 頁
(40) 同　953 頁
(41) 同　955 頁
(42) 山住正己ら編注『子育ての書 1』東洋文庫 285　初版 3 刷　295 頁　平凡社　昭和 52 年
(43) 同　296-297 頁
(44) 同　256 頁
(45) 同　256、258 頁
(46) 同　258 頁
(47) 呉秀三ら選集校定『日本産科叢書』復刻　986-987 頁　思文閣　昭和 46 年
(48) 同　987 頁
(49) 同　233 頁
(50)「日本産事紀要」 837 頁
(51) 同　833 頁
(52) 恩賜財団母子愛育会編『日本産育習俗資料集成』 243-257 頁　第一法規出版　昭和 50 年
(53)『埋甕―古代の出産習俗』 7 頁
(54) 同　125 頁
(55) 同　122 頁

胞衣の川柳

江戸川柳研究会幹事
橋本　秀信

「胞衣」は古来、生まれた子供の運命に関連する重要なものとして大切に取り扱われていた。その習俗については『世界大百科事典』（平凡社）に、

　エナや臍帯はその取扱い方によって、生児の一生の安危にかかわるものと信じられていた。現在、日本では病院で始末されているが、エナの始末法にはさまざまな作法があった。エナは生児の分身であり、子の運命を定める力があるものとして、産屋の中や屋敷内の木の根、便所や厩のそば、墓地など人に踏まれないところと、家の戸口や上り壇の下など、人によく踏まれるところに埋めるという二通りがあった。多くの人に踏んでもらうほどじょうぶに育つといい、最初に踏んだ者を生児が恐れるようになるので、父親が虫や犬などの通らぬうちに踏んでおくともいう。（後略）

では、江戸時代市民文芸の川柳・雑俳では、この胞衣に関わる俗信はどのように詠まれていたか、探ってみたい。その内容は大略次の四つに分類される。

①胞衣を埋めた上を最初に歩いた者は一生嫌われる。
②それを逆手に、敬遠したい、嫌いな人に踏ませる。
③胞衣を洗って見ると、その親の紋章が現れる。
④子供が睡眠中、無心に笑うことを「胞衣にすかされる」という。
⑤胞衣の埋納に関する句。
⑥歴史句・故事句その他

（句の表記について、江戸川柳の用字や仮名遣いはまちまちなので、原典表記を読みやすいように改めた）

①胞衣を埋めた上を最初に歩いた者は一生嫌われる（その人とは仲が悪くなる）

めかけのゑなは鈴虫がふんだろう　　天明七
　――鈴虫＝正妻の異名（鈴口から殿様を迎えるから）。
めかけのゑなの上国家老渡り　　安永七
　――頑固な国家老は、殿の側室とは犬猿の仲。
ゑなの上初手金持ちがふんだろう　　天明元
　――おかげでとんとお金に縁がない。
おつかなそうにふみならす胞衣　　武三 32
　――この子に嫌われないかと。
高尾がゑなは雀が渡つたろう　　天明五
　――仙台高尾。伊達家（綱宗）の紋は「竹に雀」。
其の昔胞衣を這つたか蛇きらひ　　ケイ二六下 69
　――最初に蛇が這ったのではなかろうか。

②それを逆手に、敬遠したい、嫌いな人に踏ませる

若殿のゑなは家老が渡りぞめ　　安永八
　――とかく家老は煙ったい。
ゑなの上初手どら者にふませたい　　一六 31
　――どら者＝道楽者にならぬよう。
今埋めた胞衣をふんでる医者の供　　藐追３
　――自分の子は医者に無縁の健康児に。

③胞衣を洗って見ると、その父親の紋章が現れる

下女が胞衣旦那の細工御定紋　　七三 22
洗わせて旦那のかぶる小気味よさ　　明和二
　――下女に手を付けたのは旦那と判明。
もめる筈胞衣は狩場の絵図のよう　　四三８
あの腹を産んだら胞衣は紋尽し　　苔応・明和三

洗わせてしまいのつかぬ胞衣の紋　　桃人・宝暦一一

——不特定多数なので、いろんな紋が入り組んでいる。

引つぺがしほど紋の出る下女がゑな　鱗舎・明和七

——引っぺがし＝紋付けの異称。*多くの役者の紋を印刷した紙に、それぞれ印を付け、金を賭けて当たりを競う博打の一種。

サア事だ洗つた胞衣が反古でもめ　一二三 72

——かすれて、判別できない。

ゑなにない紋を幟につけて立て　　三評・寛政五

——男児の初節句。実父は幟の家紋とは違う人。

定紋か胞衣に坐つてゆづる家　　とはず口 62

——跡継ぎは胞衣に定紋がある子に決定。

④子供が睡眠中、無心に笑うことを「胞衣にすかされる」という

ゑなにすかされた程よめ笑ふ也　　一八 34

——花嫁は笑う時もしとやか。大口を開けて笑わない。

新造は折り折りゑなにすかされる　　明和六

——新造（遊女の見習い）は眠り上戸。眠りながら幼児のように笑う。

⑤胞衣の埋納に関する句

（夜間、人に知られぬよう密かに埋める。またもでたい祝い事とする句もある）

胞衣埋めるとかで夜中に鍬借りて　　ケイ八 3

いそいそ和子（わこ）の胞衣の鍬取る　　ケイ一三 6

宵の気で胞衣を埋めれば山かづら　　武三 38

——山蔓＝明け方。早朝。

めがねを懸けて見届けるえな　　武五 41

辺りひつそり胞衣を納める　　ケイ一七 68

まだかわらけに胞衣のぬくもり　　ケイ二四下 90 乙

——死児を土の瓶に入れて埋葬。

片われが死胎で胞衣にして隠し　　ケイ嘉永 1

——双子の一人は死産。

門徒寺土葬のやうに胞衣を埋め　　一三七 38

門徒寺胞衣も土葬も一つ鍬　　宗叔追 36

——門徒＝浄土真宗信者。「門徒もの知らず」を捩るか。

胞衣に遣ふか元日の鍬　　ケイ七 76

胞衣埋めた所を掘りなと松飾り　　ケイ五別 19

目出度いぞ・胞衣の穴掘る鶴の嘴　　紅葉笠 26

——以上三句は慶事とする。

⑥歴史句・故事句その他

胞衣桶の埋め場に困る鬼子母神　　梅二三 35

——鬼子母神は千人の子を持つという。

胞衣の跡松原にする鬼子母神　　別下 11

——千本松原（沼津）に懸ける。

後産（あとざん）へ弁才天は跡を垂れ　　天明四

——孝霊五年、近江の地陥没し琵琶湖出現（その反動で駿河が隆起して富士山誕生）。湖上に胞衣のような弁才天を祭る竹生島ができる。

応神の胞衣袞龍の召し古し　　広原海一一 15

かぶら矢で宿禰は胞衣の穴をほり　　新三八 6

——応神天皇は、神功皇后の三韓遠征時に誕生。その産婆役を武内宿禰が務める。袞龍＝天皇の御衣。

また后（あと）産も黒鉄（くろがね）の玉　　ケイ二五上 42

——古代中国、呉の鍛冶師干将の妻莫耶は名剣を産む。

後産に振出しを呑む女護島（にょごがしま）　　八七 9

——女護ヶ島では南風を受けて出産する。産後に振出し薬を呑む。

鬼の難産角へ胞衣引つかゝり　　梅三 7

*掲載句の下に出典を示す。

その略記は出典句集名・篇数（漢数字）・丁数（洋数字）の順に。

略記は武＝俳諧武玉川、藐＝藐姑柳、ケイ＝俳諧觿（けい）、梅＝梅柳、新＝新編柳多留、とはず口、紅葉笠、宗叔追、広原海。誹風柳多留出典は書名を省略。例えば武三 32 は武玉川三篇 32 丁、一六 3 は柳多留十六篇 3 丁を意味する。

「万句合勝句刷」は、評点者名・刊行年を表す。苔応・明和三とあれば、明和三年の苔応評の万句合の句であることを示す。（点者名のないものはすべて川柳評）

手から伝わる思いやりの 心日本の美意識を世界へ!

美容研究家 / メイクアップアーティスト
［フロムハンド］メイクアップアカデミー校長
青山ビューティー学院高等部校長
小林　照子

私は今、79歳です。美容の世界に入って59年目、コーセーから独立して24年目。トータルビューティのプロを育てる学校・[フロムハンド]メイクアップアカデミーは昨年20周年を迎えました。姉妹校として、4年前にビューティに特化した高校・青山ビューティ学院高等部（abg）をつくりました。一昨年は京都にトータルビューティのサロンSion Kyotoを立ち上げ、昨年4月には、青山ビューティ学院高等部の京都校を開校しました。

そして来年2015年には、ニューヨークに新しい美容の拠点を作るべく、準備を進めています。

なぜそこまで次々と手を広げるのか？　説明する間もなく事を起こしていることも多く、周囲の方からは不思議がられることがよくあります。でも、自分の頭の中では整理され、進む道ははっきり見えているのです。今回はこの場をお借りして、これから私が美容家として世界に伝えたいことを述べさせてください。

日本には伝統的な文化から受け継いだ素晴らしい美意識や、思いやり、おもてなしの心があります。それは、人の美に携わる仕事を深めれば深めるほど、外国のさまざまな文化や人に触れれば触れるほど強く感じることです。

こうした世界に誇るべき素晴らしいものを、日本の中だけで懐古していていいの？　いいや、よくない！　と私は思うのです。日本人だからわかる、見える、日本の素晴らしさ。これを誰が、どうやって形に表し、世界に伝えていくか。そこが大切だと思います。そして、それをいつ？誰がやるのか？私は、この人生の集大成としてやり遂げなければならない！という焦燥感に駆られています。私たち日本人は、トータルビューティのセンスがとても優れています。顔や髪、体を美しく仕立てるのはもちろん、立ち居振る舞い、表情、言葉などすべてを含めたものが美だ、という意識が高いのです。また、人に対する思いやりや、やさしさを手から伝えるということにとても秀でています。.

一見、日本の伝統には無関心に思える今の若い人たちも、その力はしっかりと内に秘めています。自分へ、人へ手から思いやりを伝えるということは、きちんと教えればそれほど時間はかからず身につくものです。

ここ数年京都に活動の場を広げたのは、こうした日本の美意識を街そのものが財産として受け継ぎ、今に伝えているからです。

まずは2012年、四条通りを見下ろすビルの中にSion Kyotoというサロンを作りました。長年この仕事をしてきて、「手から愛情、温もりを伝える」ということが美容の始まりであり、究極でもあると思い至りました。そこで「温もりに至る」という意味合いを「至温」と言う

Sion Kyoto

言葉で表現したのが由来です。肌や髪を癒し、その人らしい美しさが外見にあらわれると、心も輝いていきいきと幸せに日々をすごすことができます。私が提唱する「ハッピーメイク」の考え方をそのまま形にしたのがこのサロンです。

2013年春からは、同じビルの4階に青山ビューティ学院高等部・京都校を開校しました。15歳からの若者たちが美容に特化した教育を受けるとともに、ロールモデルとなる美容のプロの仕事にも接する、というのが狙いです。

abg　東京校

abg 京都校

いきいきと働く美容のプロの姿に憧れて、希望するなら下仕事をしてみて、自分もこの世界でやっていきたいという思いを持つ。そういう若者たちが技術を磨いて、日本はもちろん世界中に、すばらしい日本の美意識を伝えていく。それが私の夢のひとつです。

2015年には、まずその足がかりとしてニューヨークにサロンを出します。そこにも今育てている若者たちの力をどんどん活用していきたいと考えています。

ところで、「ニューヨークにサロンを出す」というと、特に男性からは次のような質問をよくされます。「じゃあ、ニューヨークのどのあたりにお店を出すんですか?」。すべてがそうだとはもちろん言いませんが、「ああ、男の人はやっぱりまず立地や建物から考えるんだなあ」と感じます。今の時点では、どこにサロンを出すかはまったく考えていません。ハコがあっても、夢を実現する人がいなかったら話になりません。まず必要なのは、人。だから私は人を育てています。

フロムハンド生と談笑する筆者

私が30年以上続けているライフワークに「からだ化粧」があります。これはいわゆるボディペインティングとは異なり、顔への化粧が全身に広がったのが始まりです。からだを敬い、愛おしむ気持ちをこめて、すべて化粧品のみでおこないます。

からだ化粧は世界各地で写真展をしました。私としては特に日本的な美を表現しているつもりはなかったのですが、外国人からは「これはまさに、日本の美だ!」という評価を次々と受けました。

その評価を受けて、自分は日本人であるというアイデンティティをあらためて確立できたように思います。富

からだ化粧「蓮華」

士山だとかサムライ、ゲイシャのようないわゆる日本的なモチーフを描いていなくても、日本人が作るものには、おのずと日本人らしさが出る。それは色遣いや造形、質感から現れているのかもしれないし、もっと深いところの、肌への思いやりから発せられているのかもしれません。

日本に暮らしているとつい忘れがちですが、世界に通用する表現やビジネスを目指すのであれば、まずは日本人ならではの美意識や感性に気づくこと、それを磨いていくことが大切だと強く思います。

今、ニューヨークを目指しているのは、そこにとどまるわけではなくて、ニューヨークを拠点に世界中に日本の美意識や思いやりの心を伝えたいからなのです。これは、私自身がというより、後に続く若い人たちにつないでほしいことです。いや、つないでほしいと願わなくても、いいものを形にし、表現していれば自動的に広がっていくでしょう。

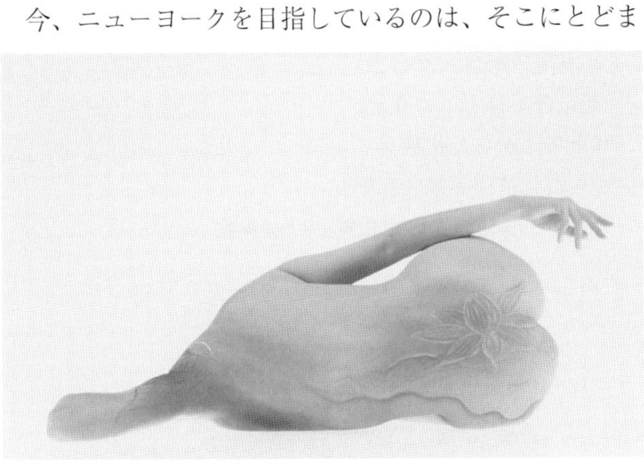

からだ化粧「水面」

昔も今も、やはりニューヨークという街は新しいものを大いに受け入れる懐の深さと、世界への発信力を持ち合わせていると思います。厳しさと共に、本物を見抜く確かな目を持つ街です。

この原稿を書いていて思い出したことがあります。1970年代、30代の私はファッションプロデューサーの鯨岡阿美子さんと出会い、とても大きな影響を受けました。

鯨岡さんは黎明期のテレビ局でファッション番組を担当し、日本初の女性プロデューサーとなりました。その後独立してファッション評論家となり、三宅一生さんなど多くのデザイナーに影響を与えた人です。

鯨岡さんはテレビの仕事を通じて、日本の働く人たちの着るものの魅力を紹介しました。たとえば、火消しの

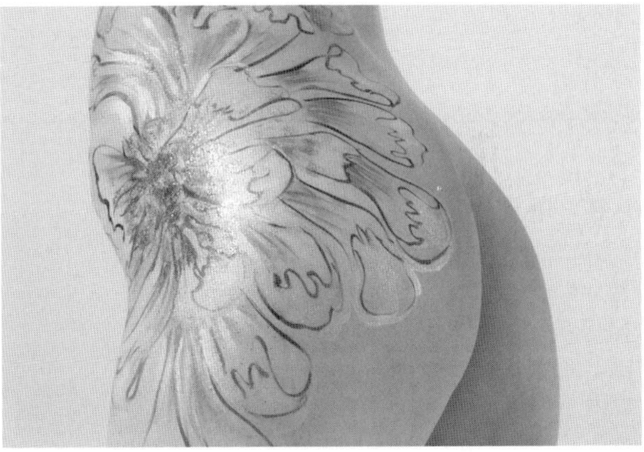

からだ化粧「至温」

半纏や、旅人が身につけた手甲や脚絆、畑仕事をするときの野良着など、民衆の労働着の機能性とセンス、その素晴らしさを丹念に取材して伝えたのです。

「この日本の素晴らしい文化を世界に伝えなければならない」という強い使命感で、鯨岡さんはニューヨークでのジャパンショーを企画しました。デザイナーでは三宅一生さんや君島一郎さん、花井幸子さん、モデルの山口小夜子さんや秋川リサさんなど、そうそうたる顔ぶれがこのプロジェクトに参加しました。

デザイナーたちは、日本の労働着の魅力を現代に蘇ら

せることに挑戦しました。伝統文化をただ懐古するだけでなく、時代のクリエイティビティと融合させた新しい表現は拍手喝采をもって受け入れられ、ショーは大成功を収めました。

私はヘアメイクのデザインやアクセサリーなどを担当しましたが、鯨岡さんの火の玉のような熱い思いと全身全霊の行動力には本当に感動しました。鯨岡さんはニューヨークに向かう荷物の中に短刀を忍ばせていました。失敗したら死ぬ覚悟で海を渡ったのです。

当時の私はコーセーに所属し、休みの日だけボランティアで鯨岡さんの仕事を手伝っていました。当たり前と言えば当たり前なのですが、組織の中ではそこまで自分の美意識を貫いて、海外でのショーを成功させるという人はいません。鯨岡さんは私のロールモデルとなりました。仕事をする人間としてのあり方や、俯瞰でモノを見るという仕事の進め方は鯨岡さんに学んだことが原点です。

日本には昔から、民衆の生活に素晴らしい美意識や技術が息づいていたということ。日本人としてのアイデンティティや誇りを大切にするということ。そのうえで、懐古しているばかりでなく、現代的なセンスやクリエイターのオリジナリティをしっかりと打ち出すこと。

今私が後に続く人たちに伝えようとしていることは、鯨岡さんから受け継ぎ、大切にしてきたことと重なっているようです。

まずは来年、ニューヨークに点を打ちます。点が線となり、面となって世界中に日本の美意識が伝わること。それが私の今の大きな夢です。

sion kyoto

◇◇

小林　照子（こばやし　てるこ）
美容研究家・メイクアップアーティスト
美・ファイン研究所 所長
フロムハンドメイクアップアカデミー 校長
青山ビューティ学院高等部　校長
リバイタライズサロン　Sion Kyoto　オーナー
JMAN（Japan Make-up Artist Network）代表
エンゼルメイク研究会副会長

㈱コーセーにおいて35年間美容研究、商品開発、教育等を担当し、取締役総合美容研究所長として活躍後、「会社」から「社会」へのコンセプトのもと、その研究を広めるべく独立（91年）。
美とファインの研究所を通じて人に、企業に、社会に向け、教育、商品開発、企画など、あらゆるビュティーコンサルタントビジネスを20年以上に亘り現在も展開している。

＜著書＞
「ザ・ベスト・メイキャプ」
「小林照子のハッピーメイク」
「ハッピーメイクで変身！ 50歳からのメイク」
「『温ケア＆冷ケア』で肌は必ずキレイになる」
「おうちでかんたん　アンチエイジング・ケア」
「スカルプケア・デトックス」
「美容の極意」
「人を美しくする魔法」
「小林照子のメイクの力」
「死に赴くひとへの化粧」
写真集「からだ化粧」
からだ化粧作品集「森羅」
「inspire 触発　からだ化粧」ほか多数

トリプルバーン痩身法におけるエネルギー代謝及び血液成分変化について

学校法人ミスパリ学園理事長
下村　朱美

1. はじめに

厚生労働省の平成 23 年国民健康・栄養調査によると、15 歳以上の肥満（BMI25 以上）は男性で 29.5%、女性で 20.8% に達すると報告されている。肥満は高血圧、糖尿病、心疾患、脳血管疾患、悪性新生物などの様々な病気を合併しやすくなる（BMI 体重指数 / 体重 ÷ 身長 ÷ 身長のこと。BMI22 を理想体重とする）。

近年、雑誌、テレビ、インターネットなどで様々なダイエット法が提案されている。食事制限やスポーツクラブなど多くの方法がある中、最近では EMS（Electrical Muscle Stimulation）を使用する方法が注目されている。これは自発的な運動に変わり、電気刺激を筋肉に与える事により、脳を介さずに筋収縮を繰り返す方法である。EMS はリハビリテーション用の医療器具として数十年前から用いられている。またスポーツ選手が EMS を使用するようにもなり、それらの効果については多様なものが報告されている。

株式会社シェイプアップハウスが運営するエステティックサロンミス・パリ及びダンディハウスでは、エステティックで行うダイエット法として 2004 年トリプルバーン痩身法を発表した。トリプルバーン痩身法は筋活性を促すとされる電気刺激機器「FAT　BURNER（特許第 4463506 号）」を使用し、さらにサウナ等による温熱効果を加えた減量法で、2013 年 3 月までに 10 万人以上の人がこの痩身法を行い減量している。そこで今回、トリプルバーン痩身法におけるエネルギー代謝及び血液成分変化について検討した。

2. 方法

●実施機関　1）国士舘大学大学院スポーツ・システム研究科

2）株式会社ミス・パリ

監修 : 国士舘大学大学院スポーツ・システム研究科教授　渡辺剛

●実施期間　　平成 16 年 3 月 ~ 平成 16 年 8 月

●被験者

被験者は、これまでに心疾患、筋・神経系の病歴のない健常男子 12 名とした。各被験者には事前に実験の目的及び内容について十分に説明を行った後、本研究への参加の同意を得た。被験者の特性は年齢 24.5 ± 3.2 歳、身長 174.8 ± 3.8cm、体重 71.3 ± 9.9kg、BMI23.4 ± 3.7kg/m2 であった。実験を行うにあたり各被験者に実験前日および当日の激しい運動を避けるとともに、実験 3 時間前からの食事を避けるよう指示した。

●測定方法

酸素摂取量（VO2）、呼吸商（RQ）、心拍数（HR）の測定は、安静及びサウナでは座位により、EMS、Super Cellulite（全身の血行促進を促す吸引機能を有する美容機）、Million Wave（517Khz 前後の超音波美容機）及び回復時では仰臥位にて呼気ガス分析装置（ミナト医科学社製　AE-300s）及び自動血圧計（ミナト医科学社製 EBP-300）を用いて行った。消費カロリーは酸素消費量及び呼吸商から算出した（呼吸商（respiratory quotient）:

酸素消費量に対する二酸化炭素排出量の体積比のこと)。

電気刺激は、ダンディハウス及びミス・パリで用いられている電気刺激装置（ミス・パリ社製 FAT BURNER（特許第4463506号））を用いて、そこで行われている方法に従って全身20箇所に電極パッドを装着して行った。電気刺激は、被験者が苦痛を伴わない刺激の範囲以内の最大値とした。

血液は安静時と電気刺激終了後に採取し、分析は三菱化学ビーシーエルに委託した。分析項目は中性脂肪、遊離脂肪酸、乳酸、グルコース（ブドウ糖）とした。

●実験方法

安静座位10分後、ボックスドライサウナ（80度）座位20分入り、電気刺激（仰臥位）25分行い、回復時（EMS終了時から10分間）での酸素摂取量の測定を行った。さらに、全身の血行を促す吸引機（ミス・パリ社製Super Cellulite）、局部の血行を促す超音波（ミス・パリ社製Million Wave）を用いて、酸素摂取量の測定も行った。実験のプロトコルは（図1）に示した。

25分間の電気刺激中は身体をビニールシート及び温熱マットで二重に覆った。ビニールシート内の環境はEMS終了時で温度41.9 ± 2.9℃、湿度70.5 ± 13%であった。

* Super Cellulite、Million Waveは基礎研究における平均的な被験者の1例のみ測定を行った。

図1 実験プロトコル

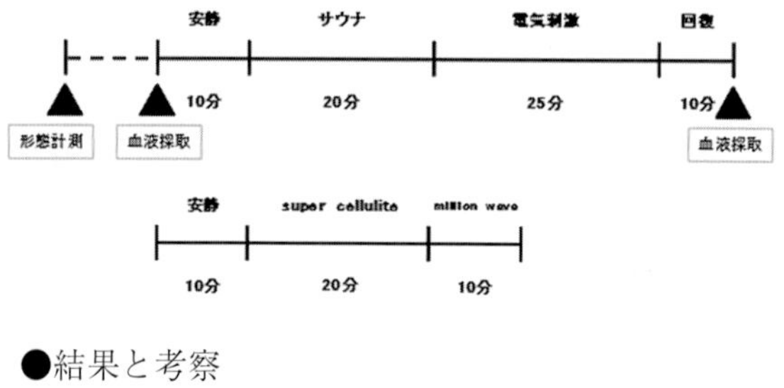

●結果と考察

【体重】

（表1、図2）は被験者12名の体重の変化を示したものであり、実験前71.31 ± 9.9kgから実験後70.06 ± 9.7kgとなり平均1.25kgが有意に減少した（P<0.01）。

表1 実験前後における体重（kg）の変化

		実験前	サウナ後	実験後	優位水準
体重	平均値	71.3	71	70.1	＊＊＊
	標準偏差	9.9	9.87	9.7	

図2 実験前後における体重（kg）の変化

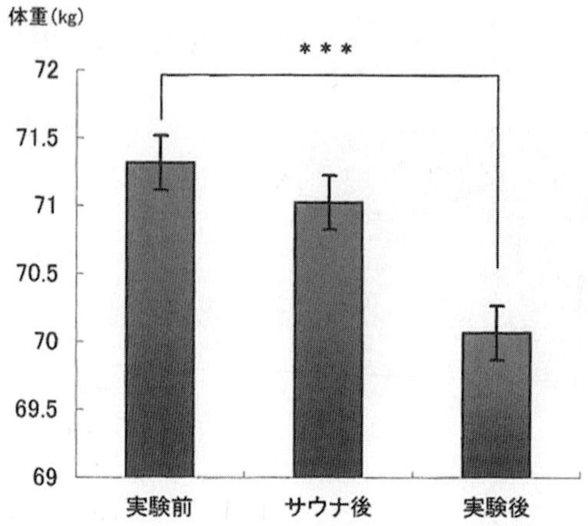

【消費カロリー】

酸素消費量及び呼吸商から算出した各項目における1分間あたりでの消費カロリーを（表2、図3）に示した。また項目別各時間あたりの消費カロリーを（表3）に示した。測定時における総消費カロリーは有意に増加し平均139.5kcalであった。

表2 酸素消費カロリー（Kcal/min）

	安 静	サウナ	EMS	回 復
平 均	1.33	1.62	1.92	1.57
標準偏差	0.17	0.26	0.34	0.20

図3 酸素消費カロリー

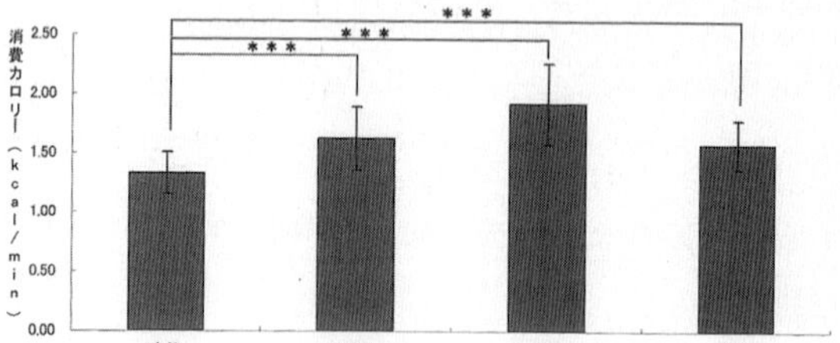

表3 各項目あたりの消費カロリー（kcal）

項 目	消費カロリー（kcal）
サウナ（20分）	32.5
電気刺激（25分）	47.9
回復（10分）	15.8
Super Cellutie	29.2
Million Wave	14.1
Total	139.5

【呼吸商】

呼吸商は安静時とサウナ時で有意な増加が認められた(P<0.01)。また安静時からEMS時にかけても有意な増加が認められた(P<0.001)(表4、図4)。

表4　呼吸商(VCO2/VO2)

	安　静	サウナ	EMS	回　復
平　均	0.82	0.89	0.89	0.82
標準偏差	0.06	0.03	0.05	0.06

図4　呼吸商

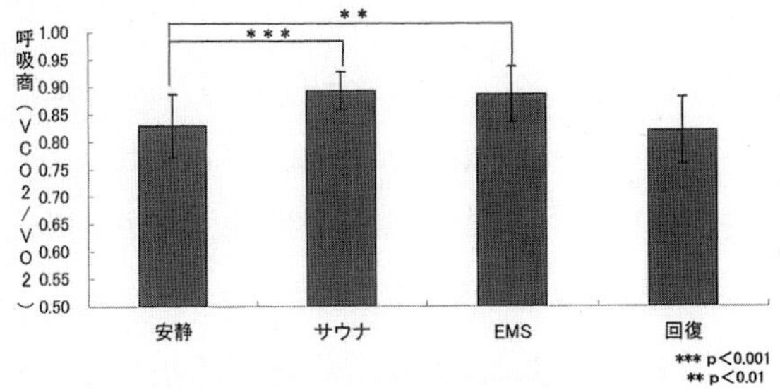

【心拍数】

(表5、図5)は各項目別の心拍数の変化を示したものである。安静時心拍数は61.5 ± 9.6beat/min、サウナ時が92.1 ± 10.3beat/min、EMS時は87.2 ± 11.9beat/min回復時は80.9 ± 14.0beat/minとなり、サウナ時から回復時にかけて心拍数の有意な増加が認められた(P<0.001)。Super Cellulite時は59.8beat/min、Million Wave時は56.6beat/minであった。

表5　心拍数(beat/min)

	安　静	サウナ	EMS	回　復
平　均	61.5	92.1	87.2	80.9
標準偏差	9.6	10.3	11.9	14.0

図5　心拍数

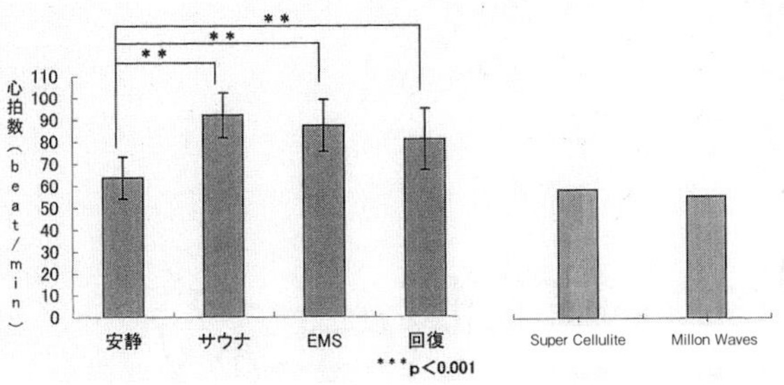

【血液検査】

乳酸は11.64 ± 2.7mg/dlから18.48 ± 4.4mg/dlと有意に増加した(P<0.01)(表6、図6)。

遊離脂肪酸は0.35 ± 0.17mEq/lから0.49 ± 0.27 mEq/lと有意に増加した(P<0.05)(表7、図7)。

グルコース(表8)、中性脂肪(表9)は有意ではなかったが、減少傾向にあった。

表6 実験前後における乳酸の変化(ml/dl)

	実験前	実験後	有位水準
平　均	11.6	18.5	＊＊
標準偏差	2.7	4.4	

図6 実験前後における乳酸の変化

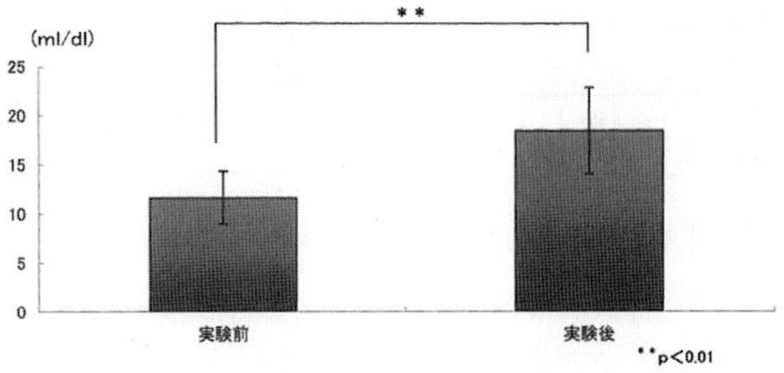

図7 実験前後における遊離脂肪酸の変化

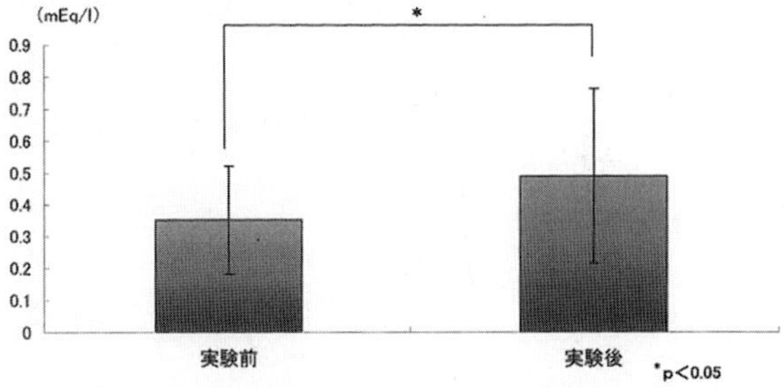

表7　実験前後における遊離脂肪酸の変化(mEq/l)

	実験前	実験後	有位水準
平　均	0.35	0.49	＊
標準偏差	0.17	0.27	

表8 実験前後におけるグルコースの変化(mg/ml)

	実験前	実験後
平　均	93.3	90.5
標準偏差	11.8	5.7

表9 実験前後における中性脂肪の変化(ml/dl)

	実験前	実験後
平　均	176.6	161.5
標準偏差	147.3	151.6

【鼓膜温度】

鼓膜温度は2名測定を行い、平均をとった。安静時36.25度、サウナ終了時38.2度、EMS終了時38.1度であった。安静時の鼓膜温度に戻ったのは実験終了50分後であった（図8）。

図8 実験中の鼓膜温度の変化

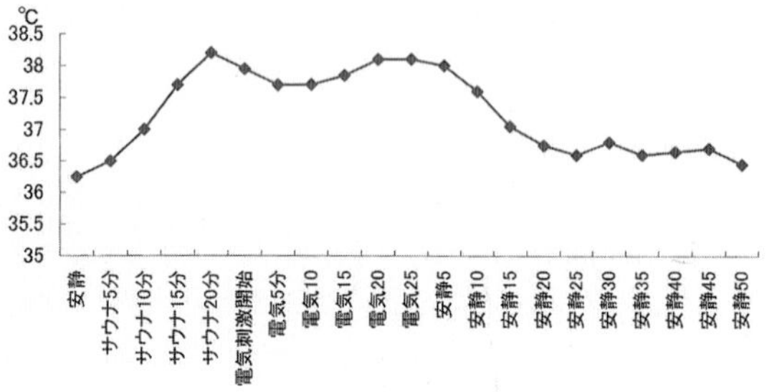

【まとめ】

先行研究において8週から12週（週2回から3回）の電気刺激を与えた研究では定期的にかつ継続して行うことにより、除脂肪体重の増加、体脂肪率の減少、さらに大殿筋断面積の増加、筋力増加などの報告がなされている。

今回、ミス・パリ及びダンディハウスで行われているトリプルバーン痩身法を検討した。

酸素消費量からみると総消費カロリーは139.5kcalとなり、時速3kmでの歩行56分の消費カロリーとほぼ同じとなった。また体重は平均1.25kg減少した。

心拍数においてはサウナ時で平均92beat/min、EMS時の平均87beat/minとなり、歩行運動時の毎分80m/minから100m/minの心拍数の増加に相当している。

実験後の乳酸値と呼吸商は有意に増加し、またグルコースも低下したことから、速筋線維の選択的動員によって解糖系エネルギー源の利用が大きくなり、血中グルコースの低下が起こったと考えられる。運動を継続すると脂肪組織における脂肪分解が促進され、血中遊離脂肪酸濃度が上昇する。この現象に対応してエネルギー代謝に占める脂肪酸化の割合も増加すると報告がある。本実験においても遊離脂肪酸は有意な増加を示し、脂質代謝の亢進がなされたと考えられる。

これらのことからトリプルバーン痩身法は継続的にかつ定期的に行うことが望ましいと思われる。また、減量法の一手段として有用な方法であると考えられる。

容貌のメッセージ性

北里大学名誉教授
NPO 法人アンチエイジングネットワーク理事長
塩谷　信幸

1. 容貌のメッセージ性とは

「容貌のメッセージ性」を考えるようになったのは、3 年前に放映された大河ドラマ「龍馬伝」がきっかけである。

俳優の福山雅治が坂本龍馬役をやるとなった時、“お前のような可愛らしいお坊ちゃんに龍馬ができるか?”といわれ、自分なりの龍馬を演じると答えたと言うエピソードである。

それで気づいたのが、役柄に相応しい顔というのがあるのだと。逆に言えば、顔が 1 つのメッセージを出しているということ。坂本龍馬のふてぶてしさを、お坊ちゃんでは出し切れないのではと言う疑問を視聴者が持ったと言うことだ。

ということは本人の持って生まれた造作が、本人の意思に関係なく 1 つのメッセージを出しているのだということに改めて気がついたのである。

此の、容貌の発するメッセージと本人の心のメッセージとの乖離を見事に描いたのが、あの名作「シラノ・ド・ベルジュラック」と言うことになる。

其の筋書きは、岩波文庫の辰野隆先生の名訳をお讀みいただくこととし、要は主人公のシラノは無双の剣豪、しかも詩人である . ただ、不幸なことにいともみっともない巨大な鼻の持ち主と言う設定である。

シラノにはロクサーヌと言う絶世の美女の従姉妹がいる。しかも教養豊かな女性だ。シラノは首ったけだが、己が並外れた鼻にかけても其の気持ちは隠し、ただ頼もしいお兄さんを演じている。

そのところへ、こともあろうに同僚のクリスチャンがシラノにロクサーヌへの橋渡しを頼む。クリスチャンは絶世の美男だが、言葉を操ることが全く出来ない . シラノは男気を出しクリスチャンの為に恋文の代筆を引き受け、首尾よくクリスチャンは、ある宵、逢い引きにこぎ着ける。これが有名なバルコニーのシーンだ。

だが、肝心のときにクリスチャンは口説く言葉を発することが出来ず、傍らのシラノが自分の熱い想いを訴え始める。そしてクリスチャンとロクサーヌは口づけを…

此のすり替わりがばれないのは芝居の決め事と思っていたが、最近のオレオレ詐欺などの事例を見ると、あながち嘘事とも言えないかもしれぬ。

考えるとこの「バルコニーのシーン」というのは非常に“意味深”である。

ロクサーヌという見る（聞く）者がいて、それに対して 2 人のメッセージを発する者がいる。顔（見た目）のメッセージをクリスチャン、言葉のメッセージをシラノが担当し、2 人で 1 役をしていることになる。

つまり自分の発したいメッセージと容貌とが乖離しているということ。そのメッセージというのは「美」。では「美」とは?「見るものを心地良くさせるもの」ということにしておく。

この発したいメッセージと自分の容貌の乖離のギャップ。キレイにしてほしいと美容外科へ来る方々はこのギャップに悩んでいると気付いたのである。

自分の発したいメッセージを顔が裏切っている。そのギャップを客観的に、医学の技術で安全に埋めてあげることが美容外科の使命であり、ギャップを理解し、客観的評価をすることが適正な診断につながる。そういった意味でこの問題を今後の課題とした訳である。

次なる課題は、「容貌は性格を表すのか、表さないのか？」である。

こんなエピソードがある。

あのダーウィンが「種の起源」を書いたのはビーグル号という船に乗ってガラパゴス諸島等を回った経験が元になっている。だが初めダーウィンは船に乗せてもらえなかった。というのも船長のロバート・フィッツロイが、当時流行った人相学者のラヴァターの影響を受けており、ダーウィンの鼻が航海に適さないと判断したためであった。それにめげずダーウィンは無理に船に乗り込んで目出たく「種の起源」が生まれたとされている。

この容貌と性格との関連性はべつのことばでは「観相学」とよばれる。観相学が成り立つかどうか？これは別の機会にして、「観相学」とは別に「人相学」というものがある。人相学というのはその人の将来がそうなるかといった、運命・占いの問題であり、とりあえずここでは観相学と人相学は分けて考えて頂くこととする。

ところで「美容外科」をやっているとよく言われるのは、「形より心」。見かけをあげつらうのは邪道では？と非難される。でも本音のところで、「形より心」と言いきれだそうか？

マンガを例にとろう。

本当に「形より心」というのであれば、白雪姫の首から上が鬼婆でも良いはずだが、漫画では成り立たない。

つまり漫画の方が本音に忠実である。これを漫画に於ける「類型化」と呼んでおこう。こういう性格、役柄にはこういう顔といったように約束事があり、誰もそれに違和感を持たない。手塚治虫の場合になどマニュアルがあり、アシスタントが描く時に統一性がでるよう、身長・顔つき・髪型が役によって決きめられているという。

ある1つの容貌が決まったメッセージを出していることが、漫画の場合前提になっている。

つまり漫画の研究をすれば、容貌の発するメッセージについてヒントが得られるのではないかと思っている。

今述べたことを、美とは何ぞやの観点から図式化すると、

【図1】

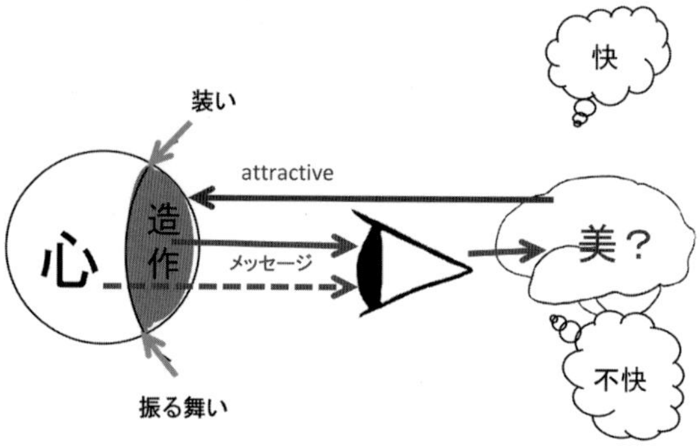

左の丸がメッセージを発する人とし、それを受け止める人が右にある。

まず目があって、その先に脳が控えている。

左の丸の右側に弧を描きグレーの部分を容貌とする。容貌の中で、親からもらった部分だけに限れば造作になるが、容貌というときはそれだけではなく、1つは「装い」、もう1つは「表情」、体全体でいえば「立ち振る舞い」になるが、此の二つの矢が参加して「容貌」としてのメッセージが発信される。

シラノの場合、鼻が不愉快にでかいという造作のメッセージに対して、心はそんなにみっともないことを言いたいわけではない。この2つの間が乖離しているわけである。

造作のメッセージはクリスチャンから、心のメッセージを言葉にしているのはシラノ。ここの乖離があるとき、なるべく近づける手段として造作に手を入れる美容外科がある。

そして目から入ったメッセージが脳に達して、心地よさ、詰まり「美」として感ずる。

つまり「美」とは快感を与え「醜」は不快を与えるものと定義づけてもよい。誰も人に対して不快感を与えたいなどと思っていないが、造作が裏切っている。そうして患者はこの乖離に悩み、コンプレックスを抱く。

ちなみに「美」とは非常に扱いづらい言葉なので、アトラクティブと言う言葉の方が適しているかもしれない。プリージングは受け身だが、アトラクティブとは実際に引き寄せられるといった意味を持つ。

これははなはだ大雑把な図式だが、容貌のメッセージ性、そして「美とは何ぞや？」の議論を進めていくにあたっての、参考となれば有り難い。

ところで容貌は「造作」に「装い」と「立ち居振る舞い」が加わったものと言ったが、ここでは先ず議論の対象を出来る限り造作に限りたい。

その理由は「装い」と「立ち居振る舞い」は当人の努力で改善可能だが、造作は持って生まれたもので本人の責任でなく、又本人にどうしようもない部分だからである。

2. 鼻の造作とメッセージ性

そこでまず、顔のパーツを一つずつ取り上げ、そのメッセージ性を検討することとする。

よく顔の造作を「目鼻立ち」というが、鼻は最も動きも少なく表情、化粧などの修飾もされにくく、生まれつきの造作がものを言うので、最初に取り上げる。

だが改めて見つめると、顔の造作の中で「鼻の立ち位置」は微妙である。なくては困るが、ありすぎても困る。

武者小路実篤が「真理先生」の中で

"人間の顔と言うものは変だね．見れば見るほど変なものだ。全体で見れば美しい．しかし眉毛でも鼻でも耳でも、口や耳でさえ、一つ一つ放してみると実に変なものだ。(中略)中でも鼻と言うものは変だね。"

と作中人物に言わせているのはけだし名言だ。

だが、文学作品や通常の会話で、鼻がどう形容、表現されているか拾ってみると、意外にそのメッセージ性が浮き彫りになるかもしれない。

シラノの鼻の形容

ところでシラノの鼻はどんな鼻だったか？

作中の本人の言葉を借りると、

"でっかいとも"

"どこへ行ったって、ご本尊より十五分も前に届いているこの鼻じゃあなあ"

"鼻の重みで頭が下がる、転ばぬ先にご用心!"

"当世流行の鉤型か？さても便利な帽子掛け"

などなど続く。

コメディ・フランセで初演のときのコクランの鼻をご参照あれ。

よく使われる鼻の形

鼻の形容とそれから想起される形と印象をランダムに列挙すると

①鼻筋が通った→知的。意志の強さ。女性の場合は冷たい？

②狆鼻：ひしゃげた、鼻背が落ち込んで短く鼻孔が正面から丸見えの鼻→滑稽？

③貧相：形より、肌も含めた全体の印象か

④鷲鼻：ユダヤ鼻→強欲、自己主張

⑤鉤鼻→浮世絵の引目鉤鼻とユダヤ鼻

⑥獅子鼻：小鼻が横に張ったもので、所謂胡座（あぐら）鼻。

⑦団子っ鼻：鼻背が落ち込んで鼻先部が大きい→下女の鼻

こうして表現（メッセージ）を形状に落し込む作業をすると、表現、形容にも具体的な形状に繋がる表現と例えば③のようにいわば抽象的な表現など様々な意味合いがある事に気付かされる。

そこで上記の形容，表現を造作との関連に於いてあえて分類すれば、次の三群になるのではなかろうか。

Ⅰ　具体的：造作に直結

Ⅱ　抽象的：具体的な造作を想起しにくい

Ⅲ　比喩的：人以外のもの，主として動物になぞらえる。

この分類は今後顔のパーツ，そして顔全体の形容、表現のカテゴリー化に使えるのではなかろうか。

鼻の形の美術解剖学的分類

美術解剖学では鼻を次の五形に鼻の形の分類している。

①ギリシャ型：額から鼻背が続いて鼻根部で凹んでいないもの

②ローマ型：鼻根部で僅かな段差があり、鼻背が心持ち凸突しているもの

③北方型：鼻根部に凹みがあるが鼻背部は真直でよく通っているもの

④モンゴリアン型：鼻背が山の峰のように一本の稜線を作っているだけで、鼻背にギリシャ鼻のような平ら

な面がなく、又、鼻深は非常に少ないが、ともかく鼻側面が僅かな鼻屋を作っているタイプ

⑤ネグロ型：鼻屋（鼻根部の両側面）が無く鼻頭と鼻翼だけが横に広がっていて鼻孔が正面からよく見える狆鼻型

①、②、③は白人型として括る事も可能で、共通な事は鼻翼が小さくて、鼻尖がはっきりし、鼻屋の面張りが正しい事である。

東西の鼻の美観に関する逆転

ところで美容外科医には常識だが、東洋人はより大きく、西洋人はより小さくと希望する。

そして白人の女性の場合は鼻背の線が直線でなく僅かに凹みがある所謂「スキーのジャンプ台」が好まれる。これを整鼻術の立場では「プリージング・カーブ」と言う。“決まった”と言う感じだ。

この「プリージング」と言う言葉はあとで述べるように美の属性を表す言葉としても使われる。

所謂「ユダヤ鼻」は鉤型だが、これがアラブ系では更に鼻全体が巨大になる。

ところで9・11以降、鼻の美容外科を希望するアラブ系の人達が増えたという。彼らの言い分は、キレイに成りたい訳ではない。ただ当たり前の目立たない鼻にしたい.ブッシュ政権が超法規的に、テロ対策と称してアラブ系の人達を拘束、迫害したからである。これも、容貌が発する間違ったメッセージと言えない事もない。

こうすると未だ、ペチャ鼻の方が分がありますな。

3. 目の発するメッセージ

ギョロ目は別として、眼は大きいのが美人の要素とされているようだ。

だが、眼球そのものは洋の東西を問わずそのサイズはほぼ一定で、2.5センチとされている。

従って所謂眼の大きさや形を決めるのは、まず瞼の開き具合つまり眼裂と言うことになる。

今ひとつの要素は瞼の形状で、特に日本人の場合は一重まぶたか二重瞼かの違いが容貌を左右する。

眼はどのように表現されているか,又その造作との関連は？

「目は大きくてすがすがしく黒めがちなのが良いとされている。」（中尾喜保「女のかたち」より）

確かにこれは目の魅力、好ましい目を一言で言い得て妙であるが、其の三要素を鼻の項で挙げた形容、表現の三つのカテゴリーに当て嵌めてみると

①大きい：造作をいう

②すがすがしい：見る側の印象である

③黒めがち：造作と印象が混在している？

となるだろうか。

これを軸に数多ある目の形容詞を列挙し、分類を試みると目は鼻と違い、表情というか強烈なメッセージ性があるので、どこまで造作か、其の時の状態か、目つきか（働きというべきか）、抽象的な印象か、又それらの混在かと言う立場で分類は必ずしも容易ではない。

①形状を表す表現＝これは造作に繋げ易い

二重瞼：大きな目の要件、魅力に繋がる

一重瞼：黒目が隠れ、概して魅力に欠ける

ドングリ目：子供の目の表現にしばしば使われる

小さい目：迫力に乏しい？

引っ込んだ目：

金壷眼：金貸しの印象

切れ長：魅力的な一重瞼？

三白眼：黒目の下に白目の部分が露出している。良い感じではない。

垂れ目：西洋人の目に比べ東洋人の目は目尻が多少つり上がっているが、これが下がっているもの。

吊り上がった目：極端に目尻がつい上がっている場合。又、攻撃的な印象にも使われる。

②状態をいうもの＝どちらかといえば一過性である。

たるみ：加齢

腫れぼったい目：寝不足、むくみ

③目つき＝目のはたらきというか、具体的な形状よりも印象に近いと言えるので造作に落し込みにくい。

蚤取り眼、さすような目、険のある目、眼光鋭く、などの形容詞である

④印象＝色々な形容があるが、もっとも造作に落し

込みにくい表現と言える

たとえば「涼しい目元」と言えば其の感じはピンとくるが、さてどのような目か、具体的に描くのははなはだ難しい。

今後の課題は、このような「造作を含めた目の形状」が、どのような印象、すなわちメッセージを発しているかの検討である。

そして根本的な問題は、何故我々は「大きくてすがすがしく黒めがちな目」を美しいと感じるか、と言う問いかけである。これは、たとえば一重より二重まぶたが好まれる事にも繋がるからであり、更には美とは何ぞや、主観か客観かの議論にも発展しかねない。

白目と黒目のバランス

開眼した場合の目の印象は露出している黒目の色と大きさ、そして黒目と白目の比率が目の印象を形作る。

といっても黒目自体の大きさに個人差はなく、眼裂の大きさつまり露出度が問題となる。

ところで白目が露出しているのは動物の中で人間だけとされている。動物の目は開眼時に黒目だけが丸く現れる。

このため、人間の場合は目がどちらを見ているか視線の方向が分かる、例え遠くの人でも。

動物の目は丸く黒目だけがでているので、殿獲物を狙っているか見破られないのが利点となると動物行動学者は言う。

瞳と瞳孔

瞳と言う言葉は黒目と瞳孔のどちらにも使われ紛らわしいが、ここでは瞳孔を意味する事とする。

瞳孔は入ってくる光の量に応じて、カメラの絞りの様に拡大縮小する。

昔から瞳が開いている方が魅力的とされ、ベラドンナのような薬物によって散瞳する事が一部で流行ったという。

好ましいものを目にした場合、瞳孔は拡大する。従って相手を好ましいと感じた場合、瞳孔は開き、光が入りすぎて視野が明るくぼけてしまう．その為、”あばたもエクボ”と言う事になるのではなかろうか。

目力とは？

よく言う目力とはなんであろうか？

目は外からの光を受け入れるだけで、目から光がでる訳ではない。

瞳の開き具合、視線、眼裂の開き具合などに、目元口元などを含め顔全体の表情が加わったものと言えるのではないか。

目は口ほどにものを言い。

目の表情は言葉による表現に匹敵すると言う意味と考えると、目はその動きや瞼の開閉、瞳、結膜の潤いなどで強烈なメッセージを発信する。

4. 口

口といっても、メッセージ性の立場からは口唇部とあごをわけて考える必要がある。

口唇部は皮膚と軟部組織が動的、詰まり動き「表情」によってメッセージを発するが、顎は骨格であり、静的に「造作そのもの」がメッセージを発する。

口唇部の表現、形容

①分厚い唇：最近ではセックスアピールがあるとして好まれ、ヒアルロン酸注入などの対象とされる。

②薄い唇：薄情に通ずるイメージもあるか？

③でかい口：お喋りとか大口を叩くにも通ずるイメージ。

④おちょぼ口：小さい口と言うより、すぼめた感じ。

⑤受け口：文学的表現では好ましいかたちとしてつかわれる。

動物行動学者にとっての口唇部

所謂赤唇部は口腔内部の粘膜が外部に露出したものであり、他の動物には見られない特徴である。

セックスアピールと言う観点から、最近は厚めの唇がもてはやされる向きもある。

動物学者によっては、女性の陰部と関連づける考えもある．事実、陰唇と言う言葉が表すように、又、性的に興奮した場合に、陰唇は血流が増加し、赤味をまし体積も二倍にふくれるが、唇にも多少その現象が見られる。

そこまで当人達は口ぶりのメッセージを意識しているかどうか知りたい者である。

あごの形状の重要性

マスク美人と言う言葉があるが、マスクをすると大方の女性が美人に見え、マスクをとって口元が露出すると、とたんに破綻を来してガッカリという事を経験された方も多いのではないか。

これは頤の形が容貌に締める重要性を如実に表している。

つまり上下顎と歯列の突出、詰まり所謂出っ歯が容貌を損なうからである。

最近ではE- ラインと言って、鼻尖と頤を結んだ直線に口唇が触れない方が美的とされている。

昔、出っ歯の事を山桜と揶揄したのはご存知だろうか？

“花(鼻)より先に葉（歯）が出る”と言うのが其の心である。

5. 顔

ここまで顔のパーツ別に造作と其のメッセージ性を論じてきたが,その過程で気付かされることは、容貌を云々する場合の顔の輪郭と其の中のパーツ全てのバランスの重要性である。

パーツのバランス

最近では見なくなったが,昔正月の遊びの定番は羽根つき、歌留多とりと並んで「福笑い」と言うのがあった。おおきな紙を広げるとそこにオカメの顔が書かれている。

当てられた者はが目隠しをさせられて、用意された目,鼻、口のパーツを置いていく。

当然の事ながらそれぞれがちぐはぐに並び,滑稽な顔になるのを皆の笑いを誘うと言う趣向だ。

それほど極端でなくとも、顔のパーツは一寸した配列というかバランスで,様々な様相を呈する。

地球の全人口が何十億か知らないが、一つとして同じ顔がないのは,パーツの大きさと形に加え、この全体の微妙な配置の違いによるものだ。

そして我々の脳は,それぞれの顔にある感じというか,印象を持つ訳だが,それを言葉で表現はするのは必ずしも容易ではない。

顔の大きさ

最近では「小顔」が特に好まれるようだが,絶対値よりも相対値、つまり身体のプロポーションにおいて,顔がその何分の一かと言うバランス面での評価が重要である。

1953 年に伊東絹子がミスユニバース第三位に選ばれて以来、8 頭身と言う事が話題になり、事実ファションモデルなどには多く見られるが,通常は 7.5 位が望ましいとされる。

だが何故「小顔」が好まれるか？

美女の歴史をさかのぼって調べると,昔から小顔が好まれていた事が分かる.其のメッセージ性、詰まり何故我々の脳は小顔を美しく感じるのか,現時点では言いようがない。

顔の表現、形容

ここで又、よく使われる顔かたちの形容を列挙すると

①丸顔:

②細面長:

③平たい顔:

④四角な顔:

⑤三角おむすび:

⑥卵形:

⑦下膨れ:

⑧挽き臼のような顔:

⑨うりざね顔:

⑩尖った顔:

⑪パッと明るい容貌:

⑧までは の写実性（形容Ⅰ）であるが、⑨は中世の絵巻によく見られるが、何処まで写実的かは疑問である。又、⑩には多少印象であり、⑪は完全に印象というか抽象性（形容Ⅲ）といえる。

顔の輪郭

顔の輪郭だが、人類学ではペッヒの分類と言うのが存在しているが,これは犯罪者のしかも男を対象にしているので余り実用的ではなかった。

その後顔の分類は色々試みられてきたが、余り美容外科医にとって役に立つものがなかった。

その中では最近女性誌などでは髪型との関連においてつかわれる以下示す６型の分類が，おおよその顔がどれかに当てはまるので，実用的と言える。

其の６型の分類を前項の顔の形容に対比させるとこうなるのではなかろうか。

①卵顔→卵形

②丸顔→①丸顔

③三角顔→⑤三角おむすび

④面長顔→②細面長？

⑤ベース顔→？

⑥四角顔→？

ただ考え方としては，これらの形を比較して美か醜か論ずるのではなく、それぞれの形が一般的にどのような印象を与えるか、またその中での目鼻立ちのバランスに美の姿を模索した方が良いと思う。

プロフィール

我が国で「プロフィール」というと、履歴や現在の役職などを意味しするが、欧米では元来の意味である「側貌」として使われ、絵画やコインなどんでも側貌は活躍している。

これは横顔を美しく見せるには，「彫りの深さ」と「面張りの正しさ」，そして頬の「奥行きへの広さ」が条件でが，日本人の顔にはこれら三つの要素が乏しいからではなかろうか。

美しいプロフィールの規範についてはキャンパーが、顔面角による判定と言う明快な手法を考えだした．鼻下点と耳孔を結ぶヨコ線と、眉間と鼻下点を結ぶタテ線のなす角度が、80度以上あれば美しい横顔であり、この際、鼻尖と頤を結んだ直線に口唇が触れない事と言う条件（前項のＥライン）をつけている。ギリシャの女神像はこれらの条件を上回る好指数である。生体では白色・黄色・黒色人種の順に指数が落ち、サルがこれに続くなど、白人の優位を裏付ける為に使用されたので、今は用いられない。

老化と言うメッセージ

今ひとつの重大な容貌のメッセージは「老化」である。

人は「加齢」とともに容貌も体型もシワたるみがでてくる。これが「老化現象」である。

我々は本能的に「老化」を恐れるがこれを学術語では「ジェロントフォビア」という。

これが「老化」という死に至る機能低下を怯えるのか、老化した容貌自体に嫌悪感を覚えるのか，どちらが卵で鶏か、すぐに結論を出すのは難しそうだ。

これからの認知大脳生理学出の探求が期待出来るところである。

容貌の老化は、

①髪→薄毛、白髪

②額のしわ

③まぶたのたるみ

④下瞼の膨らみ

⑤頬のたるみと法令線の深まり

⑥口唇の縦じわ

⑦マリオネットライン

⑧頤のたるみ

などで特徴づけられる。

結びに

「容貌のメッセージ性」を探る旅も終わりに近づいてきた。

生まれ持った顔の造作が本人の意思と関係なく、見るものにどのような印象を与えるか、その印象を、見たものはどのように「形容」し「表現」するか？

我々が日常使う容貌に対する「形容詞」や「表現形」をピックアップして、それを発信している造作に立ち戻る事で、「容貌の持つメッセージ性」を浮き彫りにする試みであった。

そして色々な事が分かってきた。

理由はともあれ，我々はある「形」を心地よく感じ（プリージング)、それを「美」と呼ぶ。見たものがそれに引かれるという意味で「魅力」と言う言葉の方が「美」よりも扱い易いかもしれない。

だがそれと同時に、解明された疑問の一つ一つに更に二つも三つもの疑問が付け加わる。

そもそも「造作」と「表情」を分ける事は可能か。

更にまた「メッセージ」と言う言葉は幅が広い。今回扱った形だけでなく、言葉、匂い、色様々な要素が絡み合う。これらの要素を繋げる研究は未だこれからだ。

又見る側の受ける印象、その「表現形」も様々で、容貌を具体的に指している言葉もあるが、全く抽象的な印象を表す場合もある。

そして見る側の受け止め方と反応も様々で，その分析と整理も必要だが、現在この分野は「認知大脳心理学」として解明されつつある。

ところで見られる側の願いは、見る人からより好感をもたれる事だ。

これから必要な作業は、容貌の「表現形」を「造作」に落し込み、「容貌」という生まれつきの素材を、如何に装おうか、如何に表情で生かすか、つまり美的、魅力的になる為にアドバイスを与える事が出来るようになりたい。

そしてメークやエステや髪型だけでは解決の出来ない部分に関して、我々美容外科医がどのように手助け出来るか？

ぼくの「容貌のメッセージ性」を探る旅は未だ始まったばかりである。

江戸時代前期の化粧・髪型について

ポーラ文化研究所研究員
ビューティ サイエンス学会近世文化研究会代表
村田　孝子

はじめに

ここでいう江戸時代前期は、町人文化が花開いた貞享・元禄を中心に、井原西鶴の「浮世草子」から化粧・髪型について、その流行を探った。基本となった文献は、岩波書店の日本古典文学大系『西鶴集』上「好色一代男」「好色五人女」「好色一代女」と、『西鶴集』下「日本永代蔵」「世間胸算用」「西鶴織留」。そして新日本古典文学大系の「武道伝来紀」「西鶴置土産」「西鶴名残の友」「万の文反古」。また小学館の日本古典文学全集から『井原西鶴集』二「西鶴諸国ばなし」、「本朝二十不孝」、「男色大鑑」。その他「好色二代男（諸艶大鑑）」も参考にしている。取り上げた項目はいずれも、1、化粧（化粧品）、2、顔、3、香り、4、髪型・髪飾りなどである。

1、化粧（化粧品）

西鶴が描いた「浮世草子」には、いろいろな化粧と化粧品が登場している。中でもこの時期、とくに挙げられるのが、白粉（おしろい）、紅、鬢付油であろう。これらについて、当時の流行を探ってみた。

○白粉（おしろい）化粧

・水銀白粉と鉛白粉

元禄期の化粧品は、白粉と紅と鬢付油を中心に小間物屋で売られていた。素肌用の糠袋、洗い粉、化粧水なども、商品化されたものもあったが、これらは自分で作ったものが多かった。

当時の美意識は「色の白いは七難かくす」といわれたように、やはり色白で、したがって白粉の需要は多かった。当時の白粉は水銀から作った白粉と、鉛から作った白粉の二種類があった。水銀白粉は古くはハラヤと呼ばれた軽粉（けいふん）で、伊勢の射和（いざわ）で作られ、伊勢の御師が全国の檀家にお土産として配り、また、実物宣伝販売もしていたので、伊勢白粉と呼ばれていた。しかし、江戸時代に入ると白粉と同時に、駆梅剤や虱（しらみ）取り薬としての用途の方が多くなった。

一方、鉛白粉はハフニとよばれ、堺で大量生産され、大坂の道修町にある薬種問屋の販売網にのって全国的に販売された。鉛白粉の方は、比較的安価なこともあり、江戸時代に白粉というと、だいたい鉛白粉をさしていた。それに水銀白粉に比べるとイメージ作りもうまく京白粉、御所白粉（ごしょおしろい）と呼んでいた。

西鶴作品に、ただ白粉とかかれているものでも『好色二代男』巻八に、「八匁六分、白粉弐箱」や『日本永代蔵』巻一に、「此後家、今年三十八にして小作りなる女、…白粉絶えて、紅花の口びる色さめ…」などとあるが、これはおそらく鉛白粉であろう。しかし、『西鶴織留』巻四に、「扨、日本に爰（ここ）の女程（おんなほど）白粉を付る所、又もなし」とあるのは、伊勢の明野が原明星の茶屋女のことなので、もしかしたら、伊勢白粉であるかもしれない。もちろん「はらや箱に玉虫」（好色二代男・巻二）は水銀白粉、「所がらの伊勢白粉」（好色一代女・巻六）、「はらや一箱」（世間胸算用。巻一）も水銀白粉、「御所白粉を寒の水にてとき」（西鶴織留・巻一）は鉛白粉、というようにはっきりとわかるものもある。

また「土白粉なんべんかぬりくり…首筋をたしなみ、胸より乳房のあたり皺のよれるを随分しろくなして」（好色一代女・巻六）とあるのは、混ぜ物の安い白粉のことで、一名「唐（とう）の土（つち）」といった。

『西鶴織留』巻六　左

『西鶴織留』巻六　右

・上村吉弥と楊貴妃

白粉も商品化して、宣伝し、販売するようになるといわゆる現代でいうブランドイメージが大切であることは、今も昔も変りはない。「上々吉弥白粉かけねなし」(男色大鑑・巻六）とあるのは、延宝の名女方上村吉弥が引退後、四条通り高瀬川の橋詰に開店した白粉店の看板である。

『男色大鑑』巻六に、「銘々の楊貴妃おしろいありがたし」。『西鶴織留』巻五に、「一度の大願にやうきひの匂ひ粉をぬりくり、寒紅も此時の用に立…」などとあるのは、いずれも天下の美女、楊貴妃の名を借りたイメージ作りである。

西鶴作品ではないが、享保9年（1724）刊の『知恵海』にも「楊貴妃薫身香」、時代は下がって文化年間になるが『都風俗化粧伝』に「楊貴妃秘法内宮玲瓏散」とあるなど、楊貴妃の名は元禄時代以降、理想的美人像だった。

・薄化粧・濃化粧

白粉、あるいはおしろいと書いても商品名を指すのではなく、「白粉化粧」を意味する場合もある。「毎日薄おしろいをする出家あり」（西鶴織留・巻五）、「忍び忍びの薄白粉」（好色五人女・巻五）などである。興味深いのは、『好色二代男』巻四にある「当世男の川原者の風俗をうつして、中折の髪先、ぬぐひ白粉の地皃など見て、〈あんなをほしや〉と、思ふもくからず…」とか、『世間娘気質』巻四にある「娘の身にしては、当世男の伊達を好む風俗、中折の髪先、ぬぐひ白粉の地顔などを見て〈あんなをほしや〉と思ふもにくからず」とあるのを見ると、男も伊達男は薄化粧していたことがわかる。この「ぬぐひ白粉」というのは、白粉を塗ってはぬぐい落し、また塗ってはぬぐい落すという薄化粧のことである。

白粉化粧は、一般に上方は濃く、江戸は薄い。それも官女や遊女は濃く、庶民は薄い。江戸時代初期の慶安3年（1650）刊『女鏡秘伝書』にも、「おしろいをぬりて、そのおしろいすこしものこり侍れハ、見ぐるしきものなり、よくよくのごひとりてよし」とあるが、この薄化粧をよしとする美意識が元禄期の伊達男にも引き継がれていたのであろうか。「うす化粧して黛こく」(好色一代男・巻三）のほか、前に引用した「薄おしろい」、「薄白粉」などを見てもうなづける。

○紅化粧

白粉が薄化粧をよしとしていたと同じように、紅化粧も薄かった。『好色一代男』巻三に、「上方のはすは女とおぼしき者十四、五人も居間に見えわたりて、其有様笑しなげに髪ぐるぐる巻て、口紅粉むさきほど（品がないほど）塗て」とあるように、濃いのは品がないといわれていた。

『好色一代女』巻五にも、傳受女（風呂屋女）について、「暮方より人に被ける皃なればとて、白粉にくぼたまりを埋み、口紅用捨なくぬりくり…」と商売女は、紅を濃く塗っていた。同じく巻六の夜発（夜鷹）の化粧についても、「土白粉なんべんかぬりくり、硯の墨に額のきは（際）をつけ、口紅をひからせ…」とあるのは、口紅の下塗りに墨を塗り、濃く暗緑色に光らせる、いわゆる笹色紅のことであろう。

○伽羅の油

白粉、紅のほか、化粧品小間物屋で売っていたものに「伽羅の油」がある。元禄期には髪型の美意識が高まり、多様化し、髪飾り品が発達したが、それらを装飾するためには髪型を固定し安定する必要があった。そのためには元結だけでなく、鬢付油を使わなければならなかった。その鬢付油の代表的なものが「伽羅の油」と呼ばれるものであるが、伽羅といっても、最高級の香木「伽羅」が配合されているわけではなかった。丁子や麝香、龍脳などを調合した大変良い香りであるが、しかし、強い香りだったので、鬢付油であると同時に、芳香性の化粧品でもあった。

もっとも、この流行は元禄以前からあった。明暦２年（1656）の『玉海集』に「薫れるは伽羅の油か花の露」とあるのを見ると、「花の露」という香りの良い化粧油とともに、江戸の町は馥郁たる芳香に包まれていたことがわかる。

元禄頃、歌舞伎などで「曽我もの」が大当たりをしたが、近松の『曽我五人兄弟』の虎少将道行に「いとし殿御と伽羅の香は、幾夜泊めても泊めあかぬ」とあり、この頃、いわゆる伽羅節の流行ったことを考えると、やはり留木の方が上品な香りなので愛されていたことがわかる。『玉海集』の「薫れるは…」というのは、「あの強い香りは…」という顰蹙の情景かもしれない。

西鶴作品の中に、伽羅の油の記事の少ないのは、たとえば『好色一代女』巻五に、「客馳走のために蓮葉女といふ者を拵へ置ぬ。是は食炊女の見よげなるが…吹鬢の京こうがい、伽羅の油にかためて…」とあるように、あまり強い香りなので、上品な女性からは敬遠されたのであろうか。これ以上の記述はない。

ここで、これまで「強い香り伽羅の油」と記述してきたが、その処方によって知ることができる。元禄より少し下がるが享保９年（1724）刊、藤井政武著『新智恵海』などに伽羅の脂の処方が５種類ほど紹介されている。以下はその１例である。

一、　唐蝋八両　松脂三両　甘草二両　丁子七分　白檀壱両　茴香四分　肉桂三分

青木香四分　まんていか、胡麻油。加減してよく煎じつめ、絹袋にて漉し、麝香、

龍脳三分　合せ練

とある。丁子と白檀を加えて、この最後に加えた麝香、龍脳によって芳香を発するのであるが、強い香りであったことは理解できるであろう。

○その他

その他の化粧品としては、「花の露」、「丁子油」、「兵部卿」、「鬢水」、「梅花香」、「柚子の水」、「京の水」、「際墨」、「洗い粉」、「眉墨」などがあったが、このうち「花の露」、「兵部卿」などの処方は、『智恵海』や続刊された『拾玉続智恵海』、『拾玉新智恵海』などに収載されている。これらは商品化されたものであるが、各自、家庭でも作ったものと思われる。

○化粧品・小間物見世

白粉と紅、髪油、伽羅の油は、個人でつくれないこともないが、専門の業者がいて製造から販売まで行っていた。特に、白粉は鉛白粉も水銀白粉も大量生産し、白粉店に卸した。『西鶴織留』巻六に、「四条通の白粉屋の見世に…」とあるのは、延宝の末（1650年頃）歌舞伎の名女形上村吉弥が京都四条通りに白粉屋を開いたのを嚆矢として、歌舞伎役者の白粉店が軒を連ねていたことを示している。

『好色一代男』巻二に、「芝神明前花の露屋の五郎吉、親かた十左衛門とぞ申」とある花の露屋は有名な化粧品屋であった。「花の露」という化粧水か、香い水のように思えるが、これも前述の『智恵海』には３種類の処方が出ている。その１例を挙げると、

「花の露」

一、龍脳六匁　片脳七分　この二色を胡桃の油五斤入て成程よくすり。白檀十匁細に刻ミ、油廿匁によく浸しをき。絹に包て志ぼり。白檀をすて、油ばかりを用ゆ。唐蝋十五匁と油四拾匁入、せんじ、右龍脳、白檀の油と合てこすなり。とある。このほかの２例も大体同じような処方で、おそらく匂いの強い髪油か、柔らかめの鬢付油であったと思われる。

同じようなものに「兵部卿」がある。いずれも『西鶴織留』巻五に「髪の油売」、『好色一代男』巻六に「匂ひ

油売の太右衛門」とあるように、専門の小売り店と、行商があった。その他は、一般に小間物屋で売られていた。紅専門の店もあったであろうが、、西鶴作品には出てこなかった。

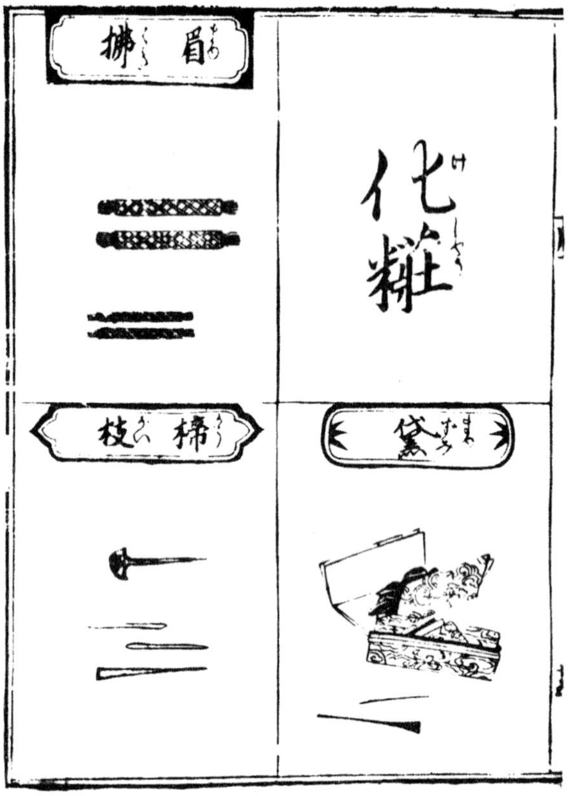

『女用訓蒙図彙』化粧

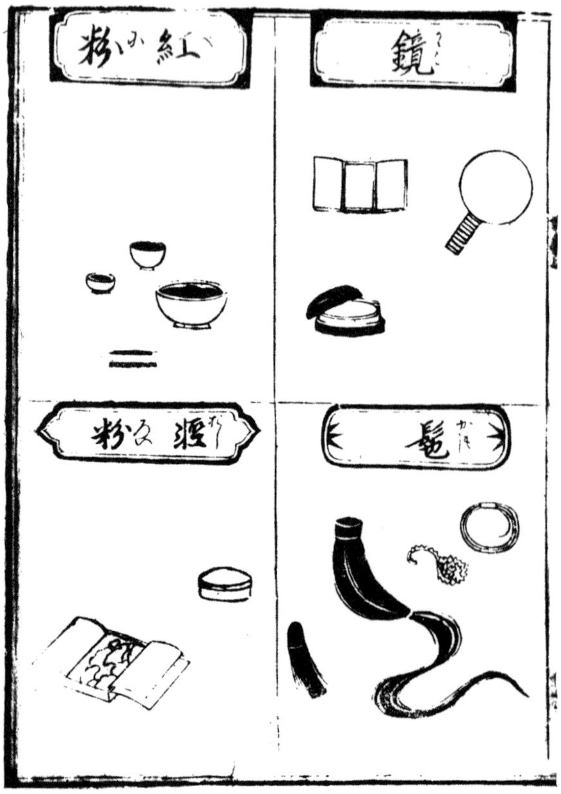

『女用訓蒙図彙』紅・ほか

2、顔・皃

西鶴作品では、顔の字５例に対して、皃の字が21例と圧倒的に多い。これは明らかな使い方をしているのかどうか不明である。例えば、「当世女は丸顔、桜色」（好色二代男・巻一）と、「当世皃は少し丸く」（好色一代女・巻一）を比べてみると区別して使い分けているようにも思える。しかし、ここでは現代使われている顔と皃を同じものとして、元禄時代の顔立ちを探ってみた。

この時代、好ましく思われていた顔立ちは、丸顔であるとした例は４例。これに対して、好ましくないとした顔「中びくなる皃・ぐるり高な皃」も４例あった。顔色については「色の白い皃」が４例。それも「素皃でさへ白きに、御所白粉を寒の水にてときて、二百へんも摺付」（西鶴織留・巻一）とあるのをみると、白いが上にも、なお白くなろうと、丹念に白粉を塗っていた様子が伺える。

丸顔が元禄時代の好みであるが、「娘はおもひの外美形にそだち」（好色二代男・巻四）とか、「形すぐれて一国是ざたの娘なり」（本朝二十不孝・巻一）というように、目鼻立ちの整ったという条件についても、「美形」３例、「艶形」１例があった。

具体的には「年の程三十四、五と見えて、首筋立ちのび、目のはり、りんとして、額のはへぎは自然とうるはしく、鼻おもふには少し高けれど、それも堪忍此なり」（好色五人女・巻三）。「さては縁付前か思ひしに、かね付て眉なし、皃は丸くして見よく、目にりはつ顕れ、耳の付やうしほらしく、手足の指ゆたかに、薄皮に色白く」（好色五人女・巻三）。また、『好色一代女』巻一にも、「当世皃は少し丸く、色は薄花桜にして、面道具の四つふそくなく揃へて、目は細きを好まず、眉あつく、鼻の間せはしからず、次第高に、歯並あらあらとして白く、耳長もあって縁あさく、身をはなれて根迄見へすき、額はわざとならず。じねんのはへどまり、首筋立のびてをくれなしの後髪、手の指はたまには、長みあった爪薄く、足は八もん三分に定め、親指反てうらすきて…」と、詳しく表現している。

西鶴はまた、小袖の上から見た女体美を観察し、同じ『好色一代女』巻一の「当世皃は」に続いて、「胴間つねの人よりながく、腰しまりて、肉置（しし）たくましからず、尻はゆたかに、物腰衣装つきよく…」と、菱川師宣の「見返り美人」を彷彿させる描写である。

3、香り

○香木と名香

この、元禄を中心とした時代の「香」りに、大きな特色のあることはすでに知られている。つまり、古代からの香木や練香を焚いて衣服や髪、文書などに香を焚きしめる留木、あるいは留気とも書いた風習が、この時期を境にして「伽羅の油」という鬢付油の強い匂いによって衰退していった、ということである。

一方、聞香という香を聞きあてた文化は、室町時代から茶道、華道とともに香道へと発展し、元禄時代に入って隆盛を極めた。

いずれにしても、香木の代表である伽羅という言葉は、頻繁に西鶴作品に登場してくる。伽羅のうち、明らかに香木と思われるものは22例で、「伽羅のここち」（好色一代男・巻二）というような形容詞としても使われていた。

その他、香木としては名香（実際には伽羅）4例、沈香1例、焼物1例であった。それに対して留木は6例、薫物1例であったが、ともかく香り高い元禄時代であった。

ところで、名香であるが、作品中に、はっきり香銘が書かれている。たとえば「肌に明暮といへる名香を焼きしめ」（男色大鑑・巻五）、とあるこの「明暮」は、志野流の雑之部に収載されている香銘で、木所（香木の種類）はもちろん伽羅である。

「金右衛門こころを配りてみるに、鵜飼百度髪いそがずなで付させ、香炉ふたつを両袖にとどめ、室の八島と書付の有し箱（香箱）より、立のぼ煙をすそにつつみこめし」とある、「室の八島」は「立ちのぼる煙は雲になりにけり、室の八嶋のさみだれのころ　家隆（新後撰集）」からとったもので、志野流の名香。木所は伽羅の上の中である。

ちなみに、「室の八嶋」は栃木市惣社町にある大神神社の境内にある池で、そこは常に水蒸気が立ち昇り、煙りのように見えているところから歌枕に使われてきたという。

また、「一炷のかおりを通り、かげに聞くに、おそらくは、この国の守の御物、白菊にもおとるまじきすがりなり」（男色大鑑・巻二）とある「白菊」は、一木の香木に三つの香銘がつけられた世にいう「一木三銘」の名香のことである。

三銘中、「初音」は細川家、「柴舟」は伊達家が分かち持っていたが、寛永三年九月六日、後水尾帝が二条城行幸のおり、細川家の名香を所望されたので分包献上したもので後水尾帝が「白菊」と名づけられた、という名香である。（空華菴忍愷著『香会余談』）。もちろん、木所は伽羅。

○聞香

前述した名香はいずれも聞香に使うのであるが、西鶴作品のなかに聞香の記述は少ない。しかし、組香のいちばん基本的な十炷香が『男色大鑑』巻八にあった。「慰みさまざま見たり、聞たり、十炷香、すてれば力もいれずして楊弓の星の林…」というのは、三種の香を三包づつ、つまり九包に、試みのない香一種を加えた合計十包を炷き出し、出香の順番を当てるという遊びである。

志野流香道では試みあるものを十種香といい、ないものを十炷香と名づけたという。ともかく、やさしい組香なので、すぐにあきてしまったのであろう。

『好色二代男』巻三に、「（大坂新町の）扇屋の（遊女）萩野、おくれ（毛）なしの二つ折に、髪先長く、丸皃のうつくしさ。沖之丞（萩野専属の引船女郎か）に源平香合の道具もたせて、静かに豊に行を…」とある。これは香道の組香という遊びのうち、いわゆる盤物とよばれるもののひとつで、競馬香、矢数香、名所香、それに源平香を加えた四種盤に入っている。これは源氏方と平家方の二組に分かれ、香を聞きあてた方が盤上の旗をひと駒づつ進めて勝負を競う遊びである。

また、『日本永代蔵』巻一に、「惣じて大坂の手前よろしき人、代々つづきしにはあらず大かたは吉蔵、三助がなりあがり。銀持になり、其時をえて、詩歌・鞠・楊弓・琴・笛・おとこ鼓・香会・茶の湯も、おのづから覚えてよき人付会…」とあるように、男でも成り上がり者の習い事のひとつに、聞香のあったことがわかる。

実際、志野流門人帳によっても、江戸時代は茶・華・香の門人は男がほとんどで、女は少なかったことが分かっている。残念ながら聞香（香道）の記述はやはり少ない。

○留木と伏籠

髪や衣装に香を留める留木には、衣装の場合は「太夫絶ちり、ふせ籠に掛し衣装…」（好色二代・巻六）とあるように伏籠を使った。伏籠は香炉の上に被せる大きな金属製の籠で、その上に衣装をかけて香を留めた。しかし、この時代になると、木製の櫓が多く使われるようになった。香道では香木を米粒大に小さく割って使うのと、煙りの出るほど強い火力で焚いてはいけないのだが、留木の場合は、聞香のような少しの量では香が留まらないのであろう。『好色二代男』巻六に、「留木の煙たちならび…」とあることからもわかる。

また、伏籠を使わないで、小さな香炉を使う場合もあった。「香炉ふたつを両袖にとどめ」と『好色二代男』巻六にあるが、香炉にはこの袖香炉のほか、「雲竜の卓香炉」（好色二代男・巻三）などのあることもわかった。

この留木の風習を衰退させたのは、伽羅の油という強い香りの鬢付油であるが、これについては伽羅の油のところで述べた。

4、髪型・髪飾り

○下げ髪とぐる髷

天和２年（1682）に書かれた『好色一代男』には、主人公が男だったこともあってか、当時流行の髪型らしい記述は見当たらない。ただ、巻一に「抑丹前風と申は、江戸にて丹後殿前に風呂ありし時、勝山といへるおんなすぐれて情もふかく、髪かたちとりなり袖口廣くつま高く、…」とあり、勝山髷をあみ出した遊女勝山のことが書いてある。

その他は、「下の関いなり町に行て、詠やるに、女郎は上方のしなしあつて取乱さず、髪さげながら大形はうち懸、…」として下げ髪を、また「其まま美しき皃にも是非おしろい身を塗くり、額は只丸くきは（際）墨こく、髪はぐるまげに高く、前髪すくなくわけて…」とあったり、「上方のはすは女とおぼしき者十四、五人も居間に見えわたり、其有様笑しなげに髪ぐるぐる巻て、口紅粉むさきほど塗て…」とあり、下げ髪とぐるまげ、ぐるぐるといった髪型が登場している。ぐる髷、ぐるぐるは、どうやら同じ髷のことらしく、頭上でぐるぐる巻いたところから来た名前であろう。簡単な髷なので、遊女などに結われていた。

名前は寛文頃から見えていて、元禄頃には一般に流行し、正徳頃まで結われたらしい。曳尾庵（加藤玄悦）の随筆『我衣』に「正徳の頃より、下女もべっ甲を用ひ、ぐるぐる結ひなり」とあるのが、それである。こうして『好色一代男』から、当時の女性の髪型を探ってみたが、島田髷や兵庫髷、勝山髷といった主流の髪型は登場してこなかった。

ただ、挿し絵には、兵庫髷、島田髷とみえる髪型の女性は描かれている。西鶴は、この頃、まだ髪型の名まで関心がなかったのか、それとも、とくに流行していた髪型が、この下げ髪とぐる髷だったのかもしれない。

○鼈甲の櫛と平髻

江戸初期のような垂髪が主だった頃は、元結や丈長(たけなが)などといった髪をまとめるものだけが用いられ、装飾的な櫛や簪などは発達していなかった。しかし、明暦頃（1655~58）になると、黄楊の櫛と鯨の笄が用いられたようで、『我衣』にも「明暦年中迄は、大名の奥方ならでは、鼈甲も不用、遊女といへども、つげの櫛に鯨の棒かうがいにてすみぬ」とある。材質も黄楊や鯨のほか、鼈甲も用いられていたが、ただし、鼈甲は大名の奥方といった身分の高い女性が用いていたようだ。

それが『好色一代男』の書かれた天和になると、前述したように鼈甲の挿し櫛が使われていたようで、（巻三）に「< 鼈甲のさし櫛が本蒔絵にて、三匁五分で出来る > などとしたなく申せしは聞て戀も覚ぬべし」とか、「しぶりかはのむけたる女は心のまゝ昼寝して、手足もあれず、鼈甲のさし櫛、花の露といふ物もしりて」とあり、櫛の値段、そして、大名の奥方でなく遊女までが鼈甲の櫛を挿していたことがわかる。

そして、（巻四）には、「黄楊の水櫛落てげり。< あふら臭きは女の手馴れし念記ぞ、是にて辻占をきく事もがな >」とあり、ここでは辻占いに黄楊の櫛を使った様子が描かれている。その他、櫛以外の髪飾りについてみれば、「どし（京誓願寺前及び摂津堺旦過小路から出る帯地で、琥珀織・薩摩織・七子織に類似した生地）の帯前結びに、平髻ふとくすべらかしに結びさげ…」（巻三）とか、「前髪すくなくわけて水引にて結添」（巻三）とあったり、「髪ちご額にして金の平髻を懸（かけ）て」（巻七）と書かれているところから、平髻や水引が使われていたことがわかる。

○五人女は黒髪で表現

貞享３年（1686）に書かれた『好色五人女』を見てみ

ると、（巻二）の樽屋おせんの物語には「かい角ぐりて、臺所へ出けるを、かうじや（麹屋）の内儀見とがめて気をまはし…」とある。かい角ぐりは、簡単にぐるぐる巻にした髪型。

また、（巻三）のおさん茂右衛門の物語には、「三つ重たる小袖、昔くろはぶたへに裾取の紅うら、金のかくし紋、帯は唐織寄嶋の大幅前にむすびて、髪はなげ島田に平髻かけて、對のさし櫛、はきかけの置手拭、…」と、なげ島田が登場している。

また、はっきりと髷という名称ではないが、「女いまだ十三か四か、髪すき流し、先をすこし折もどし、紅の絹たたみて結び、前髪若衆のすなるようにわけさせ、金髻にて結せ、五分櫛のきよらなるさし掛、まづは美しさ…」とあり、若い娘が髷を二つ折りにした若衆髷のような髪型をしていたようだ。若い娘だからこそ似合う髪型で、年増では、できない髪型である。その他、三人の女たちには「黒髪のすへを切添」とか、「黒髪を結せてうるはしき風情」といった表現で、何々髷といったような、髪型では出てこなかった。髪飾りについても、『好色一代男』とほとんど一緒であったが、ただ前述の（巻三）に「對のさし櫛」と「五分櫛のきららなるさし櫛」とあるのが目を引く。對のさし櫛とは、二枚櫛のことであろうか。二枚櫛が流行するのは、安永から天明頃（1772~89）で、この頃挿していたのか、そういった絵をまだみたことがない。また、五分櫛というのは、幅が五分（約15cm）あるということであろうか。髪型にしろ、髪飾りにしろ、数はあまりなく、むしろ髪飾りの方が目立った。

○一代女と島田髷の隆盛

一方、『好色五人女』と同年の貞享３年に書かれた『好色一代女』には、つとなしのなげしまだ、こまくらなしの大島田、平曲げの中島田、下島田、引しめ島田といった島田髷の名が登場してくる。（巻一）に「人まかせの髪結すがたも気にいらず、つとなしのなげしまだ、隠しむすびの浮世髻といふ事も、我改ての物好み…」とあり、宮中に勤めていた主人公の女性が、平凡な髪型では気に入らなかったのか、当時、遊女などに流行していた、つとなしのなげ島田を結った、というのである。

同じく、「我はつき出しとて俄かに風俗を作れり。萬、町がたの物好とは違へり。眉そりて眉墨こく、こまくらなしの大嶋田。ひとすぢ掛のかくしむすび、細畳の平髻、をくれはかりにも嫌ひてぬき揃へ、…」と（巻一）にあるのは、その後、島原の遊女に身を落したところである。

この時代、大島田が大流行していた。この髪型で島原に出ていたのであろう。同じ島田系ではあるが、主人公の身分や環境から、西鶴は髷の種類を分けて書いていたと思われる。（巻三）に、「大文字屋といへる呉服所へ腰元づかひに出ぬ。…我、後帯は嫌ひなれども、それぞれの風義に替て、黄唐茶に刻稲妻の中形、身せばに仕立、平髷の中嶋田に掛捨の髻…」とあり、今度は呉服屋に奉公した時の様子である。

遊女の時とは違って、商家へ奉公する身である。派手な大島田などには結わず、少し小さめの中島田に結っている。「烏羽黒の髪の落ち、みだれ箱、十寸鏡の二面、見しや化粧べやの風情、女は髪かしら姿のうはもりといへり。我いつとなく人の形振を見ならひ、当世の下嶋田惣釣といふ事を結出し、去御かたへ御梳にみやづかひをつかまつりける。其時にかはり、兵庫曲ふるし、五段曲も見にくし、むかしは律義千万なる人の女房かた気と申侍りき。近年は人の嫁子もおとなしからずして、遊女かぶき者のなりさまを移し、…」と同じく（巻三）にある。女はなんといっても、髪の格好のよいのが一番大事として、流行の下島田などを結っていたが。その腕を買われてか、主人公はある貴人の家の髪結係りとして奉公することになった。流行の下島田というのは、投島田と同じ髪型である。髷尻が下がった格好だったのだろう。また、ここでは島田髷のほかに、兵庫髷、五段髷といった髪型を挙げているが、島田髷が隆盛を誇っているなかで、兵庫髷や五段髷は、すでに時代遅れの感があった。

その他、面白いのは、引用の最後のところで「近年は人の嫁子もおとなしからずして、遊女かぶき者のなりさまを移し、…」とあり、おとなしく家事などに専念しなくてはならない嫁でさえも、ファッションに関して、遊女や歌舞伎者の真似をしていた、というのである。女性が世の中の流行や、いろいろな事に関心を持ち、活発になってきたということなのだろう。話はまだ続いて、この奉公先で「奥様」に自分の髪について、秘密を打ち明けられた。「＜此うへは身の程を語べし。人におとらぬ我ながら、髪のすくなくかれがれなる事のなげかし。是見よ＞と引ほどき給へば、かもじいくつも落ちて、

<地髪は十筋右衛門>と、うらめしそうに、御泪に袖くれて…其程すぎて筋なきりんきあそばし、我髪のわざとならず長くうるはしきをそねみ給ひ、切とはめいわくながら、主命是非なく…」と書かれている。「奥様」は、まだ二十歳にもなっていないのに、髪が少なく、髢で補っていた。その反対に主人公の髪は、生まれつきたっぷりとした黒髪だったのだろう。妬まれて、髪を切れと、再三迫られたので、勤めを辞めたいといったが、許されなかった。それならばと、猫を手なずけて、髪に飛びかかるように仕向け、仕返しした、という話になっている。

『好色一代女』巻三　右

『好色一代女』巻三 左

この内容は、髪型ではないが、「髪は女の命」と諺にいわれた時代である。女性の髪に対する思い入れが強く出ている。今から見ても身につまされる話である。一代女の話は、だいぶ進んで、さらに身を持ち崩し風呂屋女になっている。（巻五）に「一夜を銀六匁にて呼子鳥、是傳授女なり。覚束なくてたづねけるに、風呂屋者を猿といふなるべし。此女のこころざし・風俗、諸国ともに大かた變る事なし。身持は手のものにて日毎に洗ひ、押し下げて大嶋田、幅畳の髻を菱むすびにして、其はしをきりきりと曲て、五分櫛の眞那板程なるをさし、暮方より人に被ける皃なればとて、白粉にくぼたまりを埋み、口紅用捨なくぬりくり…」とあり、根の下がった大島田に結っている様子がわかる。髷には目立つように、幅の広い平髻を菱形に結んで、その端をきりりと曲げ、俎板のように大きさの櫛をさしている。

（巻六）になると、主人公はすでに六十五歳になり、遊女、それも最下級の夜鷹にまで落ちぶれている。「夕食過より姿をなし、土白粉なんべんかぬりくり、硯の墨に額のきは（際）をつけ、口紅をひからせ、首筋をたしなみ、胸より乳房のあたり皺のよれるを、随分しろくなして、髪はわづかなるを、いくつか添入て、引しめしまだ（引きしめ島田）に忍び髻三筋まはし、そのうへに長平紙を幅廣を掛…」

年とともに落ちぶれ、「唐の土」という安白粉で顔や首、胸の辺りまで白くし、口紅をつけ、少なくなった髪には添髪をして、引しめ島田に結い、丈長を掛けている。島田髷は、基本的には若い女性の髪型である。六十五歳で島田髷を結って若作りしたとしても、三十代には見えないだろう。江戸時代、「三十振袖、四十島田」という言葉があった。年配の女性が年齢不相応の若い服装や髪型、化粧などをすることである。今とは違って、江戸時代の真っ暗な夜であれば、化けられるであろうが。なにか哀れな一代女のなれの果てである。

○『日本永代蔵』に出てくる丸髷

貞享５年（1688）に書かれた『日本永代蔵』には、ほとんどといっていいほど髪型の記述はない。ただ、一ヶ所、（巻二）に「娘おとなしく成て、…八才より、墨に袂をよごさず。節句の雛遊びをやめ、盆に踊らず。毎日、髪かしらも、自ら梳て、丸曲に結て、身の取廻し人手にかからず」と書かれ、丸髷を結った娘が登場している。

丸髷は一般的には、既婚女性の髪型であったが、この頃はまだ、後世の勝山髷系のような型でなく、たぶん笄を挿したあと、その笄に巻いたもので、娘でも結っていた髪型であったらしい。

ところで、丸髷はいつ頃から始めたのだろう。生川春明の『近世女風俗考』(1838)によると、「丸髷と云振りあり明暦万治より古きものにはみへず元禄宝永の比より享保寛保のころおひ、いたく事行れり、…『女重宝記』にぐるぐる丸髷とあり、…『続連珠』延宝四年印本北村季吟撰　丸わげか渦まく影の柳髪　卜琴　藤かづらしてや丸曲やなぎ髪　可道」とある。これによると、丸髷という名前は明暦頃が一番古いようで、『続連珠』(1676)も、艸田寸木子の書いた『女重宝記』(1692)もぐるぐる巻いたものを丸髷といったようである。この丸髷は、自分でも簡単に結えたためか、元禄頃から宝永にかけて流行し、享保頃まで結われたらしい。

○貞享に書かれた髪型資料『女用訓蒙図彙』

貞享4年(1687)、奥田松柏軒が婚礼の儀式について婦人の心得や、生涯の儀礼、教養、さらには髪型について書いた『女用訓蒙図彙』を参考に、西鶴が描いた髪型と比較してみたい。『女用訓蒙図彙』に掲載されている髪型は、巻三(髪の事)にある。女性の髪型十図(下髪、御所風、椨枝髷、嶋田曲、角髻曲、傾城、遣手、子髻)と額の形二図(丸額、火塔口)、男性の髪型四図(若衆、若衆、角前髪、野郎)があり、計16図になっている。

これらの図の詞書の一部を紹介すると、「髪は島田かうがい最仆よし今やうのつとなしのやつし島田はにあふ人と似合ぬ人あり。年ざかりにして。色きように、めもとに愛ある顔にはよし。髪をいたくしめ、びんをひつこくゆへに顔にかと(角)あるやうにすげなくみゆるなり生れつきけんなるかほにはあしし、これ遊女の風なり。…かうがひわげは下髪せし奉公人など其つとめしまひ。ちうちの局などにいりくつろぎ。又はをのがじじうち寄比、下髪は身持むづかしきゆへにくるくるとまはしてかうがひにて仮にしめをきたるなり。其様おもしろしとて、いつしか常振になりたるなり。すゑの世には下髪せぬきはの人柄もなべてかうがひわげをするなり。むかしは遊女が下髪をしたるとかや…」と書かれている。

ここでは、島田髷、笄髷、下げ髪の三種が主流であったと思われる。『好色一代女』の中では、「兵庫髷ふるし、五段髷見にくし」とあったが、兵庫髷は依然として結われていたことと、五段髷は、ここでは登場していない。その他、傾城とあるのは、図を見ると投島田のようである。又、遣手は、御所風とよく似ていて、元禄頃には廃れたらしい。その他『日本永代蔵』に書かれた丸髷は、この『女用訓蒙図彙』の出た翌年に書かれているので、ここには登場していない。

『女用訓蒙図彙』三から

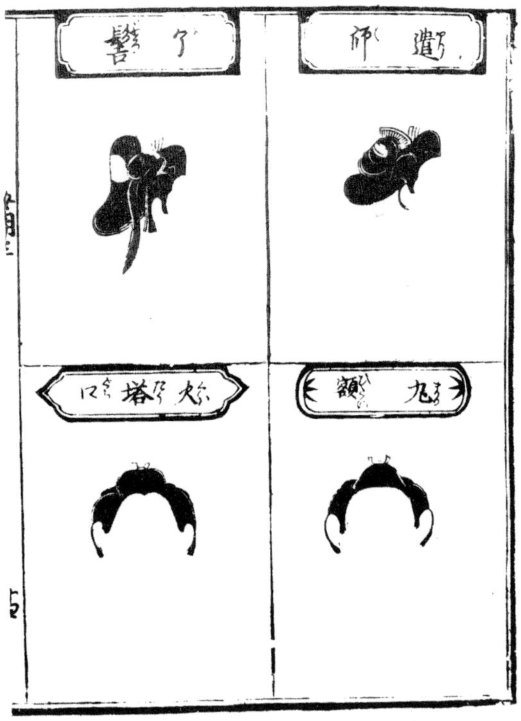

『女用訓蒙図彙』三から

○元禄時代は髪型より髪飾り

井原西鶴が元禄時代（1688~1703）に書いたものに、『世間胸算用』、『西鶴置土産』、『西鶴織留』と『西鶴か名残の友』、『万の文反古』などがある。これらの中の髪型らしきものが出てくるのは、元禄7年（1694）の『西鶴織留』だけで、それも（巻六）の「むかしの形替りて、浅黄の古袷ﾌﾙｱﾜｾの右の片袖紙子縫つぎたるを、霜月比の風をしのぎ、観世こよりの帯して、髪はならずまげにも結ず、廿日もゆあみせねば、其身毛虫のごとくなりて、…」とある、ならず髷だけであった。

このならず髷は、ぐるぐる巻きにひっつめた髪型のようで、身代がならず、すなわち貧乏人の女の髪風というところから、この名がついたらしい。そして、この文章をよくよんでみると、そのならず髷も結っていないというのであるから、髪型というより、ひどい貧困の状況を表すのに使っていたのである。

ここで、前出の元禄5年にかかれた『女重宝記』の中から、髪型について見てみよう。「女けしゃうのまき—女の髪のめでたらんこそ人の目だつあれとつれづれ草にもかきたれば女風流の第一は髪也。…髪ゆひやうの事。ひゃうご。ふきわげ。かご嶋。つのぐりわげ。ぐるぐる丸まげ。五だんまげ。下髪。かうがひ。大しまだ。やつし嶋田。此外さまざまの結やう有といへ共、上々は下髪、町風は京も田舎も嶋田、かうがひの二色…」とあり、上流階級の女性は下げ髪、町方は、京でも田舎でも島田髷と笄髷であった。

○米三石の髪飾り

その代わり、髪飾りについてはいくつか書かれている。『世間胸算用』には、当時の値段が書かれていて面白い。（巻一）に「小判二両のさし櫛、今の値段の米にしては本俵（ほんびょう）三石あたまにいただき、襠（ゆぐ）も本紅（ほんもみ）の二枚がさね、しろぬめの足袋はくなど、むかしは大名の御前がたにもあそばさぬ事、おもへば町人の女房の分として、冥加おそろしき事ぞかし。…」とある。ここは当世女房（とうせいにょうぼう）気質（きしつ）として、女主人がいかに贅沢をしているかを書きあらわしている。鼈甲の櫛が小判二両、今の値段の米にして本俵三石に相当するという。とすると、米一石銀四十匁、金一両六十匁替として、米三石で金二両になる、という計算である。このことは、『我衣』にも「元禄の頃より、世上活達になりて、鼈甲もはやあきて、蒔絵などかゝせ、鼈甲も上品をえらび、価の高下にかかはるといへども、金二両を極品とす…」とあり、これは当時としては、大変高価で、贅沢品であったことがわかる。

また、『西鶴織留』には、髪飾りにも細工が施されていることが分かる。（巻一）には「今是のおかたの常住の風俗を見るに、…藤車の紋所を碓程にして付て、役者のきそふなる袖口、百品染の白じゅすの帯を、腰の見えぬほどまとひ、すき透りの玳瑁（たいまい）のさし櫛を、銀弐枚（ぎんにまい）であつらへ、銀の弄（笄）に金紋を居させ、さんごじゅの前髪押へ、針がね入の匕髻（はねもとゆい）を掛て、…」とある。梳き透りの玳瑁というのは、この時期、最高級の鼈甲櫛には斑が入っていなかったのだろう。また、銀の笄というのは、鼈甲の笄の頭部に銀細工の飾りを付けたもので、金紋を透彫りにしたものらしい。これも『我衣』に「元禄年中、京都細工にて、銀にて角切かくの内、或は丸の内に種々の紋を彫すかしにして、鼈甲の頭にさす、櫛の棟（むね）にも、銀にて梅の枝或は唐草などをすかし、さやのやうにはめたり、重きゆへ髪下るとて、後は不用…」とあるのが、この銀の笄のことだろう。

そして、珊瑚珠の前髪押えとは、珊瑚珠のついた櫛らしく、貞享3年（1686）の『本朝十二不孝』には、「母も今は堪忍ならず、手元に有し爪切持て立れしを、娌、懐（いだき）とめて、漸ゝに是を詫済（わびすみ）して、片陰に立忍び、うつくしき髪押へのさし櫛・笄を抜出し…」とあり、髪押えのさし櫛としているところがある。普通の櫛は飾りを目的とし、髪押えは、髪飾りと、髪の根元を押える目的があったのだろう。

また、針金入りの匕髻は、平髻をより目立つように、上に反らせるために針金が付けられたのである。

このように、髪型は貞享頃と同じような髪型が流行していたが、髪飾りは、華やかさと、技巧が加わってきたことが分かる。

中世絵巻に見るヒゲの研究

学校法人全国理容中央学園
中央理美容専門学校校長
堀　純

ヒゲの影響力

今、日本では若い男性の間でファッションの一つとしてヒゲの流行がみられる。男であれば、誰でも一度はヒゲを生やして見たいと思うものだ。それはヒゲによる容貌の変化を楽しみたいからだろう。

昭和 55 年タクシーの運転手のヒゲのことで裁判になったことがあった。タクシーの運転手がヒゲを生やしてはサービス業という職業柄、あまり好ましくなく、職務規定に違反すると会社は考えた。それに対し運転手の方は、個人の自由を束縛するものだ、と訴えて、裁判になった。判決は 12 月 15 日に出て、運転手の主張が通り会社の敗訴となった。その頃は社会的な常識として、ヒゲは特別な人が生やすもので、サービス業のタクシー運転手としては印象が良くない、という考え方があったからだろう。これはヒゲの容貌がマイナスに働くことがあるという一例である。

アメリカでも 1958 年にニュージャージー州アズベリーパーク市で、ひげを生やしたタクシー運転手を締め出す条例を出した。理由は、ヒゲを生やした運転手はお客に悪い印象を与えるから、ということだった。

現在ではヒゲに対する見方は変わってきているが、ヒゲが顔の印象に大きく影響を与えることは確かである。現在、若い人たちの間で流行しているヒゲは、そんな大げさものでなく、眉毛を剃って形をつけると同じように、見映えが何となくカッコよく、個性が表現できるから、などというファションとしての流行である。

ヒゲが男性の容貌に与える影響は大きい。そのため時代によっては身分、地位、職業などの区別に利用されていたこともある。ヒゲは人種による毛質の差があり、歴史の中でいろいろな役割をしてきたことは確かである。

ヒゲとは何か

人間の頭部に生える毛は髪といい、顔の部分に生える毛はヒゲという。ヒゲとは正確には、口の上下、あご、頬の部分に生える顔全体の毛のことをいう。この毛が顔全体の場合は単にヒゲというが、生えている部分によっては、それぞれ名称が異なる。口の上だけの場合は口ヒゲ（ムスターシュ mustache）日本では髭と書き、あごの場合は顎ヒゲ（ビアード beard）で鬚と書き、頬の場合は頬ヒゲ（ウイスカー whiskers）で髯と書いている。一般的には髭といっている。

ヒゲは男性のみに許された顔の装飾品であり、人類の起源から男性の顔にはついてまわっている。このヒゲは生える場所と形により、容貌に大きな影響を与える。人類の歴史上、はじめの頃は頭髪と同じように、ヒゲも生えるに任せ、伸ばし放題の状態だっただろう。時代が経つにつれて頭髪もヒゲも形をつけるように変化した。

ヒゲは時代、人種、国、宗教などいろいろな影響を受ける。ヒゲを剃ってきれいにすることが受け入れられる場合、ヒゲがないと男性として認められない場合などさまざまである。民族によっては､宗教上の戒律などから、今でもヒゲを剃る風習の民族と剃らない風習の民族がある。また、ヒゲは神聖なものであり、ヒゲを他人に触られるだけでも最大の侮辱とするとする民族もあるくらいヒゲに対する対応はさまざまである。

どんな人種の人間もヒゲは生える。ヒゲは男性だけでなく女性にも生える。女性の場合は太くならず、うぶ毛のために目立たない。しかし日本の女性はうぶ毛でも黒く見えるので昔から剃る習慣があるが、男性のようにヒゲをかたちにするようなことはない。

人種的にみると白人系はヒゲが濃く、豊だが、黄色人種は概して薄い。黒人はひげも、くせが強く縮毛なので伸びずに縮まってかたちになりにくい。

ヒゲは時代を通していろいろな意味をあらわしている。現在も意味もなくヒゲを伸ばしているのではなく、男らしさ、権威、知恵、知識、道徳的な意味、宗教的な意味などを誇示したい気持ちのあらわれである。また他と区別したい意味もあり、性格的、心理的肉体的な弱点を隠す意味もあると、心理学者や精神科医はいう。

現在は、ヒゲがもっているその人の地位や身分、職業を象徴するようなイメージが薄くなっている。それはヘアスタイルにも言えることだが、社会生活の変化が大きく影響している。生活は全般的に忙しくなり時間をかけられない。すべてに効率が要求され、シンプルになってきた。そのためにヘアスタイルやヒゲの手入れに時間をかける余裕がなくなっている。

ヘアスタイルは社会生活が忙しくなり、余裕の時間がなくなると、手入れが簡単なスタイルが好まれる。ヒゲも伸ばして手入れをするより、全部剃ってしまった方が便利だ、というようよう変わってきている。

日本では清潔感が好まれるという風潮があり、日本人はヒゲは色が黒いこともあり、伸ばすと無精ひげなどといわれ、不潔なイメージが強い。日本においてはヒゲを伸ばして形をつくるより、きれいに剃った顔のほうが良い印象を与えてきた。

しかし、他人と同じことをするのは嫌いな人もいる。今は、まわりの人の目が気にならなければどんな格好をしてもいいという風潮になっている。顔の容貌を変えるのに、ヒゲはその役割を簡単に果たすことができる。そのため、人は変装する場合は髪型を変えるのとヒゲを生やすことが多い。

ヒゲは男性の容姿に大きな影響を与える最大なものである。ヒゲを伸ばす意味、ヒゲをきれいに剃る意味、全く反対ではあるが、社会生活の中では男性の容貌に大きな影響を与えることは確かである。

ヒゲの歴史を見る

ヒゲの歴史は古く、人類が誕生したときから男性の生活についてまわっている。ヒゲは人種によって大きな差がある。ヒゲの毛質もさまざまで、濃かったり、薄かったりする。ヒゲの持つ意義も国や時代によって大きく変わる。国によってはヒゲをはやす方がよい時代と、ヒゲは剃った方が良い時代とがあった。西洋においては人種的にはヒゲが濃かったので、剃り落とすよりも生やしたままで､かたちを変えることの方が手入れが楽であった。そして装飾的な意味が早くからあったようだ。

日本と世界の歴史を見ると、古い時代ほど歴史上の男性はヒゲを生やしている人物が多い印象が強い。20世紀以後になってくるとヒゲの男性は少なくなっている。それはヒゲの持つ容貌の社会的価値がなくなってきているからだ。

髪やヒゲのかたちを整えることは難しい。そのために早くからヒゲの手入れをする専門家といえる職業がでてきた。古くは紀元前のファラオが統治する時代のエジプトにその跡が残されていて証明されている。ファラオの遺跡から毛を剃るカミソリのようなものが発掘され、壁画にも最古の理髪店を描いた絵画が残されている。

この時代ではヒゲの形を作るよりも、無駄な毛の処理のために頭や顔の毛を剃ったりしたが、次第に毛を剃ったり抜いたり、かたちを整えるようになったのだ。これは人が早くからヒゲに対しての美的意識を持っていたことがうかがえる。

ギリシャ、ローマ時代になるとトンソリアル（tonsorial）と言って、いまの理髪師のような職業が確立している。その仕事として髪の形やヒゲの形を整えるようになってきた。髪の形やヒゲの形はそのひとの容貌に大きな影響を与えるため身分や地位、職業などの象徴として利用されていたようである。

世界各国はそれぞれヒゲの歴史をもっている。今回は日本の中世のヒゲを調べることがテーマなので省略させていただく。

日本のヒゲの歴史

日本人男性はヒゲの薄い人が多い。人種的には体毛が濃い体質ではないのでヒゲが濃い人は少ない。現在日本人の男性のヒゲは、以前に比べて男性ホルモンなどの関係から全体的に薄くなっている。

ヒゲはかたちとして残らないので、その歴史を調べることはむずかしい。日本の古代の神武天皇などのヒゲの姿を歴史の本などで見るが、実際にその資料が残っていたものではなく、後世に想像して描かれているものである。現在のように写真で残しておけばその実態を調べることはできるが、写真で残せない時代は、絵で残されているもの以外はわからない。

日本の古代においては、ヒゲは伸ばし放題で手入れはしていなかったようだ。世界では古代エジプト時代からいろいろな形で資料が残っている。ギリシャやローマ時代には彫刻が残っていて当時のひげやヘアスタイルなどもわかる。日本ではそのような資料に乏しいで、当時の風俗が今ではわかりにくい。中世になって絵巻物が出てくるとヒゲの形もはっきりわかるようになる。絵巻物は絵物語として文字と絵で表現するもので、その当時の風俗が描かれており、資料としては貴重なものである。

ヒゲの手入れは、仏教の伝来とともに仏具としてカミソリが渡来して以来、公家や貴族は鼻の下を残して剃ったと見られる。武士の社会になるとヒゲは武士の勇猛さ、精悍さなどをあらわすものとして、ヒゲを生やすものが多くなった。

戦国時代はヒゲの濃い、りっぱなヒゲが好まれ、薄いものはうとまれた。そのため豊臣秀吉も朝鮮役のとき、付けひげを用いたことが古書の記録にある。

江戸時代になるとヒゲを剃るようになり、大名、旗本、陪臣から百姓、町人まで貴賤に関係なくヒゲを生やすことが禁制だったことが、江戸時代初期の寛文十年（1670）の法制にでている。

明治時代に入ると斬髪によって髪型が変わり、続いてヒゲを生やすようになってきた。官史が最初に生やし、学者、教員、軍人に普及して行った。明治の中期になるとそれぞれの職業によって形が分かれた。官史は数が多く、太い八の字ヒゲを生やしたので「八字ヒゲ」と呼ばれた。

明治天皇もヒゲを生やした。天皇は写真などでみるとおりヒゲが濃かった。その頃、理容師が天皇のヒゲを直接剃ることができなかった。そのために剃るのはむずかしく、自然のままのヒゲのスタイルだったといわれている。

明治後期になると車夫、馬丁にいたるまでヒゲを蓄えたようだ。紳士にとってヒゲはシンボルだったようで、当時の名士の写真帳にはヒゲを生やした人が多く載っている。そのヒゲの風俗は大正時代初期まで続いた。

その後、ヒゲは少なくなり、軍人、教員など限られた人のみにあり、現在に至っている。今、一般の人でヒゲを生やす人は少ないが、若い人たちの間でファッションとしてのヒゲのブームが起きている。

中世の風俗と平治物語絵詞

日本の風俗が具体的にわかってきたのは、絵巻物として風俗が描かれるようになってきたからだ。ヒゲも絵巻物の中で描かれることによりかたちがはっきりわかるようになてきた。絵巻物の数ある中では、平治物語絵詞がヒゲのかたちを調べる資料として最適である。

平治物語絵詞は鎌倉時代に流行したとされる合戦絵巻の中では抜きん出ている作品で、美術価値としても高く評価されている。しかし、今では完全な形では残されていない。

現在、三条殿夜討巻、信西巻、六波羅行幸巻の三巻のほか、六波羅合戦巻の一部と待賢門合戦巻が伝存している。この平治物語絵詞は五巻分の図様が残されているが、当初は何巻の本として作られたのかは定かではない。

十三世紀の鎌倉時代に作られたといわれてるが、はっきりした年代までは特定されてはいない。合戦絵巻の流行は十二世紀後半、後白河院時代（1127年～1192年）に始ったものである。貴族社会から武家社会に移る時で、不安定な情勢の中で、文化面での新しい動きが起こった。絵巻の流行もその中の一つとされている。

平治物語絵詞の絵巻物としての特徴は、巧みな画面の構成と的確な表現力である。構図、それぞれの配置は絵巻物ではトップクラスであるといわれている。その中でもすばらしいのは人物表現である。多くの人物が登場しながら、その群像としての構成は抜きん出ているものがある。そして集団の中で個々の人物の顔貌描写、顔の向きや簡素化された表情が巧みに表現されている。それぞれの人物の衣装や刀や弓、長刀などの持ち物が正確に表現されている。特に身分による着るものの描きわけが正確であるということが、中央公論社で出版されている日本絵巻大成のなかの平治物語絵詞の図解をされている東京国立博物館美術課長で旧東京教育大学講師の小松茂美氏が指摘している。この表現力からみるとヒゲの様子も当時の風俗として正確に描かれていると思われる。

絵巻の中で男性の髪型は烏帽子をかぶっているのでわからないが、ヒゲははっきりとわかる。今回はそのひげに注目して調べて見ることにした。写真のように正確ではないにしても、当時の実態に近く表現されていると考えられるのでヒゲの研究の資料となる。

平治物語絵詞のヒゲ

特に絵巻物の傑作といわれる平治物語絵詞を見て、その中で男性のひげに注目した。当時の男性は帽子をかぶっているので髪型はほとんどわからない。ヒゲは何百人と描かれていて､いろいろなヒゲの形が表現されている。そのヒゲの形を平治物語絵詞の中でよく観察してみれば日本人のヒゲのルーツがわかる。

平治物語絵詞の中でヒゲを調べてみた。平治物語絵詞の三条殿夜討巻、信西巻、六波羅行幸巻の３巻の中で描かれている人物のヒゲの状態を詳しく調べてみた。描かれている男性の数は約600名、その中でヒゲが見られるのは93%強の約560名である。ヒゲがない人物は約6%で描かれている中のほとんどの人物がヒゲを生やしている。

そしてそのひげの形は、名前はつけられないが、形によって分類することができる。厳密には一人一人違うが、大きく分けて10種類に分けることができる。この分類は、口ヒゲ、頬ヒゲ、あごヒゲの３つの組み合わせである。しかし、頬ヒゲはほとんどない。多いのは口ヒゲとあごヒゲの組み合わせのパターンに集中している。

一番数的に多いのは口ヒゲと短いあごヒゲの組み合わせで、ヒゲ全体の約60%、次は口ヒゲと長いあごヒゲの組み合わせで、約30%ある。口ヒゲだけのものは少なく10%弱である。おおまかに３つのパターンに図にしてみたのでご参照ください。

ヒゲの形が伸ばし放題に近く、手入れはあまりされていないようである。その理由として考えられるのは、ひげの手入れをするための剃刀や鋏が一般的に普及していなかったことである。そのために現在のように鋏やカミソリで手入れをしてヒゲの形を保つことは容易ではなかったはずだ。そのために自然に生えた状態のヒゲの形が多かったと推測できる。

日本人は人種的にはモンゴロイドが多いので､中国人、韓国人などと同じように黄色人種としてヒゲはあまり濃

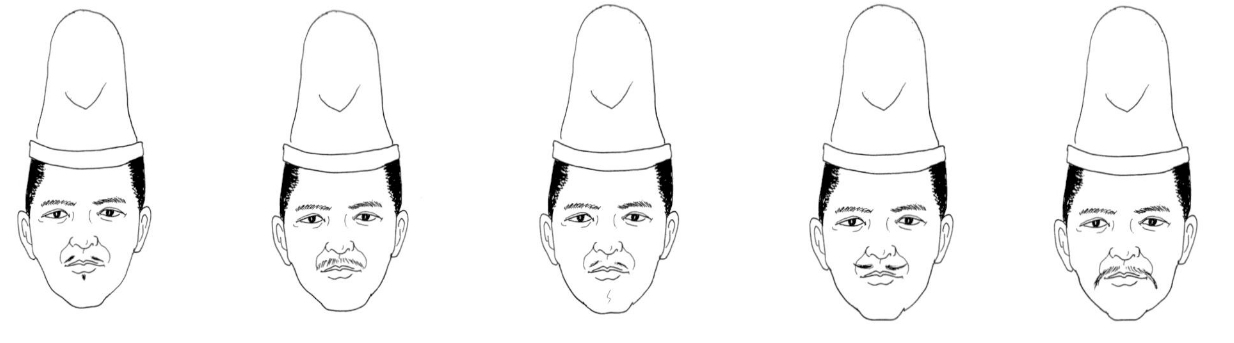

1　口ヒゲ　　2　口ヒゲ　　3　口ヒゲ　　4　口ヒゲ　　5　口ヒゲ

1　口＋アゴヒゲ　　2　口＋アゴヒゲ　　3　口＋アゴヒゲ　　4　口＋アゴヒゲ　　5　口＋アゴヒゲ

くない。そのためにもみ上げから頬ヒゲと続いている人はほとんどいない。また、頬ヒゲも少なくない。口ヒゲとあごヒゲが少しある者が多いので、この２つの組み合わせになるのは当然である。

平治物語絵詞のなかで描かれているヒゲをよく観察してみると、身分によってヒゲの違いが描き分けられているのがわかる。

絵の中では身分の高い公家、低い公家、身分の高い武士や身分の低い武士、下人、さらには僧侶や町人までいろいろな人たちが描かれている。それは纏っている着物や兜、甲冑などでおよその身分を判断することができる。しかし、絵の中ではっきり身分を判別するのは難しい。身分が高い公家や名のある武士とみられる者のヒゲの形は鼻の下の口ひげだけ形と口ヒゲとあごヒゲの組み合わせに集中している。特徴としてはヒゲの量が比較的少ない。

これはもともとヒゲの量が少ないか、手入れをして少なくしているのかは判定はできない。長いヒゲよりも、短く、少ない方が上品に見えることは確かである。そのため画面の中で公家や身分の高い武士に見られる。

一方、武士や身分の低い下人の方はヒゲの量は多く、長く、荒々しく見える。ヒゲは手入れをするよりは伸ばしていた方が楽なことと、武士の容貌としてはヒゲが重要視されるのは当然である。

平治物語絵詞の中で
描かれているヒゲ

この絵巻の3巻のそれぞれの中を詳しく観察してみよう。

1 三条殿夜討巻

この巻はボストン美術館所蔵のものである。明治13年に来日したフェロノサの目に留まりアメリカに渡り、現在ボストン美術館に納められている。この物語は後白河上皇の近臣の一人、権中納言藤原信頼が政敵であった少納言入道信西（藤原通憲）の勢力を葬り去ろうとした物語である。信西と盟約を結んでいた平清盛の留守をねらって源義朝と手を結んで、この夜に数百の軍兵をもって上皇の仮御所を夜襲した話である。

絵は三条大路を三条殿の囲築垣（塀）までを駆けて行く情景である。

最初の場面は、八台の御所車が公卿を乗せて牛が牛使いとともに疾走している。三十頭くらいの馬には、公卿や武士が騎乗している。それ以外の武士や従者、下人は駆け足で進んでいる。ほとんどのものが烏帽子をかぶっているが、いく人かの武士は兜をかぶっている。烏帽子をかぶっていないのは牛飼いなどの身分の低いものである。

この場面では百二十人くらいの人物が描かれている。その一人一人の装束や弓、刀、薙刀などの持ち物が詳細に描かれている。特に顔の表情とヒゲが描き分けられている。

全体的に見ると、公卿らしき人物にはヒゲがないものが多く、あっても、口ヒゲとあごヒゲが少しある程度だ。一方、武士の方はヒゲの多い人物が多い。ヒゲがない人物は十二、三人くらいである。その他にこの人物の中に日本人ではない外国人に見える人物が何人か描かれている。ほとんどの人物は神が黒く描かれているのに、髪もヒゲも茶色で、容貌もあきらかに違う人物が描かれている。そして公卿と武士と下人などは衣裳や顔かたちなどが明らかにわかるように描かれている。

つぎは三条殿の邸内の場面である。

屋敷には火が放たれて燃え上がっている。庭には信頼が率いる三十人以上の武士の集団が集まっている。源中納言師仲と信頼が上皇を車に乗せているところである。武士や雑兵たちは緊迫した表情をしており、ほとんどの人物はヒゲを生やしている。

つぎは三条殿が炎上している場面である。

三条殿夜討のクライマックスシーンである。御殿が燃えて火の海である。この燃えている表現は描画の技法としては高く評価されている。

この場面は武士と雑兵だけである。あとは殺された女房たちの無残な姿がある。また、取り押さえられて首を切られている公卿の姿もある。

この場面では武士と雑兵の約三十人が描かれている。雑兵にはヒゲの多いものもいるが、武士の方は身分が高いようで、ヒゲは少ない者が多い。

門外から後白河上皇を大内裏に拉致する信頼群

後白河上皇を乗せた御所車を中心に、信頼の一群が大内裏へ向かって行進をしている図。先頭には弓に矢をつ

三条殿夜討巻

三条殿夜討巻

三条殿夜討巻

三条殿夜討巻

がえた雑兵が一人、その後ろには黒馬に跨った黒ずくめの身分の高そうな武士が一人、次に雑兵が二人続く、後は馬に乗った武士とその手綱をとった従者と、歩行の武士、下人の一団が続いている。

そこには夜討ちをかけたときの荒々しい勢いはなく、一仕事が終わって安堵したような雰囲気が漂っている。

この場面には百人以上の人物が描かれている。中には切られた公卿、放心状態の三人の女房たち、逃げ去ってゆく下人などで、公卿らしき人物は二人くらいしかいない。それ以外はほとんど武士であり、ヒゲがない人物は五人いるだけて、あとの者にはヒゲがある。

ただし、ヒゲの長くて多い人物は少ない。口ヒゲとあごヒゲだけである。

2信西巻

堂所蔵のもの信西一族追捕の公卿僉議

場面は大宮大路に面した待賢門の門前附近

三条殿夜討ちの事件の次の日。信西一族の追捕をめぐって公卿僉議が行われている場面。三十人くらいの公卿とその従者、牛飼いたちが描かれている。ここで見られるのは、身分の高い公卿はヒゲが少なく、むしろ従者の方に長いヒゲのものが多い。

待賢門からの中庭の場面。

三十人くらいの武士に見守られながら、公卿が信西の息子の追捕の僉議のために出入りをしている。公卿はヒゲが少ない従者には長いヒゲの者もいる。ここにいる武士はヒゲの多い者は少なくない。

建物には信頼が座っている。二十五名くらいの武士は信頼軍の中枢をになう者の集まりである。中央には源義朝とその息子の義平の姿も見える。この場面は正面を向いている人物が少ないためにヒゲの形を判定しにくい。

信西自刃の場面がある。

次に信西の首を切る場面がある。五名の武士が描かれているが、ヒゲはほとんどない。

信西首実験

出雲前司光保の屋敷の門前、車に乗った信頼に信西の首を見せて確認してもらっているところ。光保の部下の武士が28名位いて、長いヒゲの人物は3名、従者にはヒゲがなく、牛飼いはあごヒゲだけがある。信頼と光保はヒゲがないような状態である。

次は三条河原で信西の首を検非違使の延尉源資経に渡す場面。信西の首をぶら下げた薙刀を持つ武士を先頭に、光保を中心とした15名の武士と従者の集団が進んで行く。1名はヒゲが長いが、全体的にはヒゲが少ない。その中に明らかに外人と見える人物が1人いる。画面左側には迎える集団がいる。2名の火丁を先頭に、延尉源資経と10名位の武士と従者が信西の首をもらいに受けにやって来ている。3名はヒゲが長いが、資経をはじめみなヒゲは短い。

京大路をわたされる信西の首

出雲前司光保から信西の首を受け取った延尉源資経は隊列を整えて三条大路を西に向かった。薙刀に結んだ信西の首をもった武士を先頭に2名の火丁、騎乗の資経に続いて騎馬の武士団、従者が進んで行く。約40名の集団である。ヒゲの長いのは6名であとはヒゲが少ない。周囲には40人位の見物人がいるが、ヒゲの長い人物はほとんどいない。次は信西の首がさらされている場面。獄

信西巻　車中は信頼　立っているのは出雲前司光保

信西巻　廷尉源資経

信西巻廷尉源資経

信西巻

信西巻

門の棟につる下げられた信西の首を市井の30人位のいろいろな人物が見物している。ヒゲのあるものは少なく、一人の老人のヒゲが長い。見物人の中に一人外国人らしい人物がいる。

3 六波羅行幸巻

東京国立博物館所蔵のもの。最初の場面は人物が少ない。

二条天皇ら大内裏を脱出の場面

十七歳の二条天皇が女装して三人が隠れて乗った車を牛飼いと供侍一人で出そうとしている。そこを義朝の郎党が止めだしているところ。義朝の郎党は七人いて、一人は御簾を上げて車の中を改めている。それを見て別当藤惟方が、郎党にとがめずに早くだせと命令している。七人の武士はヒゲが薄く、別当もほとんどヒゲがないように見える。

二条天皇六波羅の清盛邸に行幸

次の場面では牛に引かれた車を先頭に新大納言経宗、別当を中心に清盛の長男重盛と頼盛りの軍勢が警護している。武士は二十名くらい描かれているが、ヒゲの多いものは少ない。

美福門院六波羅に行幸

三党に牛飼いと従者が女院が乗った車を牛に引かせて行く。後に7人の公卿と11人の従者がついて行く。7人はヒゲがない。5人が長いヒゲ。残り6人はヒゲが薄い。

清盛邸の門前

門前には30人位の武士が座っている。車が3台止められており、10人位の従者と3人の牛飼いがいる。武士には5人のヒゲの長い人物がいる。従者には長いヒゲのものが8人いる。ヒゲのないのが8人である。残りはヒゲが少ない人物である。

最後は後白河上皇が清盛の館に行幸したことを知って慌てているところで終わっている。

中世における日本人のヒゲ

平治物語絵詞の中でヒゲを観察した限りでは、西洋人のヒゲのように意識して形をつくったひげは少ない。その理由としては、人種的にヒゲの量が少ないのでいろいろな形を作るのは難しいからである。日本人のヒゲは口ヒゲといわれる鼻の下のヒゲと、あごヒゲといわれるあごのところにあるヒゲが多い。頬ヒゲと呼ばれるもみ上げのところから頬にかけてのヒゲは薄い者が多い。

そしてヒゲを整えることが少なかったと思われる。ヒゲを手入れするための道具、つまりヒゲを切るための鋏やヒゲを剃るための剃刀がこの頃はあまり普及していなかったと考えられる。

髪を剃るための剃刀は欽明天皇の頃（552年）、仏教の伝来と共に僧坊具の一部として中国から入ってきたのが最初といわれている。この剃刀は「おかみそり」といって世俗の人が僧になるために得度の式に、頭の髪を剃る道具として使ったものである。その当時、僧坊具の一つとしてあるのは、この頃は一般的に髪を剃るために使うのではなく、得度のためだけに使われていたことを示している。

この頃はヒゲを剃るよりも、毛抜きのよう器具で抜いて形を整えていたらしい。この方法では口ヒゲの形をととのえるくらいはできたのだろうが、多くのヒゲを抜くことは難しい。絵の中で公卿でも武士でも身分の高い人物ほどヒゲの量が少ないのは確かである。それは手入れができたからだと考えられる。ヒゲが長くて多いのは手入れができない身分の低い者に多いことがわかる。身分の低い牛車の牛を引く牛飼いなどは、髪も伸ばし放題で束ねているだけで、ヒゲがあれば伸ばしたままのように描かれている。

日本人のヒゲは西洋人の茶色いヒゲに比べて、黒いヒゲなので顔に占める量や形が容貌に強いアクセントになるので影響が大きい。そのような観点からみると口ヒゲも細く、少なく、あごヒゲも少なく短い方が上品に見えるので、身分の高い公卿や武士は手入れをして形を保っていたのではないだろうか。

日本人のひげは直毛が多く量が少ないので、ヒゲの形を作ることが難しい。どうしても自然のまま形になりやすい。一方、外人のヒゲは色が茶色いので容貌の邪魔をしない。また、量が多く、縮毛が多いので形を作りやすい。そのためにいろいろなヒゲの形が作られる。

日本人と西欧人のヒゲを例えでいうなら、日本画と油絵との違いと言える。日本人のひげはシンプルで平面的である。西欧人は顔が立体的だからよく似合う。

ヒゲは単なる形でなく、その形にさまざまな要素が絡んでいると考えられる。

まとめ

平治物語絵詞を資料として、日本の中世におけるヒゲについて調べてきた。

中世の人びとにとってヒゲはどのような意味を持っていたのだろうか。ヒゲは男性の容貌を変える力を持っている。中世になると人々の生活に余裕が出てきて容貌を気にしてヒゲの手入れもするようになったのではないだろうか。

武士階級の台頭とともにヒゲを生やす武士が増えてきたことは確かだろう。ヒゲがある顔の方が勇敢、精悍に見られることから武士にはなくてはならないものになった。

平治物語絵詞の中でもほとんどの武士は形が違ってもヒゲを蓄えていたことがわかる。この絵巻の中で公家、武士、その他の市井の人物が描かれているが、その人物の一人一人が着ている衣装や鎧など武具も身分によって描き分けられているようだ。髪型は烏帽子をかぶってい

六波羅行幸巻　別当惟方

六波羅行幸巻

六波羅行幸巻

六波羅行幸巻

六波羅行幸巻

てわからないが、烏帽子によっても身分の違いがわかるのではないだろうか。ヒゲも身分の違いによって違うのかを考えて、よく観察してみたが厳密には身分によって形が違うほど分けられてはいない。

身につける衣装や武具、烏帽子などはものであるから選ぶこともできるが、ヒゲの場合はヒゲの状態の個人差が大きいので自由にすることは難しい。大まかには公家でも武士でも身分の高い人ほどヒゲの量は少なく、品のよい形を保っているようだ。

ヒゲは伸ばし放題にすれば長く多い形になり手入れはいらない。そのため身分の低い従者や牛飼いなどは、手入れをしていない状態だ。

今回絵巻物を調べてみてヒゲの形など外観的にはわかったが、身分によるヒゲの形の決まりがあったのか、日頃の手入れはどのようにしていたかはわからないので、今後の課題になる。日本の男性のヒゲについて古代から資料が少なく、この絵巻の時代になってわかるようになったのではないだろうか。

今後もヒゲについての考察を続けてみたい。

各種増毛法・かつらの接合技術について

株式会社アートネイチャー広報部部長
菅谷　健一

1. はじめに

薄毛矯正を目的として日常的に用いられる各種増毛法やかつらの接合技術は、ヘアスタイルの変化を楽しむファッションウィッグと異なり、より日々の生活シーンにおいて支障のない耐久性と外観の自然さ、着装時の安心感などが求められている。弊社では、個人差の大きい脱毛部位の範囲や髪質、髪色などを考慮するオーダーメイドシステムによって様々な増毛技術を提供しているが、主に生活シーン（連続装着、各種スポーツなどに対応するなど）に適った接合方法をあらかじめ作成時に選択することができるようになっている。ゆえに使用者とのカウンセリングを綿密に行う必要がある。

従来型のかつらや自毛に直接接点をもって密度を上げる増毛技術に加え、映画の特殊メイク技術である「グラフティング」を応用した特殊粘着剤で頭部に直接接合する増毛法が2003年に開発され、生え際の自然観とともに着装感のない使いごこちが人気となっている。

オーダー以外では、主にファッションアイテムとして用いられているエクステンション（つけ毛）が、特殊な接着方法による様々な技術アプローチがサロンワークの中で試されている。

以下は、医療領域である植毛・皮膚移植技術を除く、各種増毛法やかつらの接合方法を中心に記すこととする。

2. 各種増毛法の特性と頭部への接合方法

(1) 結着による接合方法

人間の頭髪は、ひとつの毛穴から2~3本の髪が生育する毛群の密集によって構成されている。一般的に薄毛の状態とは、毛群の一部、またはすべてに細毛・軟毛化が見られ、外観上に髪の密度が極端に少なく見えてしまうことにある。人工的に自然時の毛群を再現できる単毛追加法は、自毛に増毛部材を直接結着する増毛法の代表例である。

結着による
接合方法　単毛追加法

○単毛追加法

残っている自毛の根元にあらかじめ加工した人工毛髪を2~4本づつ編み物のかぎ針に似た専用器具にて結着させ、自然な毛群の状況を再現する増毛法である。特に前頭部の分け目部分など、比較的軽度な脱毛のカバーに適している。かつらのような植毛ベース面を持たず、取り外す必要がないので自毛と同じようにシャワー等ができるのが利点である。また毛髪生成の時間経過を考慮した段階的な増毛が可能である。

(2) 粘着剤、両面テープによる接合方法

増毛を必要する部位が広範囲で活かす自毛が少なく、技術的に結着させる増毛ができない場合には、主にかつらが用いられる。かつらの作成には、ます増毛部位に合わせた正確な型をとり、分け目の位置、つむじまわりの髪の流れなどを工場に指示する。近年この一連の流れは頭部形状をスキャンする専用機器で3Dデータ化し、製品の仕様データと合わせて直接工場に送付することが可

能になっている。送られたデータから工場側にあるミーリングマシンと呼ばれる機器で頭部ダミーを作り、正確なかつらの植毛ベースを作成する。このベースは、使用者の脱毛部位の範囲や形状によって仕様が大きく異なる。通常チュール状のネット素材などを組み合わせて作る場合が多いが、選択する取り付け方法（特殊粘着剤、両面テープ、ピンとの併用等）によって仕様を変更することもある。

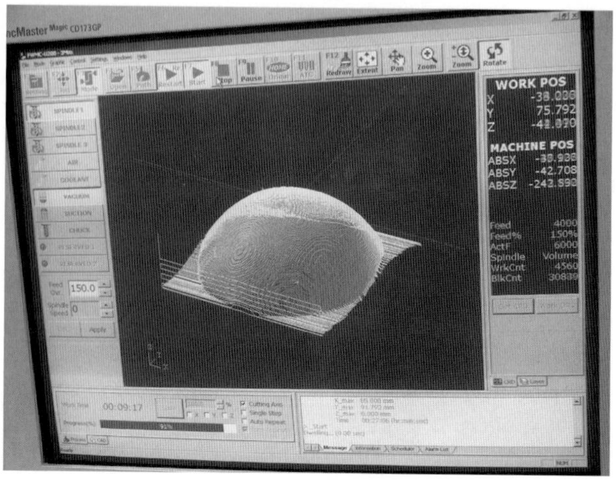

3Dデータ

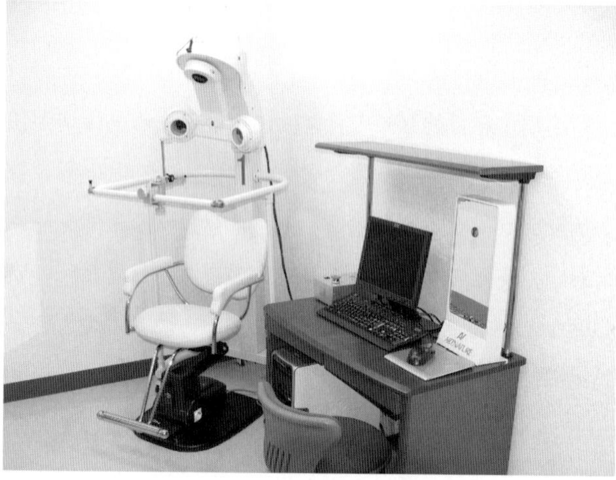
3D型取りシステム

〇特殊粘着剤による接合方法

頭皮に特殊粘着剤を塗布し、植毛を施したチュール状の極薄かつらベースの裏面を頭部の指定部位に接合する。日々の着脱は必要としないかつらの接合方法で、皮膚のターンオーバーによって表皮が剥がれる前の約2~3週間の連続装着が可能である。用いる粘着剤は接着剤と異なり硬化せず適度な粘着力を維持する特性があることから、かつらの長期使用において、非常に有効な手段となっている。特殊粘着剤が開発された2003年以降は、従来使用されてきたピンや両面テープに替わる理想的な接合技術としてかつら使用者に広く認知されている。使用する粘着剤は、人体に有害とされるホルマリン等の有害物質をすべて除去したものが開発されており、長期使用においても高い安全性が実証されている。さらにスポーツやシャンプーなどの日常生活を問題なく過ごせる耐久力を備えている。装着時のメンテナンスは、専用のシャンプー剤にて行う以外、自毛と全く同じ方法で手入れができる。

〇両面テープによる接合方法

かつらのベース裏面周囲にテープタブと呼ばれる部分を組み込んでおくと両面テープでの頭部接合が可能となる。特殊粘着剤の場合、自身で外す必要がないが、両面テープであれば自由にかつらを取り外せることをメリットに感じる方が多い。テープ素材は、使用用途によって粘着力が異なるものを用意している。

ミーリングマシンによる頭部ダミー製作

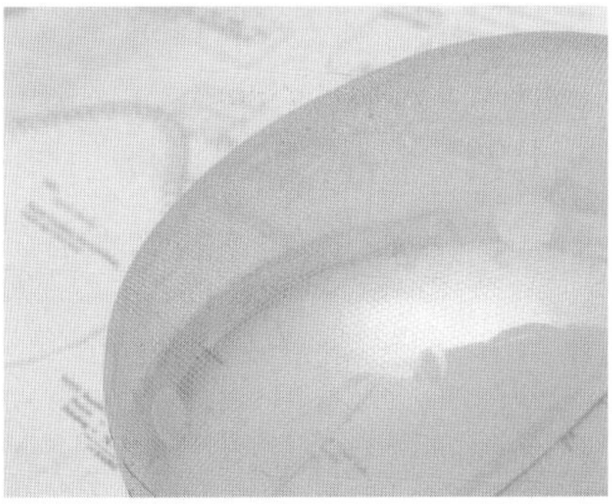

植毛ベース素材

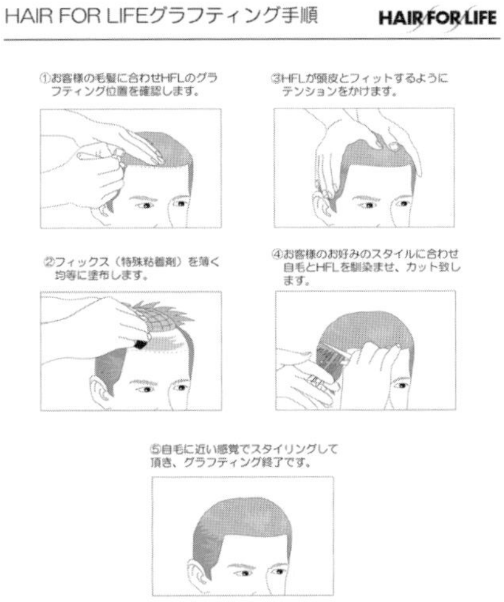

特殊粘着剤による接合方法

特殊粘着剤による増毛例

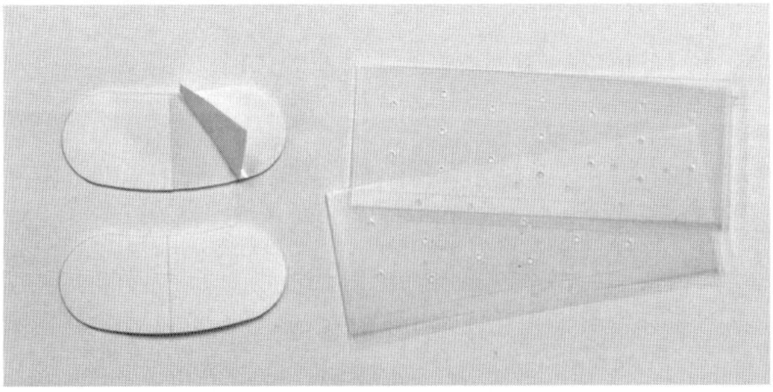

両面テープ

(3) ピンによる接合方法

かつら裏面周囲に数個のピンを取り付け、自毛を挟み込むようにして接合する方法。側頭部の自毛の量が比較的多く、日々着脱のできるかつらを希望する場合、特殊な形状のピンをかつら裏面の周囲に使用する。材質はステンレス、チタンなど様々あり、ピン周囲にシリコンラバーを巻き、残っている自毛をしっかりと挟み込み、ピンを反転させて留める。ピンには大小あり、接合部位に適当なものを選択する。

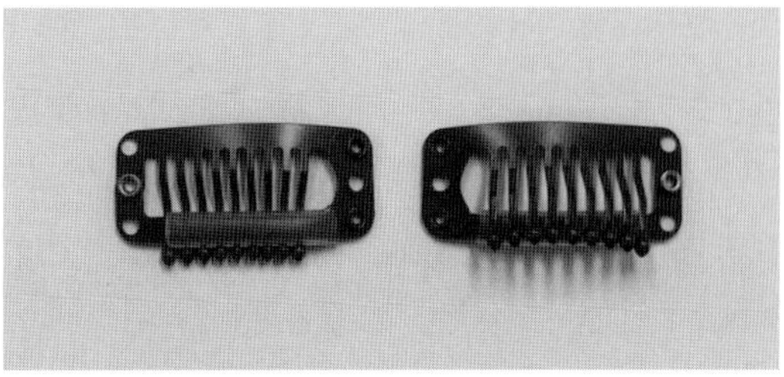

(3) に使用　ピン

ピン装着増毛例

(4) 接着による接合方法

○エクステンション（つけ毛）の接合方法

エクステンションは、1990年代初頭、欧米のヘアサロンを中心に普及してきた技術で主にファッション向けに用いられている。自毛を接点に編みこみ固定する方法以外に、サロンにて提供される接合方法としては、髪の根元に直接接着する方法などがある。これにより、髪の長さを大きく変化させたり、自毛と異なる色の髪を差し色として加えることでアクセントを加えることが容易となった。増毛部材となるつけ毛の種類は様々であり、頭部に接合する方法によっては接合部先端をあらかじめ加工するなどの下処理がなされている場合が多い。接合後は、概ね1ヶ月程度の連続使用が可能であるが、増毛部材や接合方法によっては特殊な手入れが必要な場合がある。

主な接合方法は以下の通りである。

[ケラチンによる接合]

ペンチ状の特殊アイロンでケラチンを超音波で融解させ、髪の根元から2~3cm程のところで増毛部材の先端を貼り付けるように接着する方法。

[熱収縮チューブによる接合]

長さ5~10mm、直径3~5mm程度の熱収縮チューブに自毛と増毛部材を通し、ペンチ状の特殊アイロンでチューブを収縮させて固定する。チューブ内にあらかじめ接着剤が塗布されているものもある。

［金属リングによる固定］

金属製のリングに自分と増毛部材を通し、ペンチで自毛の根元に圧着して固定する方法。

［直接自毛に結んで固定］

増毛部材を直接自毛に結んで固定する方法。

(5) その他の接合方法

近年、女性向けオーダーメイドかつらの需要増に伴い、希望するヘアスタイルをつくるため、かつら本体に残った自毛を引き出せるような構造を持ったものや、前頭部の髪を挟み込む特殊な機構をかつら本体に内蔵させることによって自然な生え際を表現する製品などが人気となっている。

3. まとめ

各種増毛法に使用される粘着剤は、生体適合性のほか、シャンプーなど日常の生活シーンに耐えられる十分な粘着力に加え、それに相反した容易な剥離性が求められるが、実際その機能を両方持ち合わせている粘着剤は少ない。また、使用者の利便性、つけ心地などの官能評価も含め、よりよい接合方法や粘着剤などの開発が求められている。

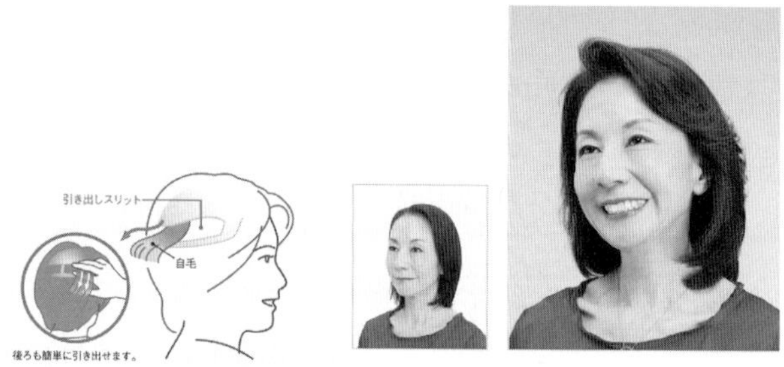

その他の接合方法 1

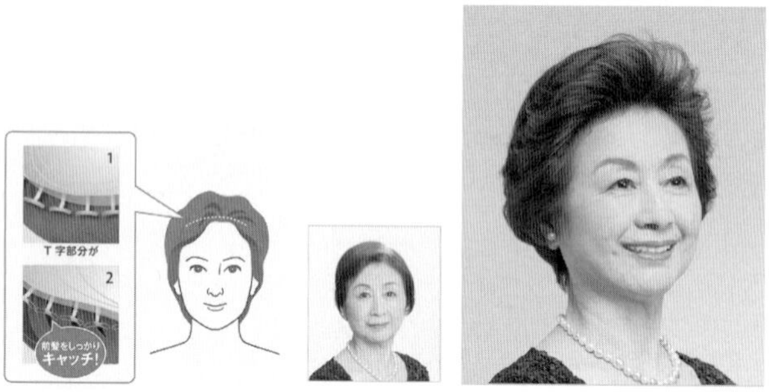

その他の接合方法 2

大正期の化粧品の化学

元ポーラ化成工業㈱袋井工場長
化粧史研究会参与
大郷　保治

大正期の化粧品を考えるのに、その比較としては江戸時代の化粧品や化粧が適当ではないか、と考えた。それは、江戸末期の化粧がそれまでの日本の化粧の集大成であると考えたからである。そして、その情報源として最も相応しいのは、文化十年（1815）に初版が刊行され、大正十一年（1922）に第６版が出版されたという、100年にも及ぶ超ロングセラーの『都風俗化粧伝』[1]（佐山半七丸著）であろうと思った。

私とこの本との出会いは、40年ほど前の昭和45年ごろである。化粧品開発の仕事に携わっていて、江戸の化粧品に関心を抱いた折、ある社外の先輩に引き合わせて頂いた。

定年後、ある専門学校で化粧品開発の講義をするときの資料の一部として、この『都風俗化粧伝』に書かれている化粧品や美容法をリストアップしてみて、美しく化粧するための必要な要素が殆んど揃っているのにびっくりした。勿論、そこに取上げられている化粧品の種類や品質、そして期待できる効果には格段の差があることは紛れもないことであるが、江戸時代末期における日本の化粧法や化粧品が、それなりに完成していたと感じたからである。

大正期の化粧品を探るための情報源として、大正期に出版された化粧品に関する文献を中心に、前後の明治後期、昭和初期の物も2~3含めた。その他、化学工業に関する若干の資料や日本化粧品工業会編の『化粧品120年の歩み』[2]なども参考にした。

これらの資料から、大正期の化粧品をいくつかの切り口で捉えて見た。

1）香水・香油など、香料が重要な製品が多い

明治維新の開国によって、欧米の文物が大挙して押し寄せ、紅・白粉を中心とした伝統的な化粧も西欧文化の流入にさらされた。輸入された数多くの化粧品のなかで、比較的馴染み易く、魅力的であった製品は、香水と化粧石鹸ではなかったかと思う。

石鹸は明治初年から国産化が勧められ、大正期には実用に耐える化粧石鹸が流通していた。しかし、輸入石鹸の香りと使用感は当時の国産品とは格段の差が感じられたと思われる。また、身に付ける香りと云えば香木中心の匂袋や薫香であった当時の日本人にとっては、輸入香水は未経験の西欧文化の華であったろう。

『東京小間物化粧品名鑑』[3]によれば、大正初年の化粧品ブランドのうち、香りが重要な製品は、香水：178、香油：186、練油：144とブランド総数：994の51.1%を占めている。これは市場の強い需要に応じて、各メーカーが競って多様な香水や香油等を発売したことによると思われる。そして、この頃の化粧品製造に関する文献でも、香水に関する記載部分が15~25%と比率が高いのもその反映であろう。さらに、例外的に高い比率を占める次の文献には、大正初期の特殊事情が見られる。

明治の開国以来、殖産興業の方針に従い西欧諸国の進んだ化学技術を習得するために、多くの化学者が派遣された。『香粧品製造法』[4]上下２巻を明治32年に出版した平野一貫も、その一員として大正２年３月に欧州各国に派遣され、帰国後その成果を改訂第六版として出版している。この本では、全２巻の約３分の２のページが香料と香水の製法に費やされている。その主旨として著者は、第六版の緒言に「今薙ニ第六版ヲ刊行セントスルニ際シテハ、予ガ昨年官命ヲ帯ビ欧州ニ渡航シ……実地研究シタルモノヲ収集掲載セリ、殊ニ人造香料ニ就テハ……大ニ我国ニ於テ化学工業ヲ奨励セサルベカラザルヲ信シタルカ故ニ力メテ詳細ニ記載シタリ、是レカ為メニ紙数百余頁ヲ増加スルヲ致セリ」と記している。この他にも、農商務省の海外実習練習生としてドイツに派遣された今井源四郎の帰朝報告にあたる、大正元年（1912）刊行の『香料及香粧品』や同著の大正7年（1918）刊行『香料の研究』がある。

第一次大戦（1914~18）の開戦で輸入が途絶えた合成香料を、国産化するために取り組まれた香料合成の研究は、その基盤が固まらないうちに戦争が終結し、再開された輸入により国産合成香料が苦境に追い込まれたとは云え、そのエネルギーが我国の化粧品化学の進歩にも繋がったと云えるようである。

2）大正期は品種の拡大期

前述の大正初期のブランド数の資料では、香料系製品508に白粉類210を加えると全体の72.2%にもなり、残りの18%弱を洗粉、クリーム、化粧水、化粧下、紅が占めるという現在とは大きく異なった比率である。ブランド数の比率と生産量の比率にはかなり差があり、特にクリーム、化粧水が他の製品より量産されていたとは推測されるが、やはり大正初期には香水、頭髪油と白粉が中心の市場であったと思われる。

これに対する大正末期～昭和初期の適当な資料は見当たらないが、産業振興のために明治10年から開催されていた内国勧業博覧会の情報が、大正期の化粧品に関する状況を少しは説明してくれるように思われる。

大正時代には2回の博覧会が東京で開催されている。

第1回目は大正3年で、化粧品関係では小間物を含め、出品店51店、出品数1,213点と云う大掛かりな出品であった。出品された製品は品質面からの審査が行われ、優れたものには金牌等の賞が授与された。『東京大正博覧会審査概況』[5]には、審査部長の一人東大教授高松豊吉博士による化粧品部門の審査評があり、香水、歯磨、洗粉の所見の他に、

香油：椿油、白絞油、胡麻油等植物性油ヲ使用スルモノ多ク鉱物性油ヲ使用セルモノ比較的少ナキハ喜フベシ

白粉：一二ヲ除キ鉛白ヲ使用スルモノ全ク跡ヲ絶チタルハ衛生上賀スベキコトナリ、而シテ亜鉛華ヲ使用セルモノハ其被覆力少ク伸張付着力ニ於テ鉛白ニ劣レルハ事実ニシテ、其缺陥ヲ補ワンガ為ニ各種材料ノ選択配合ニ苦心セル蹟、顕著ナルモノアリ

化粧水：従来多クハ硼酸、水楊酸（サリチル酸）、「グリセリン」等ヲ配合シタルモノナリシガ、近時別種ノ原料ヲ以テ製造スルモノ多ク良品少カラス、乳状及透明製ノモノト共ニ其需用頗ル多ク、其配合セル香料ノ如キハ優ニ香水ヲ凌駕スルモノアリ

其他練油、化粧下、「ゼリー」及「クリーム」等ノ出品アリタレトモ批評ヲ省略ス

とあり、従来の製品の他に、新しい傾向の化粧水が注目されている。

この時の金牌受賞は石鹸部門では花王石鹸、スワン石鹸、ミツワ石鹸、化粧品では井筒屋、レート化粧品、歯磨はライオン歯磨等であった。

第2回は、関東大震災の前年の大正11年に平和記念東京博覧会と銘打って開かれた。

化粧品の出品店76、出品数745点であった。この時の『審査報告』には主任審査官工学博士篠原英之助の所見があり、

白粉類：粉白粉ニハ更ニ白色ト肌色トノ別アリ、此等ノ出品審査スルニ普通酸化亜鉛ヲ主剤トシ、鉛塩ヲ含ムモノハ二、三ニ過ギザリキ

クリーム類：脂肪性「クリーム」ト無脂肪性「クリーム」ノ二種アリ、後者ハ我国ニ於テ最近ニ発達セルモノニシテ其ノ需要著シク増加シツツアリ、専ラ脂肪性皮膚ニ適スルト共ニ白粉下トシテ盛ニ使用セラレルニ至レリ

香油類：「基本原料トシテハ椿油ヲ最上トス」とし、近年椿油の需要が激増したので、その代用として白絞油と鉱物油を混ぜたものや、純椿油に鉱物油を適当に混ぜたもののなかには頗る佳良なものがあるが、品質がやや劣っているものには鉱物油を主としこれに白絞油を20~30%混ぜた物がある。

とあり、他に香水類、梳油（鬢付）、ポマード等が取り上げられている。特に昭和期には「バニシングクリーム」として、クリーム類の主力となる「無脂肪性クリーム」が新しく登場しているのが注目される。

なお、この時の金牌受賞は御園白粉、花王石鹸、クラブ洗粉、ライオン歯磨、オリジナル香水、ゐづつ香油、ミツワ石鹸、レート白粉、美顔白粉等であった。

この他に、大正期のエポックメーキングな製品として、

大正6年の資生堂「七色粉白粉」とオペラ「棒状口紅」の発売がある。また、男性化粧品ポマードにも後に有名ブランドとなる新製品が発売されている。このように、大正期に開発・改良された品種が加わり、その幅が広がり昭和期に向かって発展していく。

3. どんな原料が使用されていたか？

大正期に出版された化粧品製造に関する文献[7)~10)]から、記載内容の多い製品群の順に、配合されている主要原料を初期、中期、終期に分けて拾い出してみる。

◇白粉類：初期には鉛白を配合した処方例があるが、中期以降は亜鉛華、タルク、硫酸バリウム、炭酸カルシウム、炭酸マグネシウムなどの無機粉体にでんぷん類、賦香用植物性香油を配合する例が多い。終期にはステアリン酸亜鉛を使用した例が見られる。煉白粉の煉合剤には保水作用も兼ねるとしてグリセリンが用いられ、蜂蜜、硼酸グリセリン（ボログリセリン）、氷砂糖やアラビヤゴムを併用した例も見られる。チタン白の使用例はこの期間の文献には見られないが、昭和8年刊の化学工業関係の文献[11)]に「煉白粉やドーラン其の他強被覆力を要する化粧品の顔料として近時盛んに用いられている」とあり、文献化と実態とのタイムラグを考えると、大正終期にはすでに使用されていたように思われる。

◇香油（頭髪油）：初期には伝統の椿油やヒマシ油、胡麻油などに芳香性植物油を配合した処方であったが、中期以降ではアーモンド油、オリーブ油等の植物性油の他に鉱物性油も用いられている。ポマードは、牛脂、豚脂、ワセリン、鯨蝋、白蝋、セレシン等の半固体～固体の油脂を基剤に植物性油、芳香性植物油で固さを調整している。さらに、夏季、冬季用を考慮して油脂の比率を変える指示のある処方も見られる。また、豚脂、白蝋を硼砂水溶液で乳化し、芳香性植物油で賦香した例もあった。現在の半透明固溶体状のポマードと思われる製法の指示は見られず、これは昭和期に入っての技術革新の成果であろうか。チックについては、中期には「ポマードJ一名「コスメチック」としている例もあるが、終期には、「コスメチック」は「棒状のポマードにして、錫の丸き形にて鋳造す」と区別されており、牛脂、豚脂、蜜蝋、セレシン、樹脂の基剤に芳香性植物油を加えた処方が記載されている。

◇クリーム類：中期までは無水型のコールドクリームが圧倒的で、牛脂、豚脂、白蝋、鯨蝋等の固体油脂にアーモンド油、オリーブ油等の液体油を加えて粘稠度を調整している。また、この油相にグリセリンを加えてグリセリンクリームと称している例もある。中期以降には、グリセリンや石鹸末と一緒に、ローズ水や胡瓜汁を加えた乳化タイプと思われる処方が記載されている。終期の文献[10)]になるとバニシングクリームの原型である無脂肪クリームが登場し、ステアリン酸、炭酸カリ、グリセリン、水の処方が示されている。ここでのステアリン酸は、グリセリン以外の油脂由来の原料として初出である。

◇乳液：クリーム類似の油相とグリセリンとローズ水、胡瓜汁などの水相を石鹸末で乳化した液状物として中期以降の文献にみられる。石鹸末に代わるもののようであるが、アーモンドクリームと云う名の中間製品も配合されている。これは溶融した脂肪に苛性カリ溶液を加えて均一な粘稠物を調整し、これにアーモンド油とアルコールを加えた石鹸様の乳剤である。

◇化粧水：グリセリン、苛性カリ、水の、いわゆるベルツ水処方をベースに、苛性カリを炭酸カリ、硼砂、硼酸等に代え、ローズ水や胡瓜汁を加えた処方が記載されている。また、乳液を希釈した様な乳液化粧水や液体クリームといった表現もみられる。

◇顔料・染料の使用例は、江戸時代以来の紅が口紅用に初期の文献から記載され、終期にはカルミンが加わるだけある。他には外観の着色用として白粉、爪磨粉にカルミン、頭髪製品に葉緑色素、石鹸に代赭が見られるくらいである。タール色素に関しては、中期の一書[8)]に石鹸用の着色料として無機顔料を含めた約40品の色素が、石鹸への適合性から選択されてリストアップされている以外、終期の文献にも触れられていない。

化粧品などに対する着色料の規制は、明治33年の「有害著色料取締規則」にヒ素、バリウム、カドミウム、クロムの金属化合物等が定められたのが最初で、タール色素については製造地の地方長官の許可があれば使用可能と考えられていた。この時期のタール色素の品質に関するコメントとしては、本文の冒頭部分で触れた『香粧品製造法』[4)]初版下巻「第十五章香粧品ニ使用スル色素類」に、「従来有害ノモノナリシト雖モ近頃製出スル所ノモノハ多クハ毒性ヲ有セス故ニ香粧品ニ之ヲ使用スルコトヲ得ベシ然レトモ含漱水、歯牙丁幾ノ如キ内用ニ使用スルモノニハ未タ之ヲ使用スヘカラス」と記載されている。この書は数種の欧米の文献を参考に記載したと述べており、タール色素に関しても欧米の情報によるものかもしれない。

タール色素の法的規制は、昭和23年に医薬品用、化粧品用として指定された22品目が最初であるが、これ以外の色素も厚生大臣の承認を得れば使用できるとされていた。

4）生産も家内工業生産から工場生産に移行し始めた

当時の産業人にとっては、外国品に対抗する製品を生産し、外国品によって支配されている市場を自分たちの市場にするのが課題であった。大正期に発売された化粧品の新製品の数は、『化粧品120年の歩み』[2]によれば、白粉16品、クリーム19品、チックを含む髪油類19品、男性ポマード7品、乳液2品、化粧水5品、口紅2品、ほほ紅2品、練紅1品と多岐に亘っている。この中には、先にも述べた「白粉は白色」の概念を破った七色白粉や、これに対応する肌色美顔水の発売、クリーム類ではバニシングクリームやパーオキシドクリーム、過酸化水素クリーム、美白クリームなどがあり、日本人の志向を反映したものと思われる。

化粧品工業は明治期より着々と進歩をつづけ、次第に生産設備の近代化が取入れられ、製品品質の向上と工場生産らしい量産を志向する時代となってきた。さらには、関東大震災によって、東京にあった17の化粧品工場が6工場に減少したが、震災による生産設備の破壊は、復興に際しての設備の近代化促進に利したと云えるようである。

当時の化粧品工場の生産設備に関する情報は、残念ながら大正期の文献には殆んどなく、実験室的な操作や作業のみである。唯一の生産設備は白粉原料の大量処理の装置としてのエッジランナーで、他には液状製品のろ過にモスリン布ろ過、あるいはモスリン布による加圧ろ過が記されている。

生産工場の例を紹介しているのは、『実験化学工業』[8]で、「化粧品製造法」とは分けて書かれた「石鹸製造法」の項である。ここには、「枠煉」、「機械煉」製法についての言及、開発者名の付いた直火あるいは蒸気加熱式の鹸化釜、添加成分を混和するための4本ロール煉成機、棒状に成型する水圧製塊機などについて写真入りで構造の説明がある。最後には石鹸製造・成型工程までのレイアウト図も描かれている。

化粧品に関しては、昭和11年の文献[11]ではあるが、次のような装置類が紹介されている。クリーム類用に、ジャケット付撹拌釜、ポニーミキサー、アンカーミキサー、エピサイクリックミキサー、ホモジナイザー、コロイドミル、クリーム充填機など。化粧水用に、プロペラ撹拌機、タービン式撹拌機、布ろ過機、ろ紙ろ過機、フィルタープレス、プレコート式ろ過機など。白粉用に、ボールミル、エッジランナーミル、ハンマーミル、パウダーミキサー、タンクミキサー、チャーンミキサー、ニーダー、動力篩機、粉末充填機、手動プレス機など。口紅用には白粉用との共通設備の他、擂潰機、軟膏ミル、石材3本ローラー、加熱ローラー等である。

さながら混合機・撹拌機の見本市状態であるが、ある混合機械メーカーの資料に、大正5年に石材3本ローラー、11年にエッジランナーミル、リボンミキサー、13年に加熱ローラーを国産化したと記載されている。このことから、先ほどの文献に紹介されていた設備類は、大正期には塗料工業等の類似作業には既に採用されており、化粧品の製造現場でも少なからず採用され、機械化が進んでいただろうと推定される。

家内工業から工場生産への移行を推定する具体的な情報は見当たらず、化粧品関連の生産統計データも乏しいが、『化粧品120年の歩み』[2]には、大正11年の化粧品生産額が大正3年の1.092倍であったというデータがあり、市場拡大のスピードが伺われる。また、別の資料[8]の石鹸工業に関するものであるが、生産額と生産戸数、従業員数のデータでは、明治38年に対する大正元年、大正4年の生産額、生産戸数、従業員数の上昇率がそれぞれ、大正元年：1.77, 1.15, 1.38、大正4年：2.06, 1.38, 1.65となっていて、生産額の上昇率が生産戸数、従業員数の上昇率を上回っており、生産規模の大型化、効率化が伺われる。

ただ、生産戸数という表現がなんとも家内工業中心的な印象を与える。

以上、4つの切り口で大正期の化粧品を捉えることを試みたが、比較対象とした『都風俗化粧伝』を見ると江戸時代は、白粉、紅、化粧水、髪油類などは市販品を購入し、白粉・紅と手作りの眉墨でメーキャップし、肌のお手入れやトラブル解消は、『都風俗化粧伝』に紹介されている材料を漢方薬店などから調達して対処していたようである。この状態に石鹸と香水類を加えれば、大正期の初期と殆んど同じのように見える。そして大正期は、明治期に紹介された欧米の化粧品や美容法から、日本人の肌や好みに合うものを選択し、バニシングクリームの創作（?）のように日本人の肌や好みに合わせたものにアレンジして、昭和期につなぐ役割を果たしたと云えるであろう。

引用文献

1）佐山半七丸『都風俗化粧伝』文化 10 年（高橋雅夫校注, 東洋文庫 414, 平凡社 ,1982）
2）日本化粧品工業会編『化粧品 120 年の歩み』日本化粧品工業会 ,1995
3）東京小間物化粧品商報社『東京小間物化粧品名鑑』東京小間物化粧品商報社 ,1932
4）平野一貫 ,『香粧品製造法』半田屋医籍商店 ,1899
5）東京大正博覧会編『東京大正博覧会審査概況』東京大正博覧会刊行会 ,1914
6）平和記念東京博覧会『平和記念東京博覧会審査報告』平和記念東京博覧会 ,1923
7）実業研究会『化粧品製造法』博報館 ,1913
8）西田博太郎他『実験化学工業第 2 巻』化学工業発行所 ,1917
9）日本薬学協会『化粧品製造法講義』修学堂書店 ,1917
10）長崎白美社編『化粧品製造法・販売法・化粧法』長崎白美社 ,1925
11）西沢勇志智『化粧品製造化学』内田老鶴圃 ,1936

参考文献

大橋又太郎『化粧品製造法』博文館 ,1897
仲摩照久『最新化学工業大系 第 9 巻』誠文堂新光社 ,1933
曽根元蔵『化粧品製造販売法教授書』三昭堂香粧品研究所 ,1934
伊与田光男『香粧品化学』工業図書 ,1936

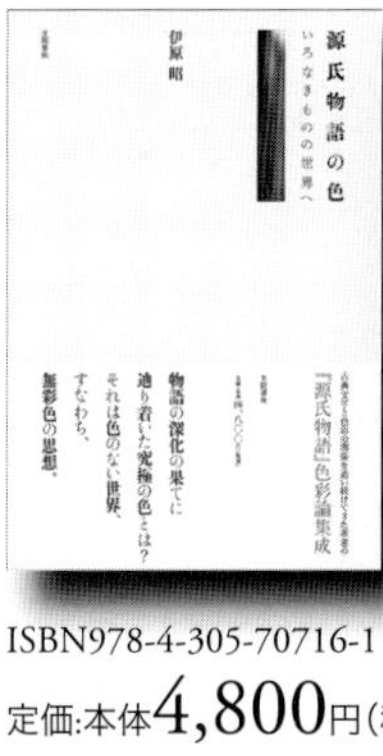

人情本の世界
艶情味あふれる人情本の真髄を探る。

御園白粉をめぐる人びと

みそのおしろい

ビューティ サイエンス学会会員
ポーラ文化研究所研究員
富澤　洋子

■はじめに

明治34年（1901）、いわゆる“日本初の無鉛白粉”として御園白粉が発売された。製造元は東京・芝桜川町の胡蝶園（後の伊東胡蝶園[1]）、発売元は丸善商店（後の丸見屋商店[2]）。白粉による鉛中毒が問題視されていた時代、無害でありながら、鉛白粉に匹敵する使用感の良さで、これをきっかけに胡蝶園の御園白粉製品は明治から昭和戦前期を通じて人気を博していた[3]。

御園白粉は“日本で最初の無鉛白粉”として近代化粧文化史のなかでも、特に重要な位置を占めていた。もちろん、無害で品質が良かったことが、「白粉界の御園」と称されるほどの名を残した大きな要因であるだろう。しかし、当時の新聞記事や、関わる人物の評伝を追っていくと、販売者三輪善兵衛によって役者、医師、科学者、製造元、発売元の連携によって明治・大正・昭和の三代にわたってのロングセラーが作り出されていった様子が浮かび上がる。それは、三輪善兵衛というプロデューサーが演出した御園白粉という一化粧品の開発から発売までのドラマであるといえよう。化粧品の広告宣伝に際して、メーカーの歴史や開発秘話など、その化粧品が生み出される背景をストーリーとして展開する手法は、現代でもよくつかわれる。御園白粉の宣伝戦略は、まさにこの手法をもって展開されていった。

本稿では御園白粉に関わる人物の評伝などから浮かび上がる“日本初の無鉛白粉”誕生物語のあらすじをたどってみたい[4]。

■ことの発端

明治時代、鎖国を解かれた日本へは西欧文明が一気に流入し、人びとの生活、風俗、文化は大きく変化した。政府主導の欧化政策は、やがては女性の生活の周辺にも及んでいくが、すべてが一気に切り替わったわけではなかった。化粧の分野においては、伝統化粧のお歯黒や眉剃りが、来日した西洋人から奇異な風習とみなされたため、政府が法律で禁止したのを受けて皇族や華族が率先して廃止[5]、民間でも次第にすたれていった。しかし、西洋との差の少ない白粉、紅の化粧は、従来の化粧品による伝統的な化粧が続いた。白粉の大部分は、鉛白粉だった。

日本で初めて鉛中毒が報告されたのが、役者の白粉化粧であったといわれる[6]。すでに明治時代初期から白粉を常用する役者や母親の鉛中毒について、臨床的な報告がなされていたようだ[7]。実際には明治10年代には無鉛白粉の広告が新聞には現れており、「洋法おしろい花の宴（山崎塊一製）―従来日本のおしろいハ大毒なる鉛を用ひて製造、実に鉛製白粉の毒おそるべし」、「新製無害白粉玉芙蓉（芙蓉軒）―鉛製の如き恐るべき毒気一切これなく」、「新発明無害白粉東の錦（四宮秀造）」など、すでに鉛毒が認識されていたことがわかる[8]。

これまで、鉛白粉の鉛毒が社会的問題として注目を集めたのは、明治20年（1887）4月26日、井上馨邸で開催された天覧歌舞伎で中村福助[9]が激しい中毒発作を起したことがきっかけとされてきた。しかし、以前より手足の痺れや腹痛といった身体の不調に悩まされていた福助が、天覧歌舞伎から数ヶ月後の舞台で転倒して身動きがとれなくなり、当時日本赤十字社病院院長の職にあった橋本綱常に受診、白粉による鉛中毒と診断されたというのが実態らしい[10]。

ことの発端が衝撃的な事件ではなかったにせよ、御園白粉誕生へのきっかけとなったことは事実である。三輪は福助を語り部として、御園白粉ストーリーを展開させた。その様子は、福助の聞き書きという体裁をとった山岸惣次郎編『芝翫（御園文庫；第2編）』に結実している[11]。

■医師、帰朝者、そして「御料御園白粉」の誕生

橋本綱常は、越前藩医の四男として生まれた。兄には幕末の志士、橋本左内がいる。天覧歌舞伎当時（明治20年）は、日本赤十字社病院の院長の職にあった。歌舞伎を愛好し、名だたる歌舞伎役者たちが「平河町の御前」「橋本の殿様」などと呼んで親しく自宅に出入りして芸談に花を咲かせ、また、劇場では特別待遇だったようだ[12]。遊興の一方で、医師として役者の診察なども行い、舞台化粧に使用する白粉の鉛毒も気に掛けていた。

福助の鉛中毒診断にあたっては、精神科医の榊俶（さかき　はじめ）を紹介して神経系の検査も受けさせている。榊は、明治22、3年頃に白粉の鉛分について分析を行っており[13]、このほか、臨床事例の報告[14]など、いかに白粉に含まれる鉛分が多いか、無鉛の白粉開発の必要性についての医学界での認識も強かったことと思われる。

橋本が無鉛白粉の開発者として白羽の矢を立てたのが、同郷の長谷部仲彦であった。三輪の演出の一端か、当時は「長谷部氏は永く仏国巴里に在つて化学工業、殊に香粧品の研究に没頭し」などと、化学者、化粧品の研究者といった語られ方をしているが、実際は明治5~8年（1872~75）、フランスに工学分野で国費留学し、帰国後は陸軍省御用掛、工兵局勤務などを経て、明治19年（1886）には出版社十一堂を興し、教科書などを出版していた。明治25年（1892）には出版業を廃業、鉛白粉の研究をはじめたのはこの頃からと考えられている[15]。

長谷部の無鉛白粉開発に関する苦心は『芝翫』に詳しいが[16]、明治33年(1900)、ついに無害かつ、鉛白粉に劣らない使用感を持った無鉛白粉が完成した。食品や化粧品について有害な着色料の使用を禁止した「有害性著色料取締規則」発令と同じ年である[17]。

この頃橋本は宮中顧問官を務めており、その斡旋もあったのだろう、時の皇太子（大正天皇）の御成婚に際して、御園白粉を妃殿下の化粧料として宮内省に御料として献納することになった。長谷部製造の無鉛白粉は、宮内省侍医寮の薬剤師長山田薫の検査を受けた上で、上納された。これを機会に内親王はじめほかの皇族間にも使用者がひろがり、皇族の雅称である「竹の園生（そのふ）」にちなんで「御園白粉」と命名[18]、商号を胡蝶園としたのは、中村福助の家紋と長谷部家の裏紋が、偶然、同じ揚羽蝶であったためらしい[19]。こうしてフランス帰りの長谷部が開発した御園白粉は医学界や皇室のお墨付きを得て、いよいよ市場進出を果たすことになる。

■発売、ストーリーの展開

伊東栄（初代、二代）が親戚の石川彦太の紹介で長谷部と会見したのは、無鉛白粉完成の翌年、明治34年（1901）のことである。石川が御園白粉の事業として有望なことを初代伊東栄に説いたことがきっかけであった。初代の父伊東玄朴は蘭方医であり、長谷部の研究開発に賛同した伊東は、すぐに製造販売元を引受けたようで[20]、明治34年（1901）に新聞広告が確認できる[21]。引用すると、

> 「宮中御料御園白粉」
> この白粉ハ園主が衛生化学の真理に基き普く内外の習慣に照し多年の研究を経て漸く発明せるものにして毫も人体に害ある性分を含まず衛生上使用上完全なる成績ありと医学化学の諸博士より過分なる賞賛を得遂にかたじけなくも我が皇后陛下皇妃殿下の御料とまでなさせ給ふことゝハなりぬ実に発明者身に取りて望外の光栄とする所なり其効能の如きハ敢て爰に喋々せず宜しく試用ありて此言の嘘ならざることを知り給へ（製造元販売店　芝区桜川町14/京橋区竹川町5/日本橋小堀町1の2　胡蝶園）

とある。

芝区桜川町は伊東の、京橋区竹川町が長谷部の住所である（日本橋小堀町は不明）。ところが、契約不備などで、権利譲渡の手続が難航、製造販売の権利が正式に伊東の手に移ったのは明治37年5月、伊東運営となる胡蝶園の業務開始は6月1日であったという。引続き御料とし

て皇室への献上も続けられることと決まった[22]。

新規参入で化粧品業界に不案内な伊東は、より広い販路を求めて、御園白粉の販売元を長谷部の同郷で花王散歯磨本舗、波多保全堂の波多海蔵に依頼、波多は伊東に新進気鋭の小間物店店主、当時33歳の三輪を推した。

三輪善兵衛（二代）は、初代善兵衛の逝去により母親が切り盛りしていた小間物屋、丸見屋商店を16歳で引き継いだ。明治25年（1892）、東京小間物卸商同業組合の結成に尽力して副会頭に就任、3年後の28年及び31年より38年までの長期にわたって組合頭取の職にあった[23]。当時は江戸時代以来の老舗に加えて、新興の化粧品メーカー、問屋が相次いで創業した時期でもあり、業界構造の変革期であった。三輪は本業の小間物化粧品の販売が軌道にのると、セルロイド製造業や、小間物商が共同出資して設立した東西銀行の運営[24]、中国大陸への雑貨店の進出などに手を染めるが、ことごとく失敗、丸見屋商店にとってはなかなか厳しい時期であったようだ[25]。

折しも御園白粉は発売の前年、明治36年（1903）に大阪で開催された第5回内国勧業博覧会で金賞牌を受賞した。博覧会の審査員を務め、大蔵省で税関の監査官などを歴任していた山岡次郎の斡旋などもあったようで、三輪は商機ありと踏んだのだろう、胡蝶園製品の一手販売を引受けることになった。丸見屋商店が一般小間物から化粧品中心の販売に舵を切ったのが、この頃といわれる。

三輪は、御園白粉のもつ開発秘話を最大限に活用した広告宣伝を展開する。白粉を常用する歌舞伎役者の鉛中毒、それに医学界も反応、化粧品に対する輸入品信仰の高かった時代に、フランス留学経験者が開発した無害で質の良い白粉が皇族方へ献上される。三輪はこうしたストーリーを、鉛毒から救われた人気役者の体験談の広告記事として新聞へ掲載した。

御園白粉の広告に丸見屋の名前が初めて登場するのが、明治37年（1904）である[26]。イラストに商品名、発売元などが配された、一般的な化粧品と大差ない広告である。しばらく新聞広告掲載が確認できない時期があったあと、明治37年（1904）に商品名のみの数行の広告に続いて、明治39年（1906）に「国母陛下の御化粧」と題した2段抜きの広告が登場する[27]。そして、明治41年（1908）俳優の談話という形で御園化粧品を使った化粧法を紹介した「俳優化粧談」の掲載が開始された。トップバッターは中村芝翫である[28]。

俳優の顔写真つき、新聞の2段、3段という大きなスペースを占めた記事広告は、読者の注目を大いに集めたことは想像に難くない。この体験談形式の記事広告は『東京朝日新聞』『読売新聞』など複数の媒体にわたって掲載され、御園化粧品のPR冊子「御園文庫」として発展している[29]。第2編は先に紹介した『芝翫』である。中村福助の聞き書きという体裁をとり、1冊全体が御園白粉誕生物語と御園化粧品を使った化粧法の紹介である。三輪のこうした宣伝手法は、新聞記者に「現今の広告法に新しい式を作った」[30]と言わしめ、のちに展開される自社製品ミツワ石鹸の広告宣伝へと引き継がれていった。

実は、明治35年（1902）11月に平尾賛平商店から亜鉛華を原料とした無鉛白粉「メリー白粉」水白粉と煉白粉の2種が発売されている。『平尾賛平商店五十年史』の「永山某の発明せる無鉛白粉にして煉製水製の二種あり、世上に売出は御園白粉より二年早く無鉛の魁として発展の可能性ありしも宣伝足らずして御園程認めらるゝに至らず[31]」という記述は、明治時代においても、化粧品の販売において宣伝活動がいかに重要であったかを物語っている。

三輪の宣伝活動への徹底した姿勢は、以下の一文からもうかがい知れよう。

> 広告は薄利多売をねらつた商業手段の第一線を承るものだ。製造家の任務は絶えずより優良なものを、より廉価に供給することで、それには大量生産によらなければならぬ。大量生産を望むなら、どうしても、世の中にその商品の存在を知つて貰うことが必要、広告宣伝は製造販売者の利益というよりは、むしろ需要者それ自体の利益のためにすることだ。やる以上それだけ自信を持たなければダメだ。この意味で有効な広告宣伝の成果は、製造元を利するばかりでなく、問屋、卸屋を利し、小売屋を利し、最終的には、もつとも大きく需要家一般を利するものであることを忘れてはならない。
>
> 黙つていても売れるものをこしらえればいゝではないかという人もあるが、黙つていても売れるほどよいものなら、一層これを宣伝してもつと広く使つてもらうのが商人のつとめである[32]。

三輪の宣伝戦略により、御園白粉はますます好評を博し、同時に伊東胡蝶園では粉白粉、化粧水など商品の種類を増やし、化粧品メーカーとしての体裁を整えていった。明治 41 年（1908）、三輪が浮石鹸宣伝のために打った広告文が発端の「浮石鹸問題」などで、一時期業界での取引に支障をきたすなどの障害もあったが、御園白粉製造元の伊東胡蝶園では製造工場を拡張、売上げは急増していった。

5. おわりに

無鉛白粉の発売は、日本の化粧文化史のなかでもとくに大きな出来事であったといえよう。その事件は三輪善兵衛によってドラマチックに演出され、伝統化粧からの近代化を遂げる変革期の日本の化粧品業界の躍動感を伝えてくれる。

大正 14 年（1925）、伊東胡蝶園の申し出により、丸見屋は伊東胡蝶園との一切の売買契約を解除した。当時、丸見屋は石鹸や家庭薬など多数の自社製品をもち、経営も順調であったことが理由の一つだろうが、丸見屋からの特段の条件もなく、非常に円満な分離だったという。御園白粉の製造、販売を担った 2 社のうち、伊東胡蝶園は第二次世界大戦後の昭和 23 年（1948）に株式会社パピリオと改称したあと、現在ピアスグループでパピリオ化粧品として販売されている。一方、丸見屋は昭和 39 年（1964）に主力商品の名を社名としてミツワ石鹸株式会社と改称、現在は玉の肌石鹸株式会社からミツワ石鹸の販売のみが続いている。

注

1. 昭和 23 年（1948）にパピリオと社名を変更、本稿では明治・大正期の事業のため伊東胡蝶園で統一
2. 昭和 39 年（1964）にミツワ石鹸に社名変更、これも丸見屋で統一
3. ポーラ文化研究所が大正から昭和初期生まれの女性に行った化粧のアンケートでも 25%、1/4 の人がパピリオ製品（昭和 10 年以前は御園白粉）を使ったと答えている。「大正から昭和初期生まれの女性の初化粧アンケート［結果報告］その 2」「マキエ」No.7 , ポーラ文化研究所 , 1992（平成 4）年 10 月 10 日 , p3 より
4. なお、本稿は「マキエ」No.33（ポーラ文化研究所、2012 年）へ掲載した「無鉛白粉誕生─御料御園白粉」に大幅な加筆修正を行ったものである
5. 明治元年（1868）1 月 6 日付太政官布告「男子鉄漿上古無之儀ニ候、以後可任所存被仰下候事」但若年作眉の事 (公卿の染歯・掃眉停止)、およよび明治 3 年（1871）2 月 5 日付太政官布告「華族自今元服之輩歯ヲ掃候儀停止被仰出候事」
6. 堀口俊一著『「鉛」: 環境中の鉛と生態影響』川崎 : 労働科学研究所出版部 , 平成 5 年（1993）, p5
7. 三浦豊彦著『労働と健康の歴史第 3 巻 : 倉敷労働研究所の創立から昭和へ（労働科学叢書 ; 56）』川崎 : 労働科学研究所 , 昭和 55 年（1980）7 月 , p143-144
8. すべて「かなよみ」明治 11 年（1878）の広告
9. 後の五代中村芝翫、五代中村歌衛門
10. 天覧歌舞伎に関して、当時の新聞報道には福助の中毒発作の記事は見あたらない
11. 丸見屋商店 , 明治 42 年（1909）11 月 27 日刊行
12. 「四、趣味嗜好」『橋本綱常先生』日本赤十字社病院 , 昭和 11 年（1936）11 月 , p158-162
13. 「故榊俶博士白粉分析表」『報知新聞』第 9366 号 , 報知社 , 明治 36 年（1903）5 月 20 日 , p1
14. 「慢性中毒簿実験（中外医事新説）」『順天堂医事研究会報告』第 86 号 , 順天堂医事研究会 , 明治 23 年（1890）7 月 30 日 , p16-21
15. 「長谷部仲彦」長谷部楽爾著『道は瓦甓に在り : 随筆集』中央公論美術出版 , 平成 22 年（2010）1 月 , p274-278
16. 『芝翫』、p27-30

化粧品に使う鉛白については、「当分ノ内」は使用が許可され、鉛白粉が製造販売禁止となるのは昭和 10 年（1935）のことである

18. 注『芝翫』、p30
19. 『道は瓦甓に在り : 随筆集』、p274-278
20. 伊東栄著『父とその事業』伊東胡蝶園 , 昭和 9 年（1934）, p8
21. 〈広告〉「宮中御料御園白粉」『東京朝日新聞』朝日新聞社 , 明治 34 年（1901）5 月 26 日 , p4
22. 『父とその事業』、p10
23. 中村一一著『ミツワ本舗三輪善兵衛氏（日統伝記文庫 ; 第四十輯）』日統社 , 昭和 8 年（1933）6 月 , p16-17
24. 「天祐ハ常ニ道ヲ正シテ待ツベシ : 花王創業者初代長瀬富郎」『IR マガジン』1999.8 ～ 9 月号 , 野村インベスターリレーションズ , 平成 11 年（1999）<http://www.net-ir.ne.jp/ir_magazine/pioneer/vol039_4452.html>（2013/03/19 参照）
25. 「七転八起の好典型三輪善兵衛氏」増田義一編『裸一貫から』実業之日本社 , 大正 13 年（1924）6 月 1 日 , p239）
26. 〈広告〉「御料御園白粉」『東京朝日新聞』朝日新聞社 , 明治 37 年（1904）9 月 4 日 , p4
27. 〈広告〉「国母陛下の御化粧」『東京朝日新聞』朝日新聞社 , 明治 40 年（1907）9 月 30 日 , p7
28. 〈広告〉清潭記「俳優化粧談（其一）中村芝翫」『東京朝日新聞』朝日新聞社 , 明治 41 年（1908）7 月 19 日 , p7
29. 明治 40 年代（1907 頃）から昭和 2 年第 15 編までの刊行を確認
30. 一記者「御園白粉発売元丸見屋商店（商店訪問記 ; 30）」『読売新聞』読売新聞社 , 明治 42 年（1909）6 月 3 日 , p5
31. 平尾太郎著『平尾賛平商店五十年史』平尾賛平商店 , 昭和 4 年（1929）3 月 , p119
32. 衣笠静夫（語る人）「ミツワ石鹸 :「孫子と商戦」の人三輪善兵衛」『事業はこうして生まれた : 創業者を語る』実業之日本社 , 昭和 9 年（1934）12 月 15 日 , p[199]-220

『東京朝日新聞』
明治34（1901）
年5月26日　御園白粉広告
新聞に掲出された最初の「御園白粉」広告

ねり製御料御園白粉
（ポーラ文化研究所所蔵）

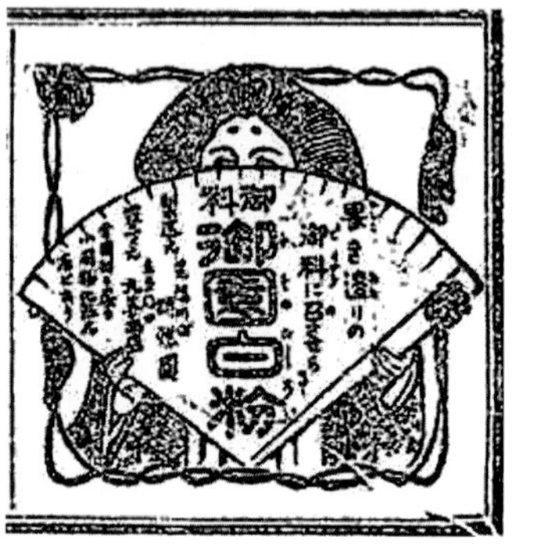

『東京朝日新聞』明治37（1904）年9月4日御園白粉広告丸善商店（のちの丸見屋）の名称が初めて確認できる

伊藤栄著『父とその事業』伊藤胡蝶園、
昭和39年（1934）年刊より

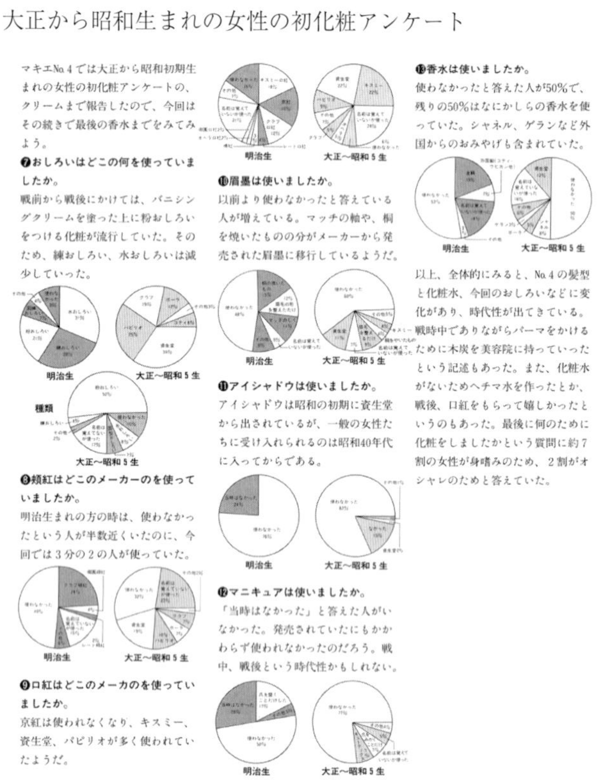

大正から昭和生まれの女性の初化粧アンケート

マキエNo.4では大正から昭和初期生まれの女性の初化粧アンケートの、クリームまで報告したので、今回はその続きで最後の香水までをみてみよう。

❼おしろいはどこの何を使っていましたか。
戦前から戦後にかけては、バニシングクリームを塗った上に粉おしろいをつける化粧が流行していた。そのため、練おしろい、水おしろいは減少していった。

明治生　大正〜昭和5生　種類

❽頬紅はどこのメーカーのを使っていましたか。
明治生まれの方の時は、使わなかったという人が半数近くいたのに、今回では3分の2の人が使っていた。

明治生　大正〜昭和5生

❾口紅はどこのメーカのを使っていましたか。
京紅は使われなくなり、キスミー、資生堂、パピリオが多く使われていたようだ。

明治生　大正〜昭和5生

❿眉墨は使いましたか。
以前より使わなかったと答えている人が増えている。マッチの軸や、桐を焼いたものの分がメーカーから発売された眉墨に移行しているようだ。

明治生　大正〜昭和5生

⓫アイシャドウは使いましたか。
アイシャドウは昭和の初期に資生堂から出されているが、一般の女性たちに受け入れられるのは昭和40年代に入ってからである。

明治生　大正〜昭和5生

⓬マニキュアは使いましたか。
「当時はなかった」と答えた人がいなかった。発売されていたにもかかわらず使われなかったのだろう。戦中、戦後という時代性かもしれない。

明治生　大正〜昭和5生

⓭香水は使いましたか。
使わなかったと答えた人が50%で、残りの50%はなにかしらの香水を使っていた。シャネル、ゲランなど外国からのおみやげも含まれていた。

明治生　大正〜昭和5生

以上、全体的にみると、No.4の髪型と化粧水、今回のおしろいなどに変化があり、時代性が出てきている。戦時中でありながらパーマをかけるために木炭を美容院に持っていったという記述もあった。また、化粧水がないためヘチマ水を作ったとか、戦後、口紅をもらって嬉しかったというのもあった。最後に何のために化粧をしましたかという質問に約7割の女性が身嗜みのため、2割がオシャレのためと答えていた。

「マキエ」No.7　平成4年10月

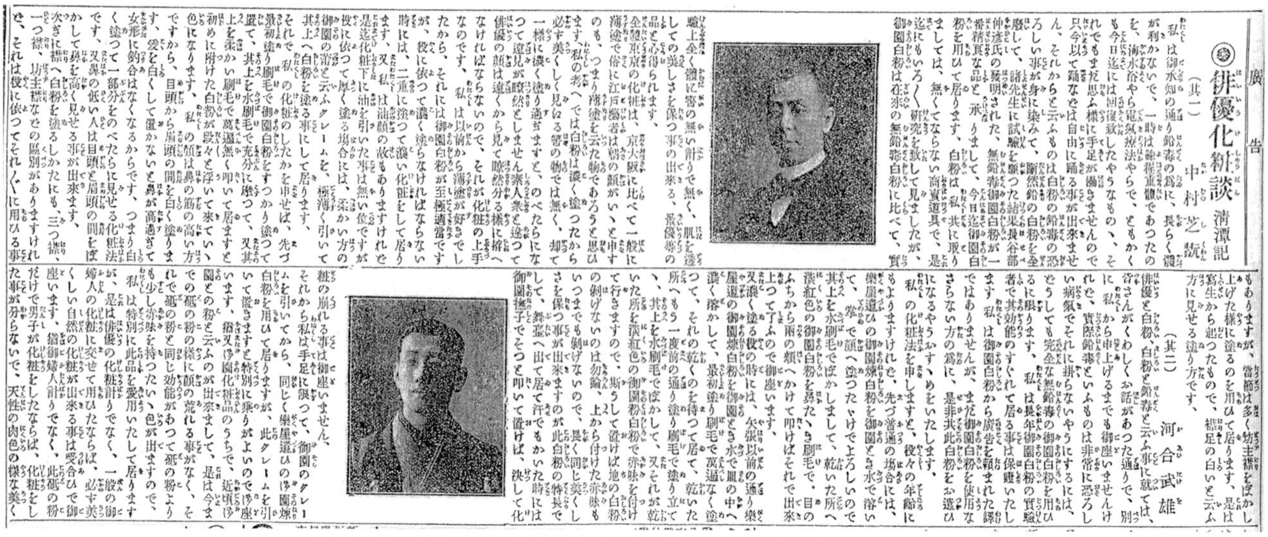

俳優の聞き書きという体裁で連載された記事広告「俳優化粧談」の初回

大正期の化粧品業界

日本化粧品工業連合広報委員会参与
（元ポーラ研究所部長）
加藤　精二

1. 新産業としての化粧品産業

大正初期は、明治末に続いて不況期ではあったが、明治政府は西洋諸国に対抗し、資本主義の育成のため、国家の近代化を推進する殖産興業政策を進めていた。化粧品産業は新産業として進んでいた。先進ヨーロッパの学問が導入され、化学を学び優れた科学者が続々と出てきていた。化粧品企業の事業主たちは、当時の目標は外国品に対抗できる製品を生産し、外国製品に支配されていた市場を自分たちの市場にすることだった。

化粧品工業には生産設備の近代化が取り入れられ、新技術を学んだ技術者たちの指導、自社育ちの中堅社員によって、新しい風が改革を促し、製品の向上を進め、店の運営は伝統的なものの上に、進歩的方向に進められていた。

大正始めの化粧品の生産は、大正３年（1914）で明治42年（1909）に比べて５年間で約38％増、平均年率8％弱の伸びを示し、不況期といわれる時期でも発展していた。

大正期は好況と不況が織りまざり波乱がつづいた。政府の進める殖産政策、産業拡大として博覧会があった。大正３年３月月20日から７月31日まで東京上野公園で開催された東京博覧会は134日間で入場者が746万2,906人と予想を遙かに超えた。大正11年３月10日から７月31日にかけて東京で開かれた平和記念博覧会は、入場者1,103万2,574人と空前の規模となった。化粧品は東京小間物化粧品卸商同業組合が窓口になり、化学工業館内に陳列場を多数特設するなど、力のこもった展示が行われた。平和博覧会は大正９年（1920）に始まる戦後の不況の中であったが、社会的に明るさを増幅させ、経済の幅と伸びを大きくし、困難に打勝った業界の中に化粧品業界があった。

化粧品の広告は、新聞への広告量が売薬を抜いてすでにトップにたっており、大正初期は大正デモクラシーと呼ばれ、自由、自主の思想が提唱され始めた時期であった。化粧品業界は演劇界とも密接に提携し、タイアップ広告が盛んになっていた。帝国劇場の開場、歌舞伎座のこけら落としが、明治44年（1911）にあり、歌舞伎への肩入れ、新しい演劇活動への期待も広がり、「今日は帝劇、明日は三越」の謳い文句は、新富裕層をねらったものであり、化粧品業界を育てる環境は好ましいものであった。

2. 激動社会下の化粧品業界

大正３年に第一次世界大戦が始まり日本をゆり動かした。大正８年の講和までの５年間に不況と好況、戦後恐慌と激動がつづいた。化粧品業界は原料の輸入が絶え、原料の値上がり、特に主要産地の英、仏、スイス、イタリアは原料不足で合成香料の製造中止が多く、価格は２倍から４倍にもなり、空前の原料高に直面した。価格の騰貴は亜鉛華などの無機原料も同じで、また保湿剤などに使うグリセリンも３、４倍に上昇していった。こういう原料騰貴を吸収するには化粧品の販売価格の引き上げしかなかった。化粧品業界は不況のあおりを受けて競争が激しく、値上げが出来る状況ではなかったが、採算がとれず値上げに踏み切った。幸い化粧品需要が高まり市場は価格アップを受け入れ、市場は拡大を続けた。戦後恐慌は大正９年に起こり、10年には前年比で19％減になったが、大正8年比では増加していた。銀行取付け騒ぎが起こり、業種によっては破産企業も出たが、化粧品業界は不況に耐えて伸びていた。しかし、この後、大正12年の関東大震災に出会って激変した。

関東大震災起こる

大正12年9月1日に起こった関東大震災は近代日本が初めて受けた大都市大震災で、地震に伴って起こった大火災によって被害が拡大し、震災地帯は、東京、横浜を中心に、神奈川、千葉県などの広大な地域にわたった。火災は燃え広がって、真赤な炎が大都市東京の空を覆った。同じ商工地帯の横浜も震災と火災で破壊した。大蔵省、文部省、内務省、外務省、警視庁など官公庁の建物や帝国劇場、三越日本橋本店など文化・商業施設の多くが焼失した。化粧品関連の多くの店舗、倉庫、工場、研究所なども消失した。当時、TV・ラジオ放送などなかった時代、電話・電報・郵便局などが罹災したので、通信や連絡は全く不可能で、京浜地区の経済界はこの日、すべての機能を停止してしまった。罹災した市民は縁故をたどり歩いて周辺地帯への避難が続いた。

化粧品業界の罹災と対応

化粧品業界は、下町地区に集中していた本社、工場、卸商等の被害は甚大であった。家の倒壊、店舗、工場倉庫も火災によって焼失し、原料、商品を失った。経営者、従業員、家族も無事の店があったが、火に追われ従業員や家族に犠牲者を出していた。業界の同業者は、組合員としての結びつきが濃かった。なんとか伝わってくる同業者の悲報を、業界人は深い衝撃で受けとめた。東京の小間物化粧品卸商同業組合に属する企業は軒並み罹災した。業界のこの組合の立派な洋館の会館も焼失してしまった。

レート化粧品の平尾賛平商店は店舗、工場、倉庫を、ミツワ石鹸の丸見屋は本店と研究所を焼失したが工場は火災を免れた。御園白粉の伊東胡蝶園（後のパピリオ）は店舗を焼失したが、本店と工場は無事だった。資生堂は銀座の本店、店舗、工場、倉庫を焼失した。花王石鹸の長瀬商会は本店を焼失し、工場は破損したが火災は免れていた。ライオン歯磨の小林商店は本店、工場、倉庫等のすべてを焼失した。その隣接地に近い、陸軍本所被服廠跡地では約3万8000人の焼死者が出た。隅田川周辺の被害が惨たんたるもので、架かっていた橋が木造であったこともあり、焼け落ちて、橋向かうとの連絡が出来ず、工場からの連絡が届くのを3日まで待たなければならなかった。

震災直後、一部戒厳令が敷かれ、交通、通信も不通であったが、緊急の連絡で従業員の健在を確認した後、復興方針が立つまで地方出身の従業員は帰郷させた企業が多かった。金庫が無事でも、手持現金以外に入金の当てはなかった。盛業中であっても、経済界の全機能が奪われていたから、打つ手がなかった。対応例では、平尾賛平商店は社員給料半減、重役は無給、地方出身社員の大半を帰郷させた。丸見屋は社員2名を大阪へ、2人は集めた現金を胴巻に入れ、信越線を乗りつぎ運んできたという。平尾賛平商店では9月3日に川口駅から、信越線を回って大阪支店に社員を急派、資生堂は従業員の給料を減額した。

戒厳令が解かれ、9月末日には金融モラトリアムが解かれ,応急施策から平常の経済への復帰が進んでいった。化粧品企業では代表団体の十日会が取引指針をまとめて告知し、業界は手堅く着実に復興を目指した。化粧品工業に強い支援となったのは、政府の復興事業投資であった。東京地区の化粧品工業への復興支援になり、化粧品工業全体への賦活ともなった。中小企業救済融資も開始され、損害保険支払への支援等の実施があって、潰滅的打撃を受けた店舗や家屋、原料も製造設備などへの支援は次第に効果をあげ、復興は日を経るに従ってピッチをあげていった。

山本権兵衛首相を総裁とした「帝都復興審議会」が創設され、政府の公共投資は罹災の後処理から、街路、運河、公園の整備、土地区画整理、都市近代化等の復興事業に当てられた。都市近代化は商工業の近代化、バラック建築から本建築へ、耐震耐火建築促進があり、化粧品業界の力ある企業はコンクリート建築を選択した。これは化粧品業界の力強さを示すものであった。有力化粧品企業は業界の指導者であるとともに実業者の有力者でもあった。化粧品業界は震災から復興途中で昭和初年の不況に出会うが、それに耐えて伸長していった。

3. 化粧品の広告

大正期の化粧品広告は、明治維新による社会の激変から流れがそうしたように、明治期を引き継いで、社会の動きを吸収し、積極的な展開を見せたのである。明治になって新しい化粧品が市場に出始めたのに続いて、大正時代は、さらに新しい化粧品が求められていたので、化粧品業界は積極的に、社会意識や海外の芸術活動に注目し、新時代を創り出すように動いていた。化粧品業界各社の広告政策は、明治期から新規に展開された化粧品広告に引き継いで、さらに、発展していった。

化粧品広告の一つである新聞は力が強まってゆき、利用度も高まっていった。化粧品業界が発展してゆくと、新聞の活用は、化粧品の使用を広げさせ、さらに新聞の活用を促進するように大きな効果を生んでいった。新聞広告の作品には新しい方法が入れられ、大正ロマンという新しい表現が見られ、化粧品に対して新しいイメージが生まれた。大正期の広告の流れは、手堅い「説明広告」と「新感覚広告」やその両方で表現された。それに文化的な表現が加わった広告も出現した。また、明治になって生まれた芸能とタイアップした広告も盛んになっていった。一方では、ネーム広告が地味に行われ、小規模企業でも実施できるので、地味であるが効果のある方法であった。有名企業は広告に積極的であった。新しい広告表現を示すとともに、大胆なくらい大量に投入した。この大正時代に見られた広告政策は、何回もの試練を乗り越えて昭和期に引き継がれた。

広告表現の特徴は図案的要素が多く、クラブ化粧品やレート化粧品は「説明広告」が多かったが、感覚的要素を取り入れる変化を見せた。御園白粉も図案様式重視へと変化し、大正期に化粧品部を設けた資生堂が、新感覚の作品で斬新なイメージを創りだしていった。各企業が個性で送り出してくる広告によって、化粧品への認識は新しく、趣があり、親近感ものてるものなど、いろいろな形で社会に受け入れられていった。創業者の多くは経営の才能と、広告の才能を備えていて、大正期には新しい広告の実現参画していた。

婦人雑誌も有力な媒体として出現してきた。明治期創刊の「婦人画報」、「婦人世界」が評価され、特に「婦人画報」は上流家庭向き雑誌として注目され、大正5年に「婦人公論」、6年に「婦人之友」、9年に「婦人くらぶ」が創刊され、各誌が積極的に広告掲載をすすめ、化粧品広告は化粧品にとってプラスになる展開であった。芸能界との結びつきも親密さを増していった。

化粧品広告の新聞への広告量

大正初期の化粧品企業の市場観や意欲を示す指標として新聞広告行数統計がある。全国数十紙を対象として調査した数値で、それが年率20%それを超える伸びを示しているのが不況観の漂う中で伸びがあったことが注目される。

明治期の40年代後半は、化粧品広告が伸び、第1位の売薬に急迫していた。大正元年（1912）の化粧品は売薬を抜いて第1位となり、全新聞広告量20%台を占めるようになったのは、売薬等諸品種を通じて、化粧品広告がはじめてであった。大正元年は前年比140%、大正2年が前年比139%、大正3年125%と拡大を続けていた。化粧品に売薬広告を加えると45%を占め、大正初めに新しい価値観が生まれてきていることを物語っている。

化粧品の新聞広告量は前年比で、大正6年120%大正7年127%で、大正8年までの5年間の伸びは177%で大きく伸びている。化粧品の生産統計では、大正3年（1914）が5年前の明治42年（1909）の130%だが、大正8年（1919が）5年前（大正3年）の554%と生産金額で爆発的な伸びを示していた。化粧品生産が3倍以上であるのは、企業が化粧品の拡大育成に努めていたことが数値にあらわれている。新聞広告が、化粧品は大正8年に売薬に首位を譲っているが、全新聞広告量（全国98紙）の19.4%で売薬との合計で42%を占めていて、大正興隆期の化粧品の位置の高さを示すものである。

第一次世界大戦後好況は、大正9年3月の恐慌の始まりによって終わりを告げたが、化粧品の新聞広告は増え続け、大正9年109%、大正10年123%と伸びた。しかし、売薬に大量広告が出たこと、新聞広告量全体が拡大したので構成比は下がっている。このように、大正期は多彩に拡大する時代であったが、波乱を含む時代であった。

4. 大正時代の化粧品

明治時代後半の有名製品には、御園白粉（伊東胡蝶園）、レート白粉（平尾賛平商店）、クラブ白粉（中山太陽堂）、大学白粉（矢野芳香園）、赤門白粉などがあり、これらを受け継いで、大正時代には、新しい化粧品が発売されていった。これらは、大正初年の東京小間物化粧品名鑑に記載されているので次に記す。大正初期の化粧品ブランド数は、白粉:210、香油:186、香水:178、煉油:144、化粧水:73、洗粉:73、クリーム:53、化粧下:33 紅:31、白髪染:13であり、ブランドには数点の品揃えが多く、大正時代初めから品揃えを基にした出発であった。

大正時代の発売化粧品

大正時代の新発売品は各企業の積極的な意気込みをうかがわせる。主なものを記す。

白粉類、大正2年:レート煉白粉（平尾賛平商店)、3年:シュミンク水白粉（平尾賛平商店)、美顔粉白粉（桃谷順天館)、クラブ固煉白粉、クラブビシン白粉（中山太陽堂)、ヨレット白粉（荻原酔月)、4年:クラブ紙白粉、レート紙白粉、5年:ホーカー白粉（堀越二八堂)、ベルベオラ粉白粉（理容館)、6年:資生堂七色粉白粉（資生堂)、理容粉白粉（理容館)、7年:レートメリー（クリームとセット)、8年:美顔固煉白粉、ホーカークリーム白粉、海綿白粉（資生堂)、コティ粉白粉（輸入岡本信太郎）15年:新御園白粉（伊東胡蝶園）等である。大正6年は、日本中が大戦景気に沸いていた時、資生堂の七色粉白粉白というイメージに挑んだもので、資生堂が積極的に化粧品参入へ転換し、チェインストアー制度を創設した最初の画期的な新製品であった。

クリーム類、明治期末のレートクリーム、クラブ美身クリーム、クラブマッセークリーム等に続いて、元年:ファインバニシング（阪本高生堂)、3年:美顔クリーム（桃谷順天館)、4年:ハイジェニッククリーム（理容館)、5年:ビオーナクリーム（ビオナ商会)、6年:過酸化水素クリーム（資生堂)、7年:カガシ美白クリーム（カガシ本舗)、スムーシンククリーム（資生堂)、ローリングクリーム（資生堂)、コールドクリーム（資生堂)、艶美人クリーム（資生堂)、9年:トリアノンクリーム（資生堂)、10年:御園コールドクリーム、ファモスクリーム（伊藤満平)、11年:オンリーバニシング（オンリー本舗)、12年アイデアルバニシング、アイデアルコールド（高橋東洋堂)、日焼け止めクリーム（資生堂）等が見られ、大正期に品揃いが進んでいる。

化粧水、乳液、化粧下類、元年:ファイン乳液（阪本高生堂)、2年:クラブ乳液（中山太陽堂)、レートジェリー、3年:白色美顔水、肌色美顔水（桃谷順天館)、キウリ化粧水（西ヶ原農研)、ヨレット化粧水（荻原酔月)、4年:美顔コーマー（桃谷順天館)、レートフード（平尾賛平)、5年:ライラック水（理容館)、ビオーナ化粧液、7年:オイデルミン（資生堂)、13年:過酸化水素クリーム（資生堂）等が見られる。

口紅、頬紅、美爪料類、大正3年:キスミー口紅（伊勢半)、クラブほほ紅、クラブ美爪料（中山太陽堂)、6年:オペラ頬紅（中山信陽堂)、8年:頬紅えんじ（熊谷鳩居堂)、9年:オペラ煉紅（中山信陽堂)、12:クラブ口紅（中山太陽堂)、オペラ口紅（中村信陽堂)、14年:レート口紅（平尾賛平商店）であった。

ポマード、明治後期のクラブポマード、オシドリポマードに続いて、大正元年:ソロモン純植物性ポマード（中山信陽堂)、ファインポマード（阪本高生堂)、4年:ケンシポマード・植物性（ケシン精香㈱)、5年:レートポマード（平尾賛平商店)、7年:メヌマポマード（井田友平・㈱メヌマ)、12年:アイデアルポマード（高橋東洋堂)、植物性理容ポマード（理容館）14年:柳屋ポマード（柳屋本店）等がある。

香油、ヘアローション類、大正元年:千代田香油（山岸三之助)、純粋椿油（長崎椿油店)、ふけ取香水レゾール（博愛堂)、2年:香油つばき（資生堂)、ホーカー毛ハヘ油（堀越二八堂)、3年:毛はへ薬ピローゲン（玉置文次郎)、5年:アルラフケ止、アルラ毛生液（楽栄白色院)、7年:美髪香水フローリン（資生堂）等がある。

以上、大正期は、明治期の香油、香水、白粉、紅、化粧水に、クリーム、乳液、化粧下、頬紅、ポマード、ヘアローションなどが加わり、必要なものが揃ってきている。

鉛白粉問題

明治初めに、乳幼児の鉛中毒事件や明治20年に歌舞伎役者中村福助の左足が天覧舞台で突然震えて止まらなくなるという鉛白粉が原因と言う事件が起こった。政府は明治33年（1900）に、鉛白粉（含鉛白白粉）の製造販売・禁止を含む有害性着色料取締規制を発令した。すでに「無鉛白粉」が発売され始めていたが、明治37年、伊東胡蝶園から「無鉛白粉」の御園白粉の発売され大正天皇夫婦に献上されたことと、大正期に入って、西欧から「肌色白粉」が輸入され、資生堂からも「七色粉白粉」が発売されたこともあり、白い白粉の使用は少なくなっていった。しかし、鉛白粉の特性が非常に優れていたので、一部の需要者、また家業としての伝統から要望があって、規則に例外規定があったこともあり、含鉛白粉への規則適用が延ばされていた。結局、製造禁止の実施が昭和9年末（1934）、販売禁止は昭和10年末まで遅れたのである。

参考資料

「化粧品工業120年の歩み」日本化粧品工業連合会　平成7年
「PCウィキペディア　関東大震災」伊藤胡蝶園　平成23年
「PCウィキペディア　関東大震災」平尾賛平商店　平成23年
「資生堂社史」資生堂　昭和32年
「花王石鹸70年史」花王石鹸　昭和35年
「ライオン歯磨八十年史」ライオン歯磨㈱　昭和48年
「クラブコスメティック80年史」クラブコスメティックス　昭和58年
「広告五十年史」電報通信社　昭和26年
「東京小間物化粧品名鑑」東京小間物化粧品商報社　大正2年、昭和7年
「モダン化粧史」ポーラ文化研究所　昭和61年

御園白粉　大正6年

美顔水　大正5年

レート白粉　大正6年

クラブ白粉　大正5年

純粋の椿油、花つばき、福原資生堂

レート乳白化粧水　大正６年

平和記念東京博覧会ポスター

平和記念東京博覧会特設館（クラブ）

平和記念博覧会特設館（ミツワ・御園館）

東京小間物化粧卸商同業組合会館

宋代の香文化

ビューティ サイエンス学会香文化研究会代表
松原　睦

中国の香について、宋の葉庭珪は『南蕃香録』に「古は香なく、柴を燔き、蕭を焫く、香の字を書に載せるといえども今の香にあらず。漢以来、外域から入貢して、はじめて香の名が百家伝記に見えた」と記している。西域をとおり樹脂系の香料がもたらされ、後に仏教の東漸とともに沈香・檀香など多様な香薬が流入したのである。

唐代には、中央アジアのソグド諸国との間に直接の交流がはじまり、ソグド商人がラクダの背に絨毯・ガラス器・香薬を乗せて長安に到着し、長安の西市には外国人の家が並び、西方の珍品が交易されるようになった。また、海のシルクロードといわれる海上交通も活発になった。「外蕃、歳ごとに、珠・瑠璃・香・文犀を以て、海に浮かんで至る」といわれ、イスラム系商人をはじめとし、諸外国から交易を求めて来航する船で広州・泉州・揚州など諸都市が活況をしめしてきた。

宋代の香文化は、唐代の香を超えてさらに飛躍的な発展を見せている。これまで宋の香は財政面と貿易の面から取り上げられてきたが、宋代300年の香文化がどう展開してきたかを、先人の研究をもとにして、日本との関わりから眺めてみたい(1)。

宋の財政と海外貿易の香

東アジア文化圏の中心であった唐朝が滅び、五代の戦乱の中から後周の武将趙匡胤が中国の統一をはかり、建隆元（960）年に宋を建国して支配者となった。宋の太祖である。しかし実際に統一が完成したのは弟の太宗によるものである。首都汴京（開封）は、以後一世紀半宋朝の政治・経済・文化の中心となった。宋朝は、文治政治を行って、官僚組織は拡大し、官吏登用のために科挙制度が一段と充実されたという。

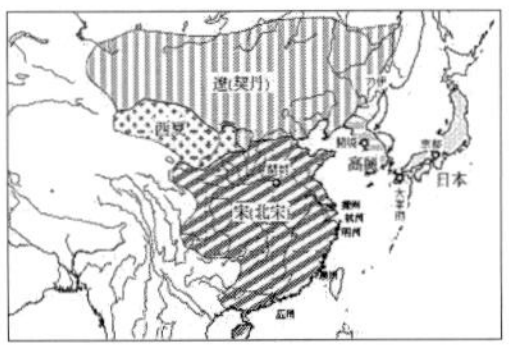

宋代は「東アジア交易圏」の諸国の間に新しい交流が活発となった時で、宋朝は積極的に海外との通商をはかり、また国家の財政は海外貿易に大きく依存した時代でもあった。商品の中で香薬は「宋の経費、茶・塩・礬（明礬）の外、惟だ香の利を為すこと博し。故に以って官、市を為す」（『宋史』）(2) と記されているように、宋にとっては重要な財源の一つであった。外国商船の来航とともに、中国船が近隣する東アジア各地へ、さらにペルシャ湾まで出かけるようになった。雍熙４（987）年には内侍８人を派遣し、勅書・金帛をもって海外の諸国へ行き、香薬などを買収するだけでなく外国商人の来航をうながしている（『宋会要輯稿』）(3)。

中国へ来航する国は交阯（北部ベトナム）・占城（中部ベトナム）・真臘（カンボジア）・三仏斉（スマトラ）・渤泥（ブルネイ）・闍婆（ジャワ）・天竺（インド）・大食（アラブ）などである。

当時、広州・泉州などの都市には、「蕃坊」と称する来航したイスラム系商人の居留地が設けられていた。朱彧撰『萍州可談』によると、この蕃坊では賭象棋（将棋）が行われ、盤上には駒は無く、象牙・犀角・沈檀香が置かれて賭け事に用いられたという。舶来の香薬類が、イスラム系商人の手により常にもたらされ、なかでも沈香・檀香は主要な取り扱い商品であったと思われる。

また宋朝は外国との通商にあたり、外国貿易を管理する市舶司が広州におかれ、続いて杭州・泉州・明州などにも設置された。香薬などがこれらの港に着くと、官に独占され、私に貿易することはできなかったのである。諸外国から舶来した香薬類は、まず市舶司によって抽解（徴税）される。そののち禁榷品（専売品）は市舶司が買い上げ、残りが民間の私貿易品と認められ売りだされた。

海外からの交易による宋朝の歳入は、大きく香薬に依存していた。宋王応麟『玉海』[4]には、象・犀・珠宝・香薬之類による海舶の歳入は、皇祐中（1049~1053）に53萬有余あり、治平中（1064~1067）には10萬を増し、南宋高宗のときには歳入200萬緡と増加した。これにより府庫には舶来の品が充満し、南宋に至って香薬はますます国家財政に貢献したことを示している。

また宋は北方には契丹（遼）、西北方には西夏に対峙し、絶えず緊張して防備に当たらなければならなかった。契丹との香薬の交易は、太祖の時「縁辺にて市易を聴すと雖も、而も未だ官署有らず。太平興国2（977）年、始めて鎮・易・雄・覇・滄州に令して、各々榷務を置かしめ、香・薬・犀・象及び茶を輦びて交易するを與す」『(宋史』)[5]とあるように、香薬や茶などの物貨が北辺の各州に榷務（政府の貿易事務所）をおき、通商を行ったと記録している。

遼国においても香薬は貴重な品物で、遼代に清寧2（1056）年、山西省応県に建造された仏宮寺釈迦塔には、経典・舎利仏牙などとともに沈香・香餅（香炭団）が納められている[6]。宋との交易により、遼の国内においても香が仏事の供え物として用いられたもので、香餅や沈香が遼の寺院でも使用されていたことを示している。

また西夏についても、景徳4(1007)年より榷場を置き、香薬をふくめた物貨を交易することを許したことが『宋史』食貨志にみえる。この頃に香薬宝貨を取扱う榷易院（香薬榷易院）が京師に置かれた。

応県木塔の沈香木11箇、香泥餅17箇

『宋会要輯稿』職官44には、太平興国初に、京師に榷易院をおき、詔して「諸蕃国の香薬、宝貨、広州・交趾・泉州・両浙に至り、官庫にでるものに非ざれば、私に相市易するを得ず」とあり、これにより犀・象・香薬など珍異が府庫に満ちあふれたという（『宋史』張遜伝）。

香薬の貯蔵機構である香薬庫は各所に設けられた。汴京の様子をくわしく記録した孟元老『東京夢華録』[7]には、宮城の中にある内香薬庫が記され、外国からの貢献、あるいは市舶司を通じた海外貿易によって得られた多種多様の香料と薬品のうち上等のものが収蔵されたという。

下等の品は宮城外に別の外庫があった。『文昌雑録』[8]に、内香薬庫は謻門内に在り、凡28庫、真宗皇帝（在位997~1022年）の御詩を賜わり、28字を以て庫牌とした。其の詩には「毎歳沈·檀来遠裔、累朝珠玉実皇居、今辰内府初開処、充牣尤宜史筆書」とあり、この28字で庫の牌を作ったというから、多くの香薬庫に沈檀の香などが大量に納められていたと思われる。また、銭惟演『玉堂逢辰録』[9]には、大中祥符8（1015）年4月24日、大火があり、「火は遂に南内蔵庫・香薬庫を焼き、又東に廻って左蔵庫を焼き、時に諸々の庫の香が焼けて香りが十余里に及んだ」という、北宋の香薬庫の様子がうかがえる逸話である。

また、北宋は北辺の遼と西夏に対抗して100万の軍勢を配置していたので、その軍粮・馬料を調達する必要から、辺境に食糧等を納入させて交引（手形）を給付し、京師榷貨務において現金を支払うこととした。河北方面では、香薬・象牙・茶貨・見銭の三色の交引を以てその代価を支払うことが主体であったという。専売品である香薬・茶・塩などは手形決済の品物として価値あるものであった。

その後、遼王国は中国東北部に建国した金王国によって滅ぼされたが、茶・象牙・犀角などとともに香薬は引き続き金王朝への輸出品として主要な商品であった。靖康2（1127）年、その金により宋の首都汴京（開封）は陥落し、北宋王朝は滅亡した。金との交戦に破れた宋では徽宗と欽宗は北方へさらわれ、南に逃れた欽宗の弟高宗が建炎元（1127）年宋の帝位につき、建炎3（1129）

年に杭州を臨安府とし南宋の首都と定めた。こうして江南に追われた宋は、領土は狭くなり対金の軍備に国家財政は苦しく、それだけに国家の財政は海外貿易に依存することがさらに大きくなったといわれる。

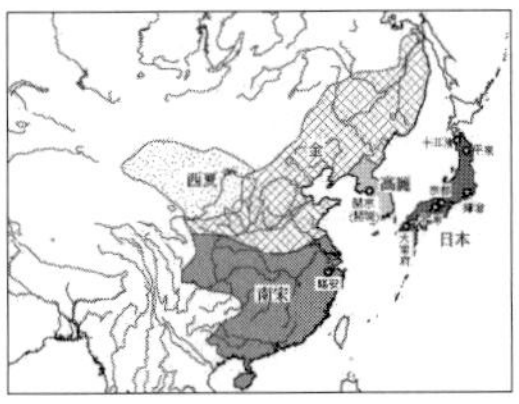

南宋になると、諸書には香に関する記事がますます多くなり、詳細となってくる。淳熙2（1175）年、范成大は『桂海虞衡志』志香に沈水香・蓬莱香・鷓鴣斑香・箋香・光香・沈香・香珠・思労香・排香・檳榔苔・橄欖香・零陵香をあげ、その産地や性状を記している。また、「沈箋の属の如きは、世に専ら香と謂う者、又美の鍾る所也」と香を代表するものとして沈香・箋香をあげていることに注目したい。

淳熙5（1178）年、泉州知州兼市舶司であった周去非が、来航する外国商人から聞きただして著した『嶺外代答』[10]は、香門において沈水香・蓬莱香・鷓鴣斑香・箋香・零陵香・蕃梔子を載せる。さらに海南の沈水香は「香価白金に等し」と述べ、邕州・欽州の交易場の香薬類などの取引を記録している。また、宝貨門には竜涎香をのべ「和香にしてこれを焚けば一銖の煙空に浮かび、結んで散せず」と大食の香にも強く惹かれている。

南宋の宝慶元（1225）年、泉州の福建路市舶司長官であった趙汝适の『諸蕃志』[11]には、「交趾国・占城国・真臘国・三仏斉国・闍婆国・南毗国・大食国・渤泥国・琉球国・新羅国・倭国」など59の国名・地名をあげ、これらの国々から中国へ来航してきたことや、脳子・乳香・没薬・金顔香・安息香・薔薇水・沈香・箋香・速香・暫香・黄熟香・生香・檀香・丁香・肉荳蔲・胡椒などの香薬類をはじめ多数の物産に産地や用途などを詳しく記し、南海貿易が宋代の重要な交易であったことを知ることができる。これらの著作は香薬について過去の記録を転写したのではなく、交易の現場で得られた新しい香薬の知識が記録されていることこそ、宋代香知識の特色である。

宋代の海上交易の様子は、1973年に発見された泉州港の干潟に埋もれていた宋代沈船の積荷から知ることができる。沈没船からは、香薬類・銅銭・陶磁器・木牌・竹木藤器が出土している。香薬類は胡椒・乳香・竜涎香・沈香・檀香・降真香などがあり、その中で降真香が最も多く、檀香がこれに続いている。これからも香薬類が交易品として重要であったことが理解できるであろう[12]。

沈香と乳香

宋代は沈香が重要視された時代である。北宋では丁謂の『天香伝』[13]が「蓋し沈香を以て宗と為し、薫陸これに副うる也」とのべ、『桂海虞衡志』には「沈・箋の属、世に専ら香と言う」と表現している。『天香伝』には海北から海南島の沈香、さらに占城の沈香を生成と分類・採取・交易など詳細に記録され、現地での情報により沈香木についての知識は一段と深くなり、沈香につけられた名称も多様になってきた。香の類を沈・棧・生結・黄熟と四種に分け、さらに12状あり、一木から生じるとする。また南宋の『諸蕃志』も、その形状から犀角沈・燕口沈・附子沈・横隔沈などと分類している。

唐の中期から現在の広東省・広西省あたりの沈香が採集されていたが、唐末から宋代には海南島の沈香が勝れた品質をもって有名となり、しかも香の価は白金に等しいとさえいわれるほど貴重なものとされた（『嶺外代答』）。『桂海虞衡志』は海南黎峒の香を上品とし、舶載された海外からの沈香でさえ海南に及ばずと述べている。また、『天香伝』は、嶺南の香は採集を急ぐあまり自然に成熟するのを待たず切り取るが、海南島産沈香はみだりに切ることがなく熟成したうえでの採集であるから上等の沈香を得ることができるのだと記している。

また、海外の沈香では占城の沈香が特別に注目されるようになる。『宋会要輯稿』蕃夷7には、乾道3（1167）年の占城進貢品に「加南木箋香301斤」が記載され、『陳氏香譜』[14]には伽藍木を「一伽藍木に作る、今按ずるに此の香迦闌国（未詳）に出る。亦占香の種也。或いは南海補陀巌に生じると云う。蓋し香中の至宝、其の価は金と等し」とのべられ、貴重な香木とされた。占城産の加南木箋香・伽藍木は、元代『島夷志略』占城に茄藍木を産出すると記され、明代には奇南香・棋楠香と呼ばれるようになり、日本では伽藍木から伽羅木と書かれ、やがて伽羅とよび、沈香の最高品として珍重されるようになるのである。

一方乳香は、『諸蕃志』に次のように記されている。

大食に産し、三仏斉にあつまり、中国へ輸入される。中国では等級が分けられ、最上品を楝香（滴香）、次を缾香（瓶香）という、又次を袋香という、名の由来は瓶につめたり袋に入れたりしたところからその名がある。さらにその次を乳榻香、黒榻香という、砕けた者を斫削といい、塵のようになったものを纒香という。乳香は太平興国元(976)年には早くも専売品として登録されていた。畢仲衍の『中書備対』「(粤海関志」3 所収)[15]には、広州がもっとも盛んであったことを示し、

明、杭、広州、市舶司、博到乳香、計 354,449 斤

広州［熙寧 10（1077）年］収 348,673 斤

四色瓶香	217,995 斤	三　袋　香	104,963 斤
黒榻香	15,450 斤	水湿黒榻香	1,217 斤
散纒香末	9,048 斤		

と、大量の乳香の輸入を記録している、各香薬の輸入量にくらべて圧倒的な数字である。これはまた、南宋においても同様で、建炎 4（1130）年「泉州抽買せる乳香は、13 等、8 萬 6 千 7 百 80 斤有奇。詔して、取りて榷貨務に赴きて打套給売（包装出売）せしむ。」『(宋史』）というように泉州だけで数量は 8 万を超えるものであった。

宋代の特別重要な舶来香薬であり、莫大な輸入量を示す乳香は『天香伝』が「沈香を宗とし、薫陸これに副うる」と述べているように、沈香に次ぐ主要の香として諸書の記録に記載され、唐代に薫陸とよばれ、宋代には乳香と呼ばれた乳香は、その輸入量が多量であったにもかかわらず、宋代ではどのように流通し、誰がどこで大量に消費したのかその実体ははっきりとしないのである。山田憲太郎氏も、『南海香薬譜』の中で薫陸の名に代わって乳香という名称が用いられたことは、来航する外国船が相当多量に乳香を積んでいたことから理由が了解されるが、宋代の乳香の消費の実体は不明であるとされている[16]。

宋代の文人と香

宋代の文化は唐代貴族文化に対して、新しく官僚と士大夫の層、商業の繁栄を背景とする商人層の文化であった。宋文化が盛んになった要因として木版印刷の技術が発達し、多くの出版物を生みだされたことにあるともいわれる。太平興国 6（981）年に刊行された類書『太平広記』、同じく太平興国 8（983）年頃には『太平御覧』が刊行されている。しかもこれらには香木・香薬の項があり、香に関する記事を多数記載して、なお宋以前の書を記録して貴重である。また、紹聖 3（1096）年には『脈経』『千金翼方』『補註本草』『図経本草』など医書･本草書が出版され、『重修政和経史証類備用本草』、1119 年板の寇宗奭『本草衍義』などが刊行された。このような出版物の隆盛はこれまでの貴族中心の文化を士大夫の層に普遍化するきっかけとなったという。香の知識がこうした刊行物のおかげでさらに広まったことは想像に難くない。

また、香の専門書が多数著されたことからも、宋代が中国香文化を代表する時代として知ることができる。丁謂の「天香伝」は同時代の『図経本草』に引用されるほど詳細な沈香を記録し、沈立『香譜』、洪芻『香譜』、曾慥『香譜』、陳敬『陳氏香譜』『新纂香譜』、武岡公庫『香譜』、葉庭珪『南蕃香録』、顔博文『香史』など多くの香についての専門書が著された。泉州知州兼市舶使であった葉庭珪の『南蛮香録』を福建路市舶であった趙汝适の『諸蕃志』が引用してより詳細な香薬類を紹介し、交易の現場で香薬の価値・貿易・消費などの知識が得られ記録されていたもので、これら『香譜』から宋代の香文化を見ることができる。北宋の頃に著された書には、古今の薫香の法を書かれているが、南宋になると、盛んとなる海外からの輸入香薬について、香薬の品級・産地・特徴についての知識が必要となり、『香譜』類の記述は交易必備の知識となり指標となったという（『宋代《香譜》之研究』)。香を焚くに必要な香炉もその形が多様となった。獅子香炉・鴨香炉・柄香炉・博山香炉が作られ、。中国の各地の墓地から出土するこれら香炉類と匙・筯など焚香の道具からも宋代の香が日常の生活の

南宋青磁袴腰香炉　出光美術館蔵

「続考古図」香毬

なかで盛んであった様子がうかがえる。今日、宋磁という表現が示すように宋代の陶磁器生産の盛況は、官営の定窯・汝窯があり、北宋の開封や南宋の都杭州では良い土と熟練の陶工を官営の窯に集めて、高質の白磁・青磁を焼くことができたからだという。また哥窯・龍泉窯などの民窯があった。これらで作られた白磁・青磁の茶器・香炉などが海外の諸国に運ばれたのである。日本でも元応２（1320）年に作成された鎌倉円覚寺の塔頭仏日庵の『仏日庵公物目録』に多数の唐物が記され、古銅香炉・手香炉・香匙・火箸とともに青磁香炉が記録され、龍泉窯で作られた青磁香炉は日本に唐物として渡来し、今日も各所の美術館・博物館で容易に観賞することができる。

また香毬と香嚢も盛んに使用された。宋代の香毬・香嚢は、今日の匂袋にあたり、身に帯びて用いられた。香嚢には金属製のものがあり、香毬は宋闕名撰『続考古図』に香毬図（円形蓋の香炉）があり唐代球形の金属製香毬（被中香炉）とは異なる博山香炉に似た三足の香炉が描かれている。

『香譜』類に記載される事項には香木や香の調合方だけではない。よりよく、より永く香気を味わう工夫も記され、香餅・香媒（香煤）・香灰がのべられている。香餅は遼代の山西省応県木塔にある香泥餅のように今日の香炭団に相当するものであり、香媒は香煤と同じく、

さらに香餅の火加減をととのえるために作られた煤状の粉である。微妙な香りをよりよく引き出すための努力が盛んに行われたことがわかる。

宋の沈作喆『寓簡』(17)には「もっぱら沈水香を焚いて、

香嚢２種

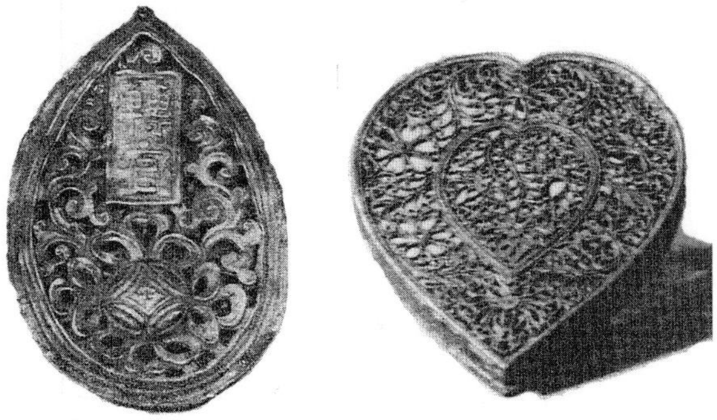

江西徳安南宋墓銀鍍金香嚢 7.6㎝　　福州茶園山南宋許峻墓香嚢 7.4㎝

火をあらわさすことなかれ、これ仏より以来香を焚く妙法である」とのべているが、陳敬『新纂香譜』の引く顔特約（博文）『香史』には、火の上に銀葉、或は雲母製の盤を置き、火が直接香に及ばず、煙の出ないようにして、自然にゆるやかな香気を得るとのべている。火に隔てをおくことにより純粋に香のみを聞く工夫をしているのである。

香道具として香匙・香筯・香盆などが用いられた。香匙も今日香道で使用される香匙とは趣が異なり、『陳氏香譜』巻３に、「香匙、平灰置火、則必用円者。分香抄末、則必用鋭者」と記され、灰を平らにし火を整えるときに円形の匙を、香を入れるには鋭い形のものを用いるというのである。台北の故宮博物院にある宋李嵩（1166~1243）筆といわれる「羅漢図」は、大きい円形の匙であり解説には添香と記されているが、香炉に香を移

故宮博物院蔵「伝李嵩作羅漢図」右手に香匙を持ち香を運ぶ図か

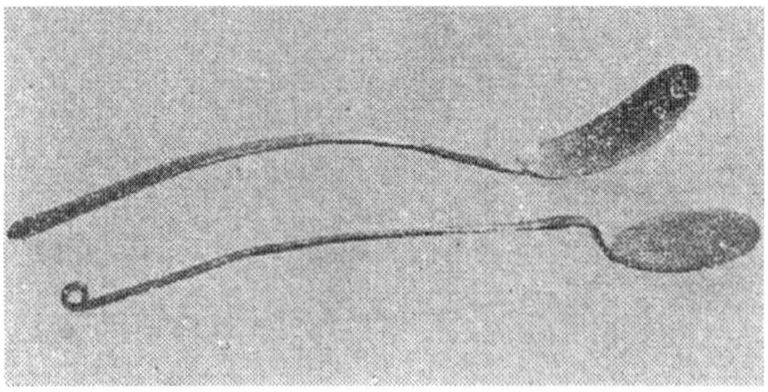

銀匙　江埔黄悦嶺　張同之夫婦墓　南宋慶元六（1200）年

すのか、また灰を整えているのであろうか、香匙の使用を具体的に描写した貴重な画である。

宋代では、終日香を焚き、贈り物に香を用いる生活が、士大夫の清致であるとされた。多くの士大夫が愛香を表現した詩文をのこしているが、代表する詩から宋代の香の使用の様子を見よう。まず北宋代最高の詩人とされる蘇軾（蘇東坡）は、

南堂

掃地焚香閉閣眠　　地を掃き　香を焚きて　閣を閉じて眠る

簟紋如水帳如煙　　簟（竹むしろ）紋は水の如く　帳は煙の如し

客来夢覚知何処　　客　来たりて　夢より覚む　知るや何れの処ぞ

掛起西窓浪接天　　西窓を掛起すれば（長江の）浪天に接す

と香を焚きまどろみ、香を楽しんだ一人である[18]。

黄庭堅の詩「一炷煙中得意、九衢塵里偷閑」は江戸時代香道書が好んで引用した文である。黄庭堅は「有恵江南帳中香者、戯答、六言二首」に、

百錬香螺沈水　　香螺と沈水を百錬して

宝薫近出江南　　宝薫　近ごろ江南に出づ

一穟黄雲繞几　　一穟の黄雲　几を繞る

深禅想対同参　　深禅　同参に対せんことを想ふ

と、「江南帳中香」と名がつけられた合香を贈られ、香は部屋に満ちた様子をのべている[19]。

海南島の沈香について詳しく書き残している丁謂は北宋3代の真宗の宰相まで務めた人であるが、景祐4(1037)年光州で没し、その臨終に際して、半月は食事をとらず、焚香跪坐し、仏書を黙誦し、沈香を煎じたという逸話が残っている[20]。宋代の知識人の香は日常の生活に欠かせないもののようである。

また、南宋末の趙希鵠『洞天清録』[21]には、文人の香の楽しみが書かれている。部屋には法書・名画・古琴・旧硯をならべ、篆香（たきもの）を薫じ、客と語り合い、書画を掛け、鐘鼎を手にする。琴は鳴って身は人世にあるを知らず、この清らかな幸せを越える慶びがあろうかという。またある時には香を焚き琴を弾じ、香は沈水香・蓬莱香などの清らかで烟のすくないものを用いるがよく、竜涎香・篤耨香（樹脂系香料）などの濃烟で鼻を刺激するような香は興を損なうから用いない、静かな夜、月を眺めながら琴を弾き、香は沈水香を焚くともいう。ここに文人の香の楽しみの一端をみることが出来よう。南宋ころになると合香から沈香一木を焚くようになり、中国では焚香の様相が変わりつつあったのである。

「清明上河図」街の賑わいと沈香・檀香・乳香の看のある店舗

庶民と香

北宋の都汴京（現在の河南省開封市）の庶民生活を描いた張拓端の「清明上河図」（北京故宮博物院蔵）には首都の喧噪と生活の様子が一巻に細かく描かれている。この図に香薬舗があり、看板には「劉家上色沈・檀・楝」と書かれ、この店の取り扱う沈香・檀香・楝香（乳香）が表示されている。また、別に薬屋が描かれ、店先で客と応対する店の主人が描かれている。『東京夢華録』に東角楼街巷や馬行街北にも香薬店が並んでいたとも記している。民間に香薬の使用が広まっていることを知ることができる。

北宋の香薬舗・薬店に、庶民の求める香薬がならべられていたが、南宋杭州（臨安）においても、薬舗が繁盛し、市には昼夜絶えず香薬が販売され、匂袋や蔵香扇が並べられていた（『夢粱録』）。また、官府の役人から都下の街中にも四司六局という便利屋が法会や結婚式などの宴会を設営・運用まで行い、その中に香薬局という香

薬を担当する部門があったと記録している（『都城紀勝』『夢梁録』『南村輟耕録』）。四司とは帳設司・茶酒司・厨司・台盤司であり、六局とは果子局・蜜煎局・菜蔬局・油燭局・香薬局・排弁局があった。当時の諺では「香を焚き、茶を点て、画を懸け、花を生けるなど、こうした余事に家人を累わすべきでない」といわれ、習熟した専門家である四司六局が諸事代行して主人の労を省いてくれたのである。

『都城紀勝』には香薬局は専ら薬楪、香球、火箱、香餅を取り扱い、客の求めに応じて、諸般奇香や酔い醒めの湯薬の類まで扱うと記し、『夢梁録』では、香薬局は竜涎香、沈香・竜脳、清和・清福の異香、香畳、香炉、香毬、装香や焚いた後の灰の始末、求められれば香を換え、酒後に要求される酔い覚ましの湯薬などを取り扱うというのである。沈香・竜脳・竜涎香の香から香炉・香毬・香盤・香餅・灰などの香道具に至るまで香の演出を請け負った業者が存在したのである。また、宴会の席でも香は重要な役割を演じ、香の使用も専門家の力を借りるほどの習熟が必要になっていたともいえよう。

紹聖元（1094）年のころ、時の好事家は、公の宴会で香薬を別卓に並べることが盛んとなり、民間にもこれが行われるようになったという（宋戴『鼠璞』）[22]。この場合の香薬は香を焚くよりも、諸外国からもたらされた香薬そのものが貴重品として観賞されたのであろう。

また、周密の『武林旧事』巻第3酒楼の項[23]に、「老嫗あり、小炉をもって炷香を供する者で、これを「香婆」という」とあり、酒場で香炉に香を焚いて香りを提供する「香婆」を記しているが、ここにも香を楽しむ庶民の姿がうかがえる。

さらに、『夢梁録』には、杭州の夜市では雑貨に、香餅・炭墼・火鍬・火筯・火夾・銅の匙や筯・香炉・銅の火炉などが並べられた。さらに、印香を提供する業者が、定まった店舗や家庭に毎日香印盤をもちこみ、月の支払い日に香の代金を集金に訪れると記録している。宋代は香の専業者が活躍した時代であった。

唐代では沈香は薬用としての使用より、薫衣の香としての用途が強調されていたが、宋代では『本草衍義』に沈香は「今の医家、上品の薬となし、滞気を散らし、独り行えば勢弱く、他薬と相たすけ、緩るやかに効く」と薬用を載せ、『宋会要輯稿』太平興国7（982）年12月の詔に、禁権の品をあげ、「放通行薬物」の中に沈香・煎香（桟香）・黄熟香を記録するから、宋代の沈香類は薬物としての役割も重要となってきたといえる。

さらに宋代では、仏教や道教での焼香に膏薬が用いられることは唐代に比較して多くなり、特に禅院での用途に大きな展開がみられる。崇寧2（1103）年序のある『禪苑清規』には茶礼が重んじられ、同時に焼香が大事な儀礼として行われ、問訊（合掌し敬礼）と喫茶・焼香が細かく定められるようになった。また「受書」の項には「尊敬の人の賜うところの書信を得ば、すなわちまさに法に香を焚く」ことを規定している。この禅林の茶や香は日本にももたらされ、特に、日本において道元の『正法眼蔵』には焼香礼拝に沈香を用いていることから、記録には見えないが中国でも宋末には禅林において沈香一木が使用されていたと思われる[24]。市民の日常生活から、僧院にいたるまで香がひろく用いられたことが、これらからも理解することが出来る。

日宋貿易と香

北宋の時代は、日本では藤原道長（966~1027年）の全盛の時代と重なっている。『源氏物語』が書かれ、まだ平安貴族の間には盛唐の栄華に対するあこがれが強く残っていた時代である。しかし、宋代の香は唐代とは異なり、広く庶民の間に広がり、香の使用も多様になって新しい香文化へと推移しつつあった。新しい香文化が、わが国へもたらされたことに注意しなくてはならない。

太宰府の鴻臚館は平安前期に外国使節の応対のために設けられたが、日宋間の貿易も太宰府が貿易を管理し、鴻臚館には貿易商人の居留地「唐坊」さえでき、宋の商人との交易の場であった。政府は必要な交易品を優先して買い上げ、その後はじめて一般の取り引きとなったのである。

延久4(1072)年、成尋は宋商の船で中国へ渡り、五台山、天台山を巡礼したが、北宋の都開封で没している。 彼の『参天台五臺山記』には宋の皇帝の質問に答えて、「日本で必要とする品は、香薬・茶碗・錦・蘇芳である」とのべたと記されている。また皇帝から拝領の品に沈香・白檀香・乳香・竜脳がみえ、成尋自身も中国各地で香薬を購入したことを記録している。また、宋末元初に書かれた周密の『癸辛雑識』に「日本には絶て香はなし、尤も貴なるものと為す」と書かれていることから、中国においても、日本が香薬を強く求めていることが知られていた。

藤原実資の『小右記』長和4（1015）年9月には、太宰権師として赴任した藤原隆家が、朝廷に種々の香、丁子・麝香・甘松香・衣香・甲香・沈香・鬱金・薫陸を納めたことが記載され、また実資の領有する筑前高田牧の牧司宗像妙忠から治安3（1023）年7月、沈香50両・衣香10両・丁子3両・唐綾2疋の唐物を進物として受け取っている。さらに、長元2（1029）年3月には宋商の周文裔が貿易の許可を受けるため、妙忠に依頼して麝香2臍・丁香50両・沈香100両・薫陸香20両を贈ったことがある。香薬が日宋貿易の主要商品であり、量からみても、沈香は香薬のなかで一段と重要な商品であったことがわかる。

平安期には『香字抄』『香薬抄』『香要抄』『薫集類抄』など香薬についての専門書が現われたことからも、香薬の重要さが理解されるが、その引用は本草書や辞書・類書、内外典の他、詩賦の漢籍からも転載されている。『香要抄』には宋蘇頌の『図経本草』から引用した香薬が多く記録されているが、北宋丁謂「天香伝」の一部が載せられ、その記述は『図経本草』からの転記である。

また、山内晋次氏は、『香要抄』末の茅香の項に、通事呉里卿の説をのべ、康平5（1062）年のころ来朝した唐人王満の部屋に茅香の香りがあったという。これは「『香要抄』の筆者（あるいは先行する日本の文献）によって加えられたと思われる興味深い記述と紹介されている[25]。『香要抄』は単なる漢籍の転記だけでなく当時の宋人との接触から、渡来する新しい知識が加えられているのであって、日宋貿易を通して中国から輸入された香文化がうかがえる。

平安時代の後期に漢文で書かれた随筆、藤原明衡の『新猿楽記』には庶民のなかで商人が売買する唐物を次のようにあげている。

唐物、沈香・麝香・衣比・丁子・甘松・薫陸・青木・竜脳・牛頭・鶏舌・白檀・赤木・紫檀・蘇芳・陶砂・紅雪・紫雪・金益丹・銀益丹・紫金膏・巴豆・雄黄・可梨勒・檳榔子・銅黄・緑青・燕紫・空青・丹・朱砂・胡粉・豹虎皮・藤・茶碗・籠子・犀生角・水牛如意・瑪瑙帯・瑠璃壷・綾・錦・羅・穀・呉竹・甘竹・吹玉等也。

このように、唐物といえば香薬があげられ、香薬の中で沈香が第一に記載されて、香薬は平安貴族の珍重するものであり、薬用・薫物・仏儀の香として広く用いられたのである。

また、平清盛も日宋貿易に積極的であり、大輪田泊（今の神戸）を改築して宋船を博多から直接京へと誘引しようとした。中山忠親『山槐記』の治承4（1180）年10月10日に「去る16日、唐船輪田泊へ着く、今日侍男をつかわして薬種を交易せしむ」とあり、香薬は貴族が積極的に求めた唐物の一つであった。また『平家物語』には清盛の全盛の有様をのべ、邸宅は「綺羅充満して、堂上花の如し、軒騎（車馬）群集して、門前市をなす。揚州の金、荊州の珠、呉郡の綾、蜀江の錦、七珍万宝一つとして闕けたる事なし」と唐物が多くたくわえられた様子を伝えている。このころ南宋2代孝宗の時代（在位1162~1189年）のことであり、南宋の全盛期といわれる貿易の一面をうかがうことが出来よう。また漢籍の輸入においても、先に述べた『太平御覧』は治承3（1179）年に清盛が購入し筆写させて摺本を高倉天皇へ進上された。文応元（1260）年花山院師継の『妙槐記』には清盛が買い求めた以降には宋人のもたらす『太平御覧』が増えて、多くの人々に読まれるようになったと記されている。

日宋間の僧侶の往来はますます多くなり、永観元(983)年入宋の奝然は『太平御覧』と清涼寺の栴檀釈迦像を持ち帰った。また臨済宗を開いた栄西は仁安2（1167）年、文治3（1187）年の二度にわたって渡宋し、『喫茶養生記』を著して将軍実朝に献じたことは有名である。延久4（1072）年入宋した、成尋は『参天台五臺山記』を著し、北宋の首都開封で没している。道元は貞応2(1223)年入宋し、4年の修行の後帰国して曹洞宗の開祖となり

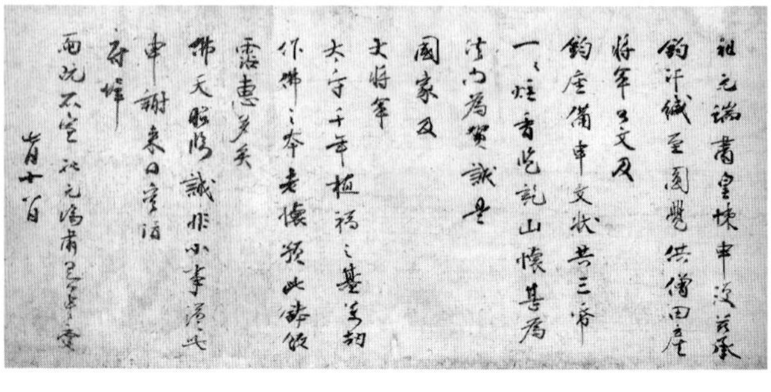

無学祖元墨跡　北条時宗への返書一々炷香覧訖と記す

『正法眼蔵』を著している。このように中国へ渡来する僧は多くあった。また逆に、寛元4（1246）年に来朝の蘭渓道隆があり、弘安2（1279）年には無学祖元など中国から日本へ渡来する僧も多くあった。蘭渓道隆の「弁道清規」には朝起きて洗面し、衣を着て焼香し、仏前に礼拝することが定められている。また、無学祖元が北条時宗の書状を拝読し「一々炷香覧訖」とのべた墨跡が伝えられているが、『禅苑清規』で記されている法にしたがった書状拝読の姿である。こうして、多くの僧侶によって宋代の茶・香の文化は日本にもたらされ、我が国の香文化は多くの影響をうけている。各寺院では修法に欠かせない名香・五香が焚かれ、白檀製の仏像が供養されていたのである。

道元が禅林の要領を師に尋ねた『宝慶記』に「柱香して拝問」したと記され、修行や日常の規則を書いた『正法眼蔵』には、「施主入山し看経を僧に請は、手炉に沈香、箋（浅）香等の名香をさしはさんで焚く。この香は施主みずからが支度するなり」と、施主の用意する沈香を焚き経を読んでいる。また、「沈香・箋香等の小片を焼く」と記されているから、沈香一木を供養に用いたことが明らかである。さらに師に焼香礼拝する記事では、威儀を正して師に焼香礼拝する。このときは、一片の沈香・箋香等を持参して師の前に出て問訊（もんじん）合掌し敬礼する。問訊しおわって、香台の前面に進み、持参した一片の香を香炉にたてる。香は衣襟にはさんでおくか、あるいは懐中か袖裏に入れておくこともあるという。道元の沈香使用に注意されたい。

天養元（1144）年5月16日、禁中で修せられた普賢延命法では、散香に麝香・竜脳・白檀・鬱金・紫檀を以て行い、沈水・竜脳・白檀・丁子・迦矩羅（白荳蔻）・安悉（安息香）などを火舎に盛って焼香し、ある時間には人により扇で香を御前に扇ぎ入れたと記していて、寺院で盛大に香は用いられた。青蓮院行われた御修法・灌頂・勤行を記録した『門葉記』[26]には、用いられた名香・五香を繰り返し記録している。寺院こそ輸入香薬が最も多く消費された場所であった。

鎌倉幕府も太宰府に鎮西奉行をおき、建長6（1254）年には宋船入港を5艘と定め、民間貿易を統制し外国貿易を支配しようとしたこともあるが、唐物についての欲求はますます強くなり、鎌倉時代末期まで続いている。金沢貞顕の書状には、唐物が鎌倉に到着したとき、人々はこれを手に入れようとわれがちに集まり「鎌倉中狼藉の事」と嘆いている（『金沢文庫古文書』）。一方唐代に盛んに行われた行香の儀礼も日本に伝わり、鎌倉時代を通して行われ、行香に際して近衛家実の『猪隈関白記』には建仁2（1202）年6月22日の条に「香を匕で酌し、僧の手中に入る」と匙を用いて香をすくい僧に渡したとある。この行香は法会の中で行われた焼香儀礼であり、『山槐記』などの古記録にもたびたび行香の記事が記されている。

まとめ

宋代の香文化は、宋朝が政治・経済の面で、国を挙げて、香薬を取り扱ったことが特色である。寺院の供香はもちろん、焚香料としての香が庶民にまで愛好された時代である。その香薬の中で沈香と乳香が好まれるようなっている。また、香についての多くの書籍が著され、諸香の中で沈香が中心であった。産地について、海南島の沈香と占城の加南木・伽藍木が貴重な香として注目されるようになった。香道具も、今日の香道具類の原型は、ほぼこの時代に作られ、使用されはじめたといえる。

こうした香の文化は元代にも踏襲され、日本にも引き続いて伝来し、香薬は唐物の代表的商品であり、薬品としての使用はもちろん、平安期から鎌倉期にかけて薫物（合香）として用いられた。やがて室町期において、沈香一木を焚く日本独自の香文化が広がる土台は、中国宋代の沈香、乳香が貿易の主要品として登場した香文化の高まりがあって、その波及を真っ向に受け止めたことにあるとも言えよう。

註

(1) 宋代の香を主題としている中国、台湾で出版された下記の著作を参考とした。
林天蔚『宋代香薬貿易史稿』中国学社（香港）1960年
劉静敏『宋代《香譜》之研究』文史哲出版社（台北）2007年
楊之水『香識』広西師範大学出版社　2012年
日本では、山田憲太郎『東亜香料史研究』中央公論美術出版1976年があり、宋代『諸蕃志』を中心に宋代の香を追求されている。

(2)『宋史』巻185 食貨志、『宋史食貨志訳注』東洋文庫

(3)『宋会要輯稿』職官44、『宋会要輯稿』全8冊　中華書局　1957年

(4) 宋王応麟『玉海』巻186　台湾華文書局　1964年

(5)『宋史』巻1865 互市舶法（宋史食貨志訳注六 451頁）

(6) 山西省文物局・中国歴史博物館編『応県木塔遼代秘蔵』

文物出版社　1991 年

(7) 宋孟元老『東京夢華録』平凡社東洋文庫　1996 年

(8) 宋龐元英『文昌雑録』巻 3　中国文学参考資料叢書　中華書局

(9) 宋銭惟演『玉堂逢辰録』　宋人百家第一冊　国会図書館蔵 193-17

(10) 宋周去非『嶺外代答』国学文庫 42 編　文殿閣書荘

(11) 宋趙汝适『諸蕃志』藤善真澄訳注　関西大学出版部 1990 年

(12) 福建省泉州海外交通史博物館編『泉州湾宋代海船発掘与研究』海洋出版社　1987 年

(13) 宋丁謂『天香伝』は陳敬『陳氏香譜』、洪芻『香譜』学津討原本、周嘉冑『香乗』に記載されている。丁謂（966~1037）は字は謂之。北宋真宗の宰相を務めたが、罪に連座して崖州（海南島）の司戸參軍に左遷された。茶・香などの趣味生活に深く関わった、まさに文人の原型といってよい資格を備えた人物といわれる。『天香伝』の香木についての知識は現地で得られたもので貴重である。（池澤滋子『丁謂研究』巴蜀書社　1998 年）

(14) 宋陳敬『陳氏香譜』欽定四庫全書　四庫全書珍本四集　国会図書館 082.2-Si317-T4

(15) 畢仲衍『中書備対』（粤海関志 3 所収）国学文庫 18 編　文殿閣書荘

(16) 山田憲太郎『南海香薬譜』法政大学出版局　1982 年

(17) 沈作喆『寓簡』巻十　叢書集成初編　総類 296

(18)『宋詩選注 2』　東洋文庫　平凡社　2004 年　57~58 頁

(19) 倉田淳之助『漢詩選 12 黄庭堅』集英社　1997 年　93 ~ 94 頁

(20) 宋魏泰『東軒筆録』巻 3（叢書集成初編）

(21) 宋趙希鵠『洞天清録』中田勇次郎「文房清玩」1　二玄社　1976 年所収

(22) 宋戴埴『鼠璞』學津討原

(23) 宗周密『武林旧事』『東京夢華録（外 4 種）』上海古典文学出版社　1956 年所収

(24) 松原睦『香の文化史』雄山閣　2012 年　52~53 頁

(25) 山内晋次「『香要抄』の宋海商史料をめぐって」『東アジアを結ぶモノ・場』勉誠出版 2010 年

(26)『門葉記』大正新脩大蔵経図像第 11 所収

ランビキ（蘭引）について

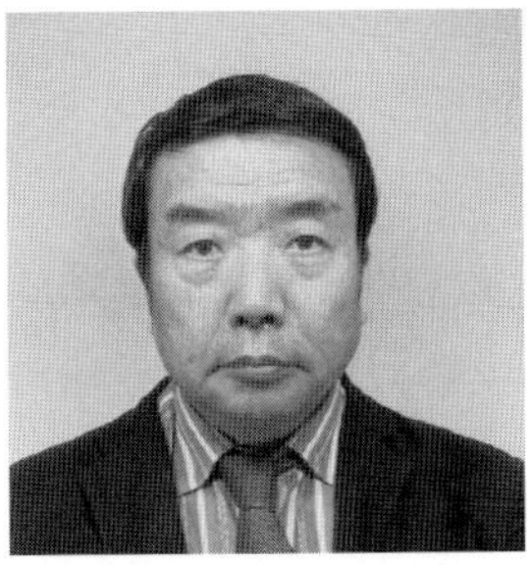

ポーラ化成工業（株）
横浜研究所　開発研究部
ランビキ研究家
佐藤　孝

ランビキといわれる日本製の陶器（高さ約30センチ前後）の蒸留装置があることはあまり知られていない。蒸留装置というとウィスキーや焼酎の製造、また、香料採取等を思い浮かべる方が多いと思われる。

ランビキも蒸留装置ということでは理論的には変わらないものである。

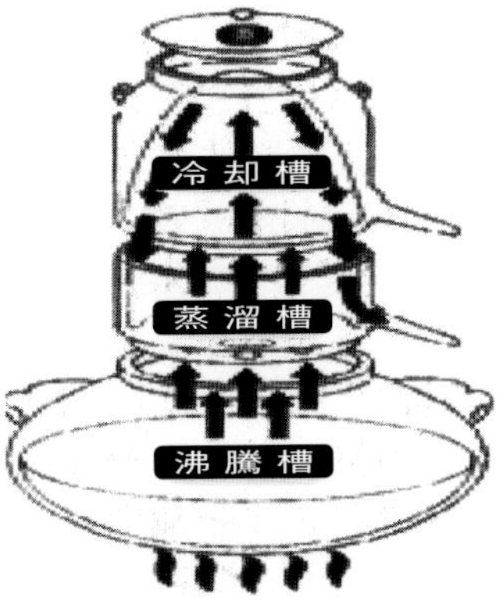

〈図版１〉ランビキの内部構造（内藤記念くすり博物館資料）

〈図版２〉２段目の槽（蒸溜槽）（中津市歴史民俗資料館分館大江医家史料館蔵）
冷却された精油成分を含んだ蒸留水がこの溝から出し口に排出される。

・ランビキの仕組み

ランビキは、３段重ねの構造で、最下段の沸騰槽では水と抽出原料を入れて煮沸させる。２段目の蒸留槽の部分を甑（こしき）とも呼び、底には孔が開いており、下の水蒸気とともに原料の精油成分が上昇する。抽出原料によっては２段目に入れることもあると考えられる（〈図２〉参照）。蒸気は冷水が入っている最上段の冷却槽のドーム状の内側で冷やされ、「露」（結露したもの）として２段目の蒸留槽の溝に溜まり、急須の注ぎ口のような管を通って外に排出される。

最上段の頂上の蓋を外し水を入れ管から冷水を流し、冷却槽の中を冷やす構造になっている。

・ランビキの伝来と用途

日本で焼酎が造られたのは16世紀頃といわれている。また西洋式の蒸留装置は、記録の上では寛文12年（1672）に、東インド会社を通じて出島に初めて導入されたといわれている。

日本の医師は19世紀まで、比較的扱いやすく価格も安い陶器製ランビキを薬油と蒸留酒の製造に使っていたという報告もあるが、ここで言う蒸留酒の製造といのは、酒から蒸留しアルコール濃度を高めたものを蘭学医などが消毒に使用するとか、傷んだ酒を蒸留して飲んだとも、更に調査をしていくうえでランビキの用途には色々あることが分かってきた。

ランビキの名前の由来は、ポルトガル語の Alambique（アランビック）に由来しているといわれている。しかし日本の陶器製の小型蒸留装置のランビキは、その構造が西洋の蒸留装置よりも、中国・アジアの焼酎の蒸留装置によく似ている。従ってポルトガル人が本国からではなく、途中のアジアから持ち込んだという説もある。

また、ランビキを使用していたのが、蘭学者や薬種商などであったことや、当時蘭学など西洋かぶれのことを蘭癖（らんぺき）と呼んでいたことなどを考えると、「蘭学で（もしくは蘭学者が）使っていた蒸留装置」なので「ランビキ」と呼ばれるようになったとも考えられる。ランビキという文字は、平賀源内（1728~1780）の『物類品隲（ぶつるいひんしつ）』（1763年）巻の一に、次のように掲載されている。

「薔薇露（しょうびろ）前略～此ノ物ランビキヲ以テ薔薇花ヲ蒸シテ取リタル水ナリ。」

薔薇露は、今で言うローズウォーターの様なものである。

現代の蒸留技術を駆使しても、水蒸気蒸留で採取されているブルガリアンローズの場合、花びら3t（トン）から1kg（キログラム）、1400個の花から1g（グラム）の精油しか採れない、収率は三千分の一と言われていることからみても、おそらくこの装置は、精油を抽出できるほど大掛かりなものでなく、ローズウォーターという蒸留水が主な目的にあった小型のものと思われる。しかしランビキがどのような形で、どういう材質のものであったか、つまり陶器製だったかは『物類品隲』からは判らない。

蘭学者橋本宗吉（1763~1836）が著した『蘭科内外三法方典（らんかないがいさんぽうほうてん）』（1804）の中には、陶器製のランビキと思われる図が記載されている。

しかしながら、「蒸露薬鑵（じょうろやかん）ジスチレエル（蘭：蒸留器にあたる語）」という表記でランビキとはなっていない。また、『蘭療方（らんりょうほう）』（1804）で数種の蒸留装置を説明した蘭学者広川獬（ひろかわかい）（生没年未詳）も陶器製ランビキの形にきわめて近い「陰陽既済爐（おんみょうきさいろ）でもジスチレエル及びレトルト（英：蒸留器にあたる語）」とある。いわゆる陶器製の小型の蒸留装置を一般にランビキと呼ばれるようになるのは、『蘭科内外三法方典』が発刊された以後のようである。平賀源内の『物類品隲』発刊頃から、『蘭科内外三法方典』の発刊された頃までには、既に陶器製のランビキが造られていたのではないかと推測される。

更に、時代は下がり文化10年（1813）に発刊された、『都風俗化粧伝』（みやこふうぞくけわいでん）の「第七　身嗜之部（みだしのぶ）花の露伝」にはランビキを使用して花の露（今で言う化粧水）を作製する方法が説明されている。ランビキがない場合には茶碗とヤカン（薬罐）を使用して作成する方法まで図と一緒に書かれている。

「頼山陽（らいさんよう）書翰（しょかん）集」（天保二年（1831）八月九日付母梅颸（ばいし）宛）には、遠距離の故郷広島の母親に酒を送ると、夏場はとくに酒が傷んで酸っぱくなったようである。

「中略～もっとも残念なのは、剣菱（伊丹の酒）の腐敗で、回復は無理だと思っているが、医師の星野などに御頼みになり、ランビキにかけて焼酎にすれば、一斗から一升位は採れるだろう。まだ腐ってない酒気（アルコール）だけが上へ上るので、毒では無い～。」

という内容が書かれている。

また、「川尻浦久蔵（かわじりうらきゅうぞう）魯斉亜国漂流聞書（ろしあこくひょうりゅうききがき）」には、

「漂流して日数も重なると、船中の水がなくなり大変難儀をした。水を求めて色々と工夫するうち、潮を釜で煮て湯気を集め、試しに飲んでみたところ、潮辛味もなく普通の水になっていた。この水は茶にも合い良いので、追々と湯気を取り、これで漸く露命をつないだ。」

という内容が書かれている。海水を真水に変えるという事で船に積まれていたようである。

神奈川県茅ケ崎市柳島の藤間（とうま）家の資料館（藤間資料館）にランビキが現存している。

藤間家は江戸中期から明治維新まで柳島村の名主として公務にあたり、大きな船を所持し家業の廻船問屋としても柳島湊（やなぎしまみなと）を母港として、大々的に商いを行っていた。

その頃からの同家に伝わる道具類、調度品などが藤間資料館に保存されている。

（下記に示した、ランビキの調査　①個人蔵の同パターンのランビキであった。）

当代の方は何故ランビキがあるのか分からないとおっしゃっていたが、「魯斉亜国漂流聞書」に書かれた同内容から資料館に保存されていたのではないかと推測される。

大分県中津市大江医家史料館、内藤記念くすり博物館（岐阜県各務原市）等にも現在ランビキが保管されてい

る。また、化粧品会社、お香会社、香料会社、歴史博物館等にも保管されている。最近では、漫画 JIN-仁-（村上もとか作）の1巻（集英社文庫コミック版）にランビキで手術用の焼酎（アルコール濃度を高めたもの）を造っているというシーンが出ている。

まだまだ、蒸留技術が色々な所で役に立っていたことはあまり知られていない。

・ランビキの調査

①個人蔵

②ポーラ文化研究所蔵

③個人蔵

④松栄堂本店　松寿文庫蔵

⑤伊那市立高遠町歴史博物館蔵

⑥富山市金岡邸売薬資料館

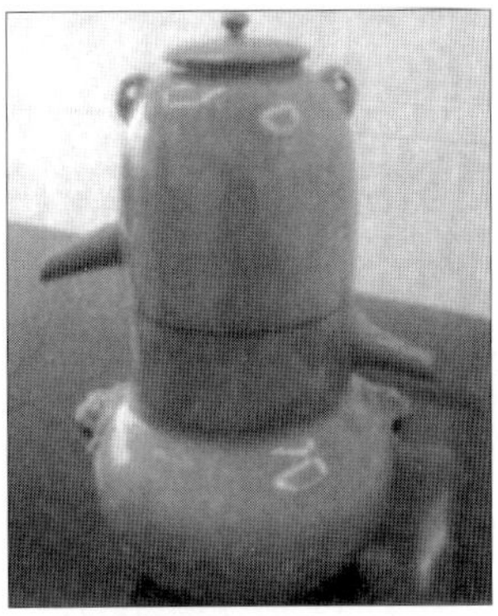

⑦高砂香料工業（株）蔵

今回、外国から日本へ伝わった蒸留装置は日本の技術を結集し世界に類を見ない独特の陶器製ランビキを誕生させたが、このルーツを知りたく調査を開始した。

・外観から見る7種のランビキの特徴

・これまでの調査で7種のランビキが確認された。

①地肌は淡茶色～淡緑茶色で梅の絵が白く筆で描かれている。

②吹き墨という技法（陶器の生地に型紙をのせて、釉薬を噴霧し吹き付け、型紙をとる　と文様が表現できる。）で松竹梅が描かれている。

③白磁の生地に藍の色で一つ一つ梅の絵が描かれている。

④白く梅の絵が描かれているところに黄色い釉薬がかかっている。

⑤青い釉薬が無造作にかけ流されている。

⑥白化粧された白地に氷がひび割れた中に梅があり、梅の色が藍の染付で彩色があり、緑の釉がぽつぽつと散りばめられたものである。

⑦絵付けはなく、釉薬にとても艶があり感触は滑り感があり、かなり小ぶりにできている。

・7種のランビキの作成産地と調査結果

①京焼＜京都府＞

今まで30数個のランビキについて見てきたが、半分以上がこのランビキであった。そのうち、『寶山』の印があるものが5つあった。また、ネットオークションに出されたものには、『根元寶山』という銘のものもあった。このランビキは以前、骨董の本、暮らしのやきもの、民陶、民窯等を扱った書物には、色合いや土の状態から見て信楽焼と明記されていたケースが多くあった。信楽は大規模な調査が行われてなく、今までランビキの破片が見つかった事実はなく、一般的に信楽が通説となっているのではないかという意見もある。また、京都の粟田（口）

焼きあたりでは信楽の土を使用していたこと、精巧な技法であることから粟田焼で焼かれたのではないかという意見もあり、論議の対象となっていた。

それを裏付けるものとして、『日本のやきもの集成 5 京都』（平凡社）（1981 年 1 月 20 日　初版第一刷）に梅文蘭引（蒸留器）寶山銘　雲林院宝（寶）山（18 世紀後半　高さ 32.3cm）作のランビキの写真が掲載されていることから京都で焼かれたということが明白になったといえるのではないかと思われる。これらのものは大分県中津市大江医家史料館、新潟県南魚沼市塩沢（大塚邦之助氏蔵）、名古屋市博物館でも寶山印のものが確認されている。

②美濃（瀬戸）焼＜岐阜県・愛知県＞

美濃（瀬戸）のものと思われるが、手に取ってみたのは一つしかない。

美濃系のものは①のものと違って内側の釉薬が掛っていない部分は土の色が白っぽく美濃（瀬戸）の特徴が出ている。

③産地不明

このランビキはどこの窯のものかよくわからない。今後の調査に期待したいと思う。

④美濃（瀬戸）焼＜岐阜県・愛知県＞

このものも美濃（瀬戸）形のものと思われるが②のものとは違って黄色い釉薬がかかっている。②のものと同じく内側の釉薬が掛っていない部分は土の色が白っぽく美濃（瀬戸）の特徴が出ていると思われる。

⑤高遠焼＜長野県＞

高遠（たかとお）焼（現在の長野県伊那市高遠町）で焼かれたものである。土も高遠のものを使用している。高遠藩の御殿医馬島氏（眼科医）の五代目にあたるとおもわれる人物が、高遠焼の窯元柴田窯に依頼したということが分かっているということであった。（伊那市立高遠町歴史博物館　学芸員）更に、詳しい内容が『信州の焼き物』（信濃毎日新聞社）（1977）にあった。

「中略～明治十年代に長藤村柴田窯で造らせた。これで蒸留水をまたノイバラの花の盛りには花を集めて蒸留、バラ水を造って医療に使ったとのこと～。」が記載されている。

このものは今までの調査の中ではっきりと造られた素性がわかっている。

⑥京焼＜京都府＞

京都国立博物館発行『特別展覧会 - みやこの意匠と技 - 京焼』（2006 年 10 月 17 日 ~11 月 26 日）「p.159 銹絵染付緑彩氷梅文（さびえそめつけりょくさいひょうばいもん）蘭引（らんびき）」図録に掲載れているものと同じタイプのものある。

これも京焼であるが、とても優雅な彩色である。道具というよりは観賞陶器のようである。

⑦京焼＜京都府＞

帯山延傳という印がある。帯山という窯元は江戸時代から明治時代に京都粟田焼にあった事から、その窯で作成されたと思われる。

先程も記載したが、ランビキが造られたのは、平賀源内から橋本宗吉の著作が発行された間の年代と思われるが、この年代にランビキを造られたと思われる雲林院寶山の代に当たる方の手がかりを得るため、当代（20 代）の雲林院寶山氏にそれらの資料を拝見させていただきたくお伺いしたが、ランビキ作成に関する資料は現存していなかった。

調査すればするほどランビキについては、まだ多くの謎がある。

・ランビキというのは科学的な理論に基づいてこのような形になったと思われる。従って、その当時の陶工が簡単に作れるとは思えない。誰か指導した人物、依頼した人物がいるのではないかと推測される。これらの人物と陶工は誰なのか、その関係はどうだったのか。
・どうして、この形になったのか。
・実用道具でありながら装飾（絵付け）があるのは何故なのか。
・同じパターンのものでも「寶山」印のあるものとないもがあるのは何故か。
・他の窯でも焼かれたが窯の地域が限定されているのはなぜか。

等々、謎は多く、今後のライフワークとして調査を継続していきたい。

実用道具であるばかりに、陶器製であるヤゲン（薬研）、湯タンポ同様、文明が進むにつれて需要がなくなり造られなくなったように、ランビキも同じ運命を辿ることになった。

江戸中期から幕末、明治と日本の動乱の中でランビキが造られ、この時代の蘭学医療、化粧品等の一助に貢献した日本独特のランビキがあったという事は非常に興味深く感じられる。

今後は様々な分野の方々のご協力をいただきながら調査を続けたいと思っている。

本稿は、大分「香りの博物館」5周年記念事業特別展－地産地消－「日本の香り展」(2012年11月1~30日)でパネルにて発表したものに加筆したものである。

・ランビキ使用による蒸留実験

今までランビキの調査を報告してきたが、実際にランビキを使用して植物を抽出した報告はできなかった。それは、実際にランビキを使用して抽出することは、今後のランビキ調査を行う上でも役に立つと思われたが、いざ実施する段になると色々なハードルがあり報告できなかった。今回、出筆のご依頼を頂いた、『都風俗化粧伝』の校注をされた高橋雅夫先生より、実際にランビキを使用した体験とそのデータを保持しているかのご質問を頂いた。単なるランビキの調査だけではなく、研究者の目から、是非、実際にランビキを使用して実験した報告ができないか、前向きに検討していただけないかというご意見を頂いた。今回、新たに実現に向け検討を開始した。

〈図版3〉ランビキ(片岡哲氏作)を使用して蒸留水を採取している風景

先ず初めに肝心のランビキの使用だが、何十年いや百年以上が経過しているものを使用して破損する場合もある。特に火に当たっている下の段の底の部分はヒビの様なスジがあるものが多く火にかけた途端に割れてしまい貴重な資料が破損することも想定された。

そこで、私の友人でランビキの共同研究者でもある、『香料植物』<ものと人間の文化史159(法政大学出版局)>の著者の吉武利文氏に相談した結果、彼の陶芸家の友人(片岡哲氏)が陶器製のランビキを再現したものを所持している事がわかり、今回の実験に提供の許可を得た。

また、一度抽出した経験があり、立ち会いの協力も確約した。コンロは入手するのは難しく、現代の卓上コンロにした。また、蒸留する素材については、『都風俗化粧伝』「第七　身嗜之部(みだしのぶ)花の露伝」にランビキを使用して花の露を作製する方法が記載されているが、これを参考に選択する事にした。バラのみを蒸留した抽出液に丁子、片脳、白檀の三種を混合して蒸留した抽出液を混合し、花の露が出来上がる。しかしながら、この書物に記載されているものと同じ原料を揃えるのは難しい事に気付いた。花はノイバラの花と出ている。白いバラ科のノイバラの花である。実際にこの花を探し採取することは困難で、ハーブを扱っている店でバラの一種である「玫瑰花(マイカイカ)」の乾燥した花びらを求めた。中国産で色は赤いが日本のハマナスに似ていて、日本のバラに近い種類という事で選択した。丁子はクローブ(英)と呼ばれているスパイスである。これもハーブを扱っている同店で購入した。片脳は樟脳を焼き反して透明にした竜脳の代用品で売られていたと記載があるが、現在では片脳よりも竜脳の方が入手しやすい。竜脳と白檀は京都の老舗のお香屋のものを通販で購入した。

蒸留にかかわる水の量及び花の量、割合の記載がない為、今回は適量をあらかじめ決めて行った。ランビキ操作に関しては、上の蓋を外し冷却するための水を入れておく。2段目の甑(こしき)の部分に「玫瑰花」の花びら、50gを入れ、ランビキの下の段の器に水1500ccを入れ火にかけた。〈内藤記念くすり博物館資料(ランビキの内部構造)参照〉

今回、蒸留時間は1時間に設定して行った。その理由は長時間行うと品質に影響を及ぼすこと。下の段に入れた水が沸騰して2段目の口から蒸留されて出てくる液体と、かなりの量の水蒸気(湯気)が出るため、抽出された液体の量以上に下の段に入れた水が減ると思われるが、下の段の中が見えないため水の量の減り具合が分りづらく空焚きの恐れがあり、破損の原因にもなりうる。これらの理由で蒸留時間を設定した。(2回目も同時間の設定で行った)

点火後約11分で2段目の口の部分から湯気が出てきた。その後、少しずつ蒸気を伴ってビーカーに香気が含まれた蒸留された液体が溜まってきた。バラの抽出された液体は252g採取できた。バラの香りは思ったほど少なく、草の様な生臭さが感じられた。

次（2回目）に、丁子、竜脳、白檀の3種を合わせたものを蒸留した。その量とその配合の割合比率も記載がない為、自分で調整した。竜脳の香りの強さを、丁子と白檀の香りの強さでバランスを取るのは非常に難しく感じた。

最終的には丁子　1.5g　竜脳3.0g　白檀5.5gとしたがやはり、竜脳の香りが強すぎた。何回か実験しないと良いバランスには辿り着けないと思われた。これら三品（丁子、竜脳、白檀）はランビキの2段目の穴を通り抜けてしまうため、最初から直接下の段に水を入れた部分に直接入れた。

この場合は水1000ccとして火にかけた。約10分で2段目の口の部分から湯気が出てきた。採れた量もバラの抽出された液体とそんなに変わらず約270g採取できた。バラで抽出された液体に丁子、竜脳、白檀を混合して蒸留したものを加えて花の露の出来上がりだが、今回はバラの抽出液9に対して丁子、竜脳、白檀混合のものを1の割合で混合を試みた。花の露の生臭さは取れたが竜脳の香りが強く感じられた。調香もその場で判断しなければならなかったので、香りのバランスは満足いくものではなかったが、江戸の匂いを垣間見ることができた。また、江戸の文化にも触れた様な気がした。やはり「百聞は一見に如かず。」である。

丁子、竜脳、白檀の3種にはバラの抽出された液体の防腐効果と生臭さを消し、花の露という化粧水に高級感を与える役目を持っていると思われた。

今回、実施に伴う場所の確保から様々なハードルを乗り越え実施することができた。

改めて、吉武利文氏、片岡哲氏（ランビキの作者）、田村穂積氏（実施場所の提供者、（株）ロベルテ代表取締役専務）、お手伝いをしていただいた有志の方々に改めて御礼申し上げます。実際にランビキを使用しての実験の実現に向けて背中を押していただいた高橋雅夫先生にも御礼申し上げます。

現代はランビキの実験をするだけでも、結果的に多くの人の手を借りなければできなく、なかなか簡単にはいかないことが分かった。

それだけに、この貴重な体験と成果を今後のランビキの調査に活かしていきたい。

今回、ランビキについての調査報告及び実際にランビキを使用して植物を抽出した報告の機会を与えていただいた事に御礼申し上げます。

参考文献

・Wolfgang Michel and Elke Werger-Klein: Drop by Drop - The Introduction of Western Distillation Techniques into Seventeenth-Century Japan.『日本医史学雑誌』第50巻第4号　2004年.
・W・ミヒェル・遠藤次郎・中村輝子著　『村上医家史料館蔵の薬箱及びランビキについて』中津市歴史民俗資料館分館　村上医家史料館資料叢書　Ⅳ（中津市教育委員会）2007年
・ミヒェル・ヴォルフガング　『江戸・明治期の信州における医療器機について』信州モノづくり博覧会 - モノづくり博覧会図録　（長野市立博物館）　2006年
・高橋雅夫校注　佐山半七丸著『都風俗化粧伝』東洋文庫414（平凡社）1982年
・河原正彦他著『日本のやきもの集成5京都』（平凡社）1981年
・京都国立博物館編集・制作『特別展覧会 - みやこの意匠と技 - 京焼』図録（京都国立博物館）2006年
・村上もとか著『JIN- 仁1巻』（漫画全13巻）＜集英社文庫（コミック版）＞（集英社）2010年
・吉武利文著『香料植物』　ものと人間の文化史159　（法政大学出版局）2012年
・神奈川県立博物館編集『日本の民窯―暮らしのやきもの―』図録　（神奈川県文化財協会）1978年
・『暮らしのやきもの大図鑑』　歴史と現代をつなぐ図説百科 No.4SPRING'79　神奈川県立博物館・特別展「日本の民窯」1000点より　（百年社）1979年
・冨増純一編著『しがらき　やきものむかし話』信楽焼歴史図録・伝統の信楽焼・資料集（信楽古陶愛好会）1998年
・佐賀県立九州陶磁文化館編集『よみがえる江戸の華―くらしのなかのやきもの―』図録（佐賀県立九州陶磁文化館）1994年
・馬島律司著『高遠焼』（高遠焼研究保存会）1975年
・安藤裕、馬島律司他共著『信州の焼き物』（信濃毎日新聞社）1977年
・『やきもの事典』（平凡社）1984年
・塚谷晃弘・益井邦夫著『関東の陶磁』陶磁選書3　（雄山閣）1973年
・芳賀徹著『平賀源内』（朝日新聞社）1981年
・山本四郎著『小石元俊』日本歴史学会編集（吉川弘文館）1967年
・片桐一男著『平成蘭学事始　江戸・長崎の日蘭交流史話』（智書房）2004年
・久米康生著『近代日本の光源　鳴滝塾の悲劇と展開』（木耳社）1974年
・柳田昭著『負けてたまるか　大阪蘭学の始祖・橋本宗吉伝』（関西書院）1996年
・益井邦夫著『幕末の鬼才・三浦乾也』（里文出版）1992年
・樋口清之著『医術と日本人』＜日本人の歴史第5巻＞（講談社）1982年
・谷田貝光克他共著『香りの百科事典』（丸善）2005年
・宗田一著『日本製薬技術史の研究』（薬事日報社）1965年

村井弦斎と食養法

むらいげんさい

慈誠会記念病院名誉院長
熊木　敏郎

村井弦斎は、生涯の行動において謎の多い部分はあるとしても、稀にみる勤勉努力の人であったと思う。近世日本における食養法の普及に貢献した人物の一人であることは疑いない。ここでは、先ず彼の著作の基盤を形成したと思われる事柄について述べ、続いて、代表的な著書である『食道楽』のうちの数項目を中心に、できるだけ食生活史的な観点から考察してみたいと思う。

村井弦斎は、明治・大正期に活躍した文筆家である。生涯の足跡からみると、ジャーナリストであり小説家でもあると云える。小説家ではあるがかなり多彩な面があり、新聞小説家、家庭小説家、通俗小説家、歴史小説家、軍事小説家、発明小説家などの肩書が付いても通用する大衆作家である。弦斎の作家としての特徴は、当時の時代背景を素早く捉えて作品中に巧みに表現してゆく、ジャーナリストとしての本分を充分生かしているところにある。

明治三十六年に出版された『食道楽』の時代は、明治期の日本が欧風化してゆく過程にあって、未だ一般大衆と上層知識階級との食生活においては実態乖離が多く存在していた。また、この頃の「家」の食事は地方を中心に家長を主とする「家」の秩序が保たれていて、銘々膳での座席順が定められていた。

しかし、明治中期以降になると「ちゃぶ台」が各家庭に普及し、食卓を中心とする食の場が形成されてきている。新聞や女性向け雑誌なども出版され、家庭料理や食養生の記事も掲載された。このような風潮から、食物と健康の関連について、一般庶民の家庭でも全般的に関心が高まりつつあった。『食道楽』は、このような時期に出版され、中流以上の食生活のありさまを目に見えるように描写し、特に、各種のはいから料理の調理法を具体的に記載している。また、各所に当時の営養学的な食事教育を盛り込んだのである。更に、家庭料理を受け持つ女性にとっては、この本が六百三十種類のレシピを含む料理献立書の性格を持つことから、家庭応用の手引書として大変な魅力を感じたものと思う。『食道楽』は、報知新聞連載中に春の巻、夏の巻と順に単行本となり、結婚適齢期の令嬢たちの家庭料理改良への憧れを背負いつつよく売れていった。

弦斎は、報知新聞に市村座や歌舞伎座の劇評や、小説『小説家』、『大福帳』、『小猫』などを発表した。以後、次々に『紀文大尽』、『近江聖人』、『関東武士』、『桜の御所』、『誉の兜』、『鎧の風』、『松が浦島』、『軟骨議員』、『渡宋の船』、『槍一筋』、『新橋芸者』、『川崎大尉』、『衣笠城』、『小弓御所』、『写真術』、『朝日桜』などを書き上げたのが明治二十八年までのことである。

明治二十九年から同三十五年までは、長編大作『日の出島』を執筆することになるが、この間にも『夜の風』、『鬼涙山』、『血の涙』、『鶯の羽風』、『西郷隆盛詳伝』、『飛乗太郎』、『芙蓉峰』、『両美人』、『深山の美人』、『伝書鳩』、『風船縁』、『町医者』、『桑の弓』等を別に書いている。(文献一・二)

『食道楽』は、明治三十六年六月十五日に初版が発行、同年八月十六日には既に第十一版として「増補注釈版」が発行されている。本文の上枠には、随所に本文を補完する注釈が記載されている。以下『食道楽』についていくつかの項目を選んで考察を述べる。

一　【春の巻】〈断食〉

「第一　腹中の新年」の章では、胃吉と腸蔵の問答があり、注釈で食物の消化吸収プロセスを解説している。そこには「何人も折々は断食して胃腸を休息せしむべし、三度の食事時間が来たりしとて腹の減らざるに強いて食物を摂取するは有害なり」と書いてある。注釈者は、日常生活において健康維持のために時々断食をすることが胃腸に良いとしているが、この時代には断食法がかなり行われていたことも事実である。弦斉も、断食については、大正初期になって『弦斉式断食法』を上梓している。

近年、腸内細菌の持つ多様な役割と共に、断食による消化管全体の生理的リセットが行われることが解明され、その機能的影響についても、新たに見直されてきている部分がある。

『養生訓』（文献三）巻第三・「飲食上」には、「前食いまだ消化せずして食う事を好まずば食うべからず」とある。また「飲食下」では、「腹中の食いまだ消化せざるに又食すれば、性よき物も毒となる。腹中空虚になりて食すべし」との文言がある。このように空腹感と摂食の関係については昔から重要視されていた。

〈餅と大根〉

「春の巻」三頁の注釈には、餅に大根を加える話が出ている。日本においては、大根や餅は古くから神饌として神に供えられていた食物である。『日本書紀』『延喜式』にも記載がある。昔の人々によって、理由はともかく、この両者が自然に同食されていたであろうことは容易に想像される。餅におろし大根を同食することが、いつの頃から宜食となっているのか、本草書または料理書に載せられたのはいつか、などについては未だ良くわからない。注釈の辛味餅（からみ餅）は古くから山形県や宮城県の郷土料理にもなっていて、搗きたての餅を大根おろしの中にちぎって入れ、よくかき回し醤油をかけて食べる。餅を大根おろしに絡めるという意味もある。現在では、餅に生の大根を加えて食べることは、大根に含まれている澱粉を加水分解する酵素ジアスターゼが含まれており、その化学作用で餅の消化を促進するという意味であるとされている。

〈豆腐の毒〉

同じ注釈では、豆腐の毒が話題にされている。豆腐の消化が悪いということは昔から本草書に載せられている。『養生訓』巻第四「飲食下」四十五丁では、「豆腐には毒あり、気をふさぐ。されども、新しきを煮て飪を失はざる時早く取あげ、生菜箙（なまだいこん）のおろしたるを加え食すれば害なし」と書かれている。ここでも大根との同食を勧めている。

「豆腐には毒がある」ということは、『本草綱目啓蒙』（文献四）巻之二十一・二オ・豆腐に、准南術留青新集から引用して「豆腐ヲ収ルニ鹽膽水（シオノニガリ）ヲ用ユ故ニ毒アリト云」と記載されている。このところから「飲食下」の豆腐の毒がシオノニガリを責任物質としていることが推定される。「にがり」は海水から食塩を析出させた後の残液であり、主成分は塩化マグネシウムである。苦味を持ち苦塩（にがしお）・苦汁（くじゅう）・滷汁（ろじゅう）などとも云う。古くから豆腐の凝固剤として用いられている。また、正徳三年の『養生訓』より五年前に刊行されている宝永五年『大倭本草』（文献五）巻之五・草之一・蘿蔔（ダイコン）一四五頁には「凡蘿蔔能麪毒ト豆腐ノ毒ヲケス必同食スヘシ」と記してある。

現在の考え方からみれば、食品の豆腐に含まれている苦汁の量からのマグネシウム毒性を考慮する必要は認められない。酸化マグネシウムは制酸剤、硫酸マグネシウムは下剤として使用されている。近年では、2型糖尿病と低マグネシウム血症を伴う高齢のうつ病治療に塩化マグネシウムの有効性が報告（文献六）されている。また、アンチエイジング、アンチメタボ、アンチストレスミネラル、抗便秘、抗高血圧、抗糖尿病などの役割が研究されている。

「飪を失う」という言葉は、陽気の生理を失い陰気が鬱滞するという意味であり、煮過ぎると飪を失うという論語の「失飪不食」からきている。豆腐の場合には煮過ぎない時に取り上げるという意味である。

「第三　酔醒め」では大食漢大原　満学士が客人として紹介され、「第七　大食家」からは文学雑誌編集者中川とその妹のお登和が登場する。お登和は、国の長崎で料理を仕込まれ、神戸、大阪で和洋の料理を研究してきているという設定である。「第九　豚料理」二十三頁注釈に豚肉の半熟には寄生虫（繊毛虫・サナダ虫）がいることもあると注意している。日本において寄生虫の観念を注入した最初の人物は、東京大学に教師として招かれたエルウィン・ベルツである。ベルツは明治九年来日早々に一患者の尿、血液、リンパ腺にバンクロフト糸状虫を証明し、この虫の日本における最初の発見者となった。その後も肺吸虫など多くの寄生虫を発見している。繊毛虫類のうち大腸バランチジュウムが豚並びに人体寄生虫として報告されている。（文献七）

〈胃と腸〉

「第十二　胃袋」三十二頁の注釈では小児の胃拡張予防の必要性を説く。「小児が茶碗の中の飯を残すと勿体ないから食べてお了いと母親が強いて小児に容量以上の物を食わせしむるは最も大害あり」とし、無理強いを禁じている。丹波康頼の『医心方』（文献八）巻第二十九の調食第一には「陳延之の小品方にいう。飲食は幼少を養って成長させるものであるがそれを与えることは甚だ難しい。与え方が悪いとかえって成長が遅れたり、失敗したり変化することがある。努めて慎重であるべきである」と最初に書いてある。また『養生訓』百五丁の「育幼」にも「小児は脾胃もろくしてせばし。故に食にやぶられやすし」という文言がある。

「第十三　脳と胃」では中川が「最新の学説では多食すると脳の働きが鈍るのは食物の中毒作用である。即ち胃腸による消化の適度を超えた食物は腐敗作用により毒素を発生し脳神経を刺激する。そのために頭が重く眠く感じるのだ」と説く。確かに食後に一時的に頭重感、眠気などが存在することは事実であり、摂取食物が腐敗し脳神経を刺激する毒素を産生するという中川説にも一理がある。

不完全な消化物が多く腸内に残留する場合には、腐敗により腸内細菌叢の変動をもたらすことが考えられる。ウエルシュ菌などの悪玉細菌を増加させ善玉菌を減少させて菌叢バランスを悪性化に偏らせる。その結果として腸管神経を刺激し腸管ホルモン分泌障害を起こす。特に腸におけるセロトニンの生産・貯蔵の減少が知られている。セロトニンは人の精神活動に大きく影響し、頭重、睡眠障害、更年期障害、うつ状態などを誘発させる。腸が第二の脳と言われる所以である。このように度を越えた過食は正常な脳腸相関を混乱さるリスクが高いことは事実である。

「第十四　廃物利用」以下「第三十四　五味」までは食養生からやや離れた専ら料理・調理に関する内容の文章である。本稿においては以後も料理・調理に関する記述については概ね省略していくこととする。

〈五味〉

九十六頁の注釈では次のような文章がある。「支那にては五味を配合する中にも春は酸味を主とし夏は苦味を交え、秋は辛味を加え、冬は鹹味を多くす。甘味は四時適用なり、是も自ら学理に適ひたる養生法というべし。春は逆上の気ある故に酸味を以て引き下げるなり。夏は胃の働き弱る故に苦味を用い、秋は気の鬱く時故辛味にて刺激し、冬は体温を保つために塩分を要す」

五味調和学説については中国古典の食養書『内径』に春「在味為酸」夏「在味為苦」秋「在味為辛」冬「在味為鹹」とあり、「味帰形、形帰気、気帰精、精帰化」また「精食気、形食味、化生精、気生形」また「味傷形、気傷精、精化為気、気傷於味」などと記載されている（文献九）。簡単に言えば、春は酸を多く、夏は苦を多く、秋は辛を多く、冬は鹹を多くする。また、形、気、精、味にはそれぞれ因果関係があることを観念的に説いている。

〈鰻と梅〉

「第四十三　鰻の中毒」においては、大食漢大原　満の失敗談として鰻の大丼と桃の缶詰を腹いっぱい食べて腹痛が起こった話がある。百二十三頁の注釈では次のように注意を喚起している。「鰻の毒物はイヒチトキシーンと称して鰻の血液中に在るものなり。鰻とは魚類中最も消化悪しきものなり」「鰻と生梅とは最も怖るべき食合せの禁忌なり。是れ一は生梅或は不熟の李等には時として青酸と云へる大劇毒のあるに因る。青酸毒は一滴を吸入しても昏倒せしむ。青酸中毒は速に食物を吐出せしむるが肝要なり」

また、本文百二十五頁で中川は「イヤ、食合せの禁忌と云う事は必ず有るべき事だ。今の西洋医者は兎角其事を軽蔑する者が多いけれどもそれはまだ医学が充分に食物の化学作用を研究し盡さないからだ」と云う。

〈合食禁〉

日本における合食禁の古い文献については、八九一年『日本見在書目録』、九八四年『医心方』、一二九四年推定『拾芥抄』、一五七五年『宜禁本草』、一五七八年『本草綱目』、一六三六年『和歌食物本草』、一六三六年『料理物語』（寛永十三年本）、一六五二年『食物本草』、一六九三年『救民妙薬』、一六九五年『本朝食

鑑』、一六九六年『茶之湯献立指南』、一七一三年『養生訓』、一七四五年『伝演味玄集』、一七六九年『食要生要』一八七八年『いろは分け救民妙薬集』などがある。

元禄六年（一六九三）水戸光圀が藩医穂積甫庵に命じて出版した庶民的な漢方書『救民妙薬集』（文献十）百二十九「くいあわせの事」には「鰻驪二銀杏」とある。『養生訓』（文献三）も同様。『宜禁本草』（文献十一）上二十三丁には「銀杏同鰻驪食患軟風」と記されている。『修訂増補詳解漢和大事典』（文献十二）には、軟風とは元気のないこと、意気沮喪のことを云うとある。『本草綱目』（文献十三）には「銀杏忌鰻驪」。『巻懐食鑑』（文献十四）においても鰻驪禁忌「腰下有黒班有毒甚与銀杏同食患軟風」と記されている。『貞丈雑記』（文献十五）巻之六飲食の部にも「貞丈云う、すももに砂糖、うなぎに銀杏、つくづくしに赤貝、などくい合するは毒なり」とある。弦斎の云う「鰻と生梅」の合食禁はいつごろの文献からであろうか。

『食療正要』（文献十六）巻四合食禁では「鰻驪ニ西瓜及木瓜」と前者とは異なる食合わせである。時代が下り『無病健全長命之寶』（文献十七）喰合の心得では表紙にイラスト付きで「うなぎにむめぼし・食合スレバ命にかかわる」と書いてある。この辺りでは銀杏から梅干に代っていることが判る。

昭和初期の『有益な食物と危険な食物の話・付喰合せの話』（文献十八）では第八章喰い合せの研究の中で、梅は猪肉との禁忌となっていて鰻の合食禁忌食品が消えている。

昭和の初期、民間伝承の会が中心となり全国的に「食習慣の調査」が行われた。成城大学民俗学研究所が編纂した『日本の食文化』（文献十九）によると、昭和一六年秋から一七年春まで北海道から沖縄県まで調査が実施されているが、「鰻と梅」の合食禁の習慣は北海道を除きほぼ全国に存在している。ただし、東京の杉並区では「鰻と銀杏」の禁食が残っていた。因みにその他の合食禁習慣では「魚と南瓜」、「てんぷらと氷水・西瓜」、及び「そばと田螺」が多かった。

今日では古くから言い続けられている各食禁について現代医学的に根拠が無くなり、食物同士の食い合わせによる健康障害は問題になっていない。しかし、ある種の薬物と特定の食物との相互作用によって起こる薬効の変化を認め、同食を禁じ又は制限しているものはある。一部の食品の同食禁忌については前述の調査結果のごとく、近年まで一般家庭において古老を中心に云い伝えられ信じられていた。明末大初の時代においても中川の云うように、同食禁忌食品について化学的根拠を実証的に示すことが必要なことであったろう。弦斎はここでそれを指摘していたのである。

近年においての食忌は、単一な食品ではあるが、学童を持つ家庭を中心に特定のアレルギー物質を含む食品について厳重な注意が必要であることを多くの人が認識している。その食品に対して特異的な過敏性を持ち、摂食によりアナフィラキシーショックを起こすことがあるからである。

〈食医〉

古代中国においては王に専属する「食医」と呼ばれる医師がいた。『周礼・天官』には、「食医中二人、掌和王之六食、六飲、六膳、六差、百醤、八珍之斉」と記されている（文献十二）。食医が王の食養生に対して専門的に深く関与していたことがよくわかる。『養生訓』（文献三）巻四飲食下四十八丁では、「いにしへ、もろこしに食医の官あり。食養によって百病を治すと云。今とても食養なくんばあるべからず」と記載している。

弦斉の英文小説『HANA 』（文献二十）の十二頁には食医に関する会話がある。花子の父親はアメリカの青年（コナー）が彼の職業を尋ねたときに次のように回答している。「I suppose you have not heard of it, yet, I treat the diet ; I follow one of the old Chinese schools of medicine, called shokui.・・・」（君は未だ聞いたことはないだろうが、私は食事を治療するのだよ。「食医」と呼ばれる古典派の中医学に従っている。どういう英語になるかわからんがね。恐らくダイエット・フィジシャンかダイエット・スペッシャリストということで伝わるだろうね。）このように弦斎は「食医」という存在を既に明治三十七年当時の作品に登場させていたことがわかる。

〈禁忌食品〉

「第四十六　病気全快」百三十四頁注釈では、諸病の禁忌食品を挙げている。疾病として胃拡張、胃潰瘍、便秘者、痔疾、心臓病、腎臓病、熱病、産褥熱、ジフテリヤ、脳病、淋疾、妊婦などでる。これらの中で注目したいのは「心臓病には温熱性食物を禁じ全く寒冷の食物を取らしむべし、刺激性の食物は盡く禁ずべし。濃く煮詰めたる牛乳及肉槳は最も良き食品なり。珈琲は禁物なり。無病の人も珈琲を暴飲して心臓病となる事あり。西洋には珈琲心臓の病名もあり」「脳病には総じて興奮性食物を禁ず。温度高き食物も亦た禁ず」という注意事項である。

近年においても心臓病では刺激性の食品を避けることが常識である。特に珈琲については、不整脈などの心臓刺激伝導障害を持つ病人には不適当とされている。高齢者の多い社会では不整脈（心房細動など）を有する人の割合は増加傾向にある。七十五歳以上では健常人の約六割の老人に何らかの不整脈が認められるという説もある。珈琲の責任成分はカフェインと考えられている。『食品成分表・資料編』（文献二十一）によると、珈琲粉末10gを熱湯150mlで浸出した場合に含まれているカフェイン量は0.06gである。また、タンニン量は0.10gである。日本人の好む茶類では、緑茶10gを60Cの水60mlで2.5分間浸出するとカフェイン量は0.16gとなりタンニン量は0.23gとなる。緑茶は珈琲をはるかに超えるカフェインを含有することになり、不整脈を有する人の場合には禁忌飲料となるわけである。

二　【夏の巻】〈美人法〉

「第百十四　美人法」九十四頁注釈からは医学博士三嶋通良氏の説として、「人種の上より言えば上等なるものは丈が高く、下等なるものは丈が矮し。上等な人種は上へ伸び、下等な人種は横へ肥る」これも一理あることかもしれないが、人種の区別を云われても誰もが好んで下等な人種に生まれたわけではない。美人の基準も色々とあるであろうが、単純にタテ、ヨコで決めつけるのは無理があろう。真の美人とは姿形ばかりが条件ではない。生まれつき顔かたちが良く背丈が高くても、それだけでは単なる人形的な美人である。むしろ後天的な自己の生活努力によって、真の美人に磨かれていくのではないだろうか。自己の生活努力としては「健康な身体と豊かな知性」「謙虚な生活態度」「感謝と奉仕の心」などが目標となろう。

『HANA』（文献二十）第一章では、箱根宮ノ下においてヒロイン林　花子がアメリカ人旅行者（コーナー）と出会う場面があり、花子の容姿について次のように描写している。「彼女は髪を帝の娘ように上流の島田型に整えている。肌色は白く繊細で通常の日本人よりも背は高い。容姿はしとやかで品格があり、また、彼女の指は非常に優美であった」

弦斎の求める美人の条件は、何よりも日本人らしい優雅さの内に潜む犯し難い品性であると思う。人の品性は一朝にして生じるものではない。要するに育ちの良し悪しの問題である。現在の婦女子には車中で物を食べたり、顔の化粧をしたりする品のない女子を多く見受ける。これを弦斎が見たら呆れ返り大いに嘆き悲しんだことであろう。

〈腹の口〉

「第百二十　二つの口」では、中川が「全体人の身体に食物を入れる口が二つあります。第一は顔にある口で第二はお腹にある口です。」・・・・玉江「オヤお腹にも物を食べる口がありますか」中川「有ますとも、お腹の口が大切なので、其処から身体へ吸収されるのです。・・・口で食べたものはお腹へ入る計りでお腹の口が開いて居ないとハイ左様ならと云ってズンズン通り抜けて了ひます」玉江「オヤマア」と呆るゝ計り。

「第百二十一　腹の口」において前章の会話でやり取りした栄養の吸収過程を説明している。ここで中川は「胃腸が健全でも料理法が悪いと消化の難い為めに沢山の滋養分を捨てて了ひます。家庭料理の大主眼は成るべく物の消化を良くして此の滋養分を失わない様にしなければなりません。上の口へ多く食べさせるよりもお腹の口へ多く食べさせると云うのが主意です」と栄養の吸収が大事なことを強調する。中川の言うお腹の口とは腸の吸収細胞のことで、栄養物の搬入口である。

消化管から栄養分が吸収されるということは、食品が消化管内で消化酵素の働きによって吸収可能な状態にまで分解され、次に小腸の吸収上皮細胞を通りぬけ門脈系へ(脂肪の分解物の一部は胸管へ)移動することを云う。

移動の仕組みには、濃度勾配に従って拡散する方法(単純拡散)、同様な拡散法であるが積極的に輸送をお手伝いする運び屋・キャリヤーが介在するもの（促進拡散)、エネルギーを使いながら昇りエスカレーターのように濃度勾配に逆らって能動的に拡散と逆方向に輸送する方法（能動輸送）などがある。

糖質、蛋白質、脂肪はそれぞれ酵素の作用で消化され、吸収の門戸である小腸粘膜上皮にある絨毛に至る。その門戸を通り抜け上皮細胞に入る際に、糖質では分解されたフルクトースが促進拡散、グルコースとガラクトースが能動輸送で、蛋白質では分解されたアミノ酸が単独アミノ酸又はアミノ酸が二個三個手をつないだまま門戸を能動輸送される。脂肪では脂肪酸・モノグリセリドに分解されて単純拡散で門戸を通過する。

門戸を通過すると糖類とアミノ酸は細胞内を促進拡散又は拡散して毛細血管へ移行し、脂肪は細胞内を拡散して毛細血管へ移行するものと、乳び管を経て・胸管・左鎖骨下静脈へ移行するものとがある。

大正当時の医学研究では、このような輸送システムを持つ吸収機構は未だ明確ではなかった。弦斉は、小腸吸収上皮細胞内の生理学的なメカニズムについては判らなかった筈であるが、「お腹の口」という表現でおおまかな栄養素の吸収過程を認識していたものと思われる。栄養素が体内に取り入れられるためには、食品の調理によって吸収され易く加工することが必要であることを中川の講釈によって説明している。

〈白粉問題〉

「第百四十六　白粉問題」では白粉廃止論が中川兄妹で問答されている。白粉の中には鉛分の有るものがあり、鉛毒による身体障害のための禁止論と、学校教育の規律を正すことによる禁止論があることを問題として取り上げている。中川は「学校の教場へ出て勉強する時、何の必要があって白粉を着ける。私の意見で言うと女学校内では白粉計りで無く絹の衣服まで一切厳禁して宜いと思う」「白粉を着けない時でも絹の衣服を着ない時でも自分の身体から美の光りが現れる様に心掛けるのが女の嗜みだ」と語る。二百六頁から二百三十三頁にかけての上欄注釈に、当時の報知新聞紙上における諸名家の論戦が掲載されている。以下各氏の意見を挙げる。

「津田梅子（女子英学塾長）は学校での白粉禁止賛成。鳩山春子は白粉禁止は拘束の甚だしいものであり、個人の自由を妨害するので反対。安井哲子（女子高等師範学校教授）白粉で修飾することは反対であるが、白粉を女学生に禁ずる手段として校則を設けて制束することには同意しない。山脇房子（高等実修女学校長）女学生に白粉を禁止仕様と云う事には賛成出来ない。佐藤静子（女子美術学校主）女の嗜みとして白粉を用ふ可きものと存じます。浜尾さく子（婦人衛生会長）女学生が白粉を塗飾するのは見苦しいので制禁すること。弘田長（医学博士）女学生の白粉禁止論には反対。松村茂助（文部省学校衛生課長）無毒性の白粉を禁止するなど常識に反した議論である。」注釈はこの後で当時市場に出されていた各社の有鉛白粉と無鉛白粉を列挙しているが省略する。

「夏の巻」付録では、台所道具の図、西洋食器類価格表、西洋食品価格表を載せている。

三　【秋の巻】〈食育論〉

「第二百五十二　食育論」では小山とお登和嬢の会話で食育について意見を述べている。

「今の世は頻りに体育論と知育論との争そひがあるけれどもそれは程と加減に依るので、知育と体育と徳育の三つは蛋白質と脂肪と澱粉の様に程や加減を測って配合しなければならん、然し先ず知育よりも体育よりも一番大切な食育の事を研究しないのは迂闊の至りだ・・・善い知恵出させやうとするにはそれだけの食物を与えなければなりますまい・・・誰でも是からは食育と云う事に注意しなければなりません」と述べる。

弦斎の食育思想については既に黒岩比佐子著『食育のススメ』（文献二十二）に詳しく説明されている。それによると先ず知育･徳育･体育の語源について「ハーバート・スペンサーの一八六〇年『EDUCATION ; INTELLETUL , MORAL AND PHYSICAL』の訳文においてＩｎｔｅｌｌｅｃｔｕａｌ ＥｄｕｃａｔＩｏｎを知育、Ｍｏｒａｌ Ｅｄｕｃａｔｉｏｎを徳育、Ｐｈｙｓｉｃａｌ Ｅｄｕｃａｔｉｏｎを体育としたことに始まる」とし、その流れで食育という言葉は造られていることを示唆し、また、食育という語を始めに用いたのは、陸軍軍医監であった石塚左玄の『化学的食養長寿論』（文献二十三）であると解説している。

石塚の著書では、第七章の食物中夫婦亜爾加里の栄養結果論二百七十六頁において「才は那篤倫塩の多き華食者に在りて、智は加里塩の多き蔬食者に在りと云はさる可からす。嗚呼何そ学童を有する都会魚塩地の居住民は、殊に家訓を厳にして体育知育才育は即ち食育なりと観念せさるや。願くは我国中往時の食養法と料理法と化学的の食養法とに意を留めて、獣食の獘なく爰に顧慮せられんことを希望す。・・」と述べている。右の要約は「才能はナトロン塩（動物性食品や塩類）の多い美食品に属し、知識はカリ塩（穀物・野菜・果物類）の多い植物性食品に属すると云わないわけにはいかない。ああどうして学問を学ぶ児童を持ち海に近い土地の都会に住む人々はそのように受け止められないのであろうか。家庭の躾を厳しくして身体の発達を促し知的能力を高め資質を向上させるための教えは、とりもなおさず食に関する教えであることと何で認識しないのか。そのように心に決めて対応するべきである。そして、できるだけ昔からあるわが国の食養生の方法と料理する方法および化学的な食養生に意識を集中して、獣食の弊（犬のように貪り食す悪い行為）のないように気遣いをしてほしいものである」ということである。

四　【冬の巻】〈カクゴイズム〉

「第三百五十九　我が覚悟」では、食道楽会参加者のある若紳士が中川に「人の心の愉快と不愉快とは其の境遇に在るさ、不愉快の境遇に在る人へ心を愉快に持てと云っても無理でないか」と問う。中川は「イヤ爾うで無い。人の心の愉快と不愉快とはその境遇よりもその覚悟に在る。勿論境遇に幸不幸の区別がないとは云はんが大概な人はその覚悟によって心を愉快に持てると思ふ。先ず手近い話しが人は誰でも自分の職業を神聖として楽しまねばならん。職業に高下貴賤の別は無い。労働力役と雖も神聖なる職業だ。天下の人が皆な各々自分の職業を楽しんで熱心に勉強したらば毎日其心も愉快で充たされるだろう。然るに今の世の人は自分の業務をさへ愉快に実行しない者もある。それが第一に人の心の愉快と不愉快の別れろ処だ。」また云う「ドウも今の人に平生愚痴の心が多過ぎると思う。譬へば海に臨んでヤレ波が高いのヤレ風が荒いのと歎き悲むのは愚痴だ。何程愚痴を漏しても愚痴の声で波や風は鎮まらない。それよりも此の波を凌いで大海を渡るには千噸の船を造らねばならん。イヤ千噸ではまだ小さい。一萬噸二萬噸の船を造らうと斯う云う風に心掛けたら遂には波や風を何とも思はなくなる。人もその通り我が体力心力の寡い時は丁度船の噸数が寡いと同様で社会の風波を凌ぐのに困難する。我が体力と心力とを増加して一萬噸二萬噸の大きさにすれば激浪怒涛の中を平気で乗り廻はせる。・・・体力と心力とは何を以て増加する。即ち平生の食物に在りだ。左ればこそ人は一日も僕の主張する食道楽を忘れてはならんアハヽ。」

なお付録では「病人の食物調理法」が五十四頁にわたって掲載されている。

この後に『続編』が春の巻、夏の巻、秋の巻、冬の巻と刊行されているが、料理談義であり食養論については殆ど書かれていないので今回は省略する。

以上

【文献】

（文献一）『食道楽の人村井弦斉』・黒岩比佐子・岩波書店・二〇〇四年六月
（文献二）『村井弦斉略年譜』・復刻版食道楽解説編別冊・柴田書店・年月不詳
（文献三）『養生訓』・貝原篤信編録・正徳三年版・財団法人斉藤報恩会・昭和八年
（文献四）『本草綱目啓蒙』小野蘭山・杉本つとむ編著・早稲田大学出版部・昭和四十九年
（文献五）『大和本草』・貝原益軒・岸田松若他考註・有明書房・平成四年
（文献六）Barragan-Rodriguez L ,Rodriguez Moran M Guerrero-Romero F .Efficacy and safty of oral magnesium supplementation inthetreatment of depression in the elderly with type 2 diabetes : a randomized , equivalent trial . Magnesium Research 21 : 218 – 223 , 2008
（文献七）『日本における寄生虫学の研究』第一巻・森下薫、小宮義孝、松林久吉編集・財団法人目黒寄生虫館・一九六一年
（文献八）『医心方・食養編』・望月学・㈱出版科学総合研究所・昭和五十一年
（文献九）『中国食療学』銭伯文・孟仲法・他主編・上海科学技術出版社・一九八七年
（文献十）復刻『救民妙薬集』・穂積甫庵宋興・博新館・昭和五十六年三月
（文献十一）『宜禁本草』曲直瀬道三・推定一五七五年）
（文献十二）『修訂増補詳解漢和大事典』・服部宇之吉・小柳司気太共著・昭和三十二年発行第五十版・冨山房
（文献十三）新校注本『本草綱目』上冊・明・李時珍編集・劉衡如・劉山永校注・華夏出版版社出版・二〇〇二年
（文献十七）『巻懐食鑑』香月牛山・一七一三年
（文献十八）『貞丈雑記』・一八四三年
（文献十九）『食療正要』・松岡玄達撰明和六年・一七六九年
（文献二十）『HANA　A　DGHTER　OF　JAPAN』・村井寛著・報知社出版部・明治三十七年十月十五日
（文献二十一）『無病健全長命之寶』東京衛生研究会編纂・日本館本店発行・明治三十九年七月
（文献二十二）『有益な食物と危険な食物の話・付喰合せの話』・岡崎桂一郎口述・伊藤尚賢編集・新栄堂書店発行・昭和　六年十月
（文献二十三）『日本の食文化』『日本の食文化』昭和初期・全国食事習俗の記録・岩崎美術社発行・一九九〇年
（文献二十四）『食育のススメ』・一九一頁～二〇〇頁・平成十九年十二月二十日・㈱文芸春秋・平成十九年十二月
（文献二十五）『化学的食養長寿論』復刻第二版・石塚左玄・日本CI協会・一九八一年

写真１　村井弦斉

写真２　多嘉子夫人

美容・健康食品における「プラセンタ」の機能と役割

株式会社コレコ
常務取締役　研究所長
石橋 見衣子

はじめに

プラセンタ（胎盤）は、胎児の育成成長に不可欠な哺乳類特有の組織かつ、女性特有の臓器である。

プラセンタは、臍帯（へその緒）を通じて、胎児が精子と卵子の受精から出産までわずか300日ほどの間で、幹細胞から目的となる各種の細胞に分化しながら細胞分裂を繰り返し、数十兆という多数の細胞にまでなる間、胎児の生命を維持する重要な役割を担っている。

出産時に体長約50cm、体重3~4kgにまで成長させるそのパワーは、まさに生命の源「神秘の臓器」といえる。

そのプラセンタがプラセンタエキスとして「化粧品における美容素材」として一般の市場に誕生してから約半世紀。その後、「プラセンタ」に関する研究が進むにつれ、より様々な美容効果・効能などが明らかになってきた。さらに、健康食品の分野へと広がる美容素材として、その体感性の高さから「プラセンタ」は常に注目され続け、市場拡大している。

注目されるプラセンタの成分

プラセンタにおいて特に注目すべき点は、何といっても胎盤に含まれる栄養成分の豊富さである。胎児に必要な５大栄養素をはじめ、各種アミノ酸、ペプチド核酸、ムコ多糖体、成長因子などを含む。

中でも成長因子（グロスファクター）が含まれていることから、美容のみならず、医薬品から再生医療の分野でも大変注目されている。

医療現場でのプラセンタ

プラセンタエキスは、更年期障害、乳汁分泌不全の治療剤として、また、肝障害の治療剤としての２種類が注射剤として1974年より厚労省認可を得ており、現在まで医療現場で使用されている。

また、内服薬（第２類医療品）は各種錠剤やカプセル剤などの形態で販売されており、病中病後、妊娠授乳期、肉体疲労、虚弱体質改善、栄養障害、滋養強壮など様々な目的で使用されている。

近年では、美容外科や形成外科などで、美容目的のアフターケアとしてプラセンタエキスを配合した化粧品も用いられるようになりプラセンタの認知がより広まったといえよう。

美容素材としてのプラセンタの魅力

プラセンタは主にその成分を抽出した水溶性のエキスとして使用され一般にはプラセンタエキスと呼ばれている。

そのプラセンタエキスが歴史的見地からも、古代ギリシャのヒポクラテス時代に自然薬として使用されたのをはじめ、秦の始皇帝などに長老寿の薬として、又、楊貴妃が美容のために用いたと言われている。薬物書「本草綱目」（1596）や漢方医学書「東医宝鑑」（1613）にも記載され、日本においても江戸時代に加賀藩で「混元丹」として利用されたとされている。

さらに、近年ではスイスにあるプラセンタ療養所にて若返りのための「プラセンタ療養」も行われている。これらのことから長年にわたり健康・美容をはじめ、アン

チエイジング素材として活用されてきたことがわかる。

実際、化粧品分野では、メラニン産生阻害作用、色素沈着作用、抗炎症作用、保湿作用、抗酸化作用、創傷治癒促進作用、細胞賦活作用、活性酸素除去作用、免疫賦活作用などが確認されている。

そのため、美肌効果、保湿効果，ハリ、弾力向上効果、ニキビ等に対する炎症抑制効果をはじめ、育毛にまでおよぶこれらの美容効果は、各種アミノ酸、ビタミン、ミネラル、ムコ多糖質などプラセンタエキスの持つ様々な成分の相乗的な働きと、さらに各種プチペド、各種成長因子や、多種類の酵素、SA（スーパーアクティブ）アミノ酸などの働きによりもたらされているものと考えられている。

これまでは、シワやたるみなどの原因であるコラーゲン、ヒアルロン酸などの減少を補うことで加齢に伴う肌トラブルのケアを行うことが主流であったが、現在では、肌の構成成分の産生を促進することでこれらを改善する方向へと変化してきている。

健康素材としてのプラセンタの魅力

ここ数年市場拡大をみせる健康食品市場の中でも、プラセンタエキスはそれをけん引する健康・美肌素材のひとつといえる。

プラセンタエキスの体感性の高さと消費者の認知度拡大を要因に、各原料メーカーによる機能性研究が加速し、近年では抗糖化、肌荒れ改善、抗疲労など幅広いデーターが蓄積されている。

それゆえ、プラセンタエキスを配合したサプリメントが多種販売されており、更年期障害、アトピー性皮膚炎、

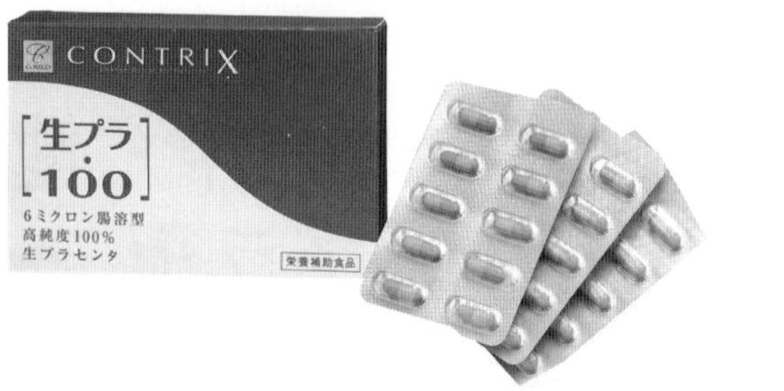

関節リウマチをはじめとする疾患の緩和としてのみならず、健康増進やアンチエイジング、美容の目的で手軽に飲用されはじめている。

最新のプラセンタ研究

プラセンタエキスの原料は主に「豚プラセンタ」であるが、数年ほど前より、ウマなどのプラセンタ原料が出回っている。

原料由来となるプラセンタがいずれであっても、より高い体感性を得るために、プラセンタ中に含まれる種々の活性成分の有効性が失活することなく抽出する技術が確立されてきた。

さらにサプリメントでは、腸溶による、より高く、効率のよい吸収力のための技術、化粧品ではリポソーム化したプラセンタエキスなど、日本国内における高い技術研究によりプラセンタエキスは日々新しく進化し続けている。

まとめ

プラセンタエキスは、平均的寿命が延びながら『半健康』の時代といわれる中、現代人の生活の多種多様なストレスや診断のつかない不快な症状に素晴らしい効果をもたらしてくれる、優れた成分であるといえる。

化粧品として、また、栄養補給食品としてさらに認知度が高まり、毎日の健康と美容のために活用されることを願っている。

〈参考文献〉
(1) 吉田健太郎　驚異のプラセンタエキス
(2) 長瀬眞彦　更年期障害、疼痛、美容などにプラセンタ療法

大正の行楽文化と武蔵野

東洋大学非常勤講師
小泉　京美

――荒野に於て、私は市街や村落に於けるよりも更に親密な更になつかしい或ものを見出す。静かな風景の中に、殊に遠き地平線に、人は自分の性質のやうに美しい何物かを見るものである。

（エマソン著･中村詳一訳『自然論』越山堂、大正９年）

1. 一寸した旅

明治の行楽文化は、寺社参詣や名所旧跡の散策を主な目的とする伝統的なスタイルを維持していた。明治43年２月から翌年10月にかけて東陽堂が刊行した『東京近郊名所図会』は、東京とその近郊の花の名所･景勝地･古跡・寺社に遊ぶことを目的とした行楽案内である。江戸から引き継がれた名所を紹介するこの案内書は、旧来の行楽文化を象徴している。

明治の末から大正にかけて、都市再編成の機運が高まると、東京に住む人々は新たに行楽地として郊外に目を向けるようになる。この時期、郊外行楽のための実用的な案内書と、旅行記・紀行文とを兼ねる旅行書が数多く刊行された。大正11年に設立された日本旅行文化協会は､「旅行書籍」の取次販売を行っており､機関誌『旅』（大正13年４月創刊）では、大正14年１月から「旅行書籍解題」のコーナーを設けた。第１回に取り上げられたのは、「旅行書籍中の白眉」と称された谷口梨花『汽車の窓から』（博文館、大正7~8年、全２冊）である。龍舌蘭生「谷口梨花氏の「汽車の窓から」を読む―」が取り上げる同書の特徴は、旅行書の理想的なあり方をよく示している。

第一、どこまでも一般旅行者の実際的の手引案内書としての使命を果たしていること

第二、文章が高雅で平明でわかりがよいこと

第三、土地の風物、歴史等に就いての引例が豊富でかつ面白いこと

第四、最も民衆的に親しみやすいこと

「案内的なれば筋書で無味乾燥、紀行文的なれば抽象的高踏的で物足らぬ」というわがままな読者を満足させる旅行書が求められていた。日本旅行文化協会が推薦した旅行書は、谷口梨花『汽車の窓から』の他、例えば同じ博文館から出ていた『名所ところどころ』（大正９年）、河井酔茗『東京近郊めぐり』（大正11年）などである。

旅行書や行楽案内の書き手として、大正期に活躍する松川二郎も、この時期に『一泊旅行土曜から日曜』『郊外探勝日がへりの旅』（東文堂、大正８年）を出している。小説家の田山花袋も同時期に『一日の行楽』（博文館、大正５年）や『東京近郊一日の行楽』（博文館、大正12年）をまとめた。これらはいずれも、鉄道を利用し、日帰りないし一泊程度で郊外に遊ぶための行楽案内だった。

森暁紅『半日一日一晩泊まり一寸した旅』（博文館、大正10年）はこの時期の行楽の特徴をよくあらわしている。同書には「私の旅は一寸した旅である。忙しい勤務の暇、日曜の小半日とか、土曜の夕べから日曜にかけての一夜泊りとか、精々長くて、中二日泊まつての三日の旅、それ以上はできないのである」とある。そもそも「行楽」とは、単に「楽しむこと」「遊びの楽しみ」というほどの意味だったが、次第に森暁紅のいうような「小半日」「一夜泊り」せいぜいが「中二日泊まつての三日」ほどの時間を、「郊外などに出て楽しみ遊ぶこと」（『日本国語大辞典』第２版、小学館、平成13年）を指すようになる。

このことは都市の拡大と産業構造の変化に伴う、都市新中間層の出現と関わっている。農・工・商業または自営の専門的職業者からなる旧中間層に対して、事務・サービス・販売などの労務に従事する雇用勤労者は、大正期に一定の社会層を形成し、後に「サラリーマン」の呼称で定着することになる。彼らは「忙しい勤務の暇」すなわち「土曜日曜」の休日を利用した「行楽の所定め」に、旅行書や旅行雑誌を手に取った。森暁紅のいう「歴史をたよらず、古事を問はず、旧跡を強いて踏まうともしない」、ただ「気散じ」の「旅」とは、「勤務から帰つて一風呂浴びた心持ちを、もう少し悠りさせる気分」を求める勤め人のための行楽スタイルだった。

2. 帝都の公園

必ずしも名所旧跡を訪ねることを目的としない、休暇を利用した骨休め・休養としての行楽は、「郊外などに出て楽しみ遊ぶ」というかたちで定着する。日本旅行文化協会の会長野村龍太郎は、近代化によって自然と生活が隔てられつつあることを問題視し、「日常生活の蒙塵は自然によつて洗滌される。而して自然に還ることは旅行によつて然かく容易に得られる」(「日本旅行文化協会創立に際して」『旅』大正13年4月)と述べた。「蒙塵」とは「土を離れ」て「優美なる家屋」「高層なる事務室」で、生活や労務にいそしむ都市生活者の疲労や倦怠を指している。だが、彼らは文字通りの「塵」にも苦しめられていた。

経済学者の渡邊鉄蔵は「近来軍隊生活の改革、雇人の休日制定、労働時間の制限等彼等の自由に手足を延し得べき時間が増加した。又俸給生活者、学生等は日曜其他多くの自由の時間を有する者である。然しながら彼等が充分に生活の慰安を受くべき機関が充分に備はつてをるであらうか」(「生活の慰安」『人間』大正9年1月)と苦言を呈する。「砂塵と泥濘と雑閙とを憾り得べき醜悪なる首府」のどこで「生活の慰安」となる「一日の休暇」を過ごすことができるかというのだ。

後藤新平が会長を務める都市研究会の機関誌『都市公論』には、都市における「自由空地」や「公園」の必要性を説き、その完備を要求する論文が毎号のように掲載された。その多くは、急激な都市化による生活環境や労働状況の悪化と、それに伴う健康被害を指摘する。休日を利用した慰安保養に適した場所として郊外が注目を集めた。例えば、太田謙吉・北村徳太郎「都市計画と公園」(『都市公論』大正12年7月)は、慰安保養の場は都市から離れてこそ有意義であるとして、郊外に「都市の公園」を設けるよう提唱している。

日本の近代都市計画の基盤が整備された大正期、内務省に都市計画課が設置され、大正8年には都市計画法が公布された。このとき、すでに風致地区の制定が盛り込まれたことからも、都市生活者の慰安保養のために、郊外の風致・美観の保存が重視されていたことがわかる。

東京に暮らす人々が、帝都の公園として目を向けたのは武蔵野だった。武蔵野は『江戸名所図会』に「南ハ多磨川北ハ荒川東ハ隅田川西ハ大嶽秩父根を限りとして多磨橘樹都筑荏原豊島足立新座高麗比企入間等」の「十群に跨る」と記される。「いづくをさして分入らん、行くもかへるも果なしと歌はれた武蔵野の原、それに関東平野の一部をも加へたものが、謂ゆる東京の郊外である」(松川二郎『郊外探勝日がへりの旅』)というように、東京の周囲に広がる広大な地域として、武蔵野への関心が高まった。大正5年7月には鳥居龍蔵が武蔵野会を設立。機関誌『武蔵野』(大正7年7月創刊)には、武蔵野の地誌的な研究調査の成果が発表された。

並木仙太郎編『武蔵野』(民友社、大正2年)は、武蔵野の歴史や風物を紹介し、都市生活者が心身の安寧を得るべき場所として武蔵野を位置付ける。同書は「帝都の膨張」を讃えつつも、都市生活者の日常を次のように取り出してみせる。

> 煤煙は空を蔽ふて天日為に暗く、塵埃は道を圧して寸前尚濛々たり。脚下を流るゝ溝渠悪臭を放ち、目には只見る煉瓦の障壁と瓦甍の屋上と、耳には只聴く車馬の轟響と汽笛の吼音と。明けては繁劇の巷を馳駆し、暮れては無趣味の衾に跼る。(中略)加ふるに終日生活の繁労激務に鞅掌して身に寸劇なく奮闘に次ぐに奮闘をもてし、煩悶に継ぐに煩悶をもてし、二六時中曾て一点の心を慰むるものなくして、遂には安臥の時を割いて酒に其欝を散ずるに至る。

一方、武蔵野は「一たび眼を放つて帝都の背景を望めば、数條の道坦々として雲の彼方に連なり、清鮮の薫り天地の間に溢れて和風永へにそよ吹き、日光寸地を剰さず輝きて紅緑隈なく彩れるを見るべし。是れ天の吾が都人士の生の為に与へたる至妙境、武蔵野ヶ原にあらずや」いうように、「天が「都人士の生の為に与へたる至妙境」とまで讃えられる。

大正から昭和にかけて、山手線沿線から郊外へ放射状に延びる鉄道網の基礎が整備され、高速電車化も進んだことで、郊外はずっと身近になった。行楽シーズンには、鉄道各社が郊外行楽地へ向かう臨時列車を増発し、回遊切符や遊覧券を発行して集客にいそしみ、新聞では連日行楽地の賑わいを伝える記事が誌面を飾った。

『読売新聞』では大正10年7月17日からツーリスト・ビューローが「日帰の旅」の連載を開始、13年7月28日からは、鉄道沿線別の行楽地案内の掲載をはじめた。雑誌では、先に述べた日本旅行文化協会の『旅』の他、大正11年に若山牧水や谷口梨花らが同人の『旅行と文芸』が、14年には趣味・旅行・文芸と銘打たれた『行楽』が創刊された。ジャパン・ツーリスト・ビューローが外国からの観光客誘致を目的に、大正2年に創刊した『ツーリスト』も、郊外行楽の案内をたびたび掲載するようになった。

郊外へ、行楽へと人々を誘う声は、新聞や旅行雑誌、旅行書などのメディアを通じて流通し、関東大震災以後、さらに加速する東京の近代都市化を背景に、勢いを増していったのである。

3. 愛すべき殺風景

松川二郎『郊外探勝日がへりの旅』は、「荒削り」で「粗野」な「武蔵野の俤」こそが「東京の郊外の命である」と述べる。都市生活者が「生活の慰安」を得るために求めたのは、「所謂絶景とか奇勝とかいふ種類の、刺激的な景観」ではなく「柔らかな、素朴な、そして寂しく大きい自然の姿」であり、「ひとり此の武蔵野にのみしみじみと味はれる」(横山信『撮影探勝武蔵野めぐり』アルス、大正11年)という「粗野」で「荒削り」な風光だった。白石実三「東京郊外の遊行」(『太陽』大正12年6月)は、「東京の西郊では、名もない村、拓かれない野の到るところに、いつもかやうな日本にめづらしい平野の土の景色がひらけるのである。素朴で、ナイーヴで、荒けづりな、しかも深い錯雑とした丘と林と路と水の美が、随所に展開されるのである」と述べ、やはり、武蔵野の魅力を「深い地平線の遠い直線美、それに初夏の林の若葉の香り、土の匂ひといふやうなものは、最も華やかで、特殊的で、官能的で、私たち都会生活者にとつては、一層新鮮な、刺激の鋭い、なつかしみのこもつたものなのである」と語った。

関東大震災の翌年、大正13年4月24日、渋谷停車場に田山花袋・近松秋江・葛西善蔵ら文士が集った。随筆社の催しで「玉川遠足」に出かけるためだ。参加した宇野浩二は、玉川周辺の風景を次のように記している。「それは如何にも関東の武蔵野らしい、侘しい、素朴な、そして野趣のある景色に見えた。(中略)私は改めてその愛すべき殺風景に目を見張つた」(「玉川」『随筆』大正13年6月)。「取りとめのない」雑然とした雑木林や、果てしなく広がる平野が、関西出身の宇野浩二の目には新鮮に映じたのかもしれない。しかし、この「愛すべき殺風景」は、東京に住む人々にとっても、都市との対比から再び見出された「目を見張」るような風景だったのだ。

(右)岡本一平「渋谷停車場楼上の待ち合わせ」、(左)「玉川電車」(「文士玉川遊記図巻」『随筆』大正13年6月)

横山信が『撮影探勝武蔵野めぐり』で、エマソンを引きながら、「荒野の物静かな景のうちに、ことにその遠い地平線のあたりに、人は自らの性質のやうな或ものを睹る」と述べたように、人々は武蔵野に自らを省みる詩趣を感じていた。宇野浩二は「私の斯ういふ趣味には、広重とか、近くは独歩とか、さういふ優れた芸術家たちの感化を拒むことができないだらう」としているが、こうした武蔵野観が、国木田独歩『武蔵野』(民友社、明治34年)の「詩趣」を引き継いでいるのは明らかである。「林と野とが斯くも能く入り乱れて、生活と自然とか斯の様に密接して居る処が何処にあるか」と語った独歩のまなざしを経由しながら、都市生活者たちは「新鮮」でありながら、同時に「なつかしみ」のこもった武蔵野を幻視しようとしたのである。

ところで、国木田独歩は「武蔵野に散歩する人は、道に迷ふことを苦にしてはならない。どの路でも足の向く方へゆけば必ず其処に見るべく、聞くべく、感ずべき獲物がある。武蔵野の美はたゞ其縦横に通ずる数千條の路を当もなく歩くことに由て始めて獲られる」と述べた。独歩にとって「武蔵野第一の特色」は、ただ「当もなく歩くこと」よってのみ見出されるものだが、いわゆる「武蔵野趣味」を一般化させた大正の行楽文化は、皮肉なことに、「武蔵野のような広い平原の林」を「歩けるだけ歩くこと」の「おもしろ」さを壊すことで成立している。

4、変わりゆく武蔵野

「徒歩行楽者の背景」としての「武蔵野」を「忘れる事ができない」(「徒歩行楽者の背景としての武蔵野」『旅』大正15年2月）という芳賀宗太郎は、「都会が恐ろしい勢いで郊外へ郊外へと喰出してゆく。田が埋められて貸長屋が行列し、雑木林が切払はれて赤瓦の文化住宅村が生れ、桑、麦の畑や大根甘藷の畠が活動の常設館やテニスコートに化けたりする様なまことにめまぐるしい時代になつて来た。新しい時代が武蔵野式景観を破却しつゝあると嘆く老人もある」と、変わりゆく武蔵野について述べた。

多摩川の砂利を都心に輸送するために、玉川電車が開業したのは明治40年。随筆社の催しに集まった文士ら一行は、渋谷から玉川電車に乗って、終点の玉川で下車、多摩川河畔に遊んでいる。大正15年3月から「東京郊外名所めぐり」のコーナーを設けた『ツーリスト』は玉川電車・京王電車・中央線及西武鉄道・武蔵野鉄道・東上線などの鉄道を基準に武蔵野の行楽を案内している。「玉川電軌」の欄に「曾ては此沿線一帯往古の武蔵野を想見せしむるもの多く、独歩氏の「武蔵野」の如きは実にこの地の風物を描写したるものなりと云ふも、今は郊外発展著しく随所に文化的部落を形成している」とあるように、国木田独歩が逍遙した「武蔵野式景観」はすでに様変わりしていた。

建築材料として需要が増加していた「玉川砂利の採取運搬」から「遊覧客の誘引、郊外生活者の誘導」（渡邊政太郎編『東京近郊電車案内 』鉄道智識普及学会、大正15年）まで担った玉川電気鉄道は、東京土地信託と提携して郊外住宅地の開発に乗り出していた。「往古の武蔵野」は「文化的部落」「文化住宅村」などと呼ばれる田園都市に変貌する。また、「歩くことによつて」のみ得られるはずの武蔵野の魅力を、「忙しい勤務の暇、日曜の小半日とか、土曜の夕べから日曜にかけての一夜泊り」という制限のもとで味わうために、電車を利用して時間を短縮するという状況が生まれていた。

国木田独歩の頃とは大きく異なる武蔵野の相貌に、感傷を隠さなかったのは、やはり武蔵野の遊歩者として知られた田山花袋だった。随筆者主催の「玉川遠足」に参加した花袋は、ほかの参加者のように「郊外遠足に出掛けたことが何より愉快だつた」(加能作次郎「半日の清遊」『随筆』大正13年6月)という気分にはなれない。「国木田は聞えた郊外散策者であつたらから、ひとりでよくこゝらをあちこちと歩いたらしい。武蔵野の欅の若葉の美しさなどをかれはいつも私に話してきかせた」(「二子の半日」『随筆』大正13年6月）と、独歩の回想から武蔵野の印象を記し始める花袋は、玉川電車が開通した年にも同地を訪れている。独歩が亡くなる前年のことだ。

> その時分にも、玉川電車はもはや出来てゐたが、まだ静かで、此方の岸の茶屋などは一軒もなく、田舎蕭条といふ、感じが名残なくあたりを饒してゐた。石原の中に布を曳いたやうに碧く迅く流れてゐる多摩川の水もわかい心を楽ませ、その周囲を繞つてゐる大きな欅の緑葉も燃えた心を静めるには十分だつた。(中略）その欅の大きな樹は大方伐られて、あたりがわるく開けて了つてゐた。惜しいことだと思つた。

田山花袋の「何とも言へずなつかしい」という述懐ににじんでいるのは、武蔵野の「新鮮さ」を見出した喜びや驚きではなく、変わりゆく武蔵野に対する寂寥感である。花袋は「旅もこの頃は、矢鱈に金がかゝるばかりで面白味が少なくなつた。何処へゆくにも汽車が出来て、旅らしい気分も味へなくなつた。(中略）元来、旅の面白味と云ふものは、歩く事にあるのである」(「昔の旅に就いて」『旅』大正14年2月）と述べる一方で、次のようにも記している。「東京の近くで、日がへりまたは一日二日の旅をするのは面白いことである。此頃では、交通の便が非常に好くなつて、此方の汽車の線路から向うの汽車の線路に行くにも、さう大して歩かなければならないといふやうな不便もない。たとへあつたにしても、その間には自動車だの車だの馬車だのがあつて、わけなくそれを突破して了ふことが出来た」(『東京近郊一日の行楽』)。

武蔵野の変化に呼応するように、武蔵野を語ることばも変わっていった。行楽文化の担い手たちは、「抽象的高等的」で「物足らぬ」紀行文学ではなく、「一旅行者の実際的手引案内書」として有用な旅行書を求めていた。『旅』の「旅行書籍解題」に田山花袋の『京阪一日の行楽』(博文館、大正12年)が取り上げられると、「この書の尊い所以のものは、たゞに案内書としてよりも、その一代に鳴る美麗な文章と、歴史的、地理的、さまざまな方面から深く観察されて下された示唆に富んだ、そしてどこまでも芸術的なところにあるのである。しかし、所謂実際的直接的な案内書としてはやゝ物足らない所があるかも知れない」(龍舌蘭生「田山花袋先生の「京阪一日の行楽」を読む」『旅』大正14年2月)と評された。

旅行や行楽の体験は、「最も民衆的に親しみ易い」商品として消費されることになる。大正15年4月9日の『東京朝日新聞』の紙面は、田山花袋や大町桂月といった著名な作家の紀行文がどのように消費されたかを物語っている。行楽地の案内、乗合自動車の広告、後に玉川電鉄と合併することになる東京横浜電鉄の路線図、「ツルミの花月園」で遊ぶ「愉快」を述べる児童を描いた漫画とともに、博文館の旅行書の広告は掲載されている。

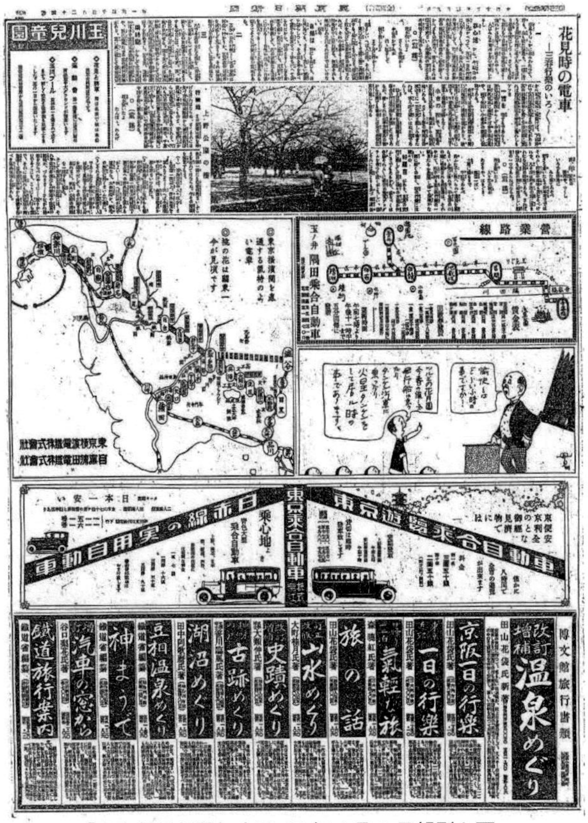
花見時の電車
玉川兒童園
營業路線
東京横濱電鐵株式會社
目黒蒲田電鐵株式會社
日本一安い
東京乗合自動車
東京遊覧乗合自動車
博文館旅行書類
改訂増補 温泉めぐり
京阪一日の行楽
一日の行楽
氣軽な旅
旅の話
山水めぐり
史蹟めぐり
古跡めぐり
湖沼めぐり
豆相温泉めぐり
神まうで
汽車の窓から
鐵道旅行案内

『東京朝日新聞』大正15年4月9日朝刊七面

都市生活者にとって「新鮮な」しかし同時に「なつかしみのこもつた」武蔵野は、「歩くことによつて始めて獲られる」場所から「歩かなければならないといふやうな不便もない」場所へ変容したことによって成立していた。

詩人の中西悟堂に『武蔵野』(抒情詩社、大正14年)という詩集がある。中西悟堂は大正11年には「私を幽霊か白昼鬼のやうにしてしまつたその残虐なる都会への烈しい憧憬と激情とを、寂寞極まる辺土の放浪の中から一巻の詩集に託して歌つた」という第一詩集『東京市』(抒情詩社)を出し、関東大震災を経て「明るく懐かしい」武蔵野に暮らすようになる。最後に、この詩集の序文から一節を引いてこの小稿をとじよう。

> 地上は今、残忍の時である。世紀は災殃の影絵である。時代の姿は悩ましく湾曲してゐる。不信と欺瞞が乱れる。怨嗟と愁訴、反逆の箛、怒号と疲労が錯綜する。都会の上に、緑の田園に、澎湃たる殺虐の潮が流れる。私はこの恐るべき地上の影に心悩む。時に私の情熱は怒に漲り、また悲しみに汗ばむ。とはいへ私も亦憩ひの時、祈りの時を持つべきである。私は武蔵野の緑野の奥に静かな冥考と匂よき安息と、蒼天の讃嘆との幾時かを見出す。

災害が都市を原野にかえした後で、詩人が郊外に見出したのは詩情の源泉として武蔵野だったのである。

【付記】引用に際して、旧字は原則新字に改め、ルビは適宜省略した。なお、本稿は平成25年度科学研究費補助金(特別研究員奨励費)による研究成果の一部である。

◎ 歴研アピール文 〝ようこそ歴史研究会へ〟

私たちは、**「宝の中の宝」**は**「歴史を学ぼうとしている人」「歴史を学んでいる人」「歴史の学びを支えている人」**だと思っています。

なぜなら､折に触れて往古へと立ち返ることが出来る人こそ、歴史の教訓を生かし、さまざまな**「思い」**を次代に伝え、常に愛と夢と希望をいだく人と信じるからです。

また、若者・壮年者は**「誇りと自信と和の心を」**、高齢者は**「老いに負けずに、さらに元気に、さらに明るく、さらに美しく、さらに豊かに、いまを最高に生き生きと感謝の気持を」**と、歴史を学ぶ力、歴史力で広めたいと願っております。

そこで、私たちは**〝生涯、道楽として歴史を学ぶ、道楽歴史学〟**を提唱しています。

道楽歴史学とは、趣味歴史学や職業歴史学を発展させ、人生の学をめざして、
第一に、古典を読み、旅に出て、出会いに感動し、**「縁」**を結ぶことであり、
第二に、先人の生き方を知り、**「鏡」**を見つけることであり、
第三に、古今東西の誤りに気づき、**「ルーツ」**を探ることであり、
第四に、これまでの思い込みにとらわれず、**「事実」**を確かめることであり、
第五に、敗者の視座で何度も現場に立ち、**「謎」**を解くことであり、
第六に、古人の名誉回復のため、**「真実」**を書き語ることであり、
第七に、何かを変えようと、万事に関心を持ち、**「日本一」**を志ざすことであり、
これらを**〝道楽歴史学の七大金字塔〟**と称したいと存じます。

歴史を学ぶことは最良の道楽であり、道楽歴史学は、生涯うちこんで悔いのない誠に価値あるものです。

道楽 —— それは、旺盛な**「気力」**で**「好奇心」「探求心」**を燃やし続け、何事も楽しみに変え、大いに楽しみ、大いに楽しませることであり、人生の至福、究極である、といえましょう。

みなさん、この道楽歴史学で、もっと運を開き、もっと光り輝きませんか。

これまで、私たちは、全国歴史愛好家の研究発表と親睦交流の広場を目的に、**全国誌『歴史研究』**を編集してまいりましたが、加えて**全国歴史研究会**と読みかえ、
一、全国ネットによる日本唯一最大の在野史学の**学術団体**として総合出版事業を、
一、万人共楽の**文化団体**として全国大会をはじめ、多彩なイベント運営を、
一、ふるさと活性化の**振興団体**として支部づくりや諸団体との連携互助活動を、
そして、**日本および日本人の覚醒**のため、人生の矢文（名言・名句・名文）を全国各地に向けて放つことも、篤志家の賛助により、たえず推進しております。

では､歴史研究会とは何でしょうか。答えは､宝船です。過去・現在・未来の財宝を沢山積み込んだ**〝宝船〟**に見立てています。ぜひとも、この、すばらしい宝船にお乗りになり、私財を蓄え私財を投じる**福の神**になっていただきたいのです。

これが、みなさんを**〝ようこそ歴史研究会へ〟**とおさそいし、歓迎する理由です。
おひとりがお一人に！　歴史研究会の**「ひとこえ運動」**にご参加下さい。
私たちは、みなさんのご健勝とご多幸を、いつも、心から祈念しております。

昭和三十三年七月十日発足より半世紀、創立五十周年の平成二十年吉月吉日に

歴史研究会（全国歴史研究会）主幹　吉成　勇

【問合先】〒141・0031　東京都品川区西五反田2の14の10の504
TEL03・3779・3127　FAX03・3779・5063

描かれた自然風景の所有者
―画家たちが捉えたものと伝えたもの―

南出　みゆき

はじめに

絵はがきは、日本近代の風景がどのように受容されたのかを、今に伝える複製芸術の一つである。絵はがきは、郵便制度の日本への導入や日露戦争下における軍事需要に支えられて普及し、報道媒体として戦争や災害のリアルな状況を伝えた。それと同時に、絵はがきは商店の宣伝媒体として、また個人が近況を報告する媒体としても用いられ、絵柄などそのデザインにおいて多様化していった。

そもそも絵はがきが日本での流行をみせたのは、明治37、8年の日露戦争の頃である。その後、戦争関連の絵はがきばかりでなく、国家的催事の様子や遠い土地の風景を伝える記念品あるいは土産物としての絵はがきも大量に生産されるようになり、人々が絵はがきを通して知る世界も広範囲なものとなった。

明治から大正にかけてのこの時代、人々の知見を広げたのは、絵はがきなどの媒体によってだけではない。日本でのツーリズムが本格化していく時流にのって、人々は実際に遠い土地に出かけて行くようになった。大正時代には、日本国内を日本人が旅するというスタイルが一般的になっていく。

旅が人々にとってより身近なものとなった昭和時代までに、旅先の自然風景は人々にどのようなイメージで捉えられていったのか。この問題を、絵はがきとその周辺にあった媒体に描かれる自然風景において考察しようというのが、本稿の目的である。その際に、絵はがきなどに描かれた自然風景がいったい誰のものだったのかという点にも、改めて注目しながら考察してみたい。というのは、これまでの絵はがきに関する論点が、郵便制度における観点や、購入者側からの観点が主となっていて、絵はがきなどのデザインや加工が、なぜそのようなものになったのかという制作者側からの観点が欠けているからである。そこで本稿では、そもそも絵はがきなどに描かれた自然風景が、制作者側でいかなる表現として意識されていたのかという問題に最終的に迫ることができるように、以下のような手続きをとる。

第１節では、まず旅の概念が、信仰に関する活動から余暇におけるリラクゼーションへと変化したこと示し、自然風景が徐々に消費の対象になっていく状況を、近代ツーリズムの観点から確認する。第２節では、大正から昭和初期にかけて、絵はがき文化が発展し、多様化する中で、旅先の自然風景がどのように表現されてきたかを景観図や名所絵はがきに焦点をしぼりながら見ていく。第３節では、自然風景に対するイメージが、自治体や観光地などによって固定化される前でいて、しかも絵はがきのスタイルが多様化している最中の明治末から昭和初期の名所絵はがきなどに見られる自然風景を、３人の画家の作品を事例として比較する。３人の画家とは、大正から昭和にかけて、全国の観光案内景観図で有名になった商業画家・吉田初三郎（1884-1955）と、水彩画家として人気を博した三宅克己（1874-1954）、そして本業の洋画とは異なる南画風の挿絵を雑誌などに提供していた中村不折（1866-1943）である。自然風景をモティーフにした彼らの景観図や絵はがきの表現を比較し、そこに描かれた自然風景が、それらの購入者のものであるばかりでなく、まず作者にとっての風景だというところに立ち戻って、風景の所有者の多元化のなかに、切り取られる風景と伝えられる風景を論じたい。

第1節　消費対象となった自然風景 ——近代ツーリズムの観点から

日本人の旅のスタイルは、近代をむかえて変化した。それまでの旅のスタイルは、商業的な用務や宗教的な用務であり、自分が所属する団体を代表して旅をするのが主流だった。また移動手段には船舶や馬などがあったが、主だったものは徒歩であり、旅する際には必ず許可が必要であった。

それが近代の旅となると、許可は不要となる。旅は自分が所属する団体を代表して体験するものではなくなり、個人的な趣向にあわせて楽しむものとなった。またこうした傾向を推し進めたのは、鉄道網が発達したことと余暇を十分に持つことができるようになった都市部を中心とした中間層の増加があげられる。旅は余暇の過ごし方の一つとなって、単に知見を広めるだけでなく、健康維持のためのリラクセーションという意味合いももつようになった。大正から昭和初期にかけては、とくにこうした傾向を支える観光地の整備が進み、キャンペーンもはられて、人々の関心はますます外の世界に向けられていったのである。

それではなぜ、このような旅のスタイルが確立したのだろうか。その背景には、欧州諸国内で19世紀の末葉頃から国際旅行が流行したことが関係している。欧米では、トーマス・クック社やアメリカン・エキスプレスといった国際的な旅行斡旋業者が登場し、ベデカーのような世界各国の旅行案内書も発行されるようになった。この「世界各国」の中にはもちろん日本も既に含まれており、外国人旅行客向けの日本のガイドブックも発行されている。

この19世紀末葉の近代ツーリズムの洗礼を受けた明治の日本では、外貨獲得のための外国人旅行客の誘致が行われていた[注1]。明治45年には、鉄道院が主体となり、ジャパン・ツーリスト・ビューロー（JTB）が発足。外国人観光旅行者への日本の旅行上の便宜を提供したり、日本の風景事物等の情報紹介を行っていた。しかし、第一次世界大戦がおこると外国人旅行客が激減し、新たな顧客の掘り起こしが必要となって、国内の顧客、つまり日本人へ観光旅行を供給しようという経営体制がとられるようになった。

また、日本近代における旅のスタイルが確立していった背景には、先述した鉄道と観光とが結びついていったという政策の変遷に加え、都市部を中心とした人口の増加と彼らの余暇が増えたことが影響している。大正時代の半ば以降、鉄道会社による観光関連の宣伝が頻繁に行われるようになり[注2]、観光地に広がる自然風景のイメージが鮮明化され、人々はそのイメージに誘われて、田舎の大自然の中で、労働で蓄積した疲労を癒し、健康を維持するために旅をしようと夢見るようになった。

さらに大正時代から昭和初期にかけて到来した観光ブームの下では、新聞社による観光地の宣伝も積極的なものになり、都市部の購読者層による旅先の自然風景のイメージを膨らませた。それと同時に、新聞社は地方の購読者層にも働きかけている。昭和初期からは、観光地側の一般人、つまり地元人をも巻き込んでの産業新興の柱としての大自然そのもの（自分たちの生活の場を内包する全域）の見直しがなされるようになった[注3]。新聞社の呼びかけで一般人の推挙によって選定された「日本新八景」はその好例だ[注4]。

ここに至り、田舎の自然風景は、厳かな信仰の土地柄、古来より絶景と言われた圧倒的な自然から、都市部の人間による想像と地方の人間によって人工的に整備されることで、飼いならされた安全な自然へとその意味合いを変えていった。このようにして田舎の自然風景は、そのイメージが宣伝によって膨張するのと裏腹に、余暇を過ごすために予め準備された消費の対象へと矮小化されていったのである。

日本近代における風景意識を研究する藤森清によれば、田舎の自然（風景）は、都心郊外に住む者の異国趣味的な眼差しによって想像され、消費される対象だったとされる。日本の田舎の自然は、都心郊外に住む知的階級が西洋の文学などから借りた外国人の眼で異国趣味的に眺められ[注5]、「自国土に点在する地方色や伝統は発見されるのではなく、創りだされ再配置され」[注6]、既知のものとしてとらえられていたという。

しかし、本稿で事例としてとりあげる画家たちの景観図なり絵はがきを見ていると、これまで追ってきた先行研究にあるような、都会の人間による想像ないし地元の人間による資産としての自然風景の再認識という観点では、説明しきれないことが残る。それは詳しくは後に改めて議論するが、誤解を恐れずに言うなら、景観図や絵はがきに描かれている自然風景には、何よりも先に、それを描いた画家個人による風景との対話の痕跡が見られるということだ。大きく広がる風景のうちの何に注目し描くのかというモティーフの選び方ひとつひとつに、画家の個人的な風景の消化があり、そこには観光地の自然への打算が働くよりも先に、ただ描く対象としての自然への観察が存在する。

それでは、景観図や絵はがきに描かれた自然の風景は、本当に人々を観光地へと誘わなかったと言いきれるのだろうか。この点に注目し、次節では絵はがきを中心とする媒体の性質がどのようなものであるかを見ていこう。

第２節　大正から昭和初期にかけての絵はがき文化

軍事的需要によってその流行がはじまった絵はがきには、事件や災害をリアルに伝える速報性ある写真絵はがきや、国家的催事の様子を記憶に残す記念絵はがきなどに見られるように、新聞などとも並ぶ近代的な情報メディアとして役割があった。それだけでなく、絵はがきやその周辺の紙媒体には、美人画の系譜を引き継いだプロマイドのような役割をもったものや、名所・旧跡など全国各地の有名な自然風景や風物を伝える景観図や絵はがきなどもあって、近代以前の伝統的な情報メディアとしての役割を継承する側面もある。

歴史社会学者の佐藤健二は、絵はがきに関する言説を、おおむね次の３つの時代に区分している[注7]。すなわち1905年から1910年代初頭が、絵はがき文化誕生の第１期であり、第２期は回顧的に絵はがきについての言及がなされた1930年代。そして1980年前後からの第３期は、収集家のコレクションを編集し出版するなかから生まれた考察と写真グラフィズム史からの解説が同居する時期である。

この時代区分に本稿であげる事例をあてはめると、およそ大正から昭和初期という時期は、第１期と第２期との間となる。このことは、絵はがきが誕生し、それについての回顧的言及がはじまるまでの、まさに絵はがきが様々なスタイルで作り出されていった過渡期であることを示している。郵便制度、写真、印刷技術、そして社会状況の変化といった複数の要因が絡み合うなかで、多様化を見せた絵はがきおよびその周辺の紙媒体は、本来、限定的あるいは一方的な文脈で語りつくすことが難しい言及対象である。そうであるから、第１節で述べた先行研究で考察されてきたような、絵はがきなどに描かれた自然風景が、都会人の想像の産物であるという側面や、地元人によって再認識されたものであるという側面は、あながち全否定はできない問題である。けれども、そのような観点のみでは、描いた人間の側からの意味づけが見落とされてしまうというのも事実である。ここでは、この問題を後述することにして先に進もう。

これまで述べてきた段階には、まだ景観図や絵はがきに描かれた自然風景を準備した側の人間しか、視野に入れられていない。それらを熱心に収集し、同じ趣味を共有する仲間を募って交換会まで開催した人々（購入者、あるいは新たな趣味人たち）を考慮にいれる必要もある。

そもそも景観図や絵はがきは、なぜ多くの人々にとって、収集の対象となりえたのか。しかも庶民にひろく収集されたのはなぜだろうか。それは、はがきというものが大量生産された[注8]、安価で一律のコンパクト・サイズの物だったからである。また、とくに絵はがきは、近代盛んに発売されるようになった雑誌の付録にもなり、大人だけでなく子どもの注目も集めることとなった。その付録絵はがきには、雑誌に挿絵やコマ絵を提供していた多くの人気画家が関わっていたことから、絵はがきは瞬く間に認知度の高い媒体となったのだと推測される。

こうして見てくると、景観図や絵はがきという媒体は、作者（画家、発行元）と購入者・所有者（収集家や送られた人）を結びつけていることがわかる。さらに、それらの媒体に描かれた絵柄が実在する自然風景である場合には、その風景の中に住む者、つまり地元人が販売元という新しい拠点を形成し、媒体の流通に加わってくる。こうして自然風景は、作者と購入者・所有者、そして地元人という３者によって所有されるものとなる。

では自然風景の価値は、この３者のなかではどのようなものだろうか。景観図や絵はがきが発行されることで、地元人にとっては観光資源として、また地域の誇りとして意識される。またそれらが販売されたり頒布されることで、購入者や所有者にとっては自然風景を実際に目にした記念あるいは憧れを抱く想像の源となる。では作者にとっては、景観図や絵はがきを作るという行為には、どのような意味があるのだろうか。次節では作者にとっての自然風景に焦点を絞って考察することにしよう。

第３節　名所絵はがきは何を伝えるのか

まず、事例としてあげる景観図と絵はがきを紹介しておこう。昭和８（1933）年に発行された吉田初三郎《観光の宮城県》という景観図。次に明治40（1907）年から大正７（1918）年の間に発行されたと推定される三宅克己《日光含満ヶ淵》と《和歌浦片男波の松林》、そして大正８（1919）年に発行された中村不折《亭和岳裂口新山切通しといふ》と《大雪路》の３種類である。

図１　吉田初三郎《観光の宮城県》昭和８年（部分、『観光旅行―大正～昭和初期のツーリズム―』、45頁より）

吉田初三郎は、大正から昭和時代にかけて全国各地の鉄道沿線図やご当地案内のための景観図を手掛けた商業画家である。彼の景観図（図１）は、大きな一枚の地図を小さく畳んで、携行する際の利便性をよくした折畳本という仕立である。また、実際には見えない土地までも一枚の地図の中に描きこむデフォルメを効かせた鳥瞰図で、名所はもちろん町並みの様子まで色鮮やかに詳細に描きこまれているのが特徴である。遠くの山々は淡く、手前にくる山ほど濃い緑や紺の色が冴えて、川や海は美しい単調な浅葱色で塗り込められ、その色彩は浮世絵を思わせる。

また白抜きにされた円形ないし方形のなかには地名や建物の名称が用途別に統一された印を設けて打たれ、地図のような分析的な視点を手にとる者に与える。彼が伝える世界観は、一大パノラマを手中におさめて眺めることができる楽しさと、詳細に目を凝らしても見飽きないほど細部にわたって地形や街道、地名などが描き込まれ、ズーム・アウトの視点にも、ズーム・インの視点にも耐えうる完成度の高さである。

商業画家として活躍した吉田が、一つの大画面に自然風景を表現したのに対し、専門画家として活躍した三宅克己と中村不折の自然風景は、複数の絵はがきを１組として発行されており、吉田の景観図とは対照的に、小さな自然風景を一葉ずつ手にとって眺めるという楽しさがある。そして吉田の景観図がまさにカラーであったことが生命線であったのに対し、三宅と中村の絵はがきはどちらも白黒印刷であることも興味深い。

水彩画家であった三宅克己は、大阪の高島屋（飯田呉服店美術部）から日本の名勝風景絵はがきシリーズをいくつも発行している。それらはみな彼の水彩画を写真版で絵はがきに印刷したものと考えられる。各シリーズの中には毎回５枚の全国各地の水彩画が収められていた。詳しいシリーズの総数は不明だが、旅が身近なものとなり、水彩画が一般の人々にとっても趣味の一つとして受け入れられるようになった当時の事情を考え合わせれば、三宅のシリーズの数は相当あったのではないかと思われる。

図２　三宅克己《日光含満ヶ淵》（日本名勝風景絵はがきシリーズ（四）より）（明治40年～大正７年と推定）

図３　三宅克己《和歌浦片男波の松林》（日本名勝風景絵はがきシリーズ（一）より）（明治40年～大正７年と推定）

図２を見ても、図３を見てもわかるとおり、三宅が描く自然風景には、吉田のような広範囲の空間表現は見られず、モティーフである淵や山、そして木を近くから描いている。描かれているモティーフは確かに景色のすばらしいことで有名な場所なのだが、それが他の何でもない山里の風景であったとしてもおかしくはないほどの、何気ない自然風景である。それは観光地としての見栄えを気にした自然風景ではなく、風薫る素の自然風景である。そして全くといっていいほど、自然風景の中に人物は描かれることがない。あるのはただ静かな自然と画家の存在だけである。

ここに画家の存在を入れたのは、図３を例にとるとよりわかりやすくなるだろう。この画は、モティーフである松を観察し、その存在感に三宅が迫った痕跡である。もはや名勝という特定の場所に意義があるのではなく、その場所に生い茂る松そのものの存在が、この画を成立させている。シリーズには名勝という語が用いられてはいるが、この絵はがきシリーズは、名勝よりも作者である三宅の眼差しに重点が置かれていて、絵はがきは、それを見る者を三宅が見た世界に引き込んでいく。

図４　中村不折《亭和岳裂口　新山切通しといふ》（鳥海山シリーズより）（大正８年）

それでは中村不折の絵はがきは、どうだろか。中村が自然風景をモティーフにした絵はがきには、山を描いたものが多い。図４に見られるのは、奇岩によって面白い形に切り取られた空が、無限の奥行きを与え、せり出す岩々が残したほんのすき間を縫うように、列をなして人々が進む様子である。中村の画は、画の周りに窓のような枠線が付けられていて、あくまで一枚の画に過ぎないという現実を示しつつも、それを見る者に、旅する過程で出会う意外な風景との出会いの瞬間と、まるでそこを行く人々の後ろについて行っているような臨場感とを与える。

図５　中村不折《大雪路》（鳥海山シリーズより）（大正８年）

また図５のように、中村の表現は、吉田や三宅のように画面を多くの要素で埋めつくさない。色彩を使わず、細部を省略した粗い線描で、大きくとった空白に人物を配置することで、起伏ある大自然を捉えている。中村の特徴は、いつも、突然に山が見せてくれる驚きの風景をモティーフに選んでいる点にある。そしてそれを南画風の機械木版で絵はがきにしている。

以上に見てきたように、日本近代のツーリズムが社会的に浸透していく中で、画家たちが描いた自然風景には、健康維持や余暇を楽しむための旅や、観光地のイメージが前面に押し出されるという、単なるツーリズムの社会的枠組みでは捉えきれない、画家個人による風景との対峙と画家の内面における風景受容の問題が隠されている。

とくに三宅と中村の絵はがきの時期は、鉄道による旅が一般化しつつあった時期で、名所・旧跡をはじめ、鉄道各社が新たに整備していった沿線の行楽地が、都市郊外に住む人々を中心に注目されるようになった頃であった。また、自然風景（名所・旧跡を含む）を保有する地元人による観光宣伝が本格化する昭和初期には達しておらず、いまだに自然風景の商品化が進んではいない時期だった。それらのことから、彼らの絵はがきが発行されていた時期は、観光地側からの旅への熱心な誘致はそれほどなかったと考えられ、三宅も中村も比較的自由に自然風景と向き合ったのではないかと考えられる。そして吉田の景観図の頃になると、さすがに鉄道会社をはじめ観光関連の企業活動も活発化し、人工的に作られた娯楽施設なども、場所によっては描きこまれることがあった。だが、それでもなお、画家たちの描いた自然風景は、誰よりも先んじて画家たちのものだったことは疑いない。それがたとえ機械印刷で大量に発行され、各地で旅先のガイドブックや土産物として、多くの人々に比較的に安価に入手されて重宝されたとしてもである。

景観図や絵はがきに描かれた自然風景は、それらの写実ではない描写ゆえに、それらを購入した者に想像の余地を残す。また同じ理由で、描かれた風景の真の姿を目の当たりにして生活する地元人にとっても、景観図や絵はがきに描かれた自然風景は、自明のものだと思っていた自然を再認識できるあるいは誇りに思う機会を与えたのかもしれない。

結び

景観図や絵はがきという紙媒体に描かれた自然風景について、近代ツーリズムの歴史的文脈のなかでは、ツーリズムにおける一つの宣伝媒体としての価値だけが理解されることが多かった。それらの中には媒体そのものを制作した作者の側からの考察が不足していた。

そのような先行研究の蓄積に対して、本稿では日本近代の画家たちの仕事を事例に、景観図や絵はがきに描かれた自然風景が、それらの購入者や、自然風景が実際にある地元の人間のものであるばかりではなく、何よりも先に画家がその自然風景と対峙し、小さな画面へと切り取って所有していたことを明らかにした。

本稿では、購入され、それが購入者とは別の人間に送られるという、絵はがき本来の流通の仕方に注目し、同じ絵はがきに描かれた自然風景が、複数の人間を介して、実物の自然風景からの乖離を重ねていく事について考察することができなかったが、今後の課題としたい。

注

注1　『観光旅行—大正～昭和初期のツーリズム—』東北歴史博物館、2002年、28頁。

注2　鉄道院からは、早くも大正5年に『鉄道旅行案内』が出されている。また鉄道省から、大正10（1921）年には鉄道開設50周年を記念して、『鉄道旅行案内』が出され、そこには沿線ごとの遊覧地や遊覧旅行経路の概説、ならびに吉田初三郎の景観図が掲載されている（『観光旅行—大正～昭和初期のツーリズム—』東北歴史博物館、2002年、13頁）。本格的な観光宣伝によって旅客の誘致活動が展開したのは、私鉄では大正8年以後、国有鉄道会社では大正末頃からである（同書、14、16頁）。

注3　地元名士の働きかけと自治体による鉄道の敷設や誘客活動はそれ以前からあった。

注4　昭和2（1927）年の東京日々新聞と大阪毎日新聞の主催による「日本新八景」の選定や、河北新報社による、昭和5（1930）年の「東北新風景」の選出企画が象徴的な事例。「日本新八景」の選定では、全国各地で自分の地域を有名にしようと組織的な投票がおこなわれ、次第に熱狂的な動きになった。また「東北新風景」の選出では、「東北の良さを東北人として再認識し、自らの郷土に誇りを持とう」という目的があった（『観光旅行—大正～昭和初期のツーリズム—』東北歴史博物館、2002年、26頁）。

注5　藤森清「明治三十五年・ツーリズムの想像力」小森陽一、紅野謙介、高橋修ほか『メディア・表象・イデオロギー明治三十年代の文化研究』所収、株式会社小沢書店、1997年、56頁。

注6　同書、57頁。

注7　佐藤健二『風景の生産・風景の解放』、株式会社講談社、1994年、23-24頁。

注8　絵はがきの中には、材料やさまざまな工夫をこらした細工絵はがきと呼ばれる、究極の趣味人による原則一点限りの絵はがきもある。しかし本稿で扱うのは、印刷技術の発達によって可能になったイメージの大量生産のなかに登場した絵はがきであり、一点もののイメージは原則、例外として考えることにする。

大正期の少女
—教育と美、文化学院の試み—

東洋大学東洋学研究所
矢部(水谷)真紀

一、女子教育と規範

本稿では大正期の「少女」について考えたい。現在私たちが日本近代文化において「少女」を描いた作品を思い浮かべることは難しくないだろう。挿絵などの図像テクストならば、竹久夢二や蕗谷虹児、中原淳一らが描いた少女像は有名であろうし、また小説など言語テクストならば、例えば吉屋信子や川端康成、尾崎翠ら多くの作家が少女を登場させている。仮に年齢を指標にするならば、「少女」として物語に登場するのは一〇代半ばの女子が多いだろうか。あるテクストでは学校を舞台とした一〇代半ばの子女たちの物語であり、また別のものでは二〇歳に近い年齢の恋愛物語であろう。「少女」が登場する多くのテクストが存在するが、それだけに多種多様な少女のイメージがあるのではないだろうか。だからこそ「少女」という言葉に対して注意が必要である。今では日本近代の「少女」に関する研究成果がいくつも提出されており、「少女」という言葉から喚起されるイメージを曖昧にしたまま用いることは適切とは言い難い。筆者は以前、日本近代文学における「少女」の研究動向を整理した際に次のように記した。「「少女」は明治から現代までを貫くキーワードとして有効であるが、時代や社会背景が変われば、少女たちをめぐる状況も推移し、少女に関する言説も変容していく。(中略)その時々で「少女」という記号が意味する内容の検討が必要であろう」(「研究動向少女」「昭和文学研究」五九号、二〇〇九年九月)。したがって本稿でもまず考慮したいのは、どのような「少女」に注目するのかということと、大正期を特に注視することについてである。他の時代との差異があるとすれば、どのようなものだろうか。

まずこれまでの研究を見ていくことで「少女」に関する言説を共有していきたい。なお「少女」に関する研究は明治期から現代までを対象にそれぞれの時代性などをふまえて問題提起がされており、あまりに幅広いためにここで全てを概観することは難しく、本稿に関わる箇所を中心に言及することをお許し頂きたい。

さて、本田和子『女学生の系譜—彩色される明治』(一九九〇年、青土社)では、少女期の創出が近代の学校制度と関わることを指摘し、さらに明治三〇年代には女子学生たちを読者として次々に雑誌が発行されて、彼女らの文化が花開く舞台が整えられていくことを指摘している。教育に関する制度としては一八九一(明治二四)年の中学校令改正、一八九九(明治三二)年に高等女学校令の公布がある。そして一九二〇年には高等女学校令が改正され、道府県のほかに市町村学校組合による公立の女学校設立が認可されたため女学校の数が増え、女子学生も増加している。また、久米依子「構成される『少女』—明治期『少女小説』のジャンル形成—」(「日本近代文学」六八集、二〇〇三年五月)では「高等女学校令は良妻賢母主義—家父長制度下で再生産様式を担う女性を育成するイデオロギー—に則っていた」と述べ、当時発行されていた雑誌メディアである「少女世界」が提示した「愛らしい少女」という規範を析出した。つまり女学校とメディアは異なる「規範」を提示しており、女学生であり読者であった者は複数の「規範」に触れていたということになるだろう。そして、佐藤(佐久間)りか「〈少女〉読者の誕生—性・年齢カテゴリーの近代」(『メディア史研究』二〇〇五年一二月)では、明治期の雑誌メディアの分析によって「少女」という読者カテゴリーが「生徒」「少年」から派生していくことを明らかにした。

この他に「少女」をどのようにとらえるかという試みに関する箇所に少しだけ触れておきたい。例えば今田絵里香『「少女」の社会史』（二〇〇七年、頸草書房）は修身教科書に登場するのは「女子」、高等女学校に存在するのは「女学生」であり、「少女」ではない。「少女」は少女雑誌にこそ出現するものである」と分析している。また渡部周子『〈少女〉像の誕生―近代日本における「少女」規範の形成』（二〇〇七年、新泉社）は、「少女」期を「就学期にあって出産可能な身体を持ちつつも、結婚まで猶予された期間」とし、「少女期の教育とは、良妻賢母となるうえで必要な実学を授けると同時に、心性の教化を重視するものであったと考える」と記している。

これまでの研究によると、「少女」というものの生成にあたって日本近代の学校教育と雑誌メディアが非常に大きな役割を果たしたこと、また女子教育においては「良妻賢母」規範の支配的であったこと等が解説されている。ただし先行研究で注目される教育機関はほとんどが公的な認可を受けたものでる。しかしながら、数は少ないけれども、公的な認可を受けずに運営された教育機関も存在していることを忘れてはならないだろう。そのような場所でも果たして良妻賢母という規範は支配的だったのだろうか。本稿では公的な認可を受けなかった教育機関である文化学院に注目し、そこに集った者達の試みを追うことで〈大正期の少女〉の一つの像に焦点をあててみたいのである。したがって本稿で注目する〈少女〉とは、具体的には文化学院で学ぶ女子学生である。興味深いことに、高等女学校で学ぶ学生は多くの場合において「女学生」と呼称されたのだが、文化学院で学ぶ女子学生は「女学生」と定義されなかったのだ。

文化学院は、西村伊作、石井柏亭、与謝野鉄幹・晶子夫妻によって東京駿河台に創立され、一九二一（大正一〇）年四月から授業が開始されている。ちなみに同年は、羽仁もと子が創立した自由学園も開校している。これらの教育機関が設立された一九二〇年代といえば、女性向けの洋装が普及し始めた頃でもあった。和装に慣れた身体にとって洋装は化粧や髪形などを含めて着こなしが異なるし、着衣時の身体感覚もふるまいも異なり敷居の高いものであったが、女子学生は制服を着ることで洋装になじむことができたという。中山千代『日本婦人洋装史』（一九八七年三月、吉川弘文館）によれば、女学校で洋服を採用したのは、一九一九年一〇月に山脇高等女学校が冬服を実施したのが始まりで、女子医専、フェリス和英女学院、文化学院や自由学園などで採用されたという。文化学院で学ぶ女子学生にとっては、他の多くの女性に先がけて洋装を日常化する環境であったといえよう。けれども、このことは果たしてファッションに限定されるような問題であろうか。

文化学院や自由学園など公的な認可を受けていない教育機関は少数であったため、同時代の文化の主流とはいえないかもしれない。しかしそれらは、例えば図1のように雑誌メディアのグラビアで紹介されることもあった。少女雑誌は読者として女子学生を中心とする人々を想定しており、グラビアでは宝塚のスターや作家など読者が憧れるような有名人が登場する場所であった。すなわち、文化学院やそこで学ぶ者たちは同時代の文化の先端に位置するものとして注目されていたのである。雑誌メディアで象徴される〈文化学院の女子学生〉は、どのようなものだったのだろうか。

図１「佐藤女子美術学院と文化学院」
（「令女界」一九二二八月）

二、枠組みの変容

先に触れたように一八九九（明治三二）年に高等女学校令が公布され、日本各地に公立の高等女学校が設立された。また、明治三〇年代には女子学生の増加によって彼女たちを読者とした雑誌メディアが発行されていった。女子教育において注目された「良妻賢母」について、小川静子『良妻賢母という規範』（一九九一年、頸草書房）は、「高等女学校教育が国家の発展と密接に関わり合うものと認識されたからであり、この女と国家との関係性を論理的に明確化したのが、良妻賢母思想だったといえるだろう」と述べている。同著では昭和初期までを分析対象としているが、「良妻賢母思想は、近代社会における性別役割分業を支えるイデオロギーであるとともに、歴史的状況の変化に応じて、女性の欲求を吸収しながら、その内実を変化させていった思想であった」と解説している。

ところで、明治期の女子学生を描いた小説として、明治三六（一九〇三）年二月から九月にかけて「讀賣新聞」に掲載された小杉天外「魔風恋風」はよく知られている。主人公の帝国女子学院の学生である萩原初野は、物語の登場場面では自転車に乗っており、「鈴の音高く、現れたのはすらりとした肩の滑り、デートン色の自転車の海老茶の袴、髪は結長しにして、白リボン清く、着物は矢絣の風通、袖長けれど風に靡いて、色美しく品高き十八九の令嬢である」と描写された。自転車を軽やかに操る萩原初野は美しく優秀だが、実家からは教育を受けることを厭われているために仕送りも少ない苦学生である。物語では親友（芳江）の婚約者（東吾）と相思になった初野が恋を選んだ結果として滅びていき、東吾はあっさりと元の場所に戻って芳江と結婚の運びとなる。本田和子が『女学生の系譜』（前掲）で「「女学生」という制度は（中略）「良き妻であり、賢き母であれ」と指さして見せた。こうした方向指示に背を向け、「愛」などと不確かなもの、すなわち「ラブ」の匂いのする「愛」などを探し求める女たちに、悲劇的な末路が用意されるのは当然と言うべきかも知れない」と指摘するように、「魔風恋風」の物語の枠組みは同時代の「良妻賢母」という言説空間に収まるかのようだ。

萩原初野は、先に本文を引用したように颯爽と衆目を集めるほどに美しく登場したにもかかわらず、次の場面では転倒して骨折し、活き活きとした美しさを損なわれるばかりか、彼女の美しさはその後も彼女自身の人生に対して有効に発揮されることはない。また学業における優秀さも同様である。実家の賛同を得られず、また「家」からの自立を志して勉学に励む初野は、そのために精神的にも孤立を深め、追い詰められていく。一方、初野の親友である芳江は、華族という家柄に守られ、「家」を存続するための役割を受け止め、自らの美しさも発揮していく。良妻賢母という思想を育む場所ともいえる「家」をめぐって対極に置かれた二人は幸・不幸を一身に担わされて物語が進行していくのである。「魔風恋風」という物語に潜むメッセージとして、「家」の枠組みや良妻賢母という思想から逸脱することの不幸、保護されないことの恐ろしさが挙げられるだろう。規範とされる像から逸れていく際に、初野には何かしらの理論的な武装が用意されることもなく、孤立するばかりだったのだ。女子学生である初野をめぐる物語の想像力は、同時代の規範を越えることはなかった。

良妻賢母という思想に立ち向かう言説が活発になるのは、明治四十四（一九一一）年に創刊された「青鞜」や、平塚雷鳥、与謝野晶子らの活躍を待たねばならない。また大正三（一九一四）年に勃発した第一次世界大戦とそれに伴う社会状況の変化も規範とされる像を徐々に変容させていった。一九一〇年代は明治から大正へ移行する時期である。南博編『大正文化』（一九六五年、頸草書房）では、第一次世界大戦が終息した大正七（一九一八）年までを第一期、大正一二（一九一三）年の関東大震災までを第二期としている。大正期へと変容する社会や文化を指標づけるもののうち、「少女」に関連するものとして、新中間層と都市部における近代的家族の出現、高等女学校令の改正、マスメディアの興隆、特に少女雑誌メディアの増加と読者層の拡大などが挙げられよう。小山静子（前掲書）は「第一次世界大戦中から戦後にかけて、女をめぐる国の内外の状況が大きく変化する中で、従来の女子教育観は規範としての力を弱めつつあった。それに伴い、理想とされる良妻賢母像も修正を余儀なくされることになる」と指摘している。「魔風恋風」のヒロイン萩原初野が明治期に支配的であった規範像から逸脱して孤独に滅びていったとすれば、規範が変容しつつあり、また規範に立ち向かう言説も存在する新しい時代の「少女」にはどのような舞台が想像されるのだろうか。

大正一〇（一九二一）年、与謝野晶子は「文化学院の女子教育」（「太陽」一月号）で、「私は近く今年の四月から、女子教育に対して、友人と共にみづから一つの実行に当たらうと決心しました」と宣言し、西村伊作が創立する文化学院に加わることを明らかにした。文化学院は中等部四年、大学部四年という二部制で、大学部の成立を待ってから男子の学生を募集するとした。創立一年目にあたる大正一〇年は中等部一年級の「女生徒」を募集し、大学部は大正一四（一九二五）年に発足した。ここで晶子は、文化学院で学ぶ者を「中等部女生徒」と強調している。文化学院では良妻賢母教育を採用しないこと、そして従来の高等学校との差異を強調するためである。文化学院が目指す教育は、「画一的に他から強要されること無しに、個人々々の創造能力を、本人の長所と希望とに従つて、個別的に、みづから自由に発揮せしめる所にあります」と晶子は説明する。「男子と同等に思想し、同等に活動し得る女子を作る必要から、女性としての省慮をその正当な程度にまで引き下げ大概の事は人間として考へる自主独立の意識を自覚せしめよう」としたためである。文化学院は高等女学校令にも、中学校令にも拠らない「私立学校」として東京府の認可を受けた。制服はなく、第三期生から男女共学となった。

この前年、大正九（一九二〇）年夏に与謝野晶子は夫である寛とともに滞在していた中軽井沢で西村伊作から相談を受け、美術家の石井柏亭とともに伊作の計画に参加したのである。和歌山の新宮で代々からの山林地主であった西村伊作は、東京駿河台にホテルを建築するつもりで土地を購入していたが計画を変更し、文化学院を設立する。多くの才能に恵まれ、建築家としても活動をしていた伊作は校舎を美しくあるようにと願って英国のコテージ風にデザインして、自らの娘や息子たちも学ぶこととなる空間を創りあげていった。伊作の娘である西村クワは『光の中の少女たち』（一九九五年、中央公論社）で、「少女たちを、女学校の規則でしばる圧迫（中略）から逃れさせ、校舎・校庭を美しく良い環境にし、服装も各自の好みに合う、趣味のよい愛らしい洋装（中略）にするよう、学問だけでなく、日本人の生活を国際的なレベルにしようと話が運び、校舎の設計は伊作自身がし、教師の編成は与謝野夫妻、と話が出てから案外と早く実行に進んだ」と述べている。文化学院は高等女学校令や中学校令に拠らないために教育を担う人々やカリキュラムも独創的であることが可能で、与謝野晶子は作歌を、与謝野寛は日本文学、石井柏亭は絵画、この他にも有島武郎や佐藤春夫ら多くの文学者も講義を担当し、山田耕筰は音楽及び舞踊、耕筰の姉で婦人運動家として活動した恒子と、彼女の夫のエドワード・ガントレットは英語を教えるなど多彩なカリキュラムであった。ここで山田耕筰は「舞踊詩」という全く新しい試みを行ったのだが、文化学院の学生に対して「非常に驚いた事は表現の実に自由なことで、日本の少女があすこ迄リズムを早く呑み込まうとは思つて居なかつた」[①]と回想している。文化学院では各ジャンルのパイオニアにあたる人物やものごとから学ぶことが可能だったのである。

三、「美」の可能性

ここで「私立学校」であった文化学院がいかに独自性を守ったかを見るために、時を少し進めてみたい。関東大震災を経て、文化学院では教員の交替の時期を迎える。昭和五（一九三〇）年に与謝野寛が文学部長を退き、代わって菊池寛が就任した。学院講師として川端康成、横光利一、中河与一、小林秀雄らが参加する。川端康成は文化学院について「一口で言へば、美少女教育、自由少女教育であった。また、芸術的教養、美感養成を先きとした。自由の精神の尊重を主とした。制服がなく、登校の装ひは一人一人の少女の好みにまかせ、おしゃれを競ってもよかったのは、当時、文化学院だけであったと思ふ」[②]と回想している。女生徒が「美しく」「自由」で各自の好みを発揮して「おしゃれ」であるとは、翌年に満州事変が勃発することを想起すれば単なるファッションという問題には収まらないだろう。満州事変以降、一五年戦争へと戦火が拡大していくのだが、この時期には各高等学校では思想対策として特別講義や軍事訓練等が実施されていった。

しかし文化学院は異なっていたのである。黒川創『きれいな風貌―西村伊作伝』（二〇一一年、新潮社）によれば「戦時色が深まって、国防色（カーキ系の色）の国民服や黒い詰襟の制服だけが、通学生の群を覆いはじめる時代があった。だが、この学校の女生徒たちは、リボンで髪を飾り、碁盤縞のスカートにピンクや水色のセーターを着て、お茶ノ水駅から校門への道を連れだって歩いた」という。多くの学生たちが着た国防色の制服が同時代の言説が強いたものであれば、文化学院の女生徒たちのおしゃれは西村伊作らが創り出した文化学院という砦に守られているからこそ可能だったのだろう。しかしながら昭和一八（一九四三）年に文化学院は閉鎖を命じられる。後年になって伊作は、「学校の名誉や評判のために教育しない。時勢に追従せず、武力国家主義の強調が足りなかった。儀式を行うことも少なかった。それで私は官憲から校長をやめさせられ、拘禁され、学校の閉鎖を命ぜられた」と回想している。言論統制が激化していく戦時下において、時局にふさわしくないと問題視されることがどれほど危険であっただろうか。それにも臆せずに文化学院らしくあることの闘いは、これまでに伊作が芸術のあり方について考え続けてきた成果とも思えるのだ。

文化学院の英国風の校舎では、西欧で学んだ石井柏亭や山田耕筰のような芸術家が教育を担当し、何人かの外国人教師もおり、フランス料理店鴻之巣の主人が西洋料理を教え、食堂ではハウスマザーとして大石誠之助未亡人が働いたという。大石誠之助は西村伊作の叔父にあたる。アメリカに渡ってコックなどをして働きながら医者となった人物で、幼くして父母を喪った伊作に多大な影響を与えた。しかし誠之助は明治四三（一九一〇）年に大逆事件関連で勾留され、翌年死刑執行されてしまう。西村伊作も新宮の自宅で家宅捜索を受け、勾留されたがその日のうちに帰宅することができたという。

大地主で資産家の西村伊作はクリスチャンの家庭に育ち、青年になってからは東京ばかりかシンガポールやアメリカにも赴いて知識や経験を積み、旅の船では寺田寅彦など様々な人と知り合い、モーター・サイクルなどを新宮に持ち帰った。身につけるものや食べるもの、住まいや暮らし方は早くから西洋的なものをとりいれており、モダニズムを身体化していた。生活のなかにモダンなもの、美しいものを融合させる事を試みていたのである。そして叔父の誠之助がそうであったように、共感する運動や人に資金的な援助も行い、自らも事業の傍ら建設や陶芸などに携わり、また作家や芸術家との交流も深めた。加藤百合「文化学院―夢の設計」（『彷書月刊』通巻二五一号、二〇〇六年九月）では、「伊作の行ったさまざまな活動のうち、その集大成とも呼べる最も総合的なものが、大正十年の文化学院創立とその運営であるといってよいだろう」と説明している。

文化学院は一学年に四〇人程度の学生を受け入れ、学費は非常に高価であった。与謝野晶子が良妻賢母思想への反旗を高らかに宣言したように教育内容も極めて独創的である。ここに子女を入学させることができたのは裕福であるばかりか、文化学院のあり方に賛同した人々であろう。自らの子女を入学させた者のなかには、新居格や谷崎潤一郎、竹久夢二、ロシア文学者の昇曙夢、物理学者で随筆家の寺田寅彦、舞踏家の石井漠など芸術家も多くいた。卒業生としては、のちに作家として活躍する萩原洋子や三宅艶子、映画女優として一世を風靡する夏川静江や入江たか子などが名を連ねている。少数教育の文化学院で学んだ女子学生は必ずしも一般的とはいえない。けれども少女雑誌のグラビアで紹介されることによって、各地の読者たちは東京という都市にある小さな学校の名を知ることになるだろう。さらに数年の後には文化学院の卒業生たちが女優として、あるいは作家としてマスメディアを舞台に活躍することとなるのである。彼女たちが発信するファッションやテクストは女性像に関する新しい局面を導いていくだろう。

西村伊作が設計した文化学院の校舎と同様に、そこで学ぶ学生たちのおしゃれも、与謝野晶子が表明した「男子と同等に思想し、同等に活動し得る女子を」という願いを実現するための方法の一つではなかっただろうか。伊作は文化学院の創設にあたって「芸術を第一として美の教育を行い、それに添って哲学や、科学や、社会学を学ばしめることとした」[③]と述べている。ここで見出された「美」とは単なる造作の美しさを意味しない。伊作は「服装についても、華美なものも質素な美をもつ者も、どちらも世界を美しくする役目をもつものとして、皆んながよろこんで見るようにしたい」、さらに「心の美しさや、行動の美しさを推賞するのはよい。しかし、それは封建的な服従制だとか、無用な自己犠牲などを美しいと見ることはいけない」[④]と述べている。文化学院という場所は同時代の良妻賢母という規範に準じることはなく、西村伊作や与謝野晶子らの思想が形を成したところであった。文化学院で学ぶことを通じて、「世界を美しくする」ような「美」を拠り所としながら一個の生を紡ぐことができる誇りを女生徒たちに伝えることができたのかもしれない。

注

①山田耕筰「文化学院女生徒の舞踊」（「時事新報」付録一九二二年七月二十三日、引用は『山田耕筰全集２』二〇〇一年、岩波書店）

②川端康成「自由の心と美」（文化学院史編纂室編著『愛と反逆―文化学院の五十年―』一九七一年、文化学院出版部）

③西村伊作『西村伊作人生語録　われ思う』（一九六三年、文化学院）

④③と同じ。

大正期の三越
―震災下のＰＲ誌に見る「学俗協同」―

櫻井 智佳恵

一、新 PR 誌の志向―『三越』と「文芸」

三越呉服店の新 PR 誌『三越』は、『みつこしタイムス』の後を受け継ぐ形で、1911 年３月に創刊を迎えた。表紙は杉浦非水によるもので、雛人形の台座部分には、ひらがなで「みつこし」と表記されている(注1)。誌面は第三回児童博覧会(注2)の会場や謝恩会、雛人形陳列会等の様子をとらえた写真記事で始まる。続く文章部分は三段構成で、下二段分には時事的な問題、残りの上段には「呉服太物代価表」と題した記事の価格表を掲載している。

商品の広告欄を挟み、創刊号の「文芸欄」を飾るのは、森鷗外の「さへづり」以下五作品で、「小説」から「講演」記録、随筆文と多岐にわたる(注3)。このうち、鴎外とその妹である小金井喜美子の小説は、洋行帰りの人物を軸に展開している。これら二作品がモダンな雰囲気をまとっているのに対し、塚原渋柿園による「講演」記録は、武士が腰に差す短刀の解説文であり、戦国時代の日本文化を題材としている。三越は呉服店として創業を開始したが、明治末に洋装をはじめとする西洋文化の影響を受ける。こうした文化の衝突は、両者間の差異を浮き彫りにし、「文芸」の多様化を生んだ。ただ「文芸欄」の読者層は、あくまで商品の購買対象である「大人」であり、この時点で「児童」あるいは「こども」は除外視されている。

「文芸欄」の後は、再び商品広告を挟んで「流行」欄が続き、巻末には付録「世界の演劇」が収録される。当時の専務取締役であった日比翁助は、『三越』創刊号巻頭で「新たに『三越』を発刊するについて」と題し、以下のように述べている。

> 『学俗協同』とは余が処世の第一綱領なり。三越呉服店を経営するに方りても、徒らに利是れ争ふを以て能事となす能はず、一代の好尚を高め、当世の風潮を清らかにし、以て聊か社会に貢献せんは、余が夙昔の願ひなり。余は常に諸科の学問に精しく文芸美術に秀づる碩学天才の援けによりて、此素願を成さんを力めたり。（中略）憾むらくは、わが販売部の進歩発展余りに急速にして、他のあらゆる部面を犠牲にするに非れば、其進歩に伴ふ能はず、わが『三越タイムス』の如きすら、往々にして販売部の広告機関たるに止まらんとしたり。是れ実に『学俗協同』の宿論に相反するもの、余の長く耐ゆる処に非ず、即ちこゝに別に『三越』を創刊し、屢ば従来の『三越タイムス』に欠けんとしたる『学俗協同』の事に中らしめんとす。

「学俗協同」の語義は、すでに『みつこしタイムス』第 10 巻第８号（1912 年７月）の「三越呉服店の御案内記」の中で触れられている。専務自身の生き方に通う経営理念は、当時逓信大臣を務めた後藤新平からも賛同を得ており、「如何なる事を為すにも、必らず学者の高き意見を聞き、それをば実行に現はす」ものとしてとらえられる。ここでいう「学者」とは、巌谷小波を中心に 1905 年６月に結成された、「流行会」(注4)所属の「文学者画伯及帝室技芸員」を指す。彼らは、月一度の研究集会で活発な議論を交わしていた。したがって「流行」を追求する三越は、商品開発の段階から各種展覧会の開催、「懸賞写真及美術工芸品展覧会出品の選定」に至るまで、社の方針をその道に長けた「名士」の手に委ねていたことになる。

先行するPR誌と共通して、『三越』誌上には有識者によって読者へ情操教育を施そうという、発行者側の意図が見て取れる。三越呉服店の社会に対する「貢献」とは、まず「学者」を見出すことに始まり、彼らの教養を一般に広めるための場を設け、最終的には両者の交流をもって実現しうるものである。したがって「学俗協同」の理念は、文化活動を展開する知識層と、彼らに導かれ、自らを高めようとする一般との間の相互関係によって成り立っている。

新PR誌『三越』における「学俗協同」の問題を改めて考えていくと、それが「文芸」欄の変遷と深く関わっていることに気付く。大正に入って間もない第3巻第9号（1913年9月）は、「懸賞金募集規定」と題した広告文を掲載している。「序」には「社会の趨勢を促進し、新代文芸の勃興に資する所あらんが為め（中略）諸種の文芸に懸賞」したとあり、その結果、総額三千円を投じて「脚本」「小説」以下20種の一斉応募が行われた(注5)。翌年、編集兼発行者である川口陟のもとで『文芸の三越』（1914年1月、三越呉服店）が刊行され、先の募集で入選を果たした作品が収録される。それはいわば、『三越』が創刊時より力を注いできた「文芸」の記念碑的書物で、計3万5千通を超える原稿が送られてきたという。巻頭の「緒言」には「比較的青年と見ゆる方々多く、中にはまだ学校に籍をおかるゝ方さへございました」とあり、当選者の大半が「三十歳以下」であったことがわかる。また全体的に見て、どの種類にも「婦人」入選者が目立っていたことから、「女子教育」普及の背景が指摘されている。

かつて日比翁助が「時好改題」（第1巻第1号、1908年6月）で触れていたように、『みつこしタイムス』は創刊当初、「衣服、装飾、流行、家庭に関するもの」とあわせて「美術、文芸、時事に渉る最新の出来事」の充実を図っていた。それは、「小説」欄の設置という形に表れている。しかし、「文芸」重視の志向を崩さなかった『みつこしタイムス』が、次第に商品広告のために紙面を割いていった(注6)ように、『三越』の場合もまた、『文芸の三越』をピークとして、「文芸」に対する意識は薄れていく。毎号設けられていた「文芸」欄は、第4巻第8号（1914年8月）に『文芸の三越』所収の菊池寛一郎「流行の将来」と松山憲子「初上り」の二作を掲載して以降、第5巻第1号（1915年1月）の巌谷小波による「お伽脚本」「曾呂利舞」まで、空白期がある。そしてひと月挟み、第5巻第3号（1915年3月）の遅塚冷水「曲阜と泰山」を最後に、「文芸」欄はついに姿を消してしまう。

『三越』と「文芸」の変遷を論じていく上で大変興味深いのは、対象とする年齢層に幅が生じてくること、さらにそこへ当時の社会状況が反映されることである。1923年9月の震災により、建築物のみならず、PR誌は大きな打撃を受けた。しかし、それは同時に再生への契機であり、「文芸」と再び向き合う上で大きな意味をもってくる。本稿では、震災後も刊行され続けた『みつこし』を中心に、「文芸」の変遷から、「学俗協同」のあり方を検証していく。

二、関東大震災の衝撃―代替としての『みつこし』

1923年9月1日の関東大震災による壊滅的被害は、三越本店にまで及んだ。9月7日付『大阪朝日新聞』朝刊は、「見よ帝都の惨状―各区に亘り調査した現況」の見出しで、当時の凄惨な「日本橋区」三越周辺の様子（図1）を以下のように報じている。

> 流石に繁栄を極めた日本橋区も全然全滅で人の住んでゐる家は一軒もなく一眸只僅かに日本橋通りであること丈けが分る位で後は何処かサツパリ分らない、日本橋の大建築も地震には助かつたが一日夕方からの火事でやられてしまつた（中略）流行の中心であり、日々五万の客をよんだ三越の前に女の黒こ

燒けた三越呉服店

図1　「焼けた三越呉服店」（「帝都震災画法―最近報（四日撮影）」『大阪朝日新聞』夕刊、１９２３年９月７日）

げ死体が投げ出されてゐる、その付近を二三百の男女が掘り返して何かさがして居る、三越の焼けたのは一日夜の八時頃で大地震の時は客が一パイで大抵はスリツパの儘表へ飛び出し其の混雑は言語に絶し全部出る迄に四時間を費したさうだが、幸に怪我人はなかつたらしい、三井物産、三井銀行は全焼して形骸だけを止めてゐる

三越本店は東館の各階に英国製消火器を配し、震災の前年に増築を終えたばかりの同館屋上庭園には、貯水のための水槽を完備するなど、未然に火災の拡大を防ぐ準備を進めていた。また西館及び南館にも同様の設備が施されており、堅固な造りに対する自信をうかがわせていた。しかしながら、こうした舶来の防火設備を盾にしても、一日夜の類焼は免れえず、来客店員を含む人命の救出だけが何よりの幸いであった。震災直後は、当面の間その対応に追われたため、本店跡地に「三越マーケット」と称した仮施設を設け、簡易ながらも販売を開始したのは、10月に入ってからであったという(注7)。1924年2月の本館修復、25年9月の西館落成を経て、本格的に営業再開に至るまでには、およそ二年の歳月を要している。

震災下の三越呉服店は、物的損傷のみならず、営業面においても長期にわたって停滞を強いられた。同様に、PR誌の刊行においても大幅な足止めが続いた。『株式会社三越100年の記録』(2004年5月、三越)は、『三越』が1923年9月から翌年11月まで休刊していたと記録している。したがって、少なくとも社史では、PR誌の空白期がおよそ一年間にわたっていたものと把握されている。確かに『三越』は、「山と水号」を冠した第13巻第8号(1923年8月)を最後に、翌年12月の「復活号」まで姿を消している。しかし、これはあくまで漢字表記の『三越』であり、その巻号数をそのまま継承した代替誌『みつこし』の存在が確認できる(注8)。

震災後に刊行された資料のうち、現在確認できる最初の『みつこし』は、「復興号」を冠した第14巻第1号(1924年2月)である。冊子体をとっているが、表紙は別に設けられずに、タイトルと表紙絵が記事内に組み込まれる形となっている(図2)。ひと際目を引くのは中央の雛人形で、「三越特製」とうたっているところから見て、商品の宣伝を兼ねているものと推察できる。同時

第十四巻第一號　復興號　大正十三年二月一日

三越呉服店の復興

図2 『みつこし』第14巻第1号(1924年2月)

に、台座下で開花する桃の花には春の訪れを、また「福幸雛」と名付けられた商品名には、いち早い復興への祈願が見て取れる。一枚目の「三越呉服店の復興」は、当時の専務取締役倉持誠夫が震災下の状況を綴った文章である。そこでは、PR誌『三越』の刊行状況が以下のように語られている。

災後一時中絶致して居ました「三越」の再発に際し、罹災の状況御報告を兼ねて其の後の経過を序し、一時御不便の御□(注9)許を請ひ、鋭意復興の促進に□瘁する我等の努力に御同情を垂れ給はんことを希ふ次第であります。

ここで言及されるように、『みつこし』は発刊当時、「「三越」の再発」と捉えられていた。したがって、少なくとも三越呉服店側では、社史で語られるほどの長い空白期は想定されておらず、代替誌の発刊という形で復興期を繋いだものと考えられる。

「復活号」(1924年12月)の発行により、『三越』が本来の姿を取り戻すまで、計六冊の『みつこし』が確認できる(注10)。この間の大きな特徴は、紙面の大幅な節約である。先に触れたように、表紙絵とタイトルは、記事と同じ頁内に組み込まれている。一貫して8頁という形態で、奥付も表紙同様、最終頁の隅に小さく掲載されている。傷みが激しく、第14巻第5号(1924年6月)以降のものは、直接原本を確認することはできない。しかし、無駄なく並べられた文字列からは、できるだけ多く

の情報を読者に提供したいという、三越側の強い意志が見て取れる。

『みつこし』は、自然の脅威や、震災後の不安を吐露した記事を、多数掲載した。その一方で、確実に復興を見据えた文章も確認できる。第14巻第7号（1924年9月）は、震災からちょうど一年後に発行された。大澤豊子の随筆「追憶の秋」は、「怖かつた去年の今月今日」、すなわち関東大震災の回顧文である。大澤は「不安、困憊、悲痛のうちに、殆ど秋を眺めずに年を過した此の都会に今や復興の秋は静かに循つて参りました」と述べている。ここでは、突如襲った悪夢に対する嘆きとともに、確実に季節は巡っているのだという、実感が込められている。それは同時に、読者に対する安心感とも取れる。「大東京の中心、日本橋」の象徴ともいうべき「三越の大建築」の修復は、東京全体、さらには日本全体の復興を予感させる。「七珍万宝も猛火に焼け爛れ、五彩の焔を吹き出した」建物内は、一年の時を経て、早くも「新秋の装ひ」で「所狭きまでに整へ」られる。そしてその経営面から出た「余力」は、PR誌発行のための原動力として、三越のイメージ作りに大きく貢献したという。

震災後の三越は、『みつこし』を通して様々な情報を読者に提供した。近日開催の展覧会の告知を始め、食材の調理法、旅行案内など、時候に沿う形で話題も変化していく。第14巻第1号の「コーンビーフの調理方」は、コーンビーフを使用した手軽な応用例をいくつか紹介している。震災後間もないこともあり、物資不足を考慮してか、長期保存が可能で使い勝手の良い材料を挙げている。第14巻第6号（1924年8月）は「海へ、山への御用意品」と題した旅行案内を掲載しているが、主眼は夏季の旅行を促すことではなく、むしろそこへ携帯する商品の案内に置かれている。「食料品」の項目には、先の「コーンド・ビーフ」も挙げられており、三越では「三十七銭」で販売されていたことがわかる。旅の必需品である「鞄類」から「携帯用薬品」、「化粧品」にいたるまで、全てが三越で取り扱っている商品である。値段及び形態を明記し、「旅」を切り口に効果的に商品の宣伝を行っている。したがって、紙面の節約で「流行」欄が欠如した『みつこし』誌上においても、充分にカタログとしての役割を果たしていたといえる。

三、空白期の「流行」―「こども」文化の隆盛と読者層の拡大

三越呉服店と「こども」(注11)文化との関わりを見ていくと、その萌芽は明治期にまでさかのぼる。1908年3月に「児童用品部」が設置され、翌年には「児童文学」の第一人者である巌谷小波が、「小児部」顧問に就任している。これ以後、「流行会」並びに「児童用品研究会」が中心となり、「児童博覧会」やその余興としての「お伽噺会」、子供服の展示会等が次々と催されていく。こうした教育活動を兼ねた取り組みでは、保護者に伴われた「こども」たちが、自由に観覧できるようになっている。三越側が積極的な宣伝で購買欲を煽る一方で、消費者はより優れた商品、サービスを手に入れたいと願う。「こども」とは、まさに両者の意図を汲んだ、格好の材料であったといえる。大正期に入っても、新たに「オモチャ会」が開催されるなど、その勢いは衰えない。

「こども」文化の系譜上、1923年9月の関東大震災は、三越にとって一つの転換期であった。鵬心生「「三越」と流行」（『みつこし』第14巻第1号、1924年2月）は、1923年9月に発刊予定であった『三越』について触れ、当時の「流行」状況を以下のように分析している。

> 「新流行号」も、僅かに見本が十部出来たのみで、他は全部製本中に焼けて了つた。（中略）人が震災直後、先づ第一に要求したものは食であつたが、食足り住をも得たのちは、衣に及び、衣も単に寒さを防ぐ丈けでは満足せず、色を選び、柄を好むやうになり、其処に流行が生まれる。（中略）災後生れた流行が、全然新しいものでなくして災前の継続が多い事でよくわかる。例へば絣の流行の如きそれである。絣お召を始め、絣を縞と混用し、又小紋と併用した意匠は、災前から相当に現はれてゐたが、それは災後にも益々盛になつてきた。即ち震災によつて一時阻まれた流行のながれが又続けて流れ始めたのである。

「新流行号」を冠した『三越』第13巻第9号は、震災によって発行直前に焼失した。それから半年が経過し、食物や住居、衣類の供給が充分に行きわたると、人の心にも余裕が生まれ、再び「流行」への意識が高まっていった。右の文章は「流行」の傾向に言及しているが、震災

前後では大きな変化は見られず、むしろ「継続」しているという。同号の「春の運動服」は、男性の洋装姿を図を交えて紹介しており、また同じ頁内には「梅見頃の外出着」と題した、和装関連の記事を掲載している。三越は創業当初から呉服店としての姿勢を貫いており、それは以上のような和装に表れている。一方で、「流行」の追求を掲げる以上、洋装の普及は避けられない問題としてあった。

震災後間もない1924年6月、三越はついに西洋から専属デザイナーを招聘する。『みつこし』第14巻第6号(1924年8月)は、「三越の招聘した英仏の裁断師」の題で、イギリスのベントレー、フランスのルーズの二氏を紹介している。この年は、バスガールやタイピストといった「職業婦人」の登場、さらには女子工員の制服の洋装化など、多方面で洋服の普及が顕在化する。記事は冒頭で、こうした昨今の洋装化について言及した後、「型といひ、柄といひ、御存知の通り、多種多様で「何れが果して真の正しい流行であるか」に就いて、御選択に苦しまれるのも無理からぬ事と存じます」と続けている。婦人子供服担当のアリス・ルーズは、特に子供服と帽子を得意にしていたという。

彼女の就任と同月に発行された『みつこし』第14巻第5号（1924年6月）の表紙絵は、親子と思しき二人が、犬と散歩する様子を描いている（図3）。大人の女性は日傘を手にし、ワンピース姿の女児は、片手を挙げて犬を先導している。両者ともに帽子をかぶっており、その表情は鍔の奥に隠れている。またゆったりとしたシルエットからは、活動的なイメージが喚起される。震災下における「流行」の追求は、洋装化の波に乗りながらも、第一線で活躍する人材を海外から招くことで、さらにその先端を目指したものであったと考えられる。

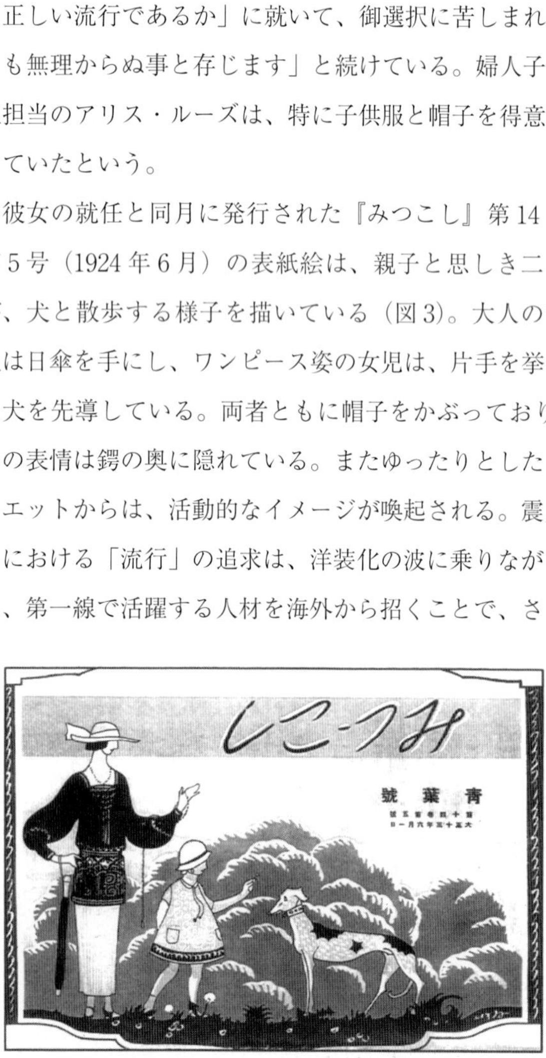

図3 「焼けた三越呉服店」(「帝都震災画法—最近報(四日撮影)」)

「こども」意識の高揚が、三越の商品開発、並びにサービスへ反映されていることに関して、もう一点無視できない問題がある。三越呉服店と「文芸」との関わりは、すでに第一節で言及したが、この震災下の『みつこし』において、再び別の形で「文芸」が脚光を浴びることとなる。「童話」「童謡」欄の新設は、「こども」文化への関心と、その延長線上にある『赤い鳥』との同時代性の中に成り立っているものと考えられる。

三越呉服店のPR誌史上、「こども」関連の「文芸」は、「お伽噺」あるいは「お伽脚本」の名称で親しまれた。それは「流行会」の中心にあり、当時の児童文学研究を牽引した、巌谷小波によるところが大きい。『みつこし』第14巻第1号は、初めて「童話」を冠した作品、加賀甫の「仏様と子燕」を掲載した。19世紀のイギリスの作家、ワイルドの「幸福な王子」の筋を、仏教的要素を取り入れながらアレンジした作品で、文語を交えて書かれている。西洋の小説から材を得ながらも、挿絵の子どもは和装で描かれており、依然として、巌谷の説く和洋混淆の「お伽噺」の形態を留めている。

鈴木三重吉を中心とする『赤い鳥』は、1918年7月に創刊された。第1巻第1号巻頭の「標榜語」にあるように、「世俗的な下卑た子供の読みもの」を排除することに重点が置かれた。また同時に、それに代わる「純麗」な「子供のため」の作品の創作が掲げられていた。「大正自由教育」の一環である「綴り方」の影響は、創刊時から「募集作文」や「募集童謡」という形に表れている。第1巻第3号の「通信」欄で、鈴木三重吉は「下らない飾りや、こましやくれたたとへ」の使用に対し、難を示している。またあわせて、「ふだんお話しするとほりの(中略）ことば」で表現することこそが、「子供」本来の良さを引き出す最善の方法であると説く。『赤い鳥』は保護者である「大人」に対し、「子供」向け読み物として何が一番優れているかを示してくれる、手引書として存在していた。同時に「子供」にとっては、そうした優れた作品を保護者とともに読むだけでなく、自らが主体的に創作を行うことのできる、実践の場として機能していた。『赤い鳥』第2巻第5号（1919年5月）は、初の譜面付き「童謡」作品、「かなりや」を掲載している。西條八十の詩に成田為三がメロディーを付したもので、成田はその後、「童謡の曲譜募集」の選者を務めている。

読み物が「大人」のみならず、「子供」へ向けて発信されていたのと同様に、募集等に関する事務的な案内もまた、両者を対象としている。先の第2巻第5号巻末には、新たに「少年少女諸君」の題で、「子供」へ向けたメッセージが記載されている。そこには「今度から皆さんからも、綴方、少年少女欄の投書のほかに、童話と童謡を募ります」とあり、「子供」が手がける作品の占める割合が、以後高くなることを告示している。また「投書の注意」の項目には、「一々何県何郡何々小学校何年生と詳しく書いておくこと」とあり、「大人」による作品との混同を避けるため、対策が呼びかけられている。こうして「皆さん」、すなわち小学就学児から寄せられた対象作品は、次号以降北原白秋らによって選定され、高い評価を受けている[注12]。巌谷小波の児童観に異を唱える形で登場した『赤い鳥』は、創作という形をとって「こども」たちの主体性を養った。それは「作文」に始まり、「綴方」、「童話」及び「童謡」と、徐々に規模を拡大していく。性別や所属、年齢の枠を取り払った自由な募集形態は、書き手の素質を引き出し、また読者の情操を養っていく上で、極めて効果的であったと考えられる。

再び復興期における三越のPR誌に目を向け、検証を進めていくと、そこでは当時流通していた「児童」観に重なり合う部分と、一方で志向を異にする部分とが明らかになってくる。『みつこし』第14巻第9号（1924年11月）は、「童謡」二編を掲載している。「かれ葉」と「木の葉」は、それぞれ品川荘二と加藤善郎によるものだが、いずれも「十一歳」と年齢が明記されている。「こども」が書いた作品を採用している点で、『赤い鳥』と共通しているが、それ以上に、「秋」という大きなテーマに枠取られている印象が強い。したがって、寄稿者個々人の才能を見出すというよりは、季節感を重視した編集者側の意志を尊重し、選定がなされていたと解釈できる。

第14巻第10号（1924年12月）をもち、『三越』は復刊を遂げる。同号は浜田広介による「童話」作品、「森の王子」を掲載している。また巻末には、「読者文芸懸賞募集」の広告文が収録されている。ここでは、「和歌」「俳句」「童謡」の投稿が呼びかけられており、「童謡」に関しては、須藤鐘一が選定を行うと記されている。「題、雑。一曲五行以内のこと」という短い注意書きのみで、投稿者の年齢及び所属等に関する細かな規定は示されていない。広田はかつて、『赤い鳥』の主催者である鈴木三重吉からの呼びかけを辞し、須藤の場合は、同時代誌である『金の船』に参加していたという経緯がある。したがって三越のPR誌は、少なくとも『赤い鳥』とは異なる目的意識を持ち、独自の「こども」あるいは「文芸」観を展開していったものと考えられる。

「文芸懸賞」が実施されて間もなく、『三越』第15巻第2号（1925年2月）は、「三越呉服店各階案内」の題で、「壽町人」の「三越かぞへ唄」を掲載している（図4）。各階の見取り図のほかに、客で賑わう店内の様子が、写真を交えて紹介されている。この「かぞへ唄」は、「一つとや―人も知りたる三越は東洋一の雑貨店／二つとや―分店支店に出張所十ヶ所いづれも大繁盛／三つとや―見れば買ひたくなる品は実用文化の家庭器具（中略）七つとや―何でもお届けいたしますお持ち帰りにや及ばない」と七番まで続く。言葉のリズムで遊びながらも、豊富な品揃えやサービスの多様さ等、呉服店の魅力をしっかりと伝えている。

日比翁助の言葉にあるように、三越は創業時より、「流行」の最先端を行く経営を目指した。それは「文芸」と重なり合い、震災前後にわたる「児童」観の変遷を受けながら、PR誌上で新たな形を模索していく。「こども」に関する言及はあったものの、震災前の『三越』は、あくまで「大人」主体の雑誌として通っていた。ところが、震災を経て「童話」「童謡」欄を新設し、さらに「こども」が書いた作品を掲載していく。その背景には、同時代の「児童文学」雑誌からの影響があり、またその結果として、読者層の拡大が想定できる。震災後の混乱期に

図4　「三越かぞへ唄」（『三越』第１５巻第２号、１９２５年２月）

おける「学俗協同」の理念は、経営の立て直しのみならず、「流行」の推移、PR誌の復刊、「文芸」の再出発等、数々の要素が複合的に絡み合う中で、展開していったものと考えられる。

注

(1)『三越』第1巻第2号（1911年4月）表紙画は、2月の懸賞募集で一等入選の橋口五葉「此美人」を採用する。この号から誌名は漢字で『三越』と表記され、以後1923年9月の震災による休刊まで継続する。なお『みつこしタイムス』は1910年4月に非売品となり、翌年3月の『三越』創刊を経て、14年5月に『三越』へ併合される。

(2)会期は1911年3月25日からの1か月間。創刊号には「第三回児童博覧会は二旬の後に在り」の見出しで「児童の服飾を本位として、日本固有の変遷を一眸の下に蒐め、尚世界各国の珍品をも陳列し得べき準備全く整ひたり（中略）前二年の当会が児童教育に大功ありしのみならず、児童を中心とする工芸商業の上にもすくなからざる裨益ありしを証して余りあり」とある。

(3) 森鷗外「さへづり」、小金井喜美子「旅帰、末子の病、骨牌会」、塚原渋柿園「幕末の江戸風俗」、与謝野晶子「呂行の手紙」、駿河町人「山寺の鐘」の5作。

(4)『株式会社三越100年の記録』（2004年5月、三越）の年譜には、「「時好」寄稿者を中心に有識者、文芸家」から成ったとある。彼らは三越側の意見を踏まえつつ、「流行、社会風俗の傾向などを研究討議」していったという。

(5)「脚本」「小説」「論文」「写生文」「お伽脚本」「お伽噺」「狂言」「長唄・常磐津・清元」「唱歌」「落語」「一口噺」「端唄」「和歌」「俳句」「川柳」「狂詩」「狂歌」「情歌」「表紙図案」「写生画」の計20種。

(6) 創刊号の「小説」欄には、「流行会」会員の遅塚麗水「当用日記」と竹貫直人「我が愛児!!」の2作品が掲載された。「文芸」に関するものとしては、ほかに河井酔茗の詩編「柔かき波＝（三越にて）＝」が収録されている。

(7) 翌日の1923年10月13日付『東京朝日新聞』朝刊には、「三越の復興―本店は十月十二日より開業」の題で広告が掲載される。「駿河町本館隣」の「大バラック」をはじめ市内数か所に「三越マーケット」を設け、消費者の利便を第一に廉価で商品を提供したという。小石川、青山以下計八か所に設置された「マーケット」は、その後24年1月に「分店」と改称し、復興にともない姿を消していった。

(8) 国立国会図書館及び日本近代文学館所蔵分を参照。少なくとも両機関では、『みつこし』を『三越』と共通の蔵書目録で把握している。

(9) 損傷が激しく、文字の判別が不可能であるため、この記号で示した。以下も同様。

(10) 第14巻第1号（復興号、1924年2月)、第14巻第5号（青葉号、24年6月)、第14巻第6号（山と水号、24年8月)、第14巻第7号（新秋号、24年9月)、第14巻第8号（婚礼号、24年10月)、第14巻第9号（24年11月）の6冊。

(11)「児童」及び「子供」の語の解釈は、論者によって様々である。吉岡彌生「子供の間食と秋」(『みつこし』第14巻第七号、1924年9月）は、「子供」の対象を「乳離れ」から「学齢」期とし、さらに「十五六歳の青年期」までを含んでいる。他にも七五三や小学校入学時の持ち物など、商品広告を兼ねた「児童」に関する言及は多数見受けられるが、いずれの年齢も先の範囲内に収まっている。本稿では『みつこし』を扱っていることから、上限を「十五六歳」とする、「こども」の語を用いて検証していく。

(12)『赤い鳥』第2巻第6号（1919年6月）の「通信」欄で、北原白秋は「募集童謡について」と題し、「少年諸君のはどれもどれも溌剌としてゐます。どちらかと云ふと、大人のよりずつと今度は成績がよいやうです」と評している。

『朝日新聞』に見る大正時代の化粧品広告(1)

ビューティサイエンス学会理事長
高橋　雅夫

20世紀も大正時代（1912～1926）に入ると、第一次世界大戦（1914～1916）の影響で、原材料や諸物質の輸入が杜絶したこともあって、政府はそれまでの欧米依存から脱却して､国産品の生産を奨励する政策をとった。これによって産業界、経済界は俄かに活況を呈するようになり、日本の資本主義が発達した。

この期の広告界について『日本新聞廣告史』(昭和15年・日本電報通信社・現電通刊)は「血みどろの化粧品廣告」として「化粧品の廣告は断然インフレーション時代を現出し､尚化粧品において猛烈なる廣告戦が行はれ、── 一千萬行を突破したのであった。併し薬品界に在っては八百萬行の臺に止まって、前年と大したる差を示さず、圖書又同様居据りの現象であった」（660頁）と総括している。

化粧品の広告を行数という量的な視点から、さらに質的な視点に目を転ずるために、前回発行した『Beauty Science №２』に報告した「明治時代の化粧品広告」を改めて見ると、明治44年までは33社80品目の比較的小スペースの広告であったものが、大正期に入ると大型スペースの広告が増えてきたことがわかった。それも大手化粧品メーカーや輸入販売商社、問屋などで、商品別、目的別に広告を集中し、同一商品でも広告表現を毎回、出稿するごとに変えて、同じ原稿を流用するというところはほとんどなくなった。

これは企業経営者の広告重視、製作スタッフ（この頃はまだ広告図案家と呼んでいた）の充実と考えられる。また、明治期にくらべ、商品の種類がふえ、細分化したこともある。

たとえば明治期には、ただ単に「白粉(おしろい)」とだけ表示したものが､大正期に入ると白粉のほか､粉白粉、水白粉、煉白粉、固煉白粉、打白粉、紙白粉、海綿白粉、クリーム白粉というように８種類の商品形態の違ったものに分化し、さらに白色だけでなく砥粉白粉、色白粉というように、新製品が続々と発表されたからである。

もちろん明治期にも、多少この傾向はあったが、単品で広告するまでには至らなかった。

これも現在同様、消費者ニーズにあわせて需要の拡大をはかるための広告・宣伝で、同様の傾向は白粉だけでなく髪油類、石鹸類、歯磨類などにもあった。

これらに香水などを加えたものを〔**表１**〕にまとめたが、大正期の化粧品類の傾向をうかがうことができる。

化粧品企業が、さらに産業として発展した例は大正４年前後の丸見屋の広告でも知る事ができる。(丸見屋については別稿･富澤洋子氏の「御園白粉をめぐる人びと」が詳しい)。丸見屋は三輪善兵衛商店ミツワ石鹸本舗であるが、石鹸以外にも椿油、三百番香水などの化粧品をはじめ、家庭薬を発売していた。家庭薬も当時の製薬会社でも、これほど数多く発売していなかったほど、多種多様の薬を広告している。さらに、肝油、人参錠、水枕、防汗帯、制酸錠、規那鉄葡萄酒、アセチールサリチル酸など、業種を特定し難いほどである。これらの商品を毎日のように大きなスペースを割いて広告していた。

また丸見屋は大正４年11月10日、日本で最初の民間企業付属の研究所を設立した。研究所は油脂部､化学部、香料部の３部で、のちに香料部は独立し、現在の高砂香料株式会社へと発展した。このようにみると、丸見屋は当時の進歩的な大企業であったことに驚かされる。

ミツワの丸見屋に続く広告主は御園の伊東胡蝶園、

レートの平尾賛平商店、明色の桃谷順天館、クラブの中山太陽堂、花王の長瀬商会、ライオンの小林歯磨本舗などがあった。

伊東胡蝶園は御園白粉などを製造し、これを丸見屋が販売していた、という関係もあって、胡蝶園と丸見屋はほとんど大広告を共同出稿していた。また、胡蝶園は別に大正4年から玄文社（げんぶんしゃ）という出版社を併営していた。玄文社は『新家庭』、『新演芸』、『花形』、『人間』、『詩聖』などの雑誌や長田幹彦、吉井勇、芥川龍之介、佐藤紅緑、正宗白鳥、菊池寛、久保田万太郎、里見弴などなど当代一流の執筆人を網羅している書籍の大出版社だった。

明治38年以降、『婦人画報』をはじめ、婦人雑誌類の創刊は急速に増えていた。39年の『婦人世界』、40年の『新婦人』、41年の『婦人之友』、42年には『白樺』、『少女』、43年『婦女界』と目白押しの感があった。大正時代に入っても、2年に『料理の友』、4年に『新家庭』、『新演芸』、5年に『婦人公論』、6年には『主婦之友』、9年に『婦人倶楽部』と陸続（りくぞく）と、しかも発行部数も、多いものは100万部に達していたと推定される。

一方、新聞の方も明治40年には『大阪朝日』25万部、『大阪毎日』27万部、『報知』30万部、『萬朝報』（よろずちょうほう）25万部、『東京朝日』20万部、『東京日日』4万7千部、『読売』

〔表1〕大正元年～15年（1912～1926）　東京朝日新聞掲載主要化粧品広告露出回数一覧

この年度別露出回数一覧は、全頁見開きも、1頁も、窓と呼ばれる小さな広告も、すべて1点と数えたので、広告の出稿量ではない。しかし、大正期の化粧品関連業界の趨勢と、各広告主の広告出稿に対する考え方、それと企業の盛衰が伺えて大変興味深いものになった。さらに時間をかけて質的な視点も加え、大正期の広告について研究を進めていきたいと思っている。大方のご教導をお願いする次第である。

製造・販売・輸入業者（商品）	元年	2	3	4	5	6	7	8	9	10	11	12	13	14	15
丸見屋商店（ミツワ石鹸）	55	87	135	123	91	—	—	125	130	297	472	259	—	180	135
伊東胡蝶園（御園白粉）	28	72	68	21	61	83	85	73	67	95	103	72	15	112	108
平尾賛平商店（レート化粧品）	30	74	94	31	90	77	70	92	78	99	137	43	114	169	133
桃谷順天館（明色化粧品）	234	44	83	123	86	68	75	53	42	54	70	43	80	79	67
中山太陽堂（クラブ化粧品）	26	84	101	91	32	—	—	72	80	174	250	146	304	363	518
長瀬商会（花王石鹸）	41	76	71	71	63	63	58	55	56	69	97	78	85	60	98
ライオン歯磨本舗	20	63	97	68	51	59	52	57	56	75	83	66	67	61	70
矢野芳香園（大学白粉・ツバメ香水）	24	24	30	24	34	48	16								
安藤井筒堂（象印歯磨・オリヂナル）	13	19	23	46	46	45	44	44	42	48	52	39	23	15	25
松沢常吉商店（蜂香水・ホーサン石鹸）	5	21	16	15	3	45	51	30	22	30	13	14	15	62	69
山岸三之助（千代田香油）	22	43	26	22		42	53	70	56	61	44	23	22	4	
平尾銑也商店（パール・スミレ）	7	16	5	18	28	15	13	19	20	18	11				
堀越嘉太郎商店（ホーカ液）		78	133	154	147	85	114	78	64	170	80	43		15	1
大崎組商会（鶴香水・金鶴香水）		28	20		31	42	42	45	35	34	12	24	17	11	7
佐々木商店（ラベル・ポンピアン）			58	12								56			
山崎帝国堂（玉の肌・キレー水）			32	28		11									
松本禎次郎（ゲンソ液）				45	54	59	40	39	5	5	37	4			33
矢野芳香園（ツバメ香水・ツバメ洗粉）	24	44	30		34	48	16								
リーガル商会（ベジリン香水）					32	24				20	15	22	57	61	49
福原資生堂（花つばき香油）					1	1	6	26	19	22	23	30	21	24	98
丹平商会（ナイス・ツバメ香水）				28	28	54	18			19	20	7	19	24	
柳屋（けいし香油・うて紅・柳清香油）				1	1	1	1	1					6		13
徳田多助商店（阿せ知らず）			6	10	12				1				10	9	5
鳩居堂（匂い袋・練香）				4	3	5	5			1	5	1	1	2	2
和光堂（シッカロール）			1		2	4					9	8	8	18	16
大和屋（水晶おしろい）					1	10									
丸善商会（ベーラム香水・センチュリー）						6									
日本化粧品㈱（艶美乳・ネージュ白粉）						2	5		5	23		1		1	
野村外吉商店（金鶴石鹸・金鶴香油）										70	111	65	52	73	
柳下商店（ゼピ海綿白粉・ミヤコ石鹸・香油）										14			66	48	55
ハリキン化粧品㈱（ハリキン石鹸）										41	56	34	55	31	
井上太兵衛（オシドリ椿香油）							12	35		45			83	87	69
山吉商店（君が代白らが染）										28			50	37	
玉置合名会社（ピローゲン・黒胡蝶）										35	36		39	27	34
山崎栄三郎（毛生液）			17				25	33		30	28	20	1	5	
済生堂（ハルナー美身白色剤）										9				22	22
浅井支店（鶴之卵石鹸）											36	28	7	16	11
柴仁商店（シバニ純石鹸・シバニホーサン石鹸）											12			4	5
森下仁丹（仁丹ハミガキ）											57	45	127	280	103
星製薬㈱（ホシ美化粧品・ホシ胃腸薬）											2	40	192	113	70
三共製薬㈱（ラベル石鹸・タカジアスターゼ）													131	221	298
スタンダード油脂㈱（レコード石鹸）											45	65	22	46	18
井田京栄堂（メヌマポマード）												29	54	48	29
天野源七商店（ヘチマコロン）														47	70
コルゲート商会（コルゲート煉歯磨）											1	16	32	36	42
東京薬院（フミナイン）											7	13	24	38	48
泰昌製薬（三共・ハータ過酸化石鹸）											18	9	4	18	15
柳屋化粧品（けいし香油・柳屋白粉）							1	1					10	5	31
田端豊香園・田端商店（クール香水・クール煉香水）					7	8	6	16	16	14	22	11	8	6	3

１万５千部、というように紙の需要は急速に伸びていった（日本電報通信社編『全国新聞名鑑』）。

このような時期に、大正３年の欧州大戦により、外国紙輸入は漸減し、紙価は著しく暴騰した。政府は一般物価の騰貴抑制のため農商務省令第二十号で米穀類、鉄類、石炭、綿糸及綿布、紙類、染料、薬品の７品目にたいして買占め、賣惜しみを禁じた。しかし続く第二十一号で、紙類の中からザラ紙（新聞用紙）は輸出禁制品から除外した。これはザラ紙が支那、南洋、ロシその他の国で三倍以上の高価で輸出されたからである。製紙会社はザラ紙を増産し、書籍、雑誌等の用紙類の生産を抑えたので、一般紙類は依然騰貴を続けた。つまり、新聞社は新聞用紙の値上がりは免れたことになった。にもかかわらず、新聞各社は広告料金を明治42年以降、『東京朝日』で１段１行60銭だったものを、大正５年以降、毎年５銭ずつ値上げすると通告した。おそらくこれに対して広告主側と料金交渉はあったであろうが、話合いがつかなかったので、広告主最大手のミツワとクラブの２社は、６年、７年の２年間の休載措置をとったのであろう。

しかし、事態を検討し、化粧品会社とも商品の価格改正（値上げ）という形で解決をはかり広告をした。ミツワもクラブも８年からは化粧品類の価格を改正して、それまで以上に広告を出稿した。物価騰貴と世情不安が新聞広告からも読みとれる。

関東の伊東胡蝶園の出版文化活動に対し、関西のクラブ化粧品本舗中山太陽堂も大正11年にプラトン社を設立し、５月に婦人雑誌『女性』を創刊し、13年１月には大衆娯楽雑誌『苦楽』を創刊している。しかし、先発の伊東胡蝶園の『新家庭』、『新演芸』は、歌舞伎をはじめ芸能界との結びつきも強かったので、三越をはじめ当時の一流呉服店、のちの百貨店の広告出稿はもちろん、同業の化粧品業界、出版、新聞、食品、薬品、演劇など、当時広告を出稿している企業はほとんど掲載している。『新家庭』大正９年の新年号に「広告は東京京橋區山下町帝國通信社へ一任致し置候間、料金其他は同社へ御問合せ下されたく候」と社告しているように、時事通信社と新聞用達会社が合併して出来た当時最大の帝国通信社が広告を一手に引き受けていたからだろう。これに対して『苦楽』も『女性』も、また講談社の『キング』も広告収入は少なく、おそらく販売収入のみに頼っていたことは明らかで、広告収入なくしては雑誌の発行もままならなかったのである。

朝日新聞掲載の化粧品関係広告（大正元年～大正５年）

品名〈広告主〉	初出日	回数
■大正元年（８月～12月）		
〈丸見屋商店〉		
ミツワ石鹸	8/5	8
ミツワ洗濯石鹸	11/4	1
ミツワ文庫	8/21	36
肝油ドロップ	8/1	9
防汗帯	8/10	1
〈伊東胡蝶園〉		
御園化粧品	8/13	5
御園白粉	8/7	11
御園歯磨	8/18	2
御園文庫—記事広告	10/11	5
婦女重宝記—記事広告	11/5	5
〈平尾賛平商店〉		
レート白粉	12/3	2
乳白化粧水レート	9/29	3
クレームレート	9/21	3
企業広告	12/1	2
記事広告	8/5	18
懸賞広告	8/1	2
〈桃谷順天館〉		
美顔水	8/10	20
販促企画広告	10/10	4
〈中山太陽堂〉		
クラブ歯磨	9/	1
家庭クラブ—記事広告	8/16	15
いそっぷクラブ—記事広告	12/13	1
販促用観劇広告	11/9	9
〈長瀬商会〉		
花王石鹸	8/2	31
ホーム浮石鹸	8/14	5
鹿はみがき	10/13	5
〈ライオン歯磨本舗〉		
ライオン歯磨	8/13	17
洗 石鹸	8/16	3

品名〈広告主〉	初出日	回数
〈矢野芳香園〉		
大学白粉	8/20	17
ツバメ香水	11/18	2
ツバメ洗粉	8/25	5
〈平尾銑也商店〉		
パール煉香油・パールポマード	9/2	5
スミレ黒香油	9/22	2
〈佐々木商店〉		
濃厚化粧液ラベル	9/19	20
ポンピアンマッサージクリーム・米国ポンピアン	8/8	11
〈安藤井筒堂〉		
象印歯磨	10/6	4
オリヂナル香水	8/9	6
〈松澤常吉商店〉		
くも井玉おしろい	9/22	1
ホーサン石鹸	10/13	1
ハンカチーフ用蜂香水	8/4	3
〈大和屋〉		
水晶おしろい	10/15	3
〈日本歯製剤株式会社〉		
モデル歯磨	8/1	28
〈播金商店〉		
ポンペア香水	8/3	1
〈近文商店〉		
フケトリ　クール香水	8/3	2
〈山崎栄三郎〉		
毛生液	8/6	17
〈和光堂〉		
シッカロール	8/9	1
〈福井商会〉		
アイゼル石鹸	8/12	2
〈山岸三之助〉		
千代田香油	8/10	22
〈長江校商店〉		
艶美液	8/10	15
〈浅井支店〉		
鶴の卵石鹸	8/11	2
〈井上太兵衛〉		
ラクダ石鹸	9/19	3
〈東光園〉		
ばら歯磨	8/12	7
〈博愛堂〉		
フケ取香水レゾール	10/5	4
〈研明堂〉		
ニキビ丸	8/13	2

品名〈広告主〉	初出日	回数
〈井筒屋香油店〉		
ゐはゝ香油	8/15	4
〈理容商会〉		
ライラック化粧水エメラ	8/19	2
〈竹本商会〉		
ベール香水	8/25	1
〈服部松栄堂〉		
千代ぬれ羽	8/25	8
〈ヱンゼル商会〉		
ヱンゼル香油	8/26	4
〈大崎組商会〉		
鶴香水	8/28	1
アイシルマクリーム　輸入元	11/28	4
〈永山商会〉		
ヱンプレス白粉	9/2	16
〈日本歯科製剤株式会社〉		
モデル歯磨記事広告	9/5	8
〈橘紫紅堂〉		
ぬけ毛ふけどめ　香水　段ドルフ	9/9	1
〈円平商会〉		
しらが赤毛染　ナイス	9/14	9
〈東京美容院〉		
――――――――	8/17	2
〈金沢巌〉		
のんで治　ニキビ吹出物　ラスター	8/12	4
〈ラヂウム商会〉		
ラヂウム石鹸ドイツラヂオゲン会社製	11/23	3
〈朝桜商会〉		
朝桜石鹸	12/15	1
〈コルゲート〉		
カシミヤ香水	12/23	1

広告主数　**41社**

種類別広告数　**69種**

■大正二年

品名〈広告主〉	初出日	回数
〈丸見屋商店〉		
ミツワ石鹸	7/20	1
ミツワ文庫	1/8	59
ミツワ椿油	7/8	7
ミツワ三百番香水	5/1	7
ミツワ家庭薬	1/1	8
肝油ドロップ	1/3	3
防汗帯	7/14	2
〈伊東胡蝶園〉		
御園化粧品	1/3	3
御園文庫	5/8	47

品名〈広告主〉	初出日	回数
観劇催事広告	1/14	4
記事広告	2/9	18
〈平尾賛平商店〉		
乳白化粧水レート	1/3	13
レート白粉	2/1	4
レートジェリー	9/3	4
レート洗粉	12/21	1
クレームレート	10/25	4
レート会	5/31	4
記事広告	1/17	44
〈桃谷順天館〉		
美顔水	1/1	38
にきび取美顔水	1/26	2
美顔石鹸	12/25	1
懸賞広告	12/13	1
記事広告	5/14	2
〈中山太陽堂〉		
クラブ化粧品	1/31	9
クラブ白粉	1/5	16
クラブ化粧水	2/10	1
クラブ洗粉	1/31	7
クラブ歯磨	1/23	34
クラブ美身ゼリー	6/29	2
クラブ乳液・化粧水	10/14	3
クラブデー	5/2	6
記事広告—いそっぷクラブ—	5/10	2
記事広告—家庭クラブ—	1/10	4
〈長瀬商会〉		
花王石鹸	1/1	55
ホーム浮石鹸	1/3	20
鹿はみがき	6/29	1
〈矢野芳香園〉		
大学白粉	1/10	17
ツバメ香水	2/18	14
ツバメ洗粉	1/21	13
〈ライオン歯磨〉		
企業広告	5/6	2
ライオン歯磨	1/11	47
ライオン子供歯磨	1/18	1
ライオン浮石鹸	5/29	1
ライオン洗石鹸	2/22	4
兹善券付販売企画広告	9/17	1
懸賞広告	9/16	3
記事広告	3/25	4
〈平尾銑也商店〉		
パール煉香油	1/1	7
スミレ香水	3/10	3

品名〈広告主〉	初出日	回数
スミレクリーム	5/1	3
白毛赤毛染ベスト	4/25	3
〈佐々木商店〉		
ラベル化粧液	7/18	15
濃厚化粧液ラベル	1/8	16
ラベル美身液	7/13	1
ラベル石鹸	5/4	16
〈安藤井筒堂〉		
企業広告	3/15	1
象印歯磨		
オリヂナル香水	4/5	12
カオール	5/11	6
〈松沢常吉商店〉		
蜂香水	3/10	8
松沢ホーサン石鹸	1/21	7
ムスク香水	2/12	4
くも井おしろい	4/13	2
〈コルゲート〉		
カシミヤブーケ香水	1/20	26
カシミヤブーケ石鹸	8/14	1
〈堀越二八堂〉		
ホーカー液	1/20	65
懸賞広告	5/19	6
記事広告	7/23	7
〈大崎組商会〉		
鶴香水・金鶴香水・ヒナ香水	2/12	27
アイシルマクリーム	1/26	1
〈東光園〉		
ばら歯磨	1/23	7
ノーブル石鹸	5/1	1
ベリー美髪料	12/22	1
〈日本リーバブラザース〉		
スワン石鹸	5/4	5
シタデル化粧石鹸	8/10	2
ベルベット浮石鹸	6/12	11
トパーズ石鹸	8/7	1
〈井善香油店〉		
ゐはい香油ほか	1/25	8
フケトリ香水ターキーヘアトニック	8/8	2
〈博愛堂〉		
ふけ取香水レゾール	1/20	6
レゾール香油	10/27	1
〈浅井支店〉		
鶴の卵石鹸	1/18	2
プラチナ石鹸	8/25	2
〈山岸三之助〉		
千代田香油	1/15	43

品名〈広告主〉	初出日	回数
記事広告	10/13	2
〈高橋林三郎　リーガル商会〉		
毛髪肥料ベジリン香水	5/14	15
ユーモリンクリーム	8/8	2
〈ヱンゼル商会〉		
ヱンゼル香油	8/18	5
懸賞広告	12/16	1
記事広告	9/18	1
〈金沢巖〉		
のんで治るニキビ吹出物　ラスター	3/24	4
ラスター記事広告	10/21	3
〈山崎帝国堂〉		
薬用キレー水	6/10	3
〈帝国堂薬局〉		
ビューテイ　記事広告	7/18	1
〈山崎栄三郎〉		
毛生液	1/9	25
〈大和屋小兵衛〉		
水晶おしろい	3/20	6
〈ケーオー商会〉		
花ブーケ白色液	9/13	3
〈竹本商店〉		
ベール香水	3/14	4
〈長江校商店〉		
艶美液	2/19	5
〈日本歯科製剤株式会社〉		
モデル歯磨	1/9	22
〈日本実業商会〉		
タルモスク洗料	3/24	3
〈永山商会〉		
ヱンプレス白粉	1/19	5
〈ラヂウム商会〉		
ラヂウム石鹸	2/12	5
〈丹平商会〉		
白毛赤毛液ナイス	2/20	22
〈丸善〉		
キューチキラ石鹸	12/29	1
〈玉置文治郎〉		
毛はへ薬ピローゲン	2/14	1
〈服部松栄堂〉		
千代ぬれ羽	1/28	29
〈理容商会〉		
ヱメラ化粧水	4/21	1
〈播金商店〉		
ポンペーア香水	5/16	30
〈パリビノリヤ会社〉		
ビノリヤ浮石鹸	5/5	4
〈百助商店〉		
薫司香油	5/12	1
〈平山化粧品部輸入〉		
サギ香水	6/7	2
〈鴬花苑〉		
コスモス化粧水	5/21	5
〈近文卸部〉		
ふけ取り萬能香水クール香水	6/14	3
〈南光園〉		
さゝ波香油	8/26	1
〈柳屋〉		
けいし香油・柳清香油	8/2	1
〈井上太兵衛〉		
金ラクダ石鹸	6/24	29
〈鳩居堂〉		
あせしらず・すゞし香	6/27	2
〈応用製薬〉		
しらが染　常盤	6/16	1
〈アイビー商会〉		
美髪液　アイビー	12/7	1
〈扇橋製薬所〉		
アルボース石鹸	1/22	5
〈藤沢樟脳〉		
香晶――一名結晶香水	8/14	17
〈東京美容院〉		
――――――――――――	1/18	4
〈東京器械療法研究所〉		
発毛器記事広告	11/7	1

広告主数　56社（前年対比　15社増）
種類別広告数　124種（55種増）

■大正三年

品名〈広告主〉	初出日	回数
〈丸見屋商店〉		
企業広告	1/1	5
ミツワ石鹸	3/24	15
ミツワ椿油	1/1	11
ミツワ三百番香水	3/28	7
ミツワ文庫（記事広告）	1/12	60
記事広告	12/15	1
イベント（ミツワ大正博覧会特設館）	3/20	5
ミツワ家庭薬	1/17	15
ミツワ肝油ドロップス	3/31	10
ミツワ人参錠	12/7	1
ミツワ水枕	3/23	3
ミツワ防汗帯	6/24	2

品名〈広告主〉	初出日	回数
〈伊東胡蝶園〉		
企業広告	7/9	2
御園白粉	3/24	7
御園文庫		
（歌右衛門・梅幸・菊五郎ほかの推奨広告）	1/1	59
〈桃谷順天館〉		
明色美顔水	1/1	43
明色にきびとり美顔水	2/7	9
明色薬用美顔水	4/11	1
明色美顔白粉	11/9	3
明色美顔石鹸	5/26	16
記事広告	8/13	11
〈平尾賛平商店〉		
企業広告・中元広告	7/6	5
レート白粉	4/12	5
乳白化粧水レート	2/15	12
レート洗粉	2/21	8
レートヂェリー	1/8	6
クレームレート	1/21	7
レート歯磨	6/4	13
記事広告	1/11	20
イベント（大正博覧会レート館）	3/26	4
レート会（帝劇・有楽座）	1/22	14
〈中山太陽堂〉		
企業広告・進物広告	7/6	7
化粧品戦	10/5	7
クラブ白粉	11/1	6
クラブ歯磨	1/13	24
クラブ美身クリーム	12/5	1
クラブ洗粉	2/18	3
クラブデー（帝劇・明治座・新富座）	1/3	37
クラブデー（活動大写真会）	5/9	3
クラブ懸賞広告	3/11	4
イベント（造花一万個進呈）	12/17	2
イベント（大正博覧会クラブデー）	6/1	7
〈安藤井筒堂〉		
原料香水　オリヂナル	3/17	13
象印歯磨	1/5	1
口中香錠　カオール	3/2	9
〈長瀬商会〉		
企業広告	7/3	3
花王石鹸	1/1	59
花王水石鹸	1/29	1
ホーム浮石鹸	5/26	6
鹿はみがき	6/19	2
〈小林富次郎〉		
企業広告	7/11	3

品名〈広告主〉	初出日	回数
ライオン歯磨	1/7	53
ライオン煉歯磨	5/20	4
ライオン水歯磨	5/11	4
ライオン化粧用石鹸	7/9	2
ライオン浮石鹸	5/30	4
ライオン洗石鹸	5/27	2
ライオン子供石鹸	2/17	11
ライオン慈善券	8/2	1
ライオン懸賞広告	3/1	1
イベント（ライオンお伽会）	3/7	1
記事広告	3/25	1
〈堀越嘉太郎商店〉		
企業広告	7/27	1
ホーカー液	1/1	103
ホーカー液懸賞広告	1/11	8
ホーカー会（帝劇）	3/27	4
ホーカー懸賞情歌募集	3/22	1
記事広告	5/18	15
見習生募集広告	12/30	1
〈佐々木商店〉		
ラベル化粧品		
ラベル化粧液	1/11	23
ラベル石鹸	1/17	16
ラベル白粉	8/1	7
ラベル会	5/29	2
記事広告	6/5	10
〈松沢常吉商店〉		
ホーサン石鹸	1/12	2
ハチ香水	2/9	5
ムスク香水	2/19	4
㋩くも井おしろい	10/23	1
口中香錠　ボイス	3/10	4
〈矢野芳香園〉		
大学白粉	1/15	9
ツバメ洗粉	1/29	7
ツバメ香水	4/9	13
懸賞募集広告	1/10	1
〈井上太兵衛〉		
金ラクダ石鹸	3/6	6
オシドリ香油	3/12	4
朝顔　ホー紅	3/12	2
〈日本リーバブラザース〉		
スワン石鹸	6/5	1
サンライト石鹸	5/11	3
〈平尾銑也商店〉		
パール煉香油・パールポマード	1/7	5

品名〈広告主〉	初出日	回数
〈大崎組〉		
金鶴香水・ツル香水	2/9	20
〈東光園〉		
ばら歯磨	2/9	1
〈玉置文治郎〉		
毛はへ薬ピローゲン	2/14	1
〈服部松栄堂〉		
千代ぬれ羽	1/28	29
〈理容商会〉		
ヱメラ化粧水	4/21	1
〈播金商店〉		
ポンペーア香水	5/16	30
〈パリビノリヤ会社〉		
ビノリヤ浮石鹸	5/5	4
〈百助商店〉		
薫司香油	5/12	1
〈平山化粧品部輸入〉		
サギ香水	6/7	2
〈鶯花苑〉		
コスモス化粧水	5/21	5
〈近文卸部〉		
ふけ取り萬能香水クール香水	6/14	3
〈南光園〉		
さゝ波香油	8/26	1
〈柳屋〉		
けいし香油・柳清香油	8/2	1
〈井上太兵衛〉		
金ラクダ石鹸	6/24	29
〈鳩居堂〉		
あせしらず・すゞし香	6/27	2
〈応用製薬〉		
しらが染　常盤	6/16	1
〈アイビー商会〉		
美髪液　アイビー	12/7	1
〈扇橋製薬所〉		
アルボース石鹸	1/22	5
〈藤沢樟脳〉		
香晶――一名結晶香水	8/14	17
〈東京美容院〉		
――――――――	1/18	4
〈東京器械療法研究所〉		
発毛器記事広告	11/7	1

広告主数　　56 社（前年対比　15 社増）
種類別広告数　　124 種（55 種増）

■大正三年

品名〈広告主〉	初出日	回数
〈丸見屋商店〉		
企業広告	1/1	5
ミツワ石鹸	3/24	15
ミツワ椿油	1/1	11
ミツワ三百香水	3/28	7
ミツワ文庫（記事広告）	1/12	60
記事広告	12/15	1
イベント（ミツワ大正博覧会特設館）	3/20	5
ミツワ家庭薬	1/17	15
ミツワ肝油ドロップス	3/31	10
ミツワ人参錠	12/7	1
ミツワ水枕	3/23	3
ミツワ防汗帯	6/24	2
〈伊東胡蝶園〉		
企業広告	7/9	2
御園白粉	3/24	7
御園文庫 （歌右衛門・梅幸・菊五郎ほかの推奨広告）	1/1	59
〈桃谷順天館〉		
明色美顔水	1/1	43
明色にきびとり美顔水	2/7	9
明色薬用美顔水	4/11	1
明色美顔白粉	11/9	3
明色美顔石鹸	5/26	16
記事広告	8/13	11
〈平尾賛平商店〉		
企業広告・中元広告	7/6	5
レート白粉	4/12	5
乳白化粧水レート	2/15	12
レート洗粉	2/21	8
レートヂェリー	1/8	6
クレームレート	1/21	7
レート歯磨	6/4	13
記事広告	1/11	20
イベント（大正博覧会レート館）	3/26	4
レート会（帝劇・有楽座）	1/22	14
〈中山太陽堂〉		
企業広告・進物広告	7/6	7
化粧品戦	10/5	7
クラブ白粉	11/1	6
クラブ歯磨	1/13	24
クラブ美身クリーム	12/5	1
クラブ洗粉	2/18	3
クラブデー（帝劇・明治座・新富座）	1/3	37
クラブデー（活動大写真会）	5/9	3
クラブ懸賞広告	3/11	4
イベント（造花一万個進呈）	12/17	2

品名〈広告主〉	初出日	回数
イベント（大正博覧会クラブデー）	6/1	7
〈安藤井筒堂〉		
原料香水　オリヂナル	3/17	13
象印歯磨	1/5	1
口中香錠　カオール	3/2	9
〈長瀬商会〉		
企業広告	7/3	3
花王石鹸	1/1	59
花王水石鹸	1/29	1
ホーム浮石鹸	5/26	6
鹿はみがき	6/19	2
〈小林富次郎〉		
企業広告	7/11	3
ライオン歯磨	1/7	53
ライオン煉歯磨	5/20	4
ライオン水歯磨	5/11	4
ライオン化粧用石鹸	7/9	2
ライオン浮石鹸	5/30	4
ライオン洗石鹸	5/27	2
ライオン子供石鹸	2/17	11
ライオン慈善券	8/2	1
ライオン懸賞広告	3/1	1
イベント（ライオンお伽会）	3/7	1
記事広告	3/25	1
〈堀越嘉太郎商店〉		
企業広告	7/27	1
ホーカー液	1/1	103
ホーカー液懸賞広告	1/11	8
ホーカー会（帝劇）	3/27	4
ホーカー懸賞情歌募集	3/22	1
記事広告	5/18	15
見習生募集広告	12/30	1
〈佐々木商店〉		
ラベル化粧品		
ラベル化粧液	1/11	23
ラベル石鹸	1/17	16
ラベル白粉	8/1	7
ラベル会	5/29	2
記事広告	6/5	10
〈松沢常吉商店〉		
ホーサン石鹸	1/12	2
ハチ香水	2/9	5
ムスク香水	2/19	4
㋫くも井おしろい	10/23	1
口中香錠　ボイス	3/10	4
〈矢野芳香園〉		
大学白粉	1/15	9

品名〈広告主〉	初出日	回数
ツバメ洗粉	1/29	7
ツバメ香水	4/9	13
懸賞募集広告	1/10	1
〈井上太兵衛〉		
金ラクダ石鹸	3/6	6
オシドリ香油	3/12	4
朝顔　ホー紅	3/12	2
〈日本リーバブラザース〉		
スワン石鹸	6/5	1
サンライト石鹸	5/11	3
〈平尾銑也商店〉		
パール煉香油・パールポマード	1/7	5
〈大崎組〉		
金鶴香水・ツル香水	2/9	20
〈東光園〉		
ばら歯磨	2/9	1
〈玉置文治郎〉		
毛はへ薬ピローゲン	2/10	4
〈山吉商店〉		
白毛染君が代	3/2	4
〈天野磯五郎〉		
ウヅマキ石鹸	3/15	13
〈山崎栄三郎〉		
毛生液	1/8	17
〈都屋商店〉		
ローマ洗粉	3/25	1
〈髙橋林三郎・リーガル商会〉		
毛髪肥水　ベジリン香水	4/15	14
〈三国貿易〉		
カシミヤ・ブーケ香水	3/30	10
〈村田〉		
コノミ石鹸	4/13	1
〈浅井支店〉		
プラチナ石鹸	4/15	1
〈長江校商店〉		
艶美液	4/8	2
〈堀池本店〉		
エーゼン化粧液	3/28	2
〈大西白牡丹〉	ベ	
リーデー美髪料	3/14	1
〈三共〉		
水はみがきオドール	4/27	4
〈ヱンゼル商会〉		
ヱンゼル香油	2/21	10
〈永屽商会〉		
巴里ルバン香水・化粧品	6/25	3

品名〈広告主〉	初出日	回数
〈藤沢樟脳〉		
香晶	5/3	20
〈播金商店〉		
ポンペーア	5/8	1
〈近文商店〉		
ふけとり萬能　クール香水	5/9	1
〈大和屋〉		
水晶おしろい	5/11	1
〈和光堂〉		
シッカロール	8/12	1
〈徳田多助〉		
阿せ知らず	7/12	6
〈花月堂商店〉		
花月洗粉	5/13	3
〈山崎帝国堂〉		
玉の肌石鹸	5/14	32
〈服部松栄堂〉		
千代ぬれ羽	6/22	7
〈コルゲート〉		
カシミヤブーケ香水	9/7	1
〈日本歯科製剤（株）〉		
モデル歯磨	12/13	3
〈木村三宅堂〉		
みやけ油	12/25	1
〈山岸三之助〉		
千代田ポマード・千代田油	1/8	26
〈ベリー堂・東光園〉		
ベリー美髪料	1/9	16
〈井善〉		
ゐはゝ油	1/22	8
〈ケーケー商会〉		
美顔料花ブーケ白色液	1/22	15
〈丹平商会〉		
志らが赤毛染　ナイス	1/22	25
〈ラヂウム商会〉		
ラヂウム石鹸	1/22	3
〈東京美容院〉		
北原十三男	1/13	5
〈金澤巌〉		
にきび用飲み薬ラスター	1/13	13

広告主数　**50社**

広告ブランド数　**87品目**

■大正四年

品名〈広告主〉	初出日	回数
〈丸見屋商店〉		
企業広告	1/1	1
ミツワ石鹸	1/3	19
ミツワ椿油	1/13	12
ミツワ三百番香水	1/11	11
ミツワ文庫（記事広告）	1/12	39
ミツワ肝油ドロップス	1/25	10
ミツワ肝油人参錠	2/11	21
ミツワ水枕	1/28	6
ミツワ防汗帯	6/14	3
ミツワ制酸錠	10/13	1
〈伊東胡蝶園〉		
企業広告・御園化粧品	1/15	4
御園白粉	1/3	10
御園紙おしろい	10/27	1
御園四季の花	2/8	3
御園クレーム	2/8	2
御園ルチゲン	10/9	1
〈平尾賛平商店〉		
企業広告		
レート歯磨	1/1	12
レート煉白粉	1/7	7
乳白化粧水レート	1/19	4
レートヂェリー	1/27	7
レート打白粉	4/12	1
レートフード	7/24	7
レート白粉	5/4	8
レート洗粉	4/8	4
クレームレート	5/10	7
レート進物箱	7/2	1
レート会	1/13	8
レートデー（帝劇・家庭博覧会）	5/13	16
レート記事広告	1/9	11
〈中山太陽堂〉		
企業広告・不正品取締	2/5	6
クラブ歯磨	1/3	24
クラブ白粉	1/16	33
クラブ美身ゼリー	3/17	2
クラブ美身クリーム	12/13	1
クラブ乳液	5/30	1
クラブ香油	6/7	2
クラブ天瓜粉	8/5	1
クラブ洗粉	9/18	3
クラブデー（本郷座・演伎座・国技館）	2/17	13
クラブ懸賞当選発表	3/19	1
イベント（花の日）	11/9	1
〈桃谷順天館〉		
美顔白粉	1/5	45
白色美顔水(記事広)	1/11	16

品名〈広告主〉	初出日	回数
美顔水	1/18	22
美顔石鹸	1/16	1
にきびとり薬用美顔水	3/8	8
美顔ユーマー	1/26	17
美顔会（帝劇）	8/7	1
記事広告	3/4	13
〈小林富次郎商店〉		
企業広告	5/19	3
ライオン歯磨	1/3	35
ライオン水歯磨	7/3	2
ライオン煉歯磨	7/14	2
ライオン石鹸	1/12	10
化粧用ライオン石鹸	4/12	5
ライオン慈善券	7/8	2
懸賞広告	2/9	2
〈長瀬商会〉		
企業広告	4/30	3
花王石鹸	1/3	53
ホーム浮石鹸	2/28	15
〈堀越嘉太郎商店〉		
ホーカー液	1/5	87
ホーカースキート	12/6	6
ホーカーヂウム液	4/13	1
ホーカー美髪液	6/23	21
ホーカー液会（帝劇・本郷座）	1/31	12
ホーカーデー（演伎座）	3/20	2
イベント（国技館の大菊花人形展）	10/31	11
記事広告	2/24	13
広告部員募集	6/12	1
〈佐々木商店〉		
ラベル石鹸	2/9	3
ラベルおしろい	2/15	3
ラベル化粧液	2/22	2
㊇くも井おしろい	3/16	3
記事広告	2/25	1
〈山崎帝国堂〉		
玉の肌	1/5	23
玉の肌（記事広告）	2/6	2
懸賞広告	2/13	3
〈リーガル商会〉		
ベジリン香水	3/12	24
ユーモリンクリーム	4/16	16
〈安藤井筒堂〉		
原料香水　オリヂナル	3/20	19
口中香錠　カオール	1/5	25
カオールまがたま会（新富座）	11/6	2

品名〈広告主〉	初出日	回数
〈井善〉		
ゐはヽ油	1/8	7
〈松本禎次郎・松本薬局〉		
ゲンソ液	1/9	45
〈丹平商会〉		
志らが赤毛染　ナイス	1/17	28
ナイス懸賞広告	5/16	1
〈天野磯五郎〉		
ウヅマキ石鹸	1/25	1
〈リガード＆Ｃ〉		
金鶴香水・ツル香水	2/4	15
〈浅井支店〉		
プラチナ石鹸	2/10	4
〈ケーケー商会〉		
花ブーケ美顔料	2/15	1
〈ミルド商会〉		
ミルド化粧品	3/19	15
記事広告		2
〈藤澤樟脳〉		
香晶	4/9	21
〈福原資生堂〉		
花つばき香油	4/12	1
〈百助商店〉		
薫司石鹸	5/10	2
〈エンゼル商会〉		
エンゼル香油	5/18	6
〈阪川牛乳店〉		
牛乳石鹸	6/14	2
〈服部松栄堂〉		
千代ぬれ羽	6/16	6
〈玉置文治郎〉		
毛はへ薬　ピローゲン	6/17	8
〈徳田多助〉		
阿せ知らず	7/12	10
〈ラヂウム商会〉		
ラヂウム石鹸・ラヂウム洗粉	7/14	2
〈平尾銑也〉		
パール企業広告	10/22	1
ラヂウム液	8/19	9
パール煉香油	9/11	1
パール白粉	9/9	7
〈片桐化粧品製造所〉		
ミドリ髪洗粉	8/9	1
〈柳屋商会〉		
太陽印洗濯コナ石鹸	9/13	1
〈武井商店〉		
八千代石鹸	9/1	1

品名〈広告主〉	初出日	回数
〈美容倶楽部〉		
ダリヤ化粧水	11/17	1
〈柳屋本店〉		
柳青香油・けいし香油	12/5	1
〈熊谷鳩居堂〉		
銘香　子乃日ほか	12/22	4
〈金澤巌〉		
にきび用飲み薬ラスター	5/4	4

広告主数	**37社**	
広告ブランド数	**77品目**	

■大正五年

品名〈広告主〉	初出日	回数
〈丸見屋商店〉		
企業広告（値上げ広告を含む）	1/3	4
ミツワ石鹸	1/9	15
ミツワ水石鹸	7/12	5
ミツワ椿油	1/26	8
ミツワ三百番香水	1/20	6
ミツワ月の雫・花の雫	10/31	1
ミツワ文庫（記事広告）	1/14	12
ミツワ肝油ドロップス	1/17	12
ミツワ規那鐵葡萄酒	7/23	6
ミツワ人参錠	1/8	14
ミツワ防汗帯	5/30	2
ミツワ水枕	1/26	5
ミツワアセチールサリチル酸	5/16	1
〈伊東胡蝶園〉		
企業広告（御園化粧品）	1/17	6
御園白粉	1/22	31
御園紙おしろい	1/9	6
御園水白粉	6/21	1
御園の露（値上げ広告）	2/13	1
御園ルチゲン（日やけ止め）	6/15	2
御園クレーム	10/15	1
新家庭　玄文社	2/21	6
新演芸　玄文社	2/16	4
ハート十字規那鐵葡萄酒	10/27	3
〈中山太陽堂〉		
企業広告（クラブ化粧品・値上げせず）	3/21	3
クラブ美の素白粉	1/11	9
クラブ洗粉	2/7	5
クラブ歯磨	3/17	1
クラブ美の素白粉デー	6/15	16
クラブ歯磨デー	7/25	1
記事広告	1/21	2
イベント（お髪上げ券進呈）	10/9	7

品名〈広告主〉	初出日	回数
〈平尾賛平商店〉		
企業広告（レート化粧品）	3/14	4
レートフード	1/21	15
レート白粉	1/17	13
レート乳白化粧水	4/20	4
レート煉白粉（値上げ広告）	2/10	3
レート水白粉	8/14	1
レートヂェリー	2/26	2
クレームレート	1/23	11
レート美髪香油 （ビクトリー・レート椿油・レートポマード）	9/6	3
レート歯磨	1/7	3
レートデー	1/1	23
記事広告	1/12	9
〈長瀬商会〉		
企業広告（値上げ広告を含む）	1/6	3
花王石鹸	1/12	52
ホーム浮石鹸	4/17	8
〈桃谷順天館〉		
企業広告（値上げ広告）	2/27	2
美顔水	1/3	9
美顔白粉	1/5	21
白色美顔水	1/24	10
にきびとり美顔水	1/29	7
美顔ユーマー	1/31	19
美顔洗粉	9/25	6
記事広告	1/23	12
〈小林富次郎〉		
企業広告（値上げ・新築移転披露）	2/13	6
ライオン歯磨	1/12	31
ライオン煉歯磨	4/15	4
ライオン水歯磨	5/27	1
ライオン水化粧石鹸	2/26	15
ライオン洗石鹸	7/15	2
ライオン慈善券	7/29	2
〈平尾銑也商店〉		
企業広告	3/5	1
パール煉香油	1/5	7
パールおしろい	6/11	4
ラヂウム液	1/18	7
スミレ（香油・香水・黒香油）	3/14	3
スミレ香水	4/11	6
〈矢野芳香園〉		
ツバメ香水	5/21	22
ツバメ洗粉	5/27	12
〈安藤井筒堂〉		
原料香水　オリヂナル	3/5	22

品名〈広告主〉	初出日	回数
口中香錠　カオール	1/18	24
〈堀越嘉太郎商店〉		
企業広告	1/1	2
ホーカー液	1/10	32
ホーカー白粉	2/13	21
ホーカー石鹸	10/26	4
ホーカー美髪料	5/29	10
ホーカー液懸賞広告	9/27	9
ホーカー液会（新富座・歌舞伎座）	1/3	6
ホーカー液デー	2/6	30
ホーカ白粉　都々逸懸賞広告	10/28	2
ホーカー白粉デー	9/19	2
記事広告	1/8	4
ホーカースヰート　滋養菓子	1/5	26
ホーカースヰートデー	5/1	3
ホーカースヰート都々逸当選発表	5/4	1
ホーカースヰート小守唄募集	6/22	2
ホーカー女工募集	11/24	3
〈藤原商店化粧品部〉		
エグロン化粧品	4/11	7
エグロン石鹸	5/3	17
エグロンパウダー	6/8	4
エグロン会	5/9	2
エグロンデー	5/21	10
〈リーガル商会〉		
ベジリン香水（毛髪肥料）	1/16	25
ユーモリンクリーム	1/22	7
〈井善〉		
ゐはゝ油	1/5	13
〈大崎組〉		
金鶴香水・ツル香水	4/9	31
〈福原資生堂〉		
花つばき香油	1/7	1
〈藤沢樟脳〉		
香晶	1/8	26
〈丹平支店〉		
ナイス	1/13	28
〈阪川牛乳店〉		
乳の素石鹸・乳洗粉・乳石鹸	1/24	4
〈井筒・安藤井筒合同観劇会〉		
新富座	2/20	2
〈髙橋盛大堂〉		
志らが・赤毛染　安全コクオー	2/25	18
〈成和紹介〉		
シグナ化粧品	3/23	1
〈玉置文治郎〉		
毛はへ薬　ピローゲン	1/16	19

品名〈広告主〉	初出日	回数
〈松本薬局〉		
ゲンソ液	1/6	54
〈井上太兵衛〉		
オシドリ香油	5/21	1
〈丹平商会〉		
ツバメ歯磨	5/29	1
〈ミルド商会〉		
ミルド化粧品	5/27	1
〈美整商会〉		
ニード洗粉・ニード化粧水	6/26	1
〈松沢常吉〉		
㊇くも井おしろい	5/17	2
〈和光堂〉		
シッカロール	8/11	2
〈鳩居堂〉		
――――――――	7/29	3
〈東亜堂薬品部〉		
日ヤケよけアンソラチン	6/8	3
〈徳田多助〉		
阿せ知らず	7/1	12
〈武井商店〉		
ピノール香油	8/2	2
〈田端商店〉		
フケトリ　クール香水	7/10	7
〈柳屋〉		
けいし香油・柳清香油	8/5	1
〈博仁房〉		
ニキビ色黒に　ベーリン	9/15	3
〈大和屋〉		
水晶おしろい（水晶透明おしろい・新水晶煉白粉・新水晶水白粉	12/8	1回
〈山吉商店〉		
志らが染　君が代	11/9	2回
〈松沢常吉〉		
ホーサン石鹸	12/11	3回
広告主数	40社	
告ブランド数	87品目	

ビューティサイエンス学会会則

第１章　総　則

第１条　本学会は、ビューティサイエンス学会と称し、事務局を東京都内に置く。

第２条　本学会は、人文科学・社会科学・自然科学の諸科学をはじめ、芸術の分野までも含む学際的研究により、ビューティサイエンス学を確立し、学問の発展と関連学会および関連業界の発展に寄与することを目的とする。

第３条　本学会は、その目的を達成するため、次の事業を行う。

（１）総会および大会の開催

（２）研究会・講演会・研修旅行などの開催

（３）学会誌・会報・図書などの刊行

（４）ビューティサイエンス学関係資料の収集・保存およびその活用

（５）その他、必要な事業

２　本学会の事業年度は毎年４月１日に始まり、３月３１日に終わる。

第２章　会　員

第４条　本学会の会員は、正会員、名誉会員、賛助会員、学生会員によって構成される。

２　正会員とは、ビューティサイエンス学に関心を有する者で、所属する法人が所定の会費を納入する法人会員と、個人が所定の会費を納入する個人会員をいう。

３　名誉会員は、本学会に特に功労のあった者で、総会の決議をもって推薦し、会費は徴収しない。

４　賛助会員は、本学会の趣旨に賛同し、特に本学会の運営を援助するため、賛助金を１口以上納入する者。

５　学生会員は、大学またはこれに準ずる学校の学生で所定の会費を納入する者。

第５条　本学会の会員は、会誌・会報の配布を受け、本学会が行う研究発表会において発表し、学会誌に投稿することができる。

第６条　正会員は、総会における議決権を有する。

第３章　役　員

（１）会　長　１名

（２）副会長　１名

（３）理事長　１名

（４）理　事　若干名

（５）評議員　若干名

（６）監　事　２名

第７条　役員の選出は、推薦委員会が推薦し、総会の承認を得るものとする。

第８条　本学会は、名誉会長、顧問を置くことができ、会長が委嘱する。

第４章　会　議

第９条　会議は会長が召集する。

第10条　総会は毎年１回開催する。

第11条　総会は、出席者の過半数の同意をもって決する。

第12条　総会は、毎年１回、理事会は年２回開催する。

第13条　会長、副会長は、会務執行に必要な運営委員会を設置することができる。

２　委員は、会長・副会長・理事長の協議によって定め、会長が委嘱する。

第５章　会　計

第14条　本学会の経費は、会費・およびその他の収入をもって支弁する。

第15条　本学会の会計年度は、毎年４月１日より、３月３１日までとする。

付　則

第16条　本会則の施行に必要な事項は、細則をもってこれに定める。

２　会則の制定または改廃は、理事会の議を経て、総会の決議を得るものとする。

細　則

第１条　入会希望者は、本学会所定の入会申込書に、必要事項を記入して、申し込むものとする。

第２条　入会申込者は、運営委員会の承認を受け、会費を納入して、会員になる。

第３条　会員は、次のように、会費を毎年１年分前納するものとする。

		入会金	年会費
（１）正会員			
	法人会員	8,000円	18,000円
	個人会員	4,000円	6,000円
（２）賛助会員		30,000円	（１口）100,000円
（３）学生会員		2,000円	3,000円

第４条　評議員は、多年にわたり功労のあった会員の中から推薦される。

会員の特典

① 学会誌および、毎月のハガキによる研究会の案内を受ける。

② 月例研究会の受講料は無料とする。

③ 学会協賛の研究会・講演会は割引を受ける。

④ 学会誌および月例および年次大会に研究発表することができる。

⑤ 学会編集の『ビューティサイエンス事典』および『ビューティサイエンス辞典』の執筆に参加し、刊行物は割引料金で頒布される。

ご出稿くださいました広告主（順不同）

表４　学校法人　ミスパリ学園
表２　ＮＰＯ法人　国際健康美学会
表３　学校法人　国際文化学園
４色　学校法人　国際文化学園
〃　株式会社　日本香堂
〃　学校法人　日美学園
〃　青山ビューティ学院高等部
１色　株式会社　伊勢半本店
〃　株式会社　百日草
〃　学校法人　全国理容中央学園
〃　新美容出版株式会社
〃　全国歴史研究会
〃　学校法人　青山学院
〃　東北福祉大学
〃　ノートルダム清心女子大学
〃　静岡英和学院大学
〃　国際商業出版株式会社
〃　ポーラ文化研究所
〃　宮城文化服装専門学校
〃　株式会社　古裂会
〃　株式会社　アートネイチャー
〃　笠間書院
〃　飛鳥新社
〃　青山ビューティ学院高等部
〃　雄山閣

お世話になった方々（ご芳名敬称略）

蟻川　トモ子、網倉　卓爾
有馬　大造、飯岡　絹子
井口　浩子、池田　芙美
井坂　康志、石合　重利
稲垣　進一、井出　彰
井上　和子、牛山　節子
内林　達夫、太田　善夫
大野　悦司、太田　昌孝
奥沢　康正、川北　吉孝
氣賀　健生、木村　優子
蔵方　宏昌、久保　國男
栗田　晴彦、小林　照子
坂口　由之、佐竹　力稔
佐藤　和恵、佐藤　信
篠原　博昭、島田　美季
荘司　礼子、菅谷　健一
鈴木　正人、鈴木　則子
瀬尾　典昭、高野　令史
高橋　利子、高山　永子
田中　孝男、田中　孝
辰巳　浩司、富澤　洋子
鳥毛　逸平、長尾　明美
長坂　慶子、長瀬　眞彦
西巻　明彦、濱谷　博子
平野　徹、福島　清
堀　純、本田　光芳
松田　勇夫、光永　輝彦
宮田　哲男、武藤　元昭
村田　孝子、村山　静江
村山　舞、森川　潤一
保田　彰子、山田　俊幸
山野　紀美子、吉成　勇

編集後記

当学会の初代会長樋口清之氏（國學院大學名誉教授）とともに、学会の発展に努力していただきました二代目会長青木英夫氏(元戸板女子短期大学理事長･学長）が、3月21日（土)、腎不全のため逝去されました。93歳でした。本誌第1号には「ビューティサイエンス誌発刊にあたって」という一文もいただきました。11年前のことです。

同じく創刊号に、当時副会長だった氣賀健生氏（現会長・青山学院大学名誉教授）にも「ビューティサイエンス学とは」という論文をいただいています。

2号は平成17年ですから9年前になります。そして今回は3号になります。

昔から、よく「三号雑誌」といいます。『広辞苑』にも「創刊して第三号くらいで廃刊する雑誌の意」。「長続きしない雑誌をあざけっていう語」とあります。『ビューティサイエンス』も2号を出したあと、「三号雑誌」の誹りをうけないよう逡巡していました。

3号までは創刊するときの構想でなんとかなるのですが、4号になると大変難しくなるのです。難しいというのは223頁にも書きましたように、広告が続いて入らないと続刊できなくなるのです。商業誌でも販売収入より広告収入の方が多くないと廃刊せざるを得なくなることは、昔も今も変わりありません。まして本誌のような学会誌では贅沢な雑誌を作るとなると大変です。

今号も、ご厚情に甘えて広告のご出稿をいただきましたが、広告収入だけでは足りず、多くの方から多額のご寄付を頂戴して、ようやく3000部作ることができました。作りすぎという声もありますが、PRも含めて4号につなげなければ、まさに「三号雑誌」になってしまうのです。幸い1号、2号の古書価は3,500円と高価がついていることを見ると一部の方々には評価されているものと信じております。なお4号につきましては3号以上に大正期特集に力を入れます。研究してみると大正期は実に素晴らしい時代だったことがわかりました。

ご高見をお聞かせ下さる方は是非、私までご一報ください。(090-2227-9998)

最後になりましたが、大変ご面倒な出版を引き受けて下さった㈱雄山閣の長坂慶子会長、宮田哲男社長ほか編集部の皆様に厚く御礼を申し上げます。

高橋 雅夫

「Beauty Science」誌に関するご要望、お問い合わせ等は
下記事務局へお願い致します。

ビューティサイエンス学会 事務局
〒156－0041 東京都世田谷区大原一丁目 38－12
髙橋雅夫 方 携帯 090－2227－9998

Beauty Science 第3号

編集・発行 ビューティサイエンス学会
本 部 青山学院大学 文学部史学科
事 務 局 東京都世田谷区大原一丁目 38-12
髙橋雅夫 方 携帯 090-2227-9998

発行人 髙 橋 雅 夫
発行所 ビューティサイエンス学会
発売元 株式会社雄山閣
〒102-0071 東京都千代田区富士見 2-6-9
TEL 03-3262-3231 FAX 03-3262-6938

発行日 平成 26 年 4 月 25 日

印刷・製本 株式会社ティーケー出版印刷

ISBN 978-4-639-02316-6 C0076

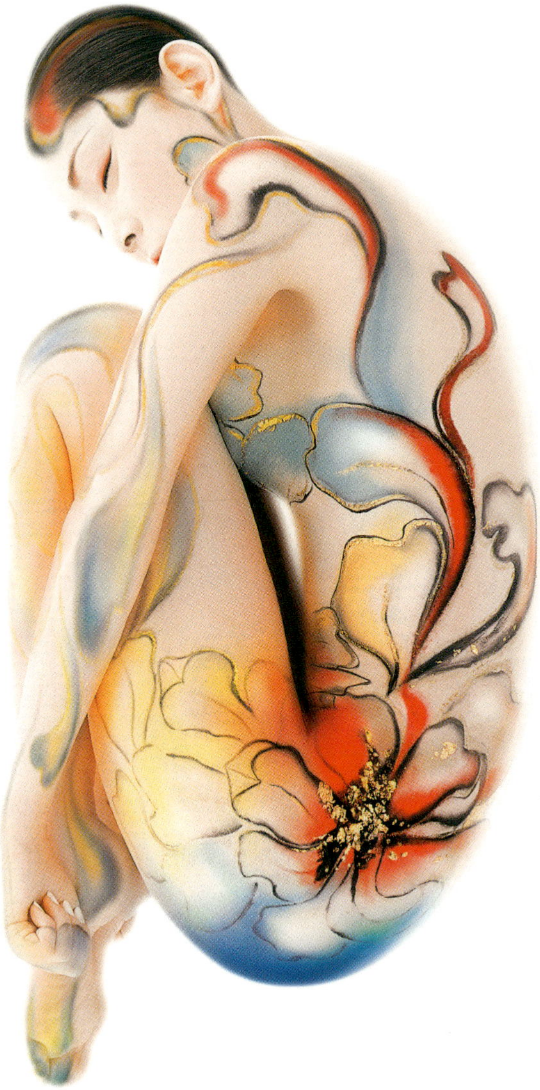

宇宙たまご

宇宙は　大きなたまご
なめらかな美しい殻に守られ
私たちはここにいる

たまごは　小さな宇宙
命のはじまりがここにあると
私たちに伝えている

からだ化粧：小林照子

あなたをキレイに
わたしもキレイに